权威·前沿·原创

皮书系列为
"十二五""十三五"国家重点图书出版规划项目

BLUE BOOK

智库成果出版与传播平台

媒介与女性蓝皮书

BLUE BOOK OF MEDIA AND GENDER

中国媒介与女性发展报告（2020）

REPORT ON THE DEVELOPMENT OF MEDIA AND GENDER IN CHINA(2020)

主　　编／刘利群
执行主编／王　琴

社会科学文献出版社
SOCIAL SCIENCES ACADEMIC PRESS (CHINA)

图书在版编目（CIP）数据

中国媒介与女性发展报告.2020/刘利群主编.--北京：社会科学文献出版社，2021.1
（媒介与女性蓝皮书）
ISBN 978-7-5201-7592-0

Ⅰ.①中… Ⅱ.①刘… Ⅲ.①传播媒介-关系-女性-研究报告-中国-2020 Ⅳ.①G206.2

中国版本图书馆 CIP 数据核字（2020）第222681号

媒介与女性蓝皮书
中国媒介与女性发展报告（2020）

主　　编 / 刘利群
执行主编 / 王　琴

出 版 人 / 王利民
责任编辑 / 张建中　周　琼

出　　版 / 社会科学文献出版社·政法传媒分社（010）59367156
　　　　　　地址：北京市北三环中路甲29号院华龙大厦　邮编：100029
　　　　　　网址：www.ssap.com.cn
发　　行 / 市场营销中心（010）59367081　59367083
印　　装 / 天津千鹤文化传播有限公司

规　　格 / 开　本：787mm×1092mm　1/16
　　　　　　印　张：23.75　字　数：354千字
版　　次 / 2021年1月第1版　2021年1月第1次印刷
书　　号 / ISBN 978-7-5201-7592-0
定　　价 / 189.00元

本书如有印装质量问题，请与读者服务中心（010-59367028）联系

▲ 版权所有 翻印必究

媒介与女性蓝皮书编委会

主　　编　刘利群
执行主编　王　琴
委　　员　（按姓氏笔画排序）
　　　　　张敬婕　陈志娟　赵　津　唐觐英

主要编撰者简介

刘利群 中华女子学院院长、党委副书记、教授、博士生导师,联合国教科文组织"媒介与女性"教席主持人,全国妇联、中国妇女研究会妇女/性别研究与培训基地负责人,中国传媒大学媒介与女性研究中心主任。主要研究方向为国际传播、性别传播。主要著作有《性别向度的美国社会观察:女性话题美国访谈录》《社会性别与媒介传播》《国际视野中的媒介与女性》《国际传播概论》《媒介与女性研究教程》《中韩女性媒介比较研究》《美国电视节目形态》等,主要译著有《国际传播:"地球都市"的历史、冲突与控制》《媒体性别敏感指标》《联合国教科文组织新闻教育新课程纲要》等。

王 琴 中国传媒大学媒介与女性研究中心副主任、副研究员、博士,联合国教科文组织"媒介与女性"教席研究团队成员,中国妇女研究会理事,首都女新闻工作者协会理事。主要研究方向为性别传播、女性媒介研究。主要著作有《女性职业与近代城市社会》《大学可持续发展与女性领导力》《芬兰大学女校长》等,主要译著有《满与汉:清末民初的族群关系与政治权力(1861~1928)》《上海繁华:都会经济伦理与近代中国》等。

摘　要

《媒介与女性蓝皮书：中国媒介与女性发展报告（2020）》是由联合国教科文组织"媒介与女性"教席、中国传媒大学媒介与女性研究中心主持编撰的年度研究报告。本报告分为总报告、专题报告、女性媒介篇、媒介再现篇、媒介与女性发展篇，通过各领域的专题报告研究和专题论文分析，对中国媒介与女性的发展现状及特点进行了系统梳理和全面分析。

总报告梳理了近年来媒介与女性的发展状况及特点，指出在信息技术和新媒体技术革新的背景下，媒体格局和媒体生态正在发生变革。新媒体促进了女性赋权和女性发声，同时也带来了社会性别文化传播的复杂化。整体来看，我国媒介与女性的发展取得了很多成果：宣传落实男女平等基本国策，完善政策法规，保护妇女权益；开展媒体宣传和学校教育，创建性别平等的社会舆论环境；加强新闻媒体自律，健全传媒监测机制，推进媒体组织性别平等；媒体引导公共舆论，传播性别平等观念，推动公共政策的完善；利用信息技术和新媒体，推进妇女赋权和妇女儿童权益保护。展望未来，媒体融合发展将深刻影响女性群体生活。我们要积极提升女性群体的媒体素养，推动女性利用媒体为自身赋权、为自我发声；同时要重视媒体传播的舆论引导，警惕新媒体环境下针对女性的网络暴力；积极开展媒体性别评估，推动媒体传播先进性别文化。

专题报告从媒介与女性发展的不同领域进行了专题研究和分析，深入展现了新时期媒介与女性的丰富内容和互动发展。专题报告指出，媒介素养已经成为新科技时代的公民素养，智能时代的媒介传播对女性的媒介素养提出了更高的要求。社交媒体已成为女性获取美妆信息的主要渠道，"美丽消费"也再生产了性别不平等。专题报告还关注了中国女性电影的题材和创

作特色、女性自媒体的特点与发展趋势；分析了热播电视剧中的女性形象、新媒体商业广告中的性别问题；通过研究展现了女性健康的报道情况和反家暴法实施媒体报道情况。报告对女性传媒工作者的发展也进行了专题分析，研究了体育节目女主持人的现状与职业发展趋势，并对新中国成立以来女性传媒工作者的研究情况进行了全面梳理和分析。

女性媒介篇重点关注了目前国内女性媒体的发展情况。以《中国妇女报》为例，分析了在迈向新型主流媒体的进程中，女性主流媒体如何不断提升传播力、引导力、影响力、公信力。以橙雨伞为例，阐述了如何搭建以社会影响力为导向的新媒体传播之道。通过对中国国际新媒体短片节金鹏奖九届参赛短片的数据分析，可以看到新媒体发展为女性创造了更适合用影像表达思想和情感的广阔平台。考察《人民日报》和《中国妇女报》在"三八节"当天发表的女性评论，展现了新时代主流媒体的女性评论在妇女观形塑上的守正创新，不断丰富妇女观的时代内涵。报告还构建了女性电影研究的年度学术地图，分析女性电影研究呈现的新趋势和新特点。

媒介再现篇对媒介中女性形象的呈现和女性话语的建构进行了重点分析，指出女领导在媒体的形象再现中存在娱乐化、负面性的报道程式。分析了美国真人秀节目《天桥骄子》中的性别图景，阐释了真人秀节目对性别角色塑造的引导作用。通过对《纽约时报》女性发展议题的内容进行研究，并梳理其叙事特征，为在当前国际传播中讲好中国故事提供积极借鉴。通过对贺岁档奇幻电影《西游记女儿国》的分析，揭示了在"电影奇观"话语和意义的生产中男性凝视的强化。

媒介与女性发展篇考察了媒体传播对女性发展在不同层面的影响。融媒体背景下，经典传播学理论对发展女大学生思政教育依然存在重要意义。媒介与女性的发展也要从理论认识角度进行深入思考，把握当代女性问题的矛盾核心，对西方女性主义的"西方视野"进行批判性的认识。女性主义互联网民族志的研究方法被更多应用，强调通过社会性别的视角，分析传播新科技的流变与社会结构变迁之间的共生关系。

本报告系统考察了媒介与女性发展的重点领域和重点议题，通过多学科的交叉研究、多角度的理论分析，对媒介与女性的发展现状、特点和未来趋势进行了深入分析和全方位展示。报告中的研究报道基于翔实的研究数据、深入的学术思考，对当前媒介传播中的性别议题、女性发展的媒介情景、媒介技术对女性的影响等问题进行了全面梳理和探索，直面媒介与女性发展的现实问题，探究促进媒介与女性发展的积极对策。本报告生动地展现了媒介与女性发展的现实图景，探索了前沿的学术问题，既丰富了公众对媒介与女性发展的认知，也促进了媒介与女性研究的深化提升。

关键词： 媒介与女性发展　女性媒介　媒介再现　性别议题　性别平等

目 录

Ⅰ 总报告

B.1 媒体变革中的女性发展…………………… 刘利群 王 琴 / 001
  一 媒介与女性的发展状况及特点 ………………………… / 002
  二 媒介与女性的未来展望及建议 ………………………… / 010

Ⅱ 专题报告

B.2 做自主的女性：智媒时代的媒介素养 …………… 陈昌凤 / 016
B.3 社交媒体环境中的女性"美丽消费"………… 宋素红 靳 怡 / 026
B.4 中国女性电影研究报告（2017～2019）………… 覃晓玲 / 041
B.5 热播电视剧中的女性形象分析（2017～2019）…… 魏金梅 / 056
B.6 女性自媒体的特点与趋势研究报告 ……… 王 琴 周 翼 / 079
B.7 反家暴法实施媒体报道研究报告 ………… 冯 媛 曹苧予 / 097
B.8 学术视野中的女性传媒工作者
  ——新中国成立以来女性传媒工作者研究 ……… 董小菲 / 116
B.9 体育节目女主持人现状与职业发展趋势 …… 杨 娜 陈志娟 / 137

B.10 社会性别视角下的健康传播
　　——基于2011~2018年《健康报》《健康时报》的女性健康报道分析
　　　　　　　　　　　　　　　　　　　　　　　　　　房　琳 / 151

B.11 新媒体商业广告中的性别问题研究
　　——基于"媒体性别敏感指标"对微信用户最喜爱的TOP10
　　朋友圈广告的分析　……………………………… 叶鸿宇 / 160

Ⅲ 女性媒介篇

B.12 融入·融合·融通：提升女性主流媒体传播力
　　——以《中国妇女报》为例 ………………………… 禹　燕 / 184
B.13 主流媒体女性评论与妇女观的形塑 ………… 李　舒　孙小咪 / 195
B.14 短片创作中的"她力量"
　　——新媒体为女性在影像表达领域带来的变化和发展趋势
　　　　　　　　　　　　　　　　　　　　　　　　　　孙见春 / 212
B.15 女性电影研究的学术地图
　　——基于2017~2018年CNKI文献的CiteSpace可视化分析
　　　　　　　　　　　　　　　　　　　　　　臧海群　刘　旸 / 227
B.16 搭建以社会影响力为导向的新媒体传播之道
　　——以橙雨伞为例 ……………………………… 刘　霞 / 237

Ⅳ 媒介再现篇

B.17 女领导在媒体中的形象再现研究
　　——以三家媒体2016~2018年的报道为例
　　　　　　　　　　　　　　　　　　　　　　靳雪林　张敬婕 / 246

B.18 美国真人秀节目中性别图景的呈现与建构 …………… 赵 津 / 269

B.19 《纽约时报》女性发展议题叙事学分析 …………… 孔 倩 / 278

B.20 西游母题贺岁档奇幻电影的女性主义话语解构
——以《西游记女儿国》为例 …………… 张 源 王艺竹 / 293

Ⅴ 媒介与女性发展篇

B.21 融媒体背景下重识经典传播学理论对女大学生思政教育的意义
………………………………………………… 王 鲁 / 307

B.22 西方女性主义的"话语殖民"与当代中国女性主义的视野革新
——《再探〈西方视野之下〉：反资本主义斗争中的
女性主义团结》的启示 …………… 唐觐英 / 316

B.23 互联网民族志：性别媒介化研究的方法 …………… 孔 宇 / 326

Abstract ………………………………………………………… / 338
Contents ………………………………………………………… / 342

皮书数据库阅读使用指南

总报告

General Report

B.1
媒体变革中的女性发展[*]

刘利群 王琴[**]

摘　要： 信息技术和新媒体技术的发展促进了女性赋权和女性发声，同时也带来了社会中性别文化传播的复杂化。我国媒介与女性的发展呈现多元化趋势和丰富特征，主要体现在：宣传落实男女平等基本国策，完善政策法规，保护妇女权益；开展媒体宣传和学校教育，创建性别平等的社会舆论环境；加强新闻媒体自律，健全传媒监测机制，推进媒体组织性别平等；媒体引导公共舆论，传播性别平等观念，推动公共政策的完善；利用信息技术和新媒体，推进妇女赋权和妇女儿童权益

---

[*] 本报告为国家社科基金项目"性别议题的媒体表达与提升国际话语权研究"（项目编号：16BXW070）的阶段性研究成果。

[**] 刘利群，博士，中华女子学院院长，联合国教科文组织"媒介与女性"教席主持人，主要研究方向为国际传播与性别传播；王琴，博士，中国传媒大学媒介与女性研究中心副主任、副研究员，主要研究方向为性别传播与女性媒介研究。

保护。展望未来，媒体融合发展带来传播生态变革，未来媒体将深刻影响女性群体生活。我们要积极提升女性群体的媒体素养，推动女性利用媒体为自身赋权、为自我发声；重视媒体传播的舆论引导，警惕新媒体环境下针对女性的网络暴力；加强媒体监管和性别评估，提升媒体人性别平等意识，推动媒体传播先进性别文化。

关键词： 媒介与女性　性别平等　妇女权益　媒体素养　性别平等意识

在媒体融合传播的背景下，媒体技术不断发展、形态多元互融，媒体在社会中的影响力日益凸显。在各种媒体传播的场景中，都有女性力量的助推和女性声音的凸显。近年来，媒体与女性的发展呈现一些明显的特点，也展现出未来发展的新图景。媒体技术变革和社会文化创新，共同推进女性在社会中的发展。媒介与女性发展呈现多元化趋势和丰富特征。

一　媒介与女性的发展状况及特点

近年来，媒体变革和女性发展推进了社会中性别平等观念的传播，营造了尊重女性和两性平等发展的社会环境，男女平等基本国策逐渐普及和深化，政策法规更关注女性权益，媒体内容监测机制不断完善，媒体人的性别意识不断提升，媒体舆论推进公共政策的完善，信息技术和新媒体技术的发展积极促进了女性赋权和女性发声。媒介与女性的发展在我国呈现一些明显的发展趋势和特点。

（一）宣传落实男女平等基本国策，完善政策法规，保护妇女权益

2017～2019年，男女平等基本国策在全社会范围内得到更广泛的贯彻和落实。我国通过政策倡导、媒体传播、教育培训等形式，全方位、多渠道

宣传基本国策，推进女性发展，实现性别平等。

2017年10月，党的十九大召开，习近平总书记在大会开幕式上做了题为《决胜全面建成小康社会　夺取新时代中国特色社会主义伟大胜利》的报告。报告中提出"坚持男女平等基本国策，保障妇女儿童合法权益"。报告明确将男女平等基本国策写入了党的报告，凸显了党和国家对于男女平等基本国策的重视。

针对近年来女性就业领域的诸多困境，河北省在2017年7月颁布了《河北省妇女权益保障条例》，首次建立了就业性别歧视约谈制度，通过政策立法，将男女平等纳入就业劳动保障的监察范围。这一条例将约谈制度法制化，有利于依靠法律力量推进男女平等，落实女性就业的社会保障和社会监督。女性就业问题也得到了国家的高度关注和重视，同年12月，习近平总书记在中央经济工作会议上发表讲话，特别提出要注重解决结构性就业矛盾，解决好性别歧视、身份歧视问题。

各地政府在政策制度中努力落实男女平等基本国策，积极促进女性发展。2017年，天津市领导干部网上学法用法考试系统中增加了"妇女权益保护"的内容，这一内容成为天津9万名领导干部的"必考题"。这一措施有利于强化各级领导干部的国策意识，促进男女平等，把保障妇女权益落到实处。① 2018年1月，辽宁省颁布了《辽宁省政府规章制定办法》，将性别平等纳入省政府规章审查内容。这是全国第一个将男女平等宪法原则在地方立法中落实的省份，有力地促进了男女平等基本国策的贯彻实施。

据不完全统计，全国已经有2400所县级以上党校（行政学院）将男女平等基本国策教育纳入领导干部的培训课程，近500万人次领导干部接受了基本国策的教育培训。黑龙江省把男女平等基本国策培训纳入党校（行政学院）教学计划，制定实施了《推进男女平等基本国策三年培训计划》。浙江省在《关于加强和改善党对新时期工青妇工作领导的意见》中，明确要

---

① 高丽：《"妇女权益保护"成天津九万领导干部"必考题"》，《中国妇女报》2017年6月24日，第A1版。

求"马克思主义妇女观和男女平等基本国策要纳入党校干部培训的课程"。辽宁、江西等省妇联联合省委组织部、省委宣传部、省妇儿工委办专门下发文件,将马克思主义妇女观和男女平等基本国策列为干部培训的必修课程。[①]

国务院妇女儿童工作委员会为了推动男女平等基本国策的实施,组织专家编写出版了《男女平等基本国策的贯彻与落实》读本,以丰富的案例进行阐释,立足国情,解读国策;通过举办各级各类的社会性别意识培训教育,如"教育工作者社会性别意识培训班""新闻媒体社会性别意识培训班",在全社会推进男女平等基本国策的贯彻实施。

传媒领域的性别平等也得到了重视,被写入了国家发展规划和重要法律。国务院在《中国妇女发展纲要(2011~2020年)》中提出:完善传媒领域的性别平等监管机制,加强对传媒的正面引导和管理,提高妇女运用媒体获取知识和信息的能力。在各省份的"十三五"时期妇女发展规划中,促进妇女与媒体的协调发展被作为一项重要指导方针加以强调,成为推动妇女全面发展的重要保障。

传媒广告领域是建构女性媒体形象的重要传播领域,在社会中有广泛影响力。《中华人民共和国广告法》于1994年出台时就在第二章"广告内容准则"的第八和第九条中明确规定,广告不得"含有淫秽、色情、赌博、迷信、恐怖、暴力的内容;含有民族、种族、宗教、性别歧视的内容"。在历次广告法的修订中,都延续了对反对性别歧视的规定,并加强了对违法者的惩罚措施。禁止在广告内容中出现贬抑、否定妇女独立人格的歧视现象。

(二)开展媒体宣传和学校教育,创建性别平等的社会舆论环境

近年来,《人民日报》、新华社、央视等主流媒体发布了很多与女性相关的新闻报道,宣传女性的发展成就及贡献,积极倡导男女平等,创造性别

---

① 《提升领导干部男女平等基本国策意识教育的"三个纳入"》,中国妇女研究网,2017年6月8日,http://www.wsic.ac.cn/index.php?m=content&c=index&a=show&catid=3&id=762。

平等的社会舆论环境。在各类主流媒体和自媒体领域，女性议题也得到越来越多的关注，很多女性议题在社会中引起较大反响。

在全国两会期间，一些两会代表委员积极履职，呼吁在社会中关注女性权益、推动性别平等。2017年，全国政协委员、全国妇联原副主席孟晓驷在两会上提交了关于全面两孩政策下促进妇女平等就业的提案。多位民主党派政协女委员联名提交了关于在民主党派换届中推动女性成员参政比例提高的提案。民盟中央提交了关于完善中小学教师招录制度的提案，建议通过制度设计，促进教师性别比例趋向合理。全国政协委员李兰建议在目前国家统计局、国家工商局、人社部等各部委的统计工作中增加性别选项，促进相关女性研究的发展。[1] 2018年两会期间，全国政协委员、全国妇联原副主席赵东花提交了关于建立法律政策性别平等评估机制的提案，建议由性别专家对法律政策的制定、实施及效果进行审查评估。全国政协委员祁志峰建议国家有关部门关注年轻妈妈群体，在产假、工作待遇、家庭补助等方面给予女性一系列支持，促进女性职业发展。[2] 2019年两会中，全国人大代表、河南省作协副主席廖华歌建议女性产假延长1/3的时间或者一个月。全国人大代表王馨建议关注女大学生就业过程中面临的性别歧视。北京市政协委员、宣武中医院医生朱兰建议加强妇产专科医联体建设。这些两会提案议案从政策完善和制度设计的高度，积极为女性发展建言献策，营造了积极良好的社会舆论环境。

针对女性在公共场所容易遭受性骚扰和性侵害的问题，北京市妇联在2017～2019年连续3年推出了"打击公共场所性骚扰"专项活动，在北京市地铁进行反性骚扰主题宣传活动，利用北京市地铁车厢的拉手和地铁门窗宣传栏等开展主题宣传，呼吁广大民众关注女性遭受性骚扰的问题，"不做沉默的羔羊，不做冷漠的看客"。

---

[1] 南储鑫：《提升政策性别敏感 确保妇女权益落到实处》，《中国妇女报》2017年3月21日，第B1版。
[2] 《两会｜姐妹们关心的妇儿领域的提案来啦，快来看!》，搜狐网，2018年3月5日，https://www.sohu.com/a/224902049_391360。

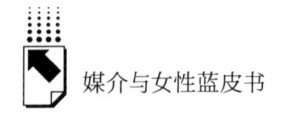

构建性别平等的社会环境还要从教育抓起。2017年，国务院妇儿工委办公室开始实施"中小学性别平等教育项目"，在全国推广性别平等教育，项目首批在山西、内蒙古、江西、山东、贵州等地组织开展了试点工作，总结经验，树立典范，推进性别平等在全社会的传播。① 2018年9月，广东在全省范围内全面开展中小学性别平等教育工作。广东省妇儿工委、省教育厅、省妇联联合下发《关于在我省全面开展中小学性别平等教育的通知》，在全省中小学校、中职学校全面开展性别平等教育工作。2018年12月，天津市妇儿工委、市教委、市妇联三部门联合下发《关于在我市中小学开展性别平等教育的通知》，在全市中小学实施性别平等教育，从中小学教育入手落实男女平等基本国策，构建先进的性别文化。

2019年，长沙市妇联开展了5个性别平等教育项目；组织开展了3期针对学校教师的培训，培训教师170余人。2017~2019年，女童保护基金湖南女子学院团队开课77堂，共为3287名学生讲授"爱护我们的身体"儿童防性侵课程。②

从学校教育入手，从孩子培养抓起，性别平等教育的普及和推广有利于逐渐改变全社会的性别观念，树立良好的社会新风尚。

（三）加强新闻媒体自律，健全传媒监测机制，推进媒体组织性别平等

女性在媒体领域发挥了越来越重要的作用，在该领域中人数比例也有较大增长。1995年的研究数据显示，中国媒体领域的女性工作人员约占总人数的1/3。③ 经过20余年的发展，我国女性媒体人的数量已经有了很大提

---

① 《国务院妇儿工委办公室举办中小学性别平等教育项目启动暨培训会》，国务院妇女儿童工作委员会官网，2017年5月27日，http://www.nwccw.gov.cn/zhuanti/2017-05/27/content_158965.htm。
② 《长沙召开2019年性别平等教育工作推进会》，长沙妇女网，2019年11月20日，http://csfl.changsha.gov.cn/etga/201911/t20191120_3533403.html。
③ 中国社会科学院新闻学研究所课题组：《中国女新闻工作者现状与发展调查报告》，《新闻与传播研究》1995年第2期。

升。2018年6月,中华全国新闻工作者协会发布《中国新闻事业发展报告(2017)》,数据显示,持有国家新闻出版广电总局发放的具有采访资质的新闻记者证的女性采编人员为112081人,占总人数的48.40%。① 女性已经成为媒体领域的"半边天"。在新媒体领域,女性从业者的比例更高。调查发现,中国网络新闻从业者的构成以女性为主,其比例达到59.5%。② 当前,女性在媒体行业中的从业人员数量已占据"半边天",女性媒体人数量增多,使媒体行业的发展有了结构性变化。有观点认为,女性媒体人的增多带来了新闻的女性化现象,女性化的新闻内容得到较多凸显。在新闻女性化的观点之下,一方面,我们看到女性在新闻媒体中的主体地位日渐凸显。但另一方面,我们也要注意到女性媒体工作者进入媒体管理高层的人数依然寥寥,其在媒体中依然缺少话语权和决策权。女性媒体人在岗位和任务分配、职业晋升、生育权益保障等方面的问题仍然需要重视。③

主流媒体倡导规范自律,发布性别歧视类禁用词,推动媒体内容中的性别平等。新华社在2015年和2016年两次发布《新华社新闻信息报道中的禁用词和慎用词》,其中涉及多个性别歧视类的不文明用语。2017年8月,《中国妇女报》发布性别歧视类禁用词,"剩女""泼妇"等词语被纳入禁用词库。对媒体内容的规范用词彰显了媒体的责任意识,有利于改变媒体中的陈规定型观念,改变妇女的媒体形象,推进性别平等。

在促进媒体的性别平等监测与评估方面,各类组织积极加以推进。《中国妇女报》每年发布"性别平等十大新闻事件"和"妇女儿童热点舆情观察与分析",通过对媒体报道的监测行动,积极推动媒体中性别平等议题主流化。中国传媒大学媒介与女性研究中心于2017年翻译出版了由联合国教科文组织和国际新闻工作者协会制定的《媒体性别敏感指标》,并发布了基

---

① 《中国记协发布〈中国新闻事业发展报告(2017)〉》,人民网,2018年6月19日,http://media.people.com.cn/n1/2018/0619/c40606-30066337-2.html。
② 《新媒体人五成26岁以下,女性顶起半边天》,《新闻前哨》2017年第7期。
③ 王海燕:《对媒体商业化环境下"新闻业女性化"的质疑——探究女性新闻工作者追求性别平等的障碍》,《新闻记者》2012年第12期。

于媒体性别敏感指标开展的《对中国媒体报道的性别敏感监测》报告。媒体性别敏感指标旨在评价媒体机构和媒体内容中的性别敏感,判定其是否符合性别平等原则。这一指标在中国的研究和实践中得到推广,有利于创造男女平等发展的社会文化空间。

(四)媒体引导公共舆论,传播性别平等观念,推动公共政策的完善

用媒体力量赋权女性,已成为社会发展的核心议题。女性公共政策的制定、完善,需要妇女界的行动推动,更需要妇女界与大众传媒互动沟通,结成伙伴关系,共同推进媒介议程和公众议程的设置,使性别议题得到充分关注。在媒体的公共场域中对性别议题进行讨论,有利于形成良好的舆论导向,促进公众关注和改善性别问题。

大众传媒在关注和维护妇女权益、促进妇女发展方面发挥了重要的舆论引领与推动作用,特别是其将性别平等理念与重大国家政策和社会议题相结合,增强了媒体报道的性别敏感。媒体与妇女界和法律界通力合作,积极维护妇女权益和促进妇女发展,例如近年来,媒体对于《最高人民法院关于适用〈中华人民共和国婚姻法〉若干问题的解释(二)》第二十四条关于夫妻共同债务承担的规定一直有广泛关注和热烈讨论。在司法实践过程中,很多女性作为妻子不得不背负莫名的债务。全国人大常委会法制工作委员会也收到了近千件对《最高人民法院关于适用〈中华人民共和国婚姻法〉若干问题的解释(二)》第二十四条规定提起审查的建议。在媒体舆论的持续关注下,2018年1月,最高人民法院发布《最高人民法院关于审理涉及夫妻债务纠纷案件适用法律有关问题的解释》,对此做出了新的司法解释,对婚姻存续期间夫妻债务问题的法条加以重大调整,得到了舆论的广泛认可。此外,在媒体的积极关注和报道之下,最高人民法院也将和女性发展关系密切的"性骚扰责任纠纷""平等就业权纠纷"等问题列为新增案由。

同时,女性议题越来越多地进入社会舆论场。媒体密切关注热点女性议题,积极报道有关妇女儿童的网络舆情事件,对各类女性议题的讨论更加频

繁与深入。社会舆论对女性议题的态度立场鲜明，尊重女性的行为会受到舆论赞赏，侵犯女性权益的事件则会引发强烈谴责。比如2017年，奥迪公司、绝味食品公司的广告涉嫌侮辱女性，《人民的名义》等电视剧中出现了人物歧视女性、污名化女干部等情节，媒体和网友旗帜鲜明地进行了评论，彰显了广大民众性别平等意识的不断增强。此外，针对以"复兴国学"为旗号的"女德班"和"女德言论"，以及温州等地出现的未成年"女德班"等现象在被媒体关注和报道之后，遭到社会舆论的严正批判，引发公众的抵制，各种"女德班"被责令关停。可以看到，这些针对女性的歧视性事件在被媒体曝光之后，得到了网友的积极抵制和舆论抗议，正义的声音始终不会缺席。媒体通过舆论的力量彰显了社会正能量，进一步普及了性别平等观念，为女性发展营造了良好的社会环境。

女性议题引发的社会关注和讨论越来越多，性别平等从隐性话题变成显性话题。例如，"男性该有怎样的气质"引发社会热议。2018年9月，因央视针对全国中小学生播出的节目《开学第一课》中男性嘉宾的形象问题，网络上出现了针对男性"娘炮"现象的讨论，引发了全社会关于"男性应该有怎样的气质"的媒体大讨论。一方面，传统性别观念认为，男性就应该具有阳刚的性别气质。另一方面，也有网友指出男性气质是多元化的，"娘炮"形象的出现代表了男性审美的多元化发展。这些媒体讨论有利于打破媒体中的性别刻板印象，构建更包容多元的性别文化。

近年来，影视作品中塑造了大量的正面女性形象。在流行一时的"大女主"剧中，女性主角大多独立自信，有鲜明的自主意识，在经历磨难成长后获得成功。《花千骨》《楚乔传》《那年花开月正圆》等作品塑造了一系列独立自主的荧幕新女性形象。这些形象有力地改变了传统社会文化中对女性的刻板印象，而以上作品也成为传播性别平等观念的重要媒体作品。

（五）利用信息技术和新媒体，推进妇女赋权和妇女儿童权益保护

在全社会大力推动信息技术发展，提升女性信息技术使用能力。中国互

联网络信息中心（CNNIC）统计数据显示，截至2019年6月，我国网民规模达8.47亿人，互联网普及率为61.2%。中国女性网民占网民总数的47.6%，与人口性别比例基本一致。

新媒体的快速发展为女性接触、学习和运用媒体提供了条件，使更多女性有机会利用媒体获取信息知识，并利用社交媒体积极发声。各类妇女组织通过微信公众号等渠道建立了自媒体平台。各级妇联组织利用微信公众号，积极推送有利于性别平等的内容，同时也对媒体中存在的各种性别偏见和性别歧视予以针砭。以上形成了属于妇女群体自身的公共发声渠道，通过线上传播、倡导和讨论等方式推动妇女群体权利的实现。

国家通过开展网络治理专项活动，为女性发展营造良好的网络环境。国家在全国范围内开展"扫黄打非"净网行动，加大对网上违法有害信息的清理整治力度，遏制各种不良信息对女性的侵害，加强对网络中损害女性形象信息内容的监管，为女性营造健康良好的网络文化环境。

国家积极利用信息网络技术，持续打击拐卖妇女儿童等违法犯罪行为，妇女儿童权益保护水平进一步提高；继续深入开展全国"打拐"专项行动，扎实推进侦查破案、抓捕人贩子、查找解救被拐妇女儿童等各项工作。2009年，公安部建立了世界上第一个"打拐"DNA信息库，截至2018年，已帮助5500余名被拐儿童与家人团聚；2016年，公安部建立"打拐"系统——"团圆"，截至2018年9月，平台共发布儿童失踪信息3419条，找回失踪儿童3367人，找回率为98.5%；协助各国执法部门调查跨国网络传播儿童淫秽信息等涉网儿童性犯罪，协助侦破多宗案件。

二 媒介与女性的未来展望及建议

媒体技术的不断革新带来媒体传播生态的新格局，媒体渗透至每个人的日常生活，影响力与日俱增。新一代女性普遍接受了良好的教育，经济地位不断提升，在媒体舆论中的主体性和话语权不断彰显，社会中的性别平等观念也在不断加强。媒介与女性都处于一个快速发展的阶段。

（一）媒体融合发展带来传播生态变革，未来媒体将深刻影响女性群体生活

全社会对媒体发展的关注度和重视度都在不断提升。2019年1月25日，中共中央政治局在人民日报社就全媒体时代和媒体融合发展举行第十二次集体学习，习近平总书记在讲话中指出："全媒体不断发展，出现了全程媒体、全息媒体、全员媒体、全效媒体，信息无处不在、无所不及、无人不用，导致舆论生态、媒体格局、传播方式发生深刻变化，新闻舆论工作面临新的挑战。"[①] 在未来的媒体生态格局中，媒体与我们的生活息息相关。媒体未来的发展更趋向于智能化，力求实现"万物皆媒"，使整个社会"媒体化"。

展望未来，媒体对女性发展将会有全方位的深入影响。在自媒体蓬勃发展的环境中，人人都是信息的生产主体和传播主体。抖音、快手等短视频平台，微博、微信等自媒体平台都是女性议题传播的重要场域。自媒体给普通女性提供了更多的发展机会和更广阔的发声空间。女性创业、女性维权都可以在自媒体平台中获得更多的渠道。如何抓住自媒体发展带来的新机遇，实现女性自我赋权，也是未来女性发展的挑战。

（二）提升女性群体的媒体素养，推动女性利用媒体为自身赋权、为自我发声

媒体技术的迅速发展，带来了媒体形态的大变革和大创新。在日新月异的媒体平台中，适应新的媒介形态、了解新的传播格局和传播特点、认识媒体、运用媒体、不断提升个人媒介素养，成为新时期女性个体发展的重点。

新媒体技术给女性群体带来了很多发展的新机会。女性群体包含了不同阶层、地域和年龄的人群，提升女性群体的媒介素养，尤其要重视对边缘女

---

① 《习近平：推动媒体融合向纵深发展 巩固全党全国人民共同思想基础》，新华网，2019年1月25日，http://www.xinhuanet.com/2019-01/25/c_1124044208.htm。

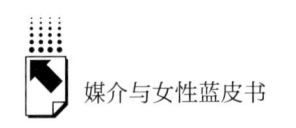

性群体的关注。媒体给了女性发声和赋权的机会，而这样的机会对于那些普通女性更为重要。针对有迫切需要的妇女群体，尤其是农村、残障和流动妇女群体，以及老年女性群体等，要为她们开展有针对性的新媒体使用技能培训。提升底层妇女的媒体素养，让她们获得更多的网络信息资源、掌握新媒体技术，鼓励其使用新媒体获取信息、表达意见。

例如，在新媒体技术快速发展的时代，老年女性往往成为被忽略的一群人。她们对于新媒体技术的适应性较差，在年轻人群体中已经普及和掌握的媒体技能，对于她们而言却是不可逾越的知识鸿沟。中国已经进入老龄化社会，老年群体在整个社会中所占的人口比例大幅提升。老年女性群体面临年龄和性别对信息技术获取的双重边缘化。重视老年女性群体的媒介素养，对她们进行有针对性的新媒体使用技能培训，帮助老年女性群体更快地适应信息社会。通过智能手机等媒体终端，她们可以更好地融入网络社会，感受信息技术带来的便捷生活，获得更多的满足感和幸福感。

（三）重视媒体传播的舆论引导，警惕新媒体环境下针对女性的网络暴力

新媒体发展带来的新闻传播时效竞争激烈、把关监管难度加大等传播生态变化，对媒体实践有深刻影响。对此，需要更加重视媒体传播的舆论引导作用，推进性别平等的社会文化。

新媒体环境下，质疑受害者以及泄露受害者隐私的言论在涉及性和暴力的社会事件中频繁出现。在各类社会新闻报道中，女性往往是作为暴力受害者出现的。2018年5月，郑州一位空姐在搭乘滴滴网约车途中被司机奸杀，引起舆论的强烈反响，引发公众对女性出行安全问题的关注和探讨。但在新媒体场域的信息传播中，很多人关注的重点是女受害者的外貌是否漂亮、衣着是否暴露，甚至质疑一个正经女孩为什么要晚上外出。

新媒体舆论场中，对妇女的歧视和偏见依然存在。在对家庭、两性关系议题的讨论中，用传统性别规范要求女性的言论不断提出，并且有着广泛市

场。"女德班"在各地出现，屡禁不止，体现了传统旧道德对女性的禁锢依然存在。"女孩最好的嫁妆就是贞操""女性穿着暴露会克家庭、克父母、克子女"等歧视女性的言论通过"女德"的包装，依然在社会中传播。面对家庭暴力时，"女德班"的建议是"打不还手、骂不还口、逆来顺受、坚决不离"。不可否认，这些观点在今天的社会中依然有人接受和认可。

"女德言论"还被包装成新形式，在新媒体舆论场中广泛传播。知名情感博主 Ayawawa 在自媒体领域有大量女性"粉丝"，而她对女性的情感指导就是要让女性一切以男性为中心，通过恋爱和婚姻吸引男性为自己投资。这一套成功学式的婚恋指导理论完全将女性"矮化"和"物化"，让女性以经营感情、丧失自我为代价，通过逢迎男性而获得利益，通过利用男人来获得成功。这种女性情感培训课得到很多人的追捧，不得不令人深思。

新媒体场域中，针对女性的暴力行为出现了很多新形式和新特点。反对针对女性的性别暴力，尤其需要重视各种网络暴力。近年来，通过社交媒体平台实施的网络暴力行为层出不穷。网络跟踪、网络语言暴力、网络性骚扰、死亡威胁、人肉搜索、在女性非自愿的情况下获取其私密照片等暴力事件频频发生，成为目前网络中针对女性网络暴力的常见现象。社交媒体中，很多女性打破沉默，女性遭受性骚扰和性暴力的事件被不断揭露。她们通过自媒体发声，唤起舆论讨论，推动了社会公众对女性权益的关注和支持。但我们也看到，女性在为自身权利发声时，经常面临一些网络语言暴力。很多女性成为网络暴力行为的受害者，由此遭受了巨大的生理和心理创伤。

关注女性权益，需要重视各种社交媒体中日益高发的网络暴力，既要让女性提升自我保护意识和维权能力，也要在社会中积极开展打击网络暴力的活动，营造安全的网络空间。由于监管措施缺乏，当前很多社交媒体平台对暴力行为难以进行有效的审查监管。网络信息的匿名性、迅捷性、广泛性，给一些暴力行为提供了便捷的掩护，使网络暴力行为难以被及时查处。媒体监管部门要对媒体传播进行舆论引导，对媒体暴力行为加强监管，保护妇女权益，并鼓励和支持妇女在新媒体环境中维权发声。

（四）加强媒体监管和性别评估，提升媒体人性别平等意识，推动媒体传播先进性别文化

我国的传媒业正处于快速发展阶段，各种新的媒介形式不断涌现，媒体的社会影响力越发彰显，对媒体和舆论的监管也得到更多重视。整体来看，我国政府较为重视对传媒的政策管理，对于媒体传播内容有一些具体的监管政策。近年来，《中华人民共和国电影产业促进法》《中华人民共和国公共文化服务保障法》《专网及定向传播视听节目服务管理规定》《网络出版服务管理规定》等多部规章政策制定实施，有力地促进了媒体管理的法治化。

一方面，社会性别意识还没有被纳入我国传媒政策的主流，媒体的各类监管政策普遍缺乏性别敏感，缺乏关注性别平等的具体评价指标。现行的政策法规大多是笼统禁止"淫秽、色情"等媒体内容。性别平等在媒体监管标准中的缺失，也使社会中许多性别问题被遮蔽，得不到应有重视。针对当下媒体中依然存在的一些歧视妇女和消费妇女，以及各种针对妇女的性别暴力现象，都需要有具体法规进行有效管理。

另一方面，媒体人的性别平等意识有待提升。媒体行业有各种针对职业技能、职业道德等内容的培训学习，但是一直没有专门的性别平等意识培训。这使媒体工作者的性别平等意识比较薄弱，普遍缺乏性别敏感。这一情况也使媒体内容监管对性别平等的敏感度和重视度不足。提升媒体工作者的性别平等意识需要从传媒教育的源头入手，加强性别平等意识的教育培训。建议在新闻传播专业的课程中加强性别视角，在教学中纳入与性别平等相关的知识和内容。此外，要重视对传媒工作者性别平等意识的培训工作。建议由政府管理部门组织主题培训活动，将性别平等意识纳入传媒培训规划，并在媒体从业者的各类培训活动中加入性别平等内容。媒体机构可以通过制度设计增加女性在媒体决策层中的比例，以提高女性在行业和机构中的地位。媒体机构应该在任务分配中注意性别公平，为女性提供专门的培训和进修机会，创造性别平等的媒体工作环境。

同时，在政策管理层面加强制度建设，推进媒体监管。建议对媒体管理政策进行社会性别分析和评估，制定和落实具有性别平等意识的具体监管措施，禁止在媒体中出现针对妇女儿童的性别歧视和偏见。完善传媒监管机制，增加性别监测指标，吸纳社会性别专家参与传媒监测活动。加强对文化传媒内容的评估监管。对媒体内容中贬抑女性、歧视女性的情形及时纠正处理，消除影响。设立媒体传播中性别平等违规行为警示记录系统，通过日常监测、定期评估、专项检查、实地抽查等方式，加强对媒体传播的监督管理。媒体管理部门要鼓励媒体关注性别议题，在全社会传播先进性别文化，落实男女平等基本国策。

参考文献

国务院妇女儿童工作委员会办公室编《男女平等基本国策的贯彻与落实》，人民出版社，2016。

联合国教科文组织：《媒体性别敏感指标：衡量媒体运行和媒体内容性别敏感的指标框架》，刘利群、陈志娟等译，中国传媒大学出版社，2017。

中国互联网络信息中心：第 44 次《中国互联网络发展状况统计报告》，2019。

专题报告

Special Reports

B.2
做自主的女性：智媒时代的媒介素养

陈昌凤*

摘　要： 媒介素养已经成为新科技时代的公民素养，女性的媒介素养尤其受到关注。研究表明，女性在媒介报道中仍然被刻板印象化，扮演的角色也呈弱势化。本报告结合国内外的相关文献，从智媒时代媒介信息的生产与传播机制入手，希望女性能够了解新技术时代的信息传播机制，懂得判断和运用媒介，学会保护个人隐私，避免作茧自缚，在算法时代做自主的信息用户。

关键词： 女性与媒介　媒介素养　智能算法

---

* 陈昌凤，博士，清华大学新闻与传播学院教授、常务副院长（正职）、博士生导师，国务院学位办新闻传播学科组成员，教育部新闻传播教育指导委员会副主任委员，中国记协常务理事，中国新闻史学会名誉会长，主要研究方向为新闻传播史、传媒与社会变迁和媒介伦理。

我们生存的世界是由信息构建的。直到不久前，人类才认知到，信息与物质、能量应当并列，它们是组成世界的"三基元"，是人类社会发展可以利用的三种基本资源。一份大型报纸一天刊载的信息，几乎相当于17世纪一个普通人一生所接触的信息的总和。而且随着Web2.0技术的不断普及和升级，信息生产主体已经超越了媒体，任何一位互联网用户都可以成为信息生产者。以中国为例，截至2019年，网民人数超过8亿人，每天生产信息300多亿条。① 2018年，各类自媒体号的总注册数约3155万个，其中，微信公众号总注册数超过2000万个，自媒体工作者超过260万人。今日头条2020年1月发布的《2019今日头条年度数据报告》显示，2019年头条创作者共发布内容4.5亿条，有1825万名用户首次在头条上发布内容，114款国家级贫困县农产品通过信息流动走出大山。微信官方2020年1月发布的《2019微信数据报告》显示，微信月活跃账户数达11.5亿。由此可以看出，在当代社会，具备媒介与信息素养，也许可以更好地成就自我、贡献社会。

刘利群教授主编的《中国媒介与女性发展报告（2015～2016）》指出：提高女性的媒介素养成为社会发展的核心议题。该书指出，当前依然严峻的问题包括：在"互联网+"时代，社会性别议题的媒体表达亟待提升；媒介内容中所重现和强调的对女性价值认定的质疑与偏见亟须根除；媒介与女性的学术研究和媒介制播需要进一步合作。②

媒介素养已经成为新科技时代的公民素养。媒介素养是什么？按照联合国教科文组织（UNESCO）曾经的界定，媒介素养包括对信息具备以下能力：选择能力（ability to choose）、理解能力（ability to understand）、质疑能力（ability to question）、评估能力（ability to evaluate）、创造或者生产能力（ability to create or produce）、思辨的反应能力（ability to respond thoughtfully）。媒介素养教育的目标包括使人们理解媒体传播的各种内容（text），反思媒介世界与现实世界的异同（representation），了解受众在媒介产业链中的地位

---

① 《网易CEO丁磊：媒体发展的关键在于信息的消费升级 | 德外荐读》，"德外5号"微信公众号，2019年7月31日。
② 刘利群主编《中国媒介与女性发展报告（2015～2016）》，社会科学文献出版社，2017。

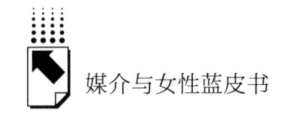

和作用（audience），了解各种媒介组织的结构和运作机制（institute），能够主动运用各种媒介表达正当的意志和要求（access）。新科技时代，媒介素养还包括对科技的认知。通常妇女和儿童是最需要提高媒介素养的群体。本报告将结合智能传播时代的传播原理对新科技时代的媒介素养加以阐释。

一 女性与媒介：刻板印象从传统媒体延伸至数字媒体

近年来，"信息素养和性别"成为消费者如何聪明、有效地消费信息的中心问题，特别是妇女如何批判性地分析信息成为核心。"谁做新闻"（Who Makes the News，WMTN）是一个有关媒体、性别和其他歧视的知识、信息和资源门户。它主办的项目有"全球媒体监测项目"（Global Media Monitoring Project，GMMP），旨在通过新闻媒体促进两性平等。[1] 作为新闻媒体中规模最大的性别问题国际研究项目，全球媒体监测项目自1995年以来，每5年收集一次新闻中有关性别指标的数据，包括性别偏见和刻板印象等。[2] 全球媒体监测项目最近一次的报告发布于2015年[3]，基于从114个国家收集的数据，全球媒体监测项目的宏观分析揭示了性别在区域新闻内容中如何呈现，国家一级的分析还揭示了国家模式以及各国之间的差异和相似性。2015年，GMMP显示，过去5年来，媒体中关于呼吁两性均等的声音几乎消失了，关注报纸、广播、电视新闻的人中，妇女只占24%，与2010年的调查结果完全一样。主要新闻议题中，在仅占8%的最不重要的科学与健康议题的报道中，性别差距（gender gap）最小——在此议题下关于女性的新闻报道占新闻总数的35%；而在政治新闻报道中，关于女性的新闻报道只占16%，比5年前少了3个百分点。在地方新闻中，过去10年关于女性的新闻报道占地方新闻总数的

---

[1] "Who Makes the News," http：//whomakesthenews.org/gmmp/gmmp－reports/gmmp－2015－reports.
[2] "Media and Information Literacy and Women, the Case of Sub-Saharan Africa," https：//milunesco.unaoc.org/mil－articles/media－and－information－literacy－and－women－the－case－of－sub－saharan－africa/.
[3] "Global Media Monitoring Project 2015," https：//www.presscouncil.org.au/uploads/52321/ufiles/Who_makes_the_news_-_Global_Media_Monitoring_Project_2015.pdf.

26%~27%，近五年在全国性的报道中，关于女性的新闻报道占23%。

不仅新闻的性别视角以男性为中心，媒体在挑选各类观点的被采访者时，从"专家"意见到"普通"见证者，也偏向于选择男性。新闻中的大多数人物、发言人和专家是政府高级官员及政治家，而对于女性的形象，媒体一直存在刻板成见：妇女被描绘成受害者的可能性仍然是十年前的男性被描绘成害者的可能性的两倍多。2005~2015年，妇女被描绘成家庭暴力幸存者的可能性持续上升，达到27%（十年前是6%）。

全球女性记者的数据也不容乐观。按照2015年全球媒体监测项目的统计，在报纸、电视和电台新闻广播中，只有37%的报道是由女性做的。

那么在数字化时代，女性受新闻关注的程度又如何呢？调查显示，女性在传统新闻媒体中的隐性状况，同样也渗入数字化新闻发布平台。在网络新闻报道和媒体新闻的社交推文中，只有26%的作者是女性；在线新闻和推特新闻中，女性在科学和健康领域发布的报道最多，但亚洲、非洲和中东除外。在亚洲的数字化新闻中，关于女性参与犯罪和暴力的新闻最多，分别占新闻报道的40%和39%。在中东，女性最擅长数字化的名人新闻，占47%。在网络时代，按女性在新闻网站上的报道中所扮演的角色来细分，发现结果与传统新闻有惊人的相似之处。女性作为发言者出现在网络新闻的可能性（占18%）要低于自己发信息的比例；女性作为专家出现的可能性占21%。女性出现在网络报道中的比例比出现在传统媒体中的比例多5个百分点：42%的网络新闻是由女性报道的，网络女性记者的数量多于传统媒体女性记者的数量。值得关注的是，女性和男性记者在信息来源选择上的性别差异在网络新闻中变得更加明显。女性记者报道的网络新闻的信息来源有33%是女性，而在男性记者的报道中女性信息来源占23%。

二 媒介素养升级为技术素养：智媒时代的信息生产与传播机制

计算机技术已经逐渐渗入新闻编辑室，新闻生产的各个环节都面临挑

战。人工智能技术深刻影响了信息的生产、传播与消费。在信息生产与传播的链条中,涉及数据挖掘、自动化信息生产、算法式智能分发以及信息的智能化核查。这里简要阐释一下智媒时代的信息生产与传播机制。

智媒时代自动化的信息生产运用的核心技术是作为人工智能重要分支的自然语言处理(NLP)技术,包括自然语言理解(NLU)和自然语言生成(NLG)两个方面。自然语言生成是写稿机器人的核心技术,它是指从非语言输入构造自然语言输出的处理过程,本质是完成从信息的某种非语言表示中映射诸如文档、报告等人类的表达。从流程来讲,自然语言处理过程包含文档规划(document planning)、微观规划(micro-planning)和表层实现(surface realization)三个环节。[1] 最新的科学进展表明,写稿机器人已经可以使用人类的情感词语表达情感信息,在不牺牲语法正确性、信息准确性的情况下生成具有自然情感的句子。[2] 机器也能以语义特点为模型,通过学习大量的风格化文本,对输出的文本进行风格管理。自然语言生成主导下的新闻写作程序表现了优秀的全局规划能力和逻辑处理能力,打破了机器无法驾驭复杂新闻写作的成见。自然语言理解技术又称人机对话技术,它是结合语言学、逻辑学、计算机科学等学科,通过句法分析、语义解释和上下文推理,使计算机能够理解人类自然语言的文本意义和深层意图,完成从文本到意义和意图的映射。在新闻类的应用中,自然语言理解技术运用于智能化的新闻聊天机器人、个性化新闻写作。个性化推荐系统只是在现有的文本库中挑选与用户最匹配的信息,并不能根据用户的需求量身定制新闻。但是自然语言理解技术可以使机器从用户的语言表达中推断用户表达的意义和意图,据此即时组织个性化的新闻生产,使新闻的生产不再具有统一的中心,而是下沉至若干终端。写稿机器人不仅可以辅助记者和编辑进行新闻生产,更可以代替人类进行完整、复杂的新闻生产。当高度智能

---

[1] E. Reiter, "Building Natural-Language Generation Systems," *Computational Linguistics* 2 (1996).
[2] S. Ghosh, et al., Affect-LM: A Neural Language Model for Customizable Affective Text Generation (Paper Represented at the Proceedings of the 55th Annual Meeting of the Association for Computational Linguistics, 2017).

化的新闻生产逐渐成为主流时，新闻职业从业者的角色定位和社会期许也会被时代重塑。

机器人生产新闻的前提是数据挖掘，即对现有的数据进行搜索、清洗、选择。而数据挖掘也会带来一些问题，比如，如果女性在新闻中的位置仍然如第一节中所述，那么智能机器人的价值判断会不会受到现有的大众对女性刻板印象的影响呢？按照目前机器人程序的逻辑，影响是不可避免的。人类存在的偏见，会投射到机器人的逻辑之中。此外，还有智能化分发也在不断影响人们的信息消费，人们可以得到专属于自己的个性化信息。算法已经成为一种影响我们日常生活的文化[1]，而不只是一种技术，这些我们是否能知晓、理解、批判并反省呢？比如，智能技术正在提出一个新的命题，在算法结构的数字逻辑和技术逻辑下，信息的人类生产者调整内容生产以驾驭分发算法，内容生产者不只是被动地接受算法的支配，其还是能动的算法适应者和使用者，这样，算法技术建构信息生产者的行为，信息生产者通过调整自己的行为回应"高高在上"的平台权力。YouTube上的美妆博主尽管表面上缺乏技术知识，但可以通过彼此交流对平台算法的认知，协作形成对算法的集体感知，进而调整内容生产以驾驭分发算法[2]，使用户、平台和算法之间形成相互依存的复杂关系。一项对Instagram的研究发现，用户会与算法产生有意识的、工具性的交互，并围绕算法的规则构造一个提升信息可见性的游戏[3]。未来无论我们是作为信息生产者，还是作为普通消费者，都会置身于一个更复杂的情境中，我们是否了解、是否有能力掌控、是否有独立批判与反思的能力？这是一个值得思考的问题。因此，我们要主动地了解和学习新技术，迎接新技术带来的变迁与挑战。

---

[1] E. Pedersen, "My Videos Are at the Mercy of the YouTube Algorithm: How Content Creators Craft Algorithmic Personas and Perceive the Algorithm That Dictates Their Work," https://digitalassets.lib.berkeley.edu/techreports/ucb/text/EECS-2019-48.pdf.

[2] S. Bishop, "Managing Visibility on YouTube Through Algorithmic Gossip," *New Media & Society* 21 (2019).

[3] K. Cotter, "Playing the Visibility Game: How Digital Influencers and Algorithms Negotiate Influence on Instagram," *New Media & Society* 4 (2019).

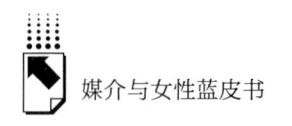

三 算法时代的"隐私公曝"与"自缚之茧"

许多社交平台的用户发现,自己的兴趣、喜好正在被他人获取,并通过各种信息平台转换成商业消费或信息推送。一位大学生晚上跟同学在微信中聊了几句《蓝色生死恋》(韩剧),第二天她打开"B站"(中文全称"哔哩哔哩",英文名称"Bilibili")的时候,竟然满屏都是《蓝色生死恋》的相关推送信息;一位教师顺手点开了某平台上两个艺人的八卦新闻,结果随后他得到了无数的八卦推送……如今社交平台高超的算法技术如同"读心术",能从你的言行中推测出你的种种隐私、未来的消费趋势。身处算法时代,我们的隐私已经无所遁形了。对于女性而言,算法更可能给她们带来太多的风险和不确定性,因此我们对新技术要有所感知。

人类虽然曾一度处于信息匮乏时代,但互联网把人类带入了信息过载时代。为了降低信息用户的决策成本和信息生产者的送达成本,技术成为信息过滤的主要功臣。从分类目录到搜索引擎,再到如今的智能算法,均极大地满足了用户的信息需求。推荐系统模拟了人们习惯听从外部建议进行决策的心理机制,通过与用户的交互,直接获取用户的显示性偏好或间接从用户的行为中推断其隐含的偏好,为其推荐信息,以实现用户和信息的匹配。1993年,麻省理工学院媒体实验室的科学家为解决BBS新闻组的信息过滤需求,将遗传算法和反馈学习技术结合,开发出一种能够动态适应用户不断变化的兴趣的半自动信息过滤系统。随后新闻推荐系统变得越来越精致,移动设备的流行使新闻推送能够与场景相匹配。

我们是如何被算法推荐信息的呢?哪些要素决定了我们会看到的信息?通常,我们首先会被算法"画像"。算法是怎么给用户"画像"的呢?其可以依据的算法有很多种类型,既可以是用户的人口统计学特征,如年龄、性别、地区、职业和受教育程度等;也可以是用户的行为特征,如搜索、浏览记录;还可以是用户的关系特征,如用户的好友关系、与其他用户的互动频率;等等。一个"猪队友"可能让你的个人信息空间充满不确定性。因此,我们的网络行为、网上交友关系等都是需要注意的。

另一个问题是：在算法时代我们会不会成为"作茧自缚"的"茧"呢？哈佛大学法学院教授桑斯坦在其著作《信息乌托邦：众人如何生产知识》中提出的"信息茧房"（Information Cocoons）概念，在全球范围内引发了政治学、传播学、法学、计算机科学、心理学、社会学等领域的广泛关注。桑斯坦教授的意思是：我们在信息传播中只关注自己选择的内容、关注使自己能够获得安慰和愉悦的传播世界，如同置身于蚕茧般"作茧自缚"。他认为麻省理工学院的媒介与科技专家尼古拉斯·尼葛洛庞帝提出的"我的日报"（Daily Me）的概念就是对"信息茧房"效应的预言：一份完全个人化的报纸，我们每个人都可以在其中挑选自己喜欢的主题和看法。他认为由于网络社区超越了物理和地理学的限制，因此出现了与志同道合的人保持联系的新机会，网络社区还提供了避免与一切不感兴趣的人和事接触的机会。如果人倾听的是与自己相似的观点，则可能会变得更加极端和自信，进而造成群体极化、两极分化。① 随着算法技术的广泛运用，有学者认为，算法的功能会使这种主观选择的过程更加突出，这些算法会根据以前的偏好让人们接触到相似的内容。②

"信息茧房"是否存在？如果存在，引发的原因是什么？它是负面的吗？有哪些关于"信息茧房"的实证研究？有反向的实证研究吗？技术是否可能降低或消减负面"信息茧房"的风险呢？这一系列问题都值得我们去深入思考与探索。中国基本上是将"信息茧房"当作一个已然的负面存在而接受了这个概念，并以此为出发点把算法等技术当作引发"信息茧房"的根本原因，对其进行全面的批判。而对于"信息茧房"的质疑和批判性研究尚少，实证性研究罕见，全盘接受或望文生义的概念化研究却非常多，并且算法平台实务界与学术界的观点大相径庭。所以，我们需要有自己的辨别力。

"信息茧房"是一个比喻，主要是建立在技术尤其是算法推荐技术降低政治

---

① C. R. Sunstein, *Republic.com*. (Princeton、NJ: Princeton University Press, 2001); C. R. Sunstein, *Republic.com* 2.0. (Princeton: Princeton University Press, 2007).
② T. Bücher, "Want to Be on the Top? Algorithmic Power and the Threat of Invisibility on Facebook.," *New Media & Society* 7 (2012).

信息多元化的忧虑之中，能够实证"信息茧房"存在的研究尚属罕见。桑斯坦提出的"信息茧房"，是基于美国两党政治的语境对新技术降低政治信息多元化以及政治信息极化的忧虑下提出的，如今却被泛用于所有信息。但是西方学界尚没有能够实证"信息茧房"存在的有力研究。事实上，能够造成"信息茧房"的单纯信息环境很难在现实中出现。不少研究表明几乎没有经验证据可以证实"信息茧房"的存在，公众对政治的更大兴趣和媒体的多样性，都降低了其在"回音室"中的可能性；在对美国以外的地方，如西班牙的实证研究，也没有发现"信息茧房"的存在；政治学和宗教社会学的理论与实证还发现"回音室"并非必然有害、互联网并非回音室形成的"同谋"；计算机领域的专家发现强化性意见和挑战性意见在促使用户关注新闻报道方面并没有多少量的区别，无法证明"回音室"的负面性，相反，他们还证明了强化性信息丰富了大家的政治认知和参与度，而不是形成了"信息茧房"。Web2.0技术提供了与志同道合的人讨论问题的机会、也增加了与那些持不同观点的人讨论问题的可能性，导致很难形成"信息茧房"和"回音室"。

以中国为例，使用短视频平台的用户中有大量用户同时使用至少两个短视频平台——2019年第三季度，使用字节跳动的用户为6.06亿人、使用快手的用户为4.14亿人，据统计，两者用户重合率达到36.4%。[1] 也就是说，人们会使用更多的App、更多的信息聚合平台、更多的社交媒体，这样用户就不大可能处于一个能形成"信息茧房"的简单线性的信息环境中。而若作为长期效果来研究，证实"信息茧房"的存在就更困难了。Web2.0技术的本质使"信息茧房"和"回音室"很难形成，反而给人们提供了参与同异观点讨论的可能性。当然，"信息茧房"作为一种忧虑，是值得我们在智能算法时代对其保持警觉的。我们需要接触更丰富的信息源，并且做自主、有判断力的用户。

（本报告为清华大学自主科研项目的成果）

---

[1] 《中国数字用户行为变迁专题分析2019》，易观网，2019年11月7日，https://www.analysys.cn/article/analysis/detail/20019539。

参考文献

〔美〕凯斯·桑斯坦:《信息乌托邦:众人如何生产知识》,毕竞悦译,法律出版社,2008。

〔美〕尼古拉·尼葛洛庞帝:《数字化生存》,胡泳译,海南出版社,1996。

B.3
社交媒体环境中的女性"美丽消费"

宋素红 靳怡*

摘 要： 社交媒体已成为女性获取美妆信息的主要渠道。女性用户普遍认可颜值的重要性，化妆已成为一种日常性活动。女性"美丽消费"的动机主要来自个人满足感、生活仪式感、增加交往的吸引力和满足社会期待。女性从消费者转化为欲望生产者，消费动机朝着以形象资本争取社会认同的方向发展。商业化和父权制意识的结合在社交媒体中得到延伸和强化。"美丽消费"再生产了性别不平等。首先，社交媒体便于男性"凝视"女性，也便于女性主动寻求"凝视"。其次，社交媒体的"美丽神话"加重了消费对女性的异化。

关键词： 社交媒体 美丽消费 美丽神话 性别平等

"美丽消费"是指以追求外表美为目标，围绕身体进行的消费活动。随着社交媒体的不断发展和网络购物环境的改变，单向的传播发展转为双向交互，社交媒体环境中的"美丽消费"逐渐成为学术界关注的新问题。

在国内，关于社交媒体与"美丽消费"的相关研究可分为宏观和微观两个维度。宏观方面主要研究社交媒体对女性消费行为的影响。王维璟发现

---

* 宋素红，博士，北京师范大学新闻传播学院教授、博士生导师，新媒体与女性研究中心负责人，主要研究方向为媒介与性别；靳怡，北京师范大学新媒体与女性研究中心研究助理。

社交媒体环境更容易激发女性的消费欲望，网红推荐效果十分显著，社交媒体的便利性也让女性更易网购。[1] 刘雪珺发现社交媒体的分享和互动让女性更易受情绪感染和实际行动的影响。[2] 刘榕认为社交媒体时代的"美丽消费"看似是女性自主消费行为，实际上是按照男性审美标准来实施的。[3] 微观方面，王琬瑜[4]、黄璐云和王宇[5]都发现社交媒体上的意见领袖通过引起注意、共鸣和消费来影响女性。

国外的相关研究聚焦社交网站如何影响女性的"美丽消费"。Laura Vandenbosch 等人发现社交网站的照片分享行为对女性形成身体监视，女性更愿意展示外在美以符合大众审美标准，这强化了传统的社会性别模式。[6] Ümit Kennedy 以 YouTube 上"这就是化妆的力量"视频传播为个案，发现社交媒体是女性自我建构、自我呈现的重要工具，女性在与他人的社会互动中完成自我建构和自我认同。[7] Edward F. Mcquarrie 等人发现时尚博主通过展示自己的品位和爱好成为意见领袖，进而将粉丝变成消费者。[8] Bin Shen 等人通过对化妆品品牌的 Facebook 账号进行内容分析发现，它们把营销的焦点从产品转移到用户，拉近了生产者与消费者的距离，提高了消费者的忠诚度。[9]

---

[1] 王维璟：《基于社会化媒体平台的女性消费行为模式研究》，硕士学位论文，河南大学，2015。

[2] 刘雪珺：《基于新媒体传播的女性消费现状和新特点分析》，《新闻传播》2017年第1期。

[3] 刘榕：《从权力视域看大众传媒对女性身体消费的控制》，《新闻研究导刊》2017年第18期。

[4] 王琬瑜：《微博意见领袖对都市女性消费的影响力研究》，硕士学位论文，吉林大学，2015。

[5] 黄璐云、王宇：《论互联网时代下意见领袖对现代女性消费行为的影响》，《北方文学（下旬）》2017年第2期。

[6] Laura Vandenbosch, Steven Eggermont, Sexually Objectifying Media Exposure and Girls'Internalization of Beauty Ideals, (paper represenred at the Self-Objectification and Body Surveillance. the International Communication Association Conference 2012, Phoenix [Az], USA).

[7] Ümit Kennedy, "Exploring YouTube as a Transformative Tool in the 'The Power of MAKEUP!'," Movement. M/C Journal 4 (2016).

[8] Edward F. Mcquarrie, Jessica Miller, Barbara J. Phillips, "The Megaphone Effect: Taste and Audience in Fashion Blogging," Journal of Consumer Reasearch 1 (2013): 136–158.

[9] Bin Shen, Kimberly Bissell, "Social Media, Social Me: A Content Analysis of Beauty Companies' Use of Facebook in Marketing and Branding," Journal of Promotion Management 19 (2013): 629–651.

现有研究阐述了意见领袖对女性"美丽消费"的影响，同时，多用个案研究法研究社交媒体如何影响女性的"美丽消费"行为。本报告在现有研究基础上，以问卷调查和访谈法收集资料，分析社交媒体是如何制造"美丽神话"的、"美丽神话"的机制有何特点及其对于性别平等的意义。

一 关于女性"美丽消费"行为的调查

本研究于2018年4月10日~4月17日由"问卷星"在全国范围内发放网络问卷，对社交媒体女性用户进行随机抽样调查。在剔除无效样本后，共得到432份有效样本。被试者来自全国30个省级行政区（不包括港澳台和西藏），其中60%的被试者处于26~35岁，有一半的被试者月收入居中等水平，被试者职业覆盖多个领域。

（一）女性普遍认可颜值的重要性

首先，被试的女性普遍看重外在美。女性对外表的重要程度打分的均值为9.07分（总分10分），其中31~35岁的女性给外表重要性的打分最高，20岁以下的女性给外表重要性的打分最低，但均分依然达到8分，属于高分段。月收入在8000~10000元的女性给外表重要性的打分最高，月收入在2000元以下的女性打分最低，但均分依然达8.5分，属于高分段。这说明，不同年龄段和不同收入水平的女性，都认为外表是非常重要的。

其次，装扮成为女性进入公共空间的基本礼仪。在聚会、工作、旅游、外出购物时，分别有94.12%、82.18%、64.35%、52.55%的女性认为应当打扮。63.66%的女性认为经过装扮之后出现在公共空间是一种礼貌。装扮已成为女性进入公共空间不可或缺的一项基本礼仪。

再次，注重颜值的目的是悦己和悦人。分别有88.89%和78.24%的被试者认为穿衣打扮的首要目的是让自己自信和高兴。这说明女性自我意识觉醒，注重自我的感受。同时，被试者认为穿衣打扮是为了追逐时尚（44.21%）、表达个性（31.02%）、得到他人欣赏（28.70%）。这说明女性非常重视印象管理，希望通过装扮获得群体和社会认可。17.82%的被试者认为穿衣打扮是为了吸引异性。女性取悦男性的现象虽然弱化了，但依然存在。

最后，女性形象多元化与社会审美单一化的角力。分别有84.95%和78.70%的被试者认可"文静知性气质佳"和"肤白貌美大长腿"是最符合社会主流审美的女性形象；分别有31.25%和29.63%的女性认为"清纯可爱小萝莉"和"特立独行有个性"是符合社会主流审美的女性形象。分别只有15.51%和11.34%的女性认为"独立自主女汉子"和"霸气干练女强人"也是符合社会主流审美的女性形象。这一方面表现出社会上女性形象的多元化，另一方面说明社会主流审美的单一化。

（二）"美丽消费"已成为女性的日常刚需

首先，美妆产品已成为女性日常消费。超过1/3的被试者美妆产品月消费额在500元以下，1/3的女性美妆产品月消费额在500~1000元，15.05%的女性美妆产品月消费额在1001~1500元，11.81%的女性美妆产品月消费额超过1500元。美妆产品已成为女性日常生活中的刚需品。随着月收入的提高，女性的美妆产品月消费额呈现越来越高的趋势。这意味着收入越高的女性，美妆产品月消费额越高。

其次，女性的"美丽消费"需求很大。60%以上的被试者赞同应花更多的钱购买美妆产品。随着月收入的增加，被试者对该观点的支持度呈现越来越高的趋势。这意味着收入越高的女性，越认可每月应该花更多的钱来进行"美丽消费"。通过对被试者的美妆产品继续购买意愿的测试发现，63.66%的被试者觉得还需要再添置美妆产品，这说明大部分女性对美妆产品有强烈的消费欲望。

（三）社交媒体成为"美丽消费"的信息来源

首先，美丽资讯是最受女性用户喜欢的社交媒体内容。社交媒体上受被试者喜爱的内容由高到低依次是美妆服装穿搭及健身教程（80%）、美食菜谱教程（67.59%）、旅游资讯产品（56.25%）、时政新闻（52.08%）、女

性自立自强的新闻（38.66%）、最新的产品推荐（38.43%）、情感婚恋指南类内容（32.87%）。

其次，朋友圈和意见领袖在女性的"美丽消费"中扮演重要角色。影响女性获取美妆产品信息的途径依次是朋友圈推荐（64.81%）、美妆类公众号（59.95%）、时尚博主（52.31%），以上途径的影响力超越了以往的电视广告、网页广告、杂志广告。

最后，用户分享的口碑和功效成为女性美妆消费的重要参考。分别有52.08%和47.69%的被试者看重线下亲友评价和线上网友评价，这说明女性在选择美妆产品时很在意产品的口碑。而直接的产品推荐对消费行为的刺激相对较小。面对公众号和时尚博主推荐，82.64%的被试者表示会在考虑之后购买，5.09%的女性表示会立刻购买，只有9.26%的被试者持怀疑态度，3.01%的被试者不认可且不会购买。

（四）女性"美丽消费"动机的主要来源

为探究女性"美丽消费"的心理动机，研究者依照三条标准（使用社交媒体、化妆、女性）进行访谈。然后利用Nvivo 11质性分析软件对访谈内容进行文本分析，并以开放式编码方式从访谈文本中提取12个节点，形成12个二级编码；然后将二级编码进行关联，形成4个一级编码（见表1）。结果显示，女性的"美丽消费"行为有个人、人际、社会、生活四个层面的动机。其中，个人层面的参考点数最多，因此女性"美丽消费"的主要动机来自个人层面。

表1 女性"美丽消费"动机编码

一级编码	参考点数	二级编码	参考点数
个人层面	31	化妆让我高兴	14
		化妆让我自信	7
		化妆让我可以展示独特的自我	4
		追求新鲜感	6

续表

一级编码	参考点数	二级编码	参考点数
人际层面	11	化妆是为了被别人看见	3
		化妆让我被异性青睐	5
		化妆让我有更好的人际关系	3
社会层面	15	化妆增加了我的形象资本	3
		化妆是社会对女性的要求	4
		化妆是为了满足社会期待	8
生活层面	6	化妆品是生活必需品	3
		化妆让生活有仪式感	3

在个人层面，"美丽消费"主要是取悦自己与表达自我。个人层面的二级编码有四个，分别是"化妆让我高兴"、"化妆让我自信"、"化妆让我可以展示独特的自我"和"追求新鲜感"。这说明美丽消费的首要动机是取悦自己。

在人际层面，"美丽消费"主要是取悦他人与吸引异性。人际层面的二级编码有三个，分别是"化妆是为了被别人看见"、"化妆让我被异性青睐"和"化妆让我有更好的人际关系"。其中，"化妆让我被异性青睐"这条编码的参考点数（5）相对而言较多，这说明女性"美丽消费"在人际层面的动机多是吸引异性。

在社会层面，"美丽消费"主要是积累资本与获得认同。社会层面的二级编码有三个，分别是"化妆增加了我的形象资本"、"化妆是社会对女性的要求"和"化妆是为了满足社会期待"。其中，"化妆是为了满足社会期待"这条编码的参考点数（8）相对而言较多，这说明美丽消费在社会层面的动机更多是满足社会期待。

在生活层面，"美丽消费"主要是满足生活需要与获得仪式感。生活层面的二级编码有两个，分别是"化妆品是生活必需品"和"化妆让生活有仪式感"。这两条编码的参考点数均为3，这说明女性"美丽消费"在生活层面的动机是满足生活需要以及营造仪式感。

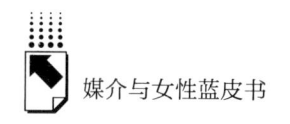

二 社交媒体对"美丽神话"的建构

(一)偶像平民化,传播"美丽神话"

作为文化工业的产物,偶像明星是资本、传媒和受众共谋而成的商品符号。在消费社会中,"偶像物化成了宣传商品的符号和引导消费的工具,制造偶像的目标就是消费"①。偶像的商业价值在于成为引人瞩目的榜样,并且诱导观众消费某种特定商品。社交媒体环境中,偶像明星树立了美的标准,指明变美的方向,其落脚点都是劝说受众进行消费。

社交媒体为明星提供了更多秀场,便于随时向观众展示美丽,也让明星提供越来越日常化的美丽范本。微博为明星提供了展示日常生活的平台,偶像明星主动曝光的日常细节和日常穿搭,拉近了明星与大众之间的距离,营造出虚拟情境中的亲密关系,满足了受众的心理需求。同时为用户提供可资借鉴和模仿的范本,让受众更愿意为偶像消费,用户在社交平台分享的明星同款就是例证。通过"明星同款"的消费活动,用户和明星之间建立起一种以符号为纽带的虚拟情感关系,社交媒体在其中发挥了中介作用。

(二)意见领袖以符号和故事包装"美丽神话"

互联网的去中心化使诸多意见领袖活跃在微博、微信、知乎、小红书等各大社交媒体。"意见领袖在微博互动的过程中,有意或无意地制造消费符号,刺激女性的消费欲望,并进一步将其转化为消费行为。"②社交媒体上的意见领袖通过商品符号化和故事化来生产"美丽神话",并进一步影响"美丽消费"。

---

① 仝青、程旦丹:《当代偶像生产机制研究》,《中国报业》2018年第2期。
② 王琬瑜:《微博意见领袖对都市女性消费的影响力研究》,硕士学位论文,吉林大学,2015。

社交媒体上的时尚美妆博主凭大 V 身份，成为影响女性"美丽消费"的最重要因素之一。微信公众号"MK 凉凉"在分享基础化妆视频吸引粉丝、积累名气之后，开始与化妆品公司密切合作，内容转变为美妆产品推荐，并将自身包装成时尚、美丽、精致的符号象征。时尚博主"黎贝卡的异想世界"将美妆消费等同于精致生活。"香味对我来说，绝对是生活必需品"（推荐香薰蜡烛）、"在别人看不到的地方也要精致才是真的精致"（推荐真丝睡衣）等，营造消费等于精致的观念。同时，意见领袖博主往往以第一人称讲述通过化妆由丑小鸭变白天鹅的励志故事。"MK 凉凉"分享自己从"灰头土脸"的工科女到"自信独立"女博主的心路历程，塑造了逆袭成"女神"的励志形象。

社交媒体上的意见领袖们一边将化妆品和服装"符号化"，一边将自己塑造成令女性崇拜和羡慕的"女神"，源源不断地为读者生产"美丽神话"，用极具感染力的励志故事说服用户，并为她们提供容易上手的方法论指导，让读者为"美丽神话"痴迷。

（三）用户参与制造"美丽神话"

互联网的出现给了普通人发声的机会，普通用户在社交媒体上参与热门话题讨论，主动分享自己的励志故事，自发进行口碑传播，不自觉地参与"美丽神话"的制造。

普通人的励志故事成为个人参与生产"美丽神话"的媒介。社交媒体的用户分享是一种自我表达，其作为传播的节点，在获得大众认可的同时为商业化所利用。在社交平台上，"美丽消费"前后的效果对比始终保持很高的讨论度。截至 2019 年 3 月，微博话题#化妆前后的对比#阅读量 1000 万次、#减肥#阅读量 20.3 亿次。普通用户讲述自己通过消费收获美丽、爱情和成功，成为"人生赢家"。这类故事通常采用"逆袭"的叙事模式，让用户相信此类奇迹也会发生在自己身上。其草根性、贴近性和易得性易于引起共鸣，获得更高关注度和讨论度。事实上，普通人逆袭成功的"美丽神话"都是平台精心挑选的结果。微信公众号"黎贝卡的异想世

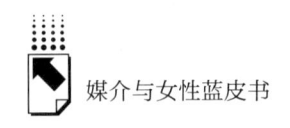

界"的"读者每日穿搭"专栏，专门分享从读者中征集的前后对比照片。被选中的投稿者通常体型纤瘦、妆容精致，但它给普通用户的感觉就是唾手可得、近在咫尺的"美丽神话"，进而给普通用户通过"变美"而获得成功的信心。

社交媒体用户通过自发的口碑传播传递美妆信息。美妆博主是第一级口碑传播，粉丝是第二级口碑传播，最终通过关注和分享完成大众化传播。前者以亲身经历分享产品功效及购买价值。在有图、有视频的情况下，大部分用户信任并接受推荐。后者作为粉丝，在社交媒体的社区、公众号评论区、朋友圈或好友聊天以及博主汇总推荐等空间分享心得，形成第二级口碑传播。社交媒体用户拥有生产"美丽神话"的话语权和发声渠道，通过口碑传播的方式带动其他用户消费。

三 社交媒体制造消费欲望的新特点

社交媒体以用户生产内容为主，便于与用户进行双向互动，其在建构"美丽神话"、制造消费欲望的过程中表现出新的特点。

（一）弥散的"美丽神话"

社交媒体时代"美丽神话"的传播方式多样化，传播渠道越来越丰富，用户不再被动接受"美丽神话"，而是拥有了生产和传播"美丽神话"的主动性，"美丽神话"泛滥，形成对用户的包围。

明星和普通人都可以通过化妆或PS等方式在社交媒体上呈现自己的美丽。明星不再高高在上，而是通过微博分享日常生活和美丽形象以接近用户，让粉丝产生虚拟的亲密关系，进而产生"美丽消费"来维系这种关系。网红在社交媒体上分享美丽经验，把自己塑造成既有美貌又有涵养的优雅女性。她们用高消费证明生活品质，用旅行美照证明开阔的眼界，用带有"文青"气质的文字证明自己热爱生活，把自己塑造成令人羡慕的"美丽神话"。登上热门微博及热搜榜的普通人，一旦被美妆时尚博主选中，就会被社交媒体的意见领袖包装成"美丽神话"。就连普通用户在使用社交媒体时都试图将自己塑造成自己想成为的人。一些朋友圈微商喜欢用"买家秀"来证明产品功效，利用对比图来包装"美丽神话"，让消费者误以为只要购买了这些产品就能变美。从某种程度上可以说，在社交媒体上，人人都想成为"美丽神话"，人人都可以参与生产"美丽神话"，"美丽神话"无处不在。

（二）"神话"制造者草根化

社交媒体时代，媒介机构的权威性被消解，人人都可以成为自媒体。"美丽神话"的制造者可以是媒介机构、商家、美妆/时尚博主、偶像明星、网红，也可以是无数普通用户。美妆博主"MK凉凉"在创立微信公众号之前是一名电商文案编辑，时尚博主"黎贝卡的异想世界"在进入时尚圈之前是《南方都市报》的一名记者，时尚博主"大胃妖精cici"的本职工作是互联网公司的编辑，美妆博主"萌大雨YUYU"之前只是一名中学生。生活里的她们是亿万普通大众中的一员，社交媒体却让她们摇身一变成为粉丝追捧的意见领袖。在社交媒体时代，"神话"制造者的草根化已成为一种社会现象，出身草根的"美丽神话"制造者往往更理解处于草根阶层的消费者的需求，他们生产的"美丽神话"往往更容易击中消费者的心，被消费者接受。

（三）精准化定制消费欲望

随着社交媒体的商业价值愈发高涨，其成为商家投放广告最方便、最有效的传播渠道。商家借助社交媒体的社交关系链更快传播，并在大数据网络支持下迅速找到符合营销目标的核心人群。

微信朋友圈广告覆盖8亿用户，在朋友圈信息流中以图文或视频形式展示广告，用户可通过点赞或评论互动，并依托社交关系链传播。商家在申请微信朋友圈广告投放时，可以根据地域、年龄、性别和兴趣四个变量，设定广告投放的人群。微信小程序广告的人群细分更精准化，微信官方一共提供了14个细分领域，除了地域、年龄、性别等基础信息选择外，还有兴趣、

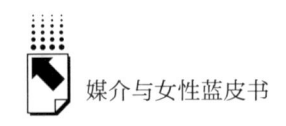

学历、婚恋状态、手机系统等领域的选择。其中"兴趣"一项，共有24个一级兴趣标签、183个二级标签可供选择，并且微信官方会根据近三个月用户的社交轨迹和行为表现帮商家选择潜在用户。微博信息流广告根据用户属性和社交关系将企业信息精准投放给目标人群。微博粉丝头条依托微博的社交媒体平台，利用大数据中心用户画像，为商家匹配最有价值的用户。微博大数据中心在构建用户画像时使用4000多个用户标签，用户的兴趣领域被细分为688个。在社交媒体时代，一切使用社交媒体的行为都会被大数据记录。阅读、关注、点赞、评论、搜索都会成为生成用户画像的数据来源。大数据记录下用户的社交轨迹和行为习惯，再利用算法向用户自动推荐符合其行为习惯和喜好的商品信息，由此更加精准地刺激用户的消费欲望。

（四）消费者成为欲望的生产者

社交媒体用户在追随"美丽神话"之余，也介入了制造消费欲望的环节。用户一边被美妆博主"种草"，一边在小红书等社区、微信公众号、微博评论区、朋友圈、微信群分享和推荐产品，激发他人的消费欲望。用户拥有消费者和欲望生产者的双重身份。这种身份重叠对应了社交媒体时代信息的传播者和接受者身份重叠的特征。美妆/时尚博主作为意见领袖，其身份也是双重的。意见领袖是社交媒体时代消费欲望的主要生产者，她们通过多种分享方式制造"美丽神话"，但在出名之前她们本身就是欲望的消费者。她们一方面需要不断购买最新产品以分享体验，另一方面作为消费主义的忠诚信徒，用自由和精致的符号掩饰消费主义对女性的麻痹和物化。

四 "美丽消费"热潮背后的性别关系透视及批评

（一）消费主义对女性主义的消解

鲍德里亚认为，在消费社会中符号价值取代了使用价值，成为商品最重要的属性,消费活动从满足需要变成满足欲望。美妆产品被商家赋予"自强自立""优雅从容"等象征女性价值和气质的意义。消费者不仅消费商品的使用价值,更是消费商品背后的符号意义。女性主义追求男女平等,而社交媒体却将其曲解为女性特权主义,吹捧女性为女强、女尊。例如,2019年"三八"国际妇女节前夕,社交媒体上"我是女王,我就耀出彩""斩男色"等口红广告词、"好嫁风"的服装搭配推广,为"美丽消费"附加女尊和女主的意义,假借"独立自主"等女性主义内容,行消费主义之实。将女性主义所追求的性别平等目标、女性独立自主价值的实现路径,由个体奋斗和群体联合简化为消费,这是消费主义对女性主义的消解。社交媒体女性用户的女性意识和强大的消费力被商业资本征用,企图用消费主义实现女性主义。事实上,如果以为只要消费就可以成为成熟独立、自立自强的新时代女性,则正中消费主义的商业陷阱。

(二)社交媒体时代对女性的凝视加剧

福柯认为,凝视是一种作为权力的观看,凌驾于被凝视者之上。凝视者通过凝视确立自己的主体地位,被凝视者则在被凝视的过程中体会权力的压力,并自我管制和自我约束,遵从权力规范。

社交媒体时代,微博、微信朋友圈、直播软件的照片视频分享,让异性更加便捷地全方位凝视女性。自媒体赋予的传播主动性,使女性主动分享自己的美丽外表,通过得到点赞和好评获得自信和满足。"她们将自己的身体看作是一种资源,过度突出其功能性,通过对外表的过度追求来满足相应的社会规范。"[1] 社交媒体不但让异性更便捷地凝视女性,也让女性更加主动地寻求凝视。"女性认同形象既是社会尤其是男性世界的社会分类的结果,又是女人自己主动认同的产物。"[2] 不少女性以"爱美是人的天性"为由,声称打扮是为了取悦自己。事实上,女性通过打扮产生的满足和愉悦,是

---

[1] 张帆、钟年:《亲密关系中的客体化研究》,《心理学探新》2018年第2期。
[2] 王宁:《消费社会学——一个分析的视角》,社会科学文献出版社,2001。

女性被社会规训的结果，她们接受了"好看的女性可以获得更多社会资源"的规则，也接受了自己作为被欣赏的对象、作为"被看"的客体地位。

（三）社交媒体时代加重了对女性的异化

消费异化是指原本用来满足人们需求的消费品逐渐走到了消费主体的对立面，成为人的支配者，人则沦为消费品的奴隶。在发达的工业社会中，人的主体性与商品的客体性本末倒置，人服从于商品，背离了人的本质。而且人们的消费自由是虚假的，实际上消费者一直在进行"强迫性消费"。在"美丽消费"热潮中，女性受商品操控而丧失主体性地位，背离了人的本质，商品则反客为主成为定义美丽、精致和成功的符号。越大牌越昂贵，就越能代表精致的生活，代表对自己越好。盲目投身"美丽消费"热潮，女性已沦为被商品支配的对象。

社交媒体创造的"美丽神话"让女性相信"美丽"是女性的必备品质。"在消费社会，媒介传递的各种符号信息包围了人们的判断能力，而且媒介传递的内容也在不断地驯化着人们，使女性丧失主体性，执着于追求符号消费，使自己成为消费机器。"[1] 社交媒体生产的"美丽神话"将女性严严实实地包围起来，女性被"驯服"之后沦为"美丽神话"的奴隶。

（四）"美丽消费"是性别不平等的再生产

随着女性经济地位的上升，女性表现出越来越强的购买力和消费力，成为当代中国消费市场的中坚力量。女性由于身负多重角色，购买的频率非常高，同时拥有稳定的经济来源和独立的财务，女性的消费者身份从被动转为主动。但是这不意味着性别的平等，反而是社交媒体推动的"美丽消费"热潮再生产了性别不平等。

首先，社交媒体强调外表对女性的重要性，劝说女性通过"美丽消

---

[1] 田密：《新媒介语境下女性异化现象探析》，《东南传播》2015年第2期。

费"变成"理想的女性"。它一味强调外表的重要性，忽视女性的价值和独立自主，依然是"男人负责赚钱养家，女人负责貌美如花"的性别规范。强调颜值是女性最应该重视的对象，将女性推回到"被看"的客体地位。

其次，"美丽消费"热潮传递女性依然依附于男性的理念。它不但劝说女性自己购买美妆产品，还以检验真爱的名义呼吁男性为女性消费。等着收礼物的女性表现出被动的客体性，具有经济实力的给女性送口红的男性则依然是掌握着主动权的主体。

最后，社交媒体劝说女性进行"美丽消费"的主要目标之一就是吸引异性。"妆前无人问津，妆后人人搭讪"的故事配上"妆前、妆后对比图"，告诉女性化妆是"俘获"异性的重要手段；减肥成功可收获"男神"；美妆博主的故事告诉女性"变美后的人生"不但可以获得甜蜜爱情，还会获得诸多便利，最终促成事业成功。把"俘获"异性作为女性变美的目标来宣传，又将女性变成了讨好男性的"弱势"的客体，而男性依然是等待着"挑选"女性的强势主体。

参考文献

高宣扬：《流行文化社会学》，中国人民大学出版社，2006。

〔美〕赫伯特·马尔库塞：《单向度的人》，刘继译，上海译文出版社，2008。

黄璐云、王宇：《论互联网时代下意见领袖对现代女性消费行为的影响》，《北方文学（下旬）》2017年第2期。

雷思齐：《新媒体对女性消费行为的影响》，《传播与版权》2016年第2期。

〔法〕米歇尔·福柯：《规训与惩罚》，刘北成、杨远婴译，生活·读书·新知三联书店，1999。

〔法〕让·鲍德里亚：《消费社会》，刘成富、全志钢译，南京大学出版社，2001。

唐觐英：《女性应走出消费主义迷思》，《中国妇女报》2017年3月21日。

Korichi, Rodolphe, "Why Women Use Makeup: Implication of Psychological Traits in Makeup Functions," *Journal of Cosmetic Science* 59 (2008): 127-137.

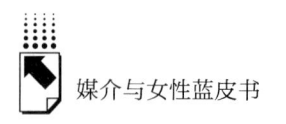

Laura Vandenbosch, Steven Eggermont, Sexually Objectifying Media Exposure and Girls' Internalization of Beauty Ideals (paper represenred at the Self-Objectification and Body Surveillance. the International Communication Association Conference 2012, Phoenix [Az], USA).

Nur Syuhada Mohd Radzi, Mahfuza Musa, "Beauty Ideals, Myths and Sexisms: A Feminist Stylistic Analysis of Female Representations in Cosmetic Names," *Journal of Language Studies* 1 (2017): 21-38.

Stacey M. Fabricant, Stephen J. Gould, "Women's Makeup Careers: An Interpretive Study of Color Cosmetic Use and 'Face Value'," *Psychology & Marketing* 6 (1993): 531-548.

B.4
中国女性电影研究报告（2017～2019）

覃晓玲*

摘　要： 2017～2019年的中国女性电影的一大突出特点就是对敏感现实题材的关注，校园霸凌、少女性侵、兄妹情、家庭伦理、北漂一代、暴力拆迁等热门社会话题在女导演的镜头中得以呈现。2017～2019年的中国女性电影的第二个特点是遵循类型电影的创作规律，以比较清晰的类型电影叙事技巧标注了女性电影的身份。爱情、家庭伦理、动作、喜剧、战争等是女性导演青睐的创作类型。2017～2019年的中国女性电影的第三个特点是女性导演非常自觉地站在女性观众的立场去思考和表达，女性不再是菟丝花的形象，而成为木棉，甚至是"硬核少女""硬核职业女性"。这一点在"小妞电影"和艺术电影中都体现得特别明显。

关键词： 女性电影　主题维度　类型维度　性别维度

由于学术界对于女性电影的界定莫衷一是，没有形成统一的理论口径，因此为了便于理解和阐释，本报告中的女性电影指称的是女性导演创作的电影作品。

中国女性电影长期处在一种失语或者男性化、物化的状态，女性导演阙

---

* 覃晓玲，博士，中华女子学院文化传播学院副教授，美国威奇塔州立大学2015～2016年度访问学者，主要研究方向为电影产业、电影与性别和动画电影。

如，这种状态在21世纪后得到了一定程度的缓解，尤其是越来越多的女导演开始以其鲜明的性别视角表达自己的创作理念，运用各种各样的类型和风格反映社会现实的多样面貌。这样的女性书写现象在2017~2019年表现得较为突出，为我们理解这个复杂、多元的时代提供了一种迥异于主流的视角，在银幕上留下了很多具有鲜明女性主体意识和丰富社会内涵的女性形象。

本报告将从主题、类型、性别三个维度对2017~2019年女性电影的发展进行阐述和分析。

一 主题维度

作为一种创作思潮，现实主义在中国有着无可撼动的地位，在不同的艺术创作领域，现实主义一直占据统治地位。表现在电影领域，这样的创作倾向尤为明显，无论是第四代、第五代还是第六代导演，他们的创作主题都是通过人物、性格的命运折射中国复杂的现实。谢晋、张艺谋、张元等不同代际导演创作的《天云山传奇》《秋菊打官司》《北京杂种》等作品都直面现实，带着特定时代的印记。这种创作倾向在女性电影中也体现得比较明显，从张暖忻、李少红、彭小莲、宁瀛到新生代的李玉、徐静蕾、马俪文再到近两年的文晏、落落、李芳芳、苏伦，这些女性导演都采取一种冷静、沉寂的方式撕开了温情脉脉的面纱，让我们体会和领悟到了现实的残酷和无情，同时也感受到了情感的温暖和力量。

2017~2019年中国女性电影的一大突出特点就是对敏感现实题材的关注，无论是校园霸凌还是少女性侵，无论是兄妹情还是家庭伦理，都紧紧围绕时代热点话题展开。落落导演的《悲伤逆流成河》改编自郭敬明的青春小说，淡化了原小说的青春爱情故事，放大了校园暴力的成分，强化了旁观者的冷漠，引导观众对校园霸凌这种现象展开批判性的思考。校园暴力在新闻报道中屡见不鲜，但是由于法制的不健全、人们认知和观念的错误，很多施暴者没有得到应有的惩戒，被施暴者在精神上得不到来自成人世界的理解和支持，往往走上极端。美国一些校园枪击案的凶手中就有很多属于被欺凌的对象。这部电影用了很大的篇幅表现了成为帮凶的那些旁观者，他们的冷眼旁观和裹足不前无意中助长了校园暴力，如影片中的谷丹。他们犹如法国社会心理学家勒庞在《乌合之众：群众心理研究》中指出的那样，具有冲动、狂热、盲目、轻信的特点。[1]

无独有偶，文晏执导的《嘉年华》把目光聚焦在少女性侵和"黑户"上，通过"黑户"小米的旁观者视角和受害者小文的亲历者视角讲述了小文和小新被干爹性侵的故事，探讨了旁观者的责任和失职。小米是整个事件的目击证人，但是她为了每个月几百元的工资和自己"黑户"的身份选择了三缄其口。小文和小新事后在父母、医生、警察等人以及媒体的面前一次次地揭开自己的伤疤，最后因为缺乏证据而无法给予施暴者应有的惩处。影片用了非常克制、平缓的视听语言手段来讲述这些故事，既没有过度煽情，也没有高喊口号，而是通过片中的律师来引导人们思考：我们应该采取什么样的措施来保护少女？我们如何通过法律来惩治坏人？父母、学校应该发挥什么样的作用？如何防止女童受到媒体等社会机构的二次伤害？这些问题在电影中没有得到解决，但是影片中的郝律师、小文父亲以及最后小米的觉醒让我们感受到了一种温暖的力量。

郑芬芬执导的《快把我哥带走》出现得恰逢其时。中国计划生育政策从1982年开始执行，一直到2015年，国家才全面放开二孩政策，所以"80后""90后"基本是独生子女。在这样的时代背景下，讲述时分和时秒这对活宝兄妹故事的《快把我哥带走》无疑击中了这个时代独生子女对兄妹情的渴望以及国人内心深处对一儿一女凑成"好"的向往。这部电影以兄妹"互怼"的相处模式开始，以令人泪奔的送别结束，中间则是对"兄妹情"这个主题的异样表达。为了凸显哥哥对妹妹的关心爱护，电影用了生日许愿这样的方式让哥哥变成了时秒闺蜜的哥哥，时秒在短暂享受独生子女的生活后，开始羡慕闺蜜和哥哥。这部电影响应了国家二孩政策，以其政治正确

---

[1] 〔法〕古斯塔夫·勒庞：《乌合之众：群众心理研究》，何道宽译，北京大学出版社，2016。

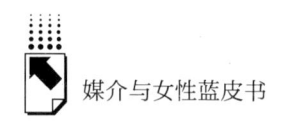

性、嬉笑怒骂的叙事风格以及反转的剧情设定赚得了不少欢笑声和眼泪，在温馨的情感氛围中完成了电影主题的表达。

《相爱相亲》则是一部典型的家庭伦理片，影片用一个陷入中年女性危机的人物慧英串联起了三代人的爱情故事，关注了特殊历史时代中乡下原配与城市妻子这样的时代话题，探讨了家庭成员之间和解的主题。温情、治愈系的故事让不同年龄层的观众都能在这部电影中找到共鸣。阿祖、慧英、薇薇三代女性的人生道路、价值观念、性格走向都与她们所处的时代息息相关。

苗月的《十八洞村》《大路朝天》则紧跟时代潮流，通过普通人的视角表现农村精准扶贫、中国改革开放以来的伟大成就这样宏大的主题，反映了农民、工人群体对待事业、爱情质朴、诚实的态度，具有诗意的美学气质，为主旋律电影在《红海行动》《战狼》《建军大业》之外提供了另外一种可能。平凡人在时代大浪潮中如何和时代同呼吸、共命运，是《十八洞村》和《大路朝天》着力表达的。

刘若英执导的《后来的我们》讲述北漂青年的爱情和梦想故事，电影中出现了东北下岗工人、中关村、游戏设计、碟片贩卖、狭小的租住屋等诸多细节，这些细节的真实也还原了生活中的真实，戳中了无数漂泊在外的年轻人。虽然故事存在一定的硬伤，但是北漂一族的生活困顿以及感情错过后的无奈、心痛还是很能打动年轻观众的心。

吴君如的《妖铃铃》涉及暴力拆迁、无良房地产商、快递小哥、钉子户等热门社会话题。这部电影的故事核心是无良房地产商为了拆迁，故意制造恐怖氛围，试图通过公司员工扮演鬼怪、僵尸等来吓唬钉子户，以迫使他们搬迁。电影中出现的房地产老板、网红主播、民间发明家、过气古惑仔等主要角色也无一不是对当下中国现实的万花筒式的折射。

作为改革开放40周年的献礼影片，刘抒鹃的《梦想之城》选择了"外来妹"这个特殊的人群，讲述了作为改革开放前沿阵地的佛山在40年来所取得的巨大成就和所发生的显著变化，反映了佛山人"敢为人先、崇文务实、通济和谐"的性格气质和城市精神。影片来自真实人物胡小燕的故事，以男女主人公北北和阿宽的传统和创新表达了女性的自尊、自强、自爱、自信，展示了现代女性在时代浪潮中的奋斗和拼搏精神。

白雪凭借《过春天》入围柏林国际电影节新生代单元，这部电影底子还是一部青春电影，将关注的目光放在了两个特殊群体即跨境学童和水客上。以16岁跨境少女佩佩的视角细腻地呈现了少年男女的友情和朦胧爱情。佩佩和阿JO的友情、和阿豪的暧昧情感在佩佩带着手机通过海关前的各种准备和佩佩顺利通过海关的场景中来回切换。"单非"家庭背景，深港两地穿梭，普通话、粤语不断切换等让电影中女主人公佩佩青春成长的伤痛感和跨境学童的身份认同困境得到了一定程度的表达，但是作为处女导演的白雪对故事的掌控力度不够，导致电影中人物群像的塑造模糊不清，对佩佩的情感变化缺乏细节上的呈现，故事的戏剧冲突比较弱。

吴楠《狗眼看人心》则别具一格地通过一只宠物狗的意外死亡事件牵连出狗主人为死去的小狗讨回公道的故事。在整个讨公道的过程中，余锋夫妇、余锋的岳父、邻居家的司机小田、调解的警察等不同社会阶层的人物一一登场，每个人物身上都负载着不同的社会价值观。理想主义与现实主义的激烈碰撞让这部电影散发出一种悲情的味道。

在传统戏曲艺术衰落的今天，胡玫导演的《进京城》聚焦"徽班进京"的故事，揭开了京剧起源的传奇故事，讴歌了京剧历史中有名或无名的"岳九""汪润生"们。这部电影是很典型的历史古装正剧，以岳九、汪润生两条叙事线索讲述了京剧表演艺术家对京剧的痴迷以及戏迷对京剧艺术的热爱。就题材而言，仍旧是胡玫一贯擅长的历史古装剧，电影镜头语言和叙事比较保守和老派，但是在传统文化复兴和文化自信增强的当下中国，这部电影还是具有特殊的魅力。

二 类型维度

2002年，《英雄》的上映拉开了中国大陆商业电影发展的序幕，经过将近20年的发展，中国商业电影已经实现了很多的突破，尤其是在类型的探

索上，一直在观众最喜爱的爱情、喜剧、动作三大类型上进行比较自觉的创作。作为进入院线上映的商业电影，2017～2019年女性电影中的绝大多数遵循类型电影的创作规律，以比较清晰的类型电影叙事技巧标注了自己电影的身份，便于电影消费者在众多电影中识别它们的特点。

作为女性导演比较擅长的类型，爱情片在2017～2019年依然是女性电影的主体，《泡芙小姐》《后来的我们》以年轻女性的爱情为叙事主线，前者主打甜蜜浪漫的"小妞电影"风格，后者则以小清新兼具现实主义的创作特色打动了无数观众。《泡芙小姐》中泡芙和顾上的爱情更像是童话世界里的一次冒险旅程，一个留学归来的"少女心爆棚"的女青年泡芙因为意外遇到了外卖小哥顾上并对他展开了爱情攻势，他们在你侬我侬时遭到顾上父母反对，顾上离家出走，最后却又神奇地为泡芙准备了一场浪漫婚礼。这部电影改编自动漫作品，虽然依稀有动漫片热血浪漫的影子，但是人物、故事完全没有逻辑，感情脉络不知所以，整部电影完全是少女梦的放大和夸张表达，甜腻有余但缺乏情感的动人力量。相比之下，《后来的我们》依托演员精彩的表演和对北漂一族情感的细腻表达，尤其是父亲形象的淡然和克制击中了观众的心，导演刘若英对遗憾、释然、怀念等情感状态的表达具有欲说还休的独特味道，令人在怅然若失中回忆青春、思念亲人，所以这部电影在票房上的成功就不足为奇了。

商业电影发展到今天，类型的杂糅已经成为一种普遍的现象。中国爱情电影也在尝试走这样的道路。《二次初恋》《超时空同居》属于奇幻爱情，《傲娇与偏见》《李雷和韩梅梅》则是喜剧爱情。《二次初恋》的故事原型前有好莱坞电影《重返17岁》，后有中国电影《重返20岁》，以时空穿越的方式让中年男主人公回到了20岁，重新进入女主人公的生活。这部电影中对中年人的焦虑、婚姻危机、父子代沟有一定程度的表现，但是人物的塑造非常失败，主要人物的情感逻辑没有建立起来，几条叙事线索的交叉和过渡也很生硬。尽管如此，该片借助舞蹈这种艺术载体在节奏和画面上还是有一些看点。《超时空同居》则以时空重叠的方式让1999年和2018年两个不同时空的人物住在同一间租住屋中，让两个不同时代的青年男女在回到过去和去往未来的反复中慢慢建立起了情感。这部电影依靠两位主演鲜活的表演和互怼的台词达到了良好的喜剧效果。该电影通过落魄小青年和成功房地产大亨前后身份的转换及其对爱情截然不同的态度暗含了导演对当今时代主流成功观的扬弃。为了让观众对男女主人公的爱情产生强烈的认同感，导演在细节上下足了功夫，"花生米＋豆干"的"鸡"、巧克力馒头、没撕掉标签的西装、爸爸的钥匙扣、旋转的陀螺、邓丽君的磁带、被雨伞堵住关不上的门等诸多细节带来的情感冲击力是这部电影成功的一个重要原因。

新人导演曾张粤紫执导的《未来的你》也以奇幻的方式展开，一场突然的雷电使过气音乐才子苏哲和小镇女摄影师小米产生了神秘的心灵感应，两个感情受挫的人在不断的隔空对话和接触中了解对方并逐渐走进了对方的心灵。但是随着故事的继续推进，故事反转的戏剧性被不断强化，打破了观影的常规体验，这是中国爱情片中非常特别的一次叙事尝试，这种出乎意料的设计让这部爱情电影在中国爱情片序列中显得与众不同。

陈玉珊的《一吻定情》改编自多田薰的原创漫画《淘气小亲亲》，具有清新、浪漫、唯美的风格，是一部典型的偶像电影。这种阳光的动漫式青春片在中国银幕上并不多见，电影利用各种巧合、偶然等戏剧手段推进故事，可惜的是男女主人公的心理变化缺乏铺垫，父母辈的人设过于程式化，演员的表演也缺乏层次感，导致这部电影甜腻感有余而青春活泼气息不足，电影类型与内容严重错位。

儒家文化影响下的中国非常看重人情伦理，因此，家庭伦理片一度是中国电影的传统主题，《孤儿救祖记》《一江春水向东流》《小城之春》《喜盈门》《饮食男女》《女人，四十》等电影都是中国家庭伦理片的代表作品。进入21世纪后，中国急遽变化的社会环境给中国传统的伦理观念带来了巨大的冲击，中国人传统的亲情观念、婚姻观念、价值观念在金钱的冲击下已经摇摇欲坠。在这样的背景下，《相爱相亲》《快把我哥带走》走温馨温情的路线，把祖孙情、夫妻情、兄妹情等家庭亲情以女性细腻的表达呈现在大银幕上，让我们在短暂的时间刻度里回溯了中国传统文化，让观众感受到了亲情的可贵。

作为演员转型导演的代表人物，徐静蕾早年的几部电影都是爱情题材，但2017年上映的《绑架者》是一部标准的动作片和警匪片。该片讲述了重案组警察林薇因为女儿的失踪而与失忆的嫌犯杨念产生了纠葛，一个为了找回女儿，一个为了找回记忆，两条叙事线索由此交叉。作为一部动作电影，该片的动作戏、打斗场面可看性非常高，但是故事比较老套，反转的情节明显有《谍影重重》的影子，对反派人物陆然的刻画也特别程式化，梁天饰演的黑帮老大更是令观众出戏。从电影最后呈现的效果来看，这部电影对杨念这条故事线索的表达相对完整，林薇的人物形象则没有立起来，无论是母亲还是警察的身份都表现得浅尝辄止，由此可以看到徐静蕾作为动作片导演的掌控力还是比较弱的。

作为曾经的港片喜剧"一姐"，吴君如主演的电影喜剧色彩非常强烈。等到她自己执导电影《妖铃铃》时，这种喜剧风格体现得更加明显。吴君如比较聪明的地方在于她把港片黄金时期擅长的僵尸片、无厘头喜剧片、恐怖片等熔于一炉，借助"房地产拆迁"这样的民生话题表现了几个钉子户的悲剧故事。为了逼迫这几个钉子户搬离位于豪华地段的居民楼，无良地产商父子徐大富和徐天宇利用僵尸、丧尸、吸血男爵、红衣女鬼营造恐怖气氛，试图以此制造恐慌心理，让这些钉子户逃离。不料这几户居民请来了江湖上人称"万能大师"的铃姐帮他们化解危难，由此上演了诸多啼笑皆非的故事。神医、民间发明家、网红主播、过气古惑仔等诸多人物在电影中纷纷亮相，网络段子更是一个连着一个，可惜的是叙事线索太过杂乱，整体故事性很弱，人物群像没有太多出彩的地方，电影结尾温情段落也显得过于刻意。

战争片这个领域过去对女性导演来讲似乎一直是一个禁区，但是许鞍华和陈力分别执导的《明月几时有》《血战湘江》则闯入了这个禁区，以主旋律电影和献礼片的类型打破了传统战争片的叙事节奏和模式，在表达人物情感和内心世界上表现了女性非常细腻的一面。《血战湘江》虽然是一部纯粹男性的战争题材电影，但是电影在突出军人血性的同时也用了很多细节表现人性共通之处，如陈裁缝在行军途中演唱的客家歌曲，陈裁缝给儿子缝制的军帽。这些细节虽然在整部电影中一闪而过，但还是显示出了导演的女性气质。《明月几时有》以香港的"东江纵队"事迹为故事蓝本,讲述了小学教师方兰、其母方姑、其男朋友李锦荣、游击队长刘黑仔等人对抗日军的故事。残酷的战争在电影中是碎片化的,电影的讲述也基本上是个人视角,如梁家辉饰演的抗战小鬼队成员在冰室里讲述这段历史时的娓娓道来,方母由一个精明的房东变成一个地下工作者不是因为爱国,而是因为爱女儿。这两部电影虽然都是群像戏,但是《血战湘江》口号太多,声嘶力竭太明显,《明月几时有》则是静水深流,用小人物的悲欢离合来讲述巨大的历史变迁,在战争片的壳里装了一个文艺片的核,具有许鞍华一贯的风格。

《无问西东》也属于战争片,但它不是一部纯粹的战争片,而是糅进了爱情片、青春片的叙事,陈鹏与王敏佳的爱情在电影中是浓墨重彩的一笔,两人的爱情既有银杏叶、雪花膏的小情,也有"我给你托底"的大义。该片虽然是向清华大学百年校庆献礼的作品,片名《无问西东》也取自清华大学校歌中的一句歌词,"立德立言,无问西东",但是电影选取了四个不同时代的故事来表达青春的至情至性。沈光耀这部分讲述最为动人,沈母和沈光耀的对话闪耀着人性的光辉和母性的光辉,西南联大静坐听雨的浪漫诗意也动人心魄,电影中师母因为愧疚感和罪恶感投井自尽的镜头则给人巨大的情感冲击。

除此之外,女性导演在动画电影这个类型上也有所涉猎。李姝洁的《十万个冷笑话2》、施雅雅的《恐龙王》、速达的《大耳朵图图之美食狂想曲》等动画电影是其中的代表作品。但一个很有意思的现象是,相当多的动画电影是女导演和男导演联合执导的,如《十万个冷笑话2》的联合导演是卢恒宇。这从一个侧面也说明了动画电影女性导演力量的匮乏。

三 性别维度

当代女性主义理论研究经历了几个不同的阶段,观点从探讨女人是男人的附属物、呼吁女性享有和男性一样的社会地位过渡到女性主体意识的觉醒，无论是拉康的镜像理论，劳拉·穆尔维的男性窥探模式、视觉快感理论，还是波伏瓦的"他者"理论，[1]这些理论的核心都揭露出父权制度下女性被压抑的事实。正如戴锦华在《不可见的女性：当代中国电影中的女性与女性的电影》中指出的那样，女性导演不无一种有意无意的性别矫饰，不无对自己的性别、自己所属的性别群体的生存状态及其艺术表述之无言中的无视，间或是轻视或轻蔑。[2]如果说这是20世纪女性导演的一种集体创作策略，那么到了现在，女性导演已经非常自觉地站在女性观众的立场去思考和表达，女性不再是菟丝花的形象，而成为木棉，甚至是"硬核少女""硬核职业女性"。这一点不管是在"小妞电影"还是在艺术电影中都体现得特别明显。

中国女性经济上的独立导致中国流行文化的深刻变革，尤其是消费文化出现了非常明显的转向。电影作品中"小鲜肉"现象、中年大叔现象的出现与女性观众主导银幕有直接的关联。尤其是随着女性在家庭、社会中地位的提高，表现女性情感体验、满足女性心理需求、以女性为创作主体的电影作品越来越多。以好莱坞电影为例，前有漫威系列电影中的黑寡妇、绯红女巫，《神奇四侠》中的隐形女，《X战警》中的暴风女，《银河护卫队》的卡魔拉，2017~2018年有《神奇女侠》中的戴安娜公主、《蚁人2：黄蜂女》中的黄蜂女、《超人总动员2》中的弹力女超人妈妈，好莱坞电影中的女性英雄形象呈现风起云涌之势。与之相呼应，中国电影中也开始出现越来越多的大女主形象，如《战狼》《万箭穿心》《找到你》等电影中的女主角逐渐具有了女强人的气质。当然，正如上述所说，很多年轻女观众更喜欢在银幕

---

[1] 参见〔日〕福原泰平《拉康——镜像阶段》，王小峰、李濯凡译，河北教育出版社，2002；〔英〕劳拉·穆尔维《视觉快感和叙事性电影》，范倍、李二仕译，载杨远婴主编《电影理论读本》，世界图书出版公司，2012；〔法〕西蒙娜·德·波伏瓦《第二性Ⅰ：事实与神话》，郑克鲁译，上海译文出版社，2011。

[2] 戴锦华：《不可见的女性：当代中国电影中的女性与女性的电影》，《当代电影》1994年第6期。

上看到甜蜜的爱情，所以"小妞电影"①在此背景下脱颖而出，以浪漫甜蜜的爱情故事收割了大量女性观众。与好莱坞"小妞电影"有所不同，中国的"小妞电影"虽然有很多也走甜蜜浪漫的路线，如《超时空同居》《泡芙小姐》，但是更多的女性导演把创作的视野聚焦在女性的自我发展、女性独立人格的完善、女性在现实中的各种困境等问题上，通过女性视角讲述了或尖锐、或温情、或浪漫的故事，塑造了很多令人难忘的女性银幕形象。如《后来的我们》中的小晓、《傲娇与偏见》中的唐楠楠。这些年轻女孩在电影中一改过去柔弱、娇羞的形象，而成为独立、有主见、有活力、有追求的现代都市女性。相比较而言，这两部影片中的男主人公见清和朱侯则要么优柔寡断，要么贱萌耍宝，都相对缺少男性的阳刚气质，反而更像是受母鸡保护的小鸡，所以朱侯被唐楠楠称作"妈宝男"，他的不成熟衬托了唐楠楠的"女汉子"气质。

相较"小妞电影"而言，女性导演的艺术电影则更具鲜明的女性气质。如《嘉年华》中的郝律师在影片中被塑造成了一个固执替孩子发声的女性形象，也是她连接起了小米和小文两条叙事线索。男性在这部电影中都是施暴者、帮凶或者懦弱无能者，前者如干爹、作假证明的警察、妇产科医生、压榨员工的酒店经理和殴打女朋友的健哥，后者如选择与刘会长私了的小新父亲、忍气吞声的小文父亲。这样的情节设定让这部电影多次被定义为女权电影，但导演文晏多次表达她拍摄电影的初衷是要表达自己的困惑、愤怒甚至无力感。《明月几时有》中的方兰有信念、有坚守，其母亲方姑则为了女儿的事业，从一个精明的房东变为替革命队伍传递情报，最后英勇牺牲的烈士。虽然这部电影是一部群像电影，但许鞍华导演还是采用自己最擅长的诗性风格塑造了两个令人难忘的女性形象。电影用方兰的视角来讲述故事，女性气质凸显。《相爱相亲》中的阿祖、慧英、薇薇是老中青三代女性，阿祖是典型的老派妇女，为夫守寡多年，在无望中等待多年。慧英处在中年妇女

---

① 王姝、王雨纯：《20世纪90年代以来"小妞电影"研究综述》，《浙江工业大学学报》（社会科学版）2018年第1期。

的焦虑中，母亲去世，与丈夫平淡的生活中再无激情，只有鸡零狗碎的日常。薇薇则身陷一段三角恋爱关系中，急切渴望打破现状。相比较这3个女性面对庸常生活的勇气，电影中的3个男性即薇薇外祖父、薇薇父亲尹孝平、薇薇男朋友阿达则选择了出走和逃避，这样的道路选择无疑彰显了这部电影的女性气质。和《相亲相爱》一样，男性在家庭关系中的缺席和不在场几乎成为其他女性电影人物设置的标配：《悲伤逆流成河》中易遥的父亲缺席；《快把我哥带走》中的父亲是一个酗酒的男性形象，最后还需要未成年儿子照顾；《嘉年华》和《后来的我们》中女主角的父母根本就没有出现。

《悲伤逆流成河》塑造了3个不同性格的女孩：易遥、唐小米、顾森湘。易遥成长在一个不健全的家庭中，妈妈是一个按摩女郎，因此她家境贫寒，连新校服都买不起。而且由于妈妈男性顾客的传染，易遥得了尖锐湿疣，这个秘密无意中被唐小米发现并被广为传播，因此同学们都嘲笑、打击她，说她是病原体。易遥的性格又比较孤僻、倔强，有了任何问题，她的反应都是不能告诉大人，所以她偷偷摸摸去找游医治病却不敢告诉妈妈，在校园被欺负也是默默承受。唐小米看起来活泼时尚，特别喜欢在老师和同学面前表现自己，但其实她也是校园欺凌事件的受害者。在之前的学校备受欺凌才转到现在的学校。为了发泄自己，她选择在新的环境里欺负其他人。她选择了没有什么朋友的易遥作为下手对象，以此来报复、反击。顾森湘漂亮、聪明、学习成绩好，是老师眼中的好学生，同学眼里的学霸。她性格温柔、善良，然而就是这样一个美好的女孩子，却因为唐小米的一个短信而被歹徒追赶，最后坠楼而死。罪魁祸首唐小米本来想伤害易遥，却无意间害死了顾森湘。当顾森湘坠楼之际，电影的悲剧感达到了一个高潮。

《超时空同居》中的谷小焦是一个30岁之后恨嫁的都市女青年，电影一开始就用了一场戏来表现她因为恨嫁而被相亲的男人骗走钱财，之后电影又多次表现了她肤浅、爱慕虚荣的性格：在自己工作的珠宝店假装有钱人，和老同学见面也要打肿脸充胖子，用租借来的礼服撑门面。影片对物质表现出一种痴迷，如谷小焦的名牌包、小时候的大房子，单纯的陆鸣变成了贪婪、冷漠的陆石屹。当然，导演苏伦高明之处就在于设定了一个反转的故事，谷小焦在和陆鸣的相处中逐渐领悟到了物质至上带给人情感上的空虚,她渴望爱人的陪伴、渴望父亲的陪伴。这样的一种处理方式虽然欠缺人物行动变化的必然逻辑,但是仍旧以其暗含的爱情至上论给大众营造了一个白日梦。

因为随性的生活态度与对婚姻的公开看法,兼具演员和导演双重身份的徐静蕾常常被看作女权主义的倡导者,而她执导的电影《一个陌生女人的来信》《杜拉拉升职记》《亲密敌人》等电影也因其塑造独立自主的女性形象和女性视点而被冠以女性主义电影的称号。到了《绑架者》中,电影仍旧以林薇的视角来讲述故事,但是霸道女警察林薇的形象和母亲的形象在电影中始终无法重叠。在电影中,林薇霸道女警察的一面倒是显露无遗,为了找到女儿,她利用自己警察的身份对男主人公杨念步步紧逼,但是作为母亲的一面,电影着墨不多,只有手表等少数细节,尤其是在母亲思念女儿的戏份中,演员白百何的表演也是僵化、符号化的图解,完全看不到母亲的挣扎和痛苦,大吼大叫式的肤浅破坏了母亲这个角色的可能性。

《嘉年华》中出现了7位女性角色,其中,玛丽莲·梦露作为片中最重要的表征符号出现了6次。作为美国流行文化的代表,玛丽莲·梦露象征着性感、美丽、天真、愚蠢。电影中的15岁少女小米羡慕玛丽莲·梦露,但她自己却是一个没有户口的流浪儿童,四海为家,女性性别特征几乎被抹杀。倒是小文的女性特征非常显著,但是最后小文的一头长发被母亲粗暴地剪短,她的女性特征也被强制抹平。电影中用了孩子对世界的观察性视角来表现成人世界。手持长镜头的使用提高了影片的真实质感,小米对这个世界的观察多了一些防备,小文和小新则是多了一些天真无邪。小文和小新的母亲在电影中成为气急败坏、市侩功利的符号。史可饰演的律师是电影中的一抹亮色,正是她的坚持和悲天悯人的情怀让整个事件具有了其他走向的可能。电影最后,当小米穿着和梦露一样的白色裙子骑着摩托车从男性世界逃离时,观众的心也跟着澎湃起来。如此诗意的结局给这部沉重主题的电影增加了一丝轻盈感。

导演杨荔钠在《春潮》中表现了同居一屋的祖孙三代人纪明岚、郭建波、郭婉婷的对抗与和解。纪明岚的内外有别、郭建波的内敛深沉、郭婉婷

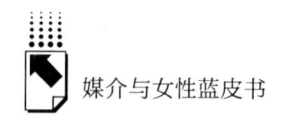

的见风使舵在狭窄的空间和舒缓的故事中得以一一呈现。影片的戏剧冲突依靠人物内心情绪的爆发实现,母女二人在生活中的对抗无处不在,母亲中风后郭建波在病房内的大段独白更是整部影片的高潮。这部关注不同年龄阶段女性人物内心的电影以一种难得的克制、隐忍构建起了一种矛盾丛生的母女、祖孙关系,同时不断解构这种关系,最后时刻的和解还是依托亲情,这样过于刻意的剧情设定让这部电影缺少了真实生活的深度。

滕丛丛自编自导的《送我上青云》塑造了截然不同的两代女性形象:女儿盛男和母亲梁美枝。女儿盛男是调查记者,坚持职业操守,以揭露事件真相为己任,不能容忍道德瑕疵,与父母的关系很淡漠,学不会江湖上的人际交往方式,在得知自己患上卵巢癌后敢于直面自己的欲望,想体验性爱的欢愉。母亲梁美枝是一个依附男性的中年妇女,结婚后不久就成为家庭主妇,在丈夫有外遇被迫离婚后沉迷于美容养颜,试图通过这种方式改变自己的人生际遇,是一个典型的"傻白甜"。除了两个女性人物外,这部电影还以女性的温情和理解塑造了四毛、刘光明、李老等男性角色。当然,这部电影之所以被冠以"国内第一部真正意义上的女性电影",主要还在于这部电影中正面表现了女性对性欲的直接追求,影片中两场男女做爱和女主人公自慰的镜头让我们看到了现代独立女性的勇敢和对命运的抗争,令人印象深刻,而电影中傻子和棺材的意象让影片具有了一丝魔幻色彩。盛男这个独立的都市女性形象借助演员姚晨的出色演绎成为中国电影银幕上一个光彩夺目的女性形象。

李少红的新作《妈阁是座城》改编自严歌苓的小说,以女叠码仔梅晓鸥与三个男性段凯文、史奇澜、卢晋桐的故事折射时代变迁,电影的野心由此可见一斑。电影试图通过澳门不同历史时刻的变化来反衬梅晓鸥的心路历程变化,但是这部电影过于依靠演员的画外音来推进故事,对于女主人公的情感变化和投入缺乏镜头语言的呈现,人物形象比较苍白和单一,女圣母的角色设定犹如强加给女主人公的一件外衣,掩盖住了这三段感情中女性的复杂。

虽然时代在前进,社会在进步,现代女性形象不断涌现,但是中国传统的母亲形象和坚韧的中国女性形象仍旧在很多女性题材电影作品中得到了表现。《十八洞村》中的麻妹和《大路朝天》中的江雪花就是这样典型的女性。她们都不是现代意义上的职业女性，但是她们为了家庭、孩子无私奉献、默默付出，为丈夫、父亲、孩子提供支持。这样的女性形象虽然在今天看上去不那么时髦，也被很多现代女性斥为思想守旧，但是她们却仍然代表了现代中国无数的母亲，仍然值得我们尊敬。

基于视角原因，2017~2019年很多由男导演或者男女联合导演创作出的优秀女性题材电影没有在文章中得到阐释，但是诸如《路过未来》《春娇救志明》《七月与安生》《你好，之华》《二代妖精之今生有幸》《来电狂响》《无名之辈》《江湖儿女》《巨齿鲨》《米花之味》《邪不压正》《我是你妈》《风中有朵雨做的云》《少年的你》等带有鲜明女性气质的电影也和本报告中阐释的女性电影一起构成了中国电影的女性面貌，彰显了中国文化中性别意识的觉醒和中国现代文化的多元发展，是电影作为一种艺术对现实的呼应。

B.5
热播电视剧中的女性形象分析（2017~2019）

魏金梅*

摘　要： 本报告通过对2017年、2018年和2019年的热播电视剧进行梳理，将电视剧的收视率、网络点击量、话题热度等因素相结合，共计选出45部点击量、收视率、社会话题度较高的电视剧样本，并对其中的创作者信息、作品中的女性形象（女主为主）进行分析，以期了解当下电视剧对女性形象塑造的现状，为女性的多元化发展和女性的形象塑造提供有价值的参考。

关键词： 电视剧　女性形象　自我意识　价值追求

传播作为"共享信仰的表征"[1]，侧重于"在时间上对一个社会的维系"，它又"是一种对现实的呈现，为生活提供整体的形式、秩序和调子"[2]。"戏剧是人生的模仿、习俗的镜子、现实的影像"[3]，而电视剧利用现代媒体技术，将传统戏剧中呈现的"景观社会"[4]，进行了更大众化的呈

---

* 魏金梅，博士，中华女子学院文化传播学院讲师，主要研究方向为影视文化、媒介与女性等。
[1] 美国文化研究代表人物詹姆斯·W. 凯瑞在著作《作为文化的传播》中提出："传播的仪式观并非指讯息在空中的扩散，而是在时间上对一个社会的维系，不是指分享信息的行为，而是共享信仰的表征。"
[2] 〔美〕詹姆斯·W. 凯瑞：《作为文化的传播》，丁未译，华夏出版社，2005。
[3] 公元4世纪文学家多那特斯（Donatus）的戏剧理论。
[4] 出自居伊·德波《景观社会》一书，他认为"世界已经被拍摄"，发达资本主义社会已进入以影像物品生产与物品影像消费为主的景观社会，景观已成为一种物化了的世界观，而景观本质上不过是"以影像为中介的人们之间的社会关系"，"景观就是商品完全成功的殖民化社会生活的时刻"。

现，发挥着"社会神话"功能。它在一定程度上凝聚着集体的共识，成为我们日常生活中一种重要的"仪式"和"景观"。

电视剧在反映社会现实的同时，也因其强大的社会影响力，形成了对社会现实的再造。"再现的政治"[①]不仅联系着历史与记忆，还指涉着未来，通过叙事的方式完成社会儒化。它一方面是社会价值、社会意识的集中反映，另一方面也促进了社会观念的形成和发展。作为一种非强制性的社会控制手段，电视剧在建构性别关系、建构我们的知识和信仰体系中发挥着不可替代的作用。它以复杂和隐蔽的方式，巩固着社会的性别规范和性别意识。因此，电视剧作为社会表征的媒介"景观"，是分析女性社会角色变迁的重要手段。

波伏娃在《第二性》中说："女人并非生为女人，而是被造成女人的。"五四启蒙运动中女性碎片化的意识被唤醒，但社会和媒介中男性的强势主导地位，使女性被遮蔽、被写、被消费，沦落为第二性，甚至内化为女性自身的身份认知。女性在成为男性的凝视对象和成为男人之间徘徊，无论是"男性玩物"还是"花木兰式境遇"，无疑都抹杀了女性自身的独特性。

十年"文化大革命"期间，出现了大量与男性无差别的女性形象，但在与男性拥有了同样的曝光机会后，女性失去了确认、表达、质疑自身性别的权利与可能，形成女性角色身份的"类失语"，还使女性不自觉地背负起了社会和家庭的双重重担。新时代，女性创作者和多元女性角色的塑造使女性由失语到开始嘶哑地争夺话语权。新媒体时代带来了多元社会表达的可能，女性是在政治、经济和文化的发展中同步向前，还是在大众文化、消费文化的合谋中，被戴上了新的镣铐，这是一个值得研究的课题。

一 2017~2019年热播电视剧纵览

2017年，电视剧、网络视频点击量共计8175.8亿次，在全网各类型节目中占比达67.1%，占比为最高。爆款剧目在电视端、移动端形成极强传

[①] 戴锦华：《历史、记忆与再现的政治》，《艺术广角》2012年第2期。

播力，其中点击量100亿次以上的剧目达12部，较2016年增加4部。现实题材剧《人民的名义》以3.661%的收视率高居榜首。《那年花开月正圆》全年平均收视率达2.564%，位居第二。《因为遇见你》收视率为1.930%、《我的前半生》收视率为1.876%、《楚乔传》收视率为1.741%、《欢乐颂2》收视率为1.614%，这些剧目也都获得了很高的社会关注度。

对比之下，2018年剧集市场较为冷清，缺少现象级大作。《娘亲舅大》平均收视率2.04%，成为唯一收视率"破2"的电视剧，但豆瓣评分却仅为4.6分，远低于《人民的名义》的8.3分，且该剧并未进入电视剧网络点击前20名。《娘道》收视率为1.563%，成为2018年为数不多的收视率破1.5%的电视剧，却获得了2.5分的豆瓣超低评分，也未能进入网络点击前20名，台播电视剧的影响力、话题度式微。

2018年在播电视剧、网剧视频点击量占比达65.7%，在全网各类型节目中占比仍为最高，但较2017年下降11.8个百分点。而网剧凭借其精良制作和日渐成熟的产业链实现了口碑、流量的双提升，"先网后台"的模式逐渐形成。《延禧攻略》以182.1亿次的播放量位居网播剧榜首，并荣登2018年谷歌全球电视节目热搜榜首位，版权出售至90余个国家。[1]《恋爱先生》收视率为1.561%、网播量为163.5亿次，居网播剧榜第二位。《如懿传》以161.1亿次的播放量位居网播剧榜第三。

2019年，随着市场环境的持续遇冷，缺乏社会热度和关注度极高的作品。2019年收视率之最为以高中生为主角的《少年派》，收视率仅为1.39%，豆瓣评分6.6分，且该剧并未进入网络点击前5名。《大江大河》以1.371%的收视率排名第二，虽然也未进入网络点击前5名，却获得8.8分的豆瓣高分和13万条评论。《都挺好》以1.19%的收视率排在电视剧收视率的第9位，却以69.3亿次的网络点击量进入网络点击前三名，7.8分的高分和18万条评价印证了其热度和口碑的双丰收。[2]

---

[1] 美兰德咨询公司：《2018年中国视频融合传播白皮书》。
[2] 数据根据中国广视索福瑞（CSM）电视剧收视率排行，豆瓣电影频道电视剧评分、猫眼专业版App网络点击统计数据，谷歌全球电视节目热搜榜整理得出。

网络点击方面，排名前三的作品均为台网联播。《知否知否应是绿肥红瘦》以117.2亿次点击获得网络点击量第一名，并与第二名《亲爱的热爱的》72.4亿次的点击拉开了不小的距离。纯网剧《陈情令》以66.2亿次点击位列第四。《延禧攻略》之后，网剧缺乏现象级大作。《长安十二时辰》因精良制作获得了较高的社会关注度，但题材的限制导致其受众广度不够，并未引发大规模关注。①

本报告对2017~2019年的热播电视剧进行梳理，将电视剧的收视率、网络点击量、话题热度等因素相结合，共计选出45部点击量、收视率、社会话题度较高的电视剧样本，并对其中的创作者信息、作品中的女性形象（女主为主）进行了分析（见表1），以期了解当下电视剧对女性形象塑造的现状，为女性的多元化发展和女性的形象塑造提供有价值的参考。

表1 2017~2019年热播电视剧样本剧名称

人间至味是清欢	正阳门下小女人	都挺好
三生三世十里桃花	延禧攻略	知否知否应是绿肥红瘦
守护丽人	岁岁年年柿柿红	少年派
风筝	幸福一家人	大江大河
那年花开月正圆	娘道	带着爸爸去留学
我的前半生	面具	芝麻胡同
娘亲舅大	美好生活	小欢喜
因为遇见你	猎毒人	亲爱的热爱的
于成龙	换了人间	逆流而上的你
人民的名义	最美的青春	姥姥的饺子馆
香蜜沉沉烬如霜	如懿传	刘家媳妇
楚乔传	好久不见	老中医
孤芳不自赏	老男孩	长安十二时辰
欢乐颂2	恋爱先生	封神演义
谈判官	楼外楼	陈情令

① 根据猫眼专业版App网络点击统计数据进行排名得出数据。

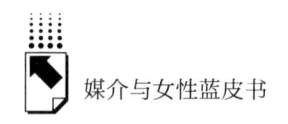

45部电视剧中，从导演的性别来看有28部为男性导演（或导演组），其中仅《三生三世十里桃花》的导演为女性，《换了人间》（前五位主演无女性）的第二导演为女性，按照第一导演的性别来统计则只有一位女性导演，占比仅为2.2%。胡玫、黄蜀芹、杨洁、杨阳、李少红等电视剧女导演的创作不断减少，近两年被称为"古装偶像剧教母"的李慧珠也未有作品推出，仅剩下《三生三世十里桃花》的导演林玉芬有作品问世，女导演断档现象严重。

女性导演在行业中的占比较低，减少了女性书写和自我表达的机会。男性导演执导电视剧的数量居多，这使他们在获得拍摄机会和筹措资金等方面的优势超过女性导演，从而为女性进入导演行业制造了更高的门槛。对比在导演领域的微弱占比，女性在编剧位置的占比有明显优势。在这45部剧中，女性编剧为27部，男性编剧为18部，占比分别为60%和40%。①

本报告以不同性别的编剧对女性形象的塑造展开对比分析，在观照热播电视剧中的女性形象构建的同时，探求不同性别的书写者对女性角色塑造的影响。由于女性导演占比过少，此处不再单独以导演性别为分类依据。女性编剧的作品在被男导演诠释的过程中，的确会发生一定的人物变形，比如《陈情令》中的女主角（严格来说《陈情令》没有女主角，这里可以改为"第一女性角色"）在女作者的原著里是一个性格刚烈的女侠，但在男导演的呈现中却被塑造成了弱不禁风的医生形象。但总体来说，影视作品对原著的还原度较高，这使对编剧性别的分析具有可行性。

二 电视剧的宏观概述

本报告选取了每部电视剧演员表排名前五的演员进行性别分析②，这些剧中排名前五的演员共计225人，女性和男性分别为97人和128人，女性

---

① 对编剧为多个人的，为便于统计只保留第一编剧的性别。
② 根据电视剧在百度百科中的演员表顺序为依据，选择前五名。该顺序基本可以反映角色在剧目中的重要程度。

占比43.11%，女性在电视剧中的话语机会略低于男性（见表1）。这些剧中的第一主角为45人，其中女性为21人，男性为24人，女性占比为46.67%，与上文的数据较为接近，女性的荧屏呈现也低于男性。

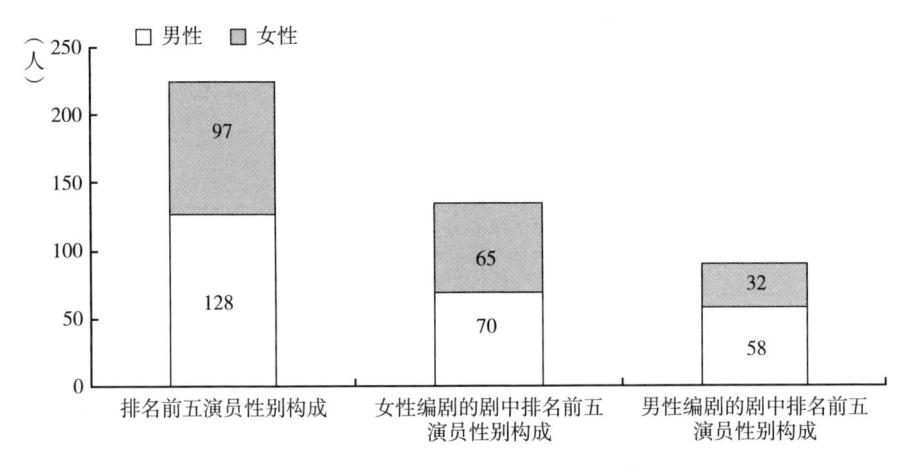

图1 排名前五演员性别构成

在男性编剧的18部作品中排名前五的90位演员里，女性为32人，男性为58人，女性占比为35.6%。女性编剧的27部电视剧中，排名前五的135位演员中，女性人数为65人，男性为70人，女性占比为48.1%。女性编剧的第一主角的性别分别为女性16人，男性11人，女性占比达到59.3%，远高于46.67%的平均值。对比之下，男性为第一编剧的电视剧中，第一主角中女性人数为5人，男性为13人，女性占比为27.8%，远低于46.67%的平均值（见图2）。

在这些剧中有两部剧较为特殊，《欢乐颂》排名前五的演员中，女性占比为100%，《换了人间》排名前五的演员中女性占比为0。前者的编剧为女性，后者为男性。不难看出，编剧的性别是女性荧屏呈现的重要影响因素。虽然编剧的性别对女性群像的影响相对较小，但在对女性的细致刻画和深描上，其对第一主演的性别影响非常大。不过，在女性编剧占比居上的情况下，女性在电视剧中的占比依然低于50%，其中也包含社会刻板印象、既定的权利关系等的影响。

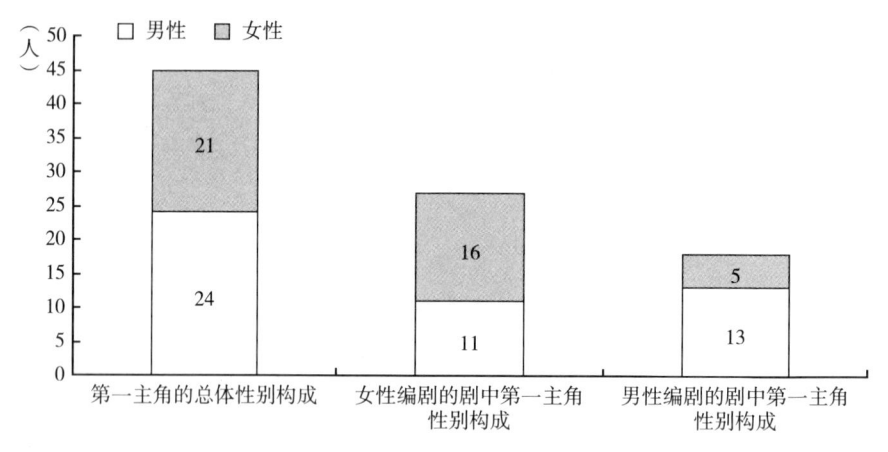

图2 第一主角性别构成

在题材类型上，样本剧中当代剧共有19部，其中以描述都市情感为主的有18部，描述农村生活的作品有1部。19部作品中男性编剧有3人，女性编剧有16人，女性编剧占绝大多数。在当代题材的电视剧中，女性获得了较多的展现机会，但是最广大的农村女性群体在荧屏上的话语机会依然非常微弱，仅《刘家媳妇》一部剧的主角为当代农村女性形象。

古代剧13部，男编剧为3人，女编剧为10人。其中男编剧的剧作内容为历史人物传记《于成龙》、讲述经商故事和家国一体的《楼外楼》。女编剧的剧种以《三生三世十里桃花》为代表的古装言情剧和以《延禧攻略》为代表的后宫剧为主，但也包含一部展现女商人成长史的《那年花开月正圆》。

近代剧6部全部为男编剧，其中有3部为谍战剧，另外2部为讲述一男娶二妻的《芝麻胡同》和一位男性与两位女性情感故事的《老中医》，6部作品中唯一一部以女性为主角的是展现传统母亲故事的《娘道》。

现代剧6部，女编剧为1人，作品为讲述三兄弟抚养孤女的《娘亲舅大》，另外5部剧中有2部为女性主演，为讲述女商人经历的《正阳门下小女人》和讲述农村妇女杨柿红的《岁岁年年柿柿红》。

重大题材剧1部，为排名前五的演员中没有女性角色的《换了人间》（见图3）。

热播电视剧中的女性形象分析（2017~2019）

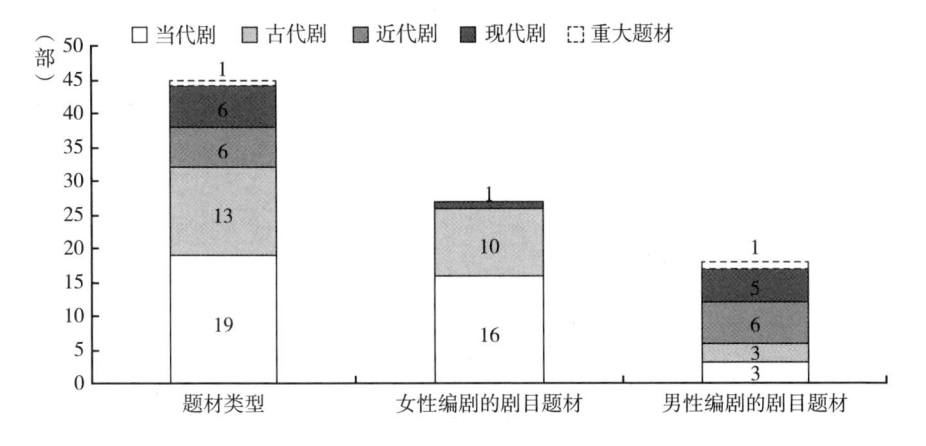

图3　题材类型分布

女性编剧的题材更加聚焦言情剧，剧集中对政治、社会变迁和历史事实的观照较少，将更多的关注点放在了情感交互和个人成长方面。男性编剧所涉猎的题材范围更广，对社会现实的折射更多，对政治和历史的观照更多，人物命运和时代之间的互动关系更强。

三　电视剧中的女性形象塑造

在影像叙事机制中，逐渐形成了特定的男权意识形态话语，即男性是欲望的主体而女性被客体化，从而形成男人看、女人被看的镜头语言模式。被客体化的女性作为被观赏的客体，被不断地强化身体规范。在传统男性审美和商业的双重合谋下，女性被"规约"为特定的、标准化的"女性美"。下文通过对45部样本剧的女主角的外貌特征的分析，探究热播电视剧是否复制这种"标准化的美"；电视剧是否通过"女性美"的塑造，"美丽即可获得幸福"的叙事方式，从而不断强化女性身体规范，间接形成对女性身体的物化。

45部样本剧中，女主角的样貌特征设定为漂亮、貌美、绝世美人的剧集为33部，占比为73.3%。其中女性编剧的作品中貌美女主角为22

人，占比81.5%，高于平均值。男编剧剧集中的貌美女主角为11人，占比61.1%，低于平均值（见图4）。女性被塑造为性感尤物，强调其相貌特征的现象在女性编剧中反而更为突出。男性编剧的剧中除性感尤物外，还有母亲、家庭主妇等少数特定角色。对比之下，女性创作者笔下的女性形象更为固化，"玛丽苏"和"大女主"依然是常见类型。不追求外貌表现的女企业家、女特务等女性形象还是多呈现于男性编剧作品中。

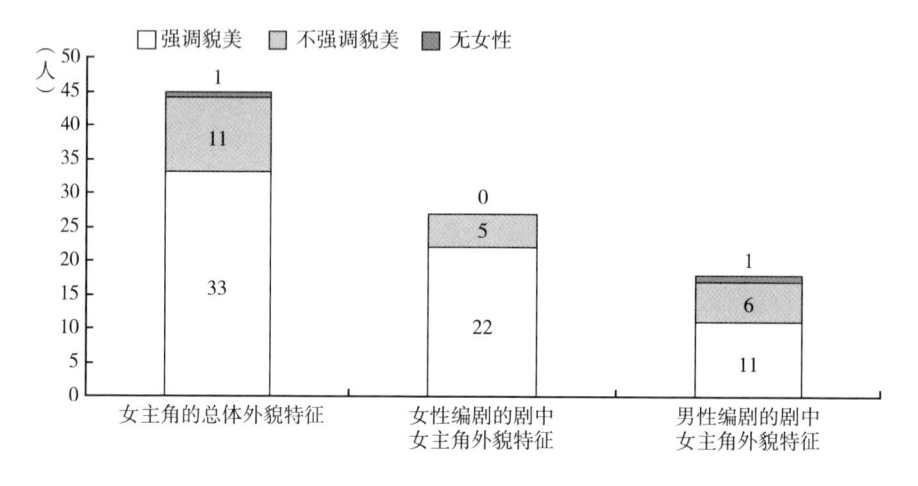

图4 女主角外貌特征分布

从45部剧的女主角的年龄来看，《正阳门下小女人》《岁岁年年柿柿红》《面具》《风筝》《姥姥的饺子馆》中女主角的年龄较大，或不过分强调女性的样貌特征，这些剧均出自男性编剧之手。除此之外，女主角基本为年轻女性，且多为年轻靓丽的少女形象。在这种迎合商业潮流、观众审美期待，并充当女性情感与精神抚慰的一种创作模式下，女性的"美"被不断地标准化和狭隘化。这种趋势甚至波及演员，由于《如懿传》中扮演女主角的周迅年龄略大，未能承载单一化的女性形象想象，引起了网友的热议。在屏幕中的女性形象越来越单一的同时，女演员的生存空间也在不断缩小。

恩格斯在《家庭、私有制和国家的起源》中提出，"是经济压迫造成了让她处于被征服者地位的社会压迫"①,"妇女的解放,只有在妇女可以大量地、社会规模地参加生产,而家务劳动只占她们极少的工夫的时候,才有可能"。② 在大工业时代的信息时代,技术成为第一生产力,而教育成为女性获得生产力的重要手段,因此女性的受教育情境、职业选择的宽泛性、与家务劳动的关系、经济能力,是女性获得独立的重要依据。

样本剧中的女性角色有39位接受了教育,占比为86.7%。如《恋爱先生》的女主角为海归人员。即便是古装剧,女主角往往也学过武功或者进过绣房等。但也有5部剧中的女性是未接受过教育的,即《娘道》《楼外楼》《于成龙》《岁岁年年柿柿红》《姥姥的饺子馆》,这5部剧的编剧均为男性,前3部为古装剧,最后2部为现代题材剧目(见图5)。

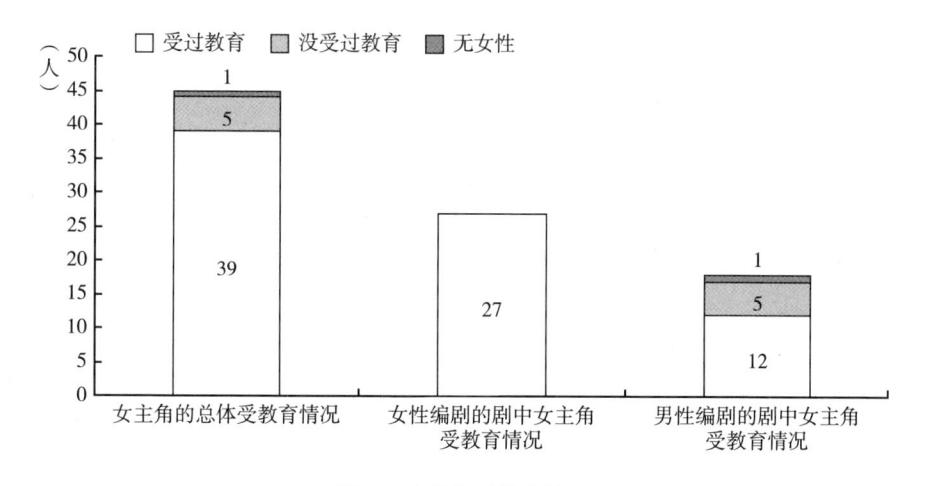

图5 女主角受教育情况

经济的独立是女性权利提升的基础。只有经济地位提高,才能为女性独立的人格带来可能性。与女性受教育的乐观景象相比,女性的经济独立情况没有那么乐观。女性编剧的电视剧中有4部剧的女主角经济不独立,高于女性编剧中没有受过教育的女主角比例。这四部剧无一例外为古装剧。对比之

---

① 《马克思恩格斯选集》(第四卷),人民出版社,1972。
② 《马克思恩格斯选集》(第四卷),人民出版社,1972。

下，男性编剧的剧中经济不独立的女主角为6人，高于男性编剧中没有受过教育的女主角的人数（见图6）。

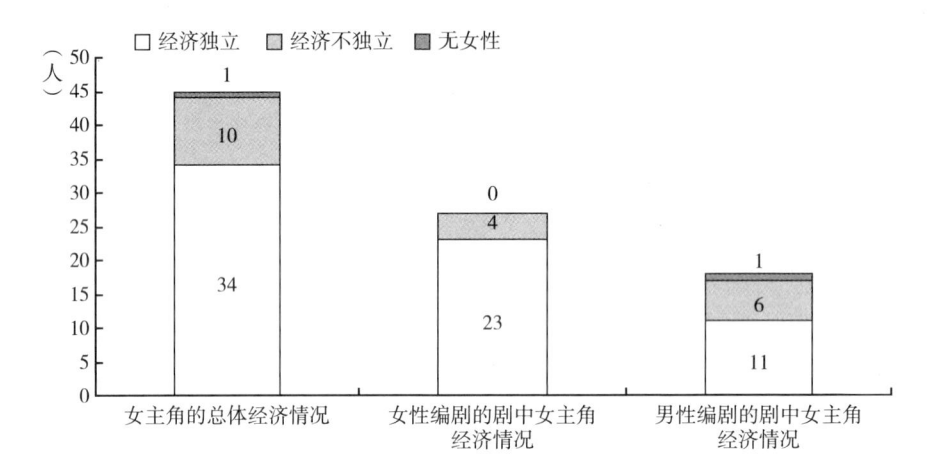

图6 女主角经济情况

在一定程度上，女性创作者尽管对女性应受教育具有较强的社会共识，但是在教育转化为生产力的过程中出现"掉队"，并不是所有女性都能将教育视为女性独立自主的手段之一。在很多剧目中出现了对女性自我成长的描写，其中很重要的就是从经济依附到经济独立，如《我的前半生》《守护丽人》等，但这些剧饱受诟病的原因在于：在女性自我成长的路上，总有一个男性作为其价值引领者，从而遏制了女性成长的自主性。

如恩格斯所言，家务解放是女性获得更多的时间从事社会劳动，从而实现经济独立和自我价值的影响因素之一。通过对45部样本剧中家务承担者性别的分析发现，现代电视剧是对男主外、女主内的社会先赋角色的强化，这使女性的家务解放不容乐观。在这45部剧中，36部剧的家务承担者为女性，占比高达80%。

其中《正阳门下小女人》最为特殊，该剧是唯一一部在家务承担中男性略多于女性的剧目，编剧为男性。在女性编剧的剧目中，尽管女性依然是家务的主要承担者，但很多时候，女主角并不主动参与家务劳动，而是由其他女性（如保姆、妈妈等）代劳。也有个别情况下，由男性代劳，这些男性大多为父亲形象，为退休的不得志的男性（见图7）。

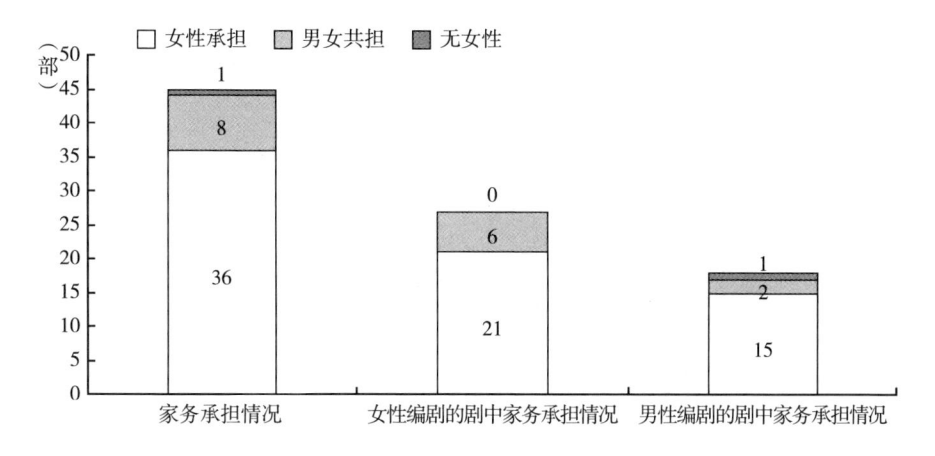

图7　家务承担情况

如《幸福一家人》中，家务的主要承担者为女主角的父亲，以及其他角色的母亲等，所以整体来说性别上较为均衡。但因为男主角的父亲是企业老板，尽管年龄同样较大，却并未从事过家务劳动。在剧集中，对承担家务男性形象的"弱化"，也会对大众造成误导，从而增强女性从家庭空间解放的困境。

也有一些剧目中，呈现了正向的做家务的男性形象，如《欢乐颂》《我的前半生》《亲爱的热爱的》，但男性做家务还是具有一定表演性的，而非常态化。在女性受教育情况较好、经济独立地进入职场的同时，依然需要承担绝大部分的家庭劳动。社会对女性形成家庭和工作双重角色的期待，使女性面临新的社会压力。《都挺好》中的家务承担者为女主角的男朋友，但其厨师身份为其做家务制造了合理性，制造了男性做家务的"灰色地带"，从而降低了男性承担家务的社会拓展性。

从这些剧目中的权力最高层的性别来看，有39部剧的权力最高层为男性，仅有6部剧为女性，分别为《那年花开月正圆》中的慈禧，《正阳门下小女人》《姥姥的饺子馆》中的女主角，《因为遇见你》《娘道》《楼外楼》中的家族母亲形象（见图8）。前3部剧都塑造了饱满多元的女性形象，尽

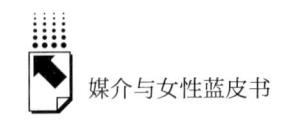

管出自不同性别的编剧之手,但都在一定程度上体现了女性的智慧与果敢。后面的3部剧同样将女性置于权力的最高层,这些人同样具有一定的胆识和专业技能,但母亲身份在一定程度上掩盖了女性在技能和价值追求上的光芒。

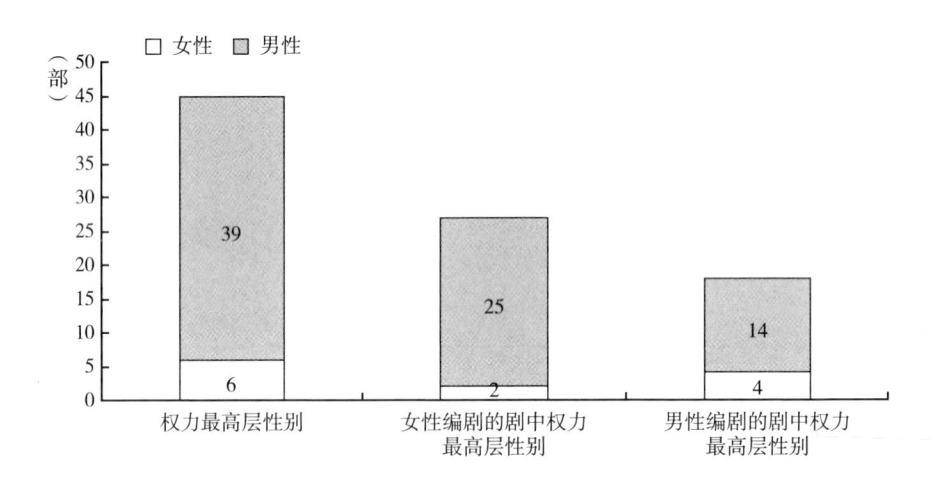

图8 权利最高层性别

从能力和智力方面来进行性别对比,其中26部剧中的男性处于上风,1部剧《那年花开月正圆》中的女性处于上风,18部剧中的男性和女性在能力和治理方面处于动态平衡。此比例远高于两性之间的权力关系的对比,但低于女性受教育者的比例。在45部样本剧中女性编剧的剧目里,女性拥有较为均衡或更高的智力和能力水平的占比为51.9%,远高于男性编剧的剧目中27.8%的比例。

女性编剧给了女性更高的情感关注和个人肯定,但是也不能盲目乐观,完全将此解读为女性自我意识的觉醒。随着"大女主"题材电视剧的增多,一种符合当代观众审美期待、充当女性情感与精神抚慰的创作模式诞生。女主角往往出身显赫、相貌出众、心地善良……。过度"完美"的"玛丽苏"般充满自恋的人物设定,以及脱离生活空间的台词,无法表现出女性的自我成长过程,其是观众审美期待和市场妥协的杂合体,是女性的自我麻痹。

但值得肯定的是,不同于以前的剧目中对女性走向领导岗位的负面描述,以及对"女强人"的污名化,样本剧目中,对女性领导者的评价更为中正,甚至是鼓励和倡导的,如《正阳门下小女人》《那年花开月正圆》《姥姥的饺子馆》等,这对女性来说是一种非常正向的引领。

"女性就业不仅是维持自身生存发展的基本保证,同时也是实现经济发展和社会稳定的内在需求,是衡量社会文明与进步程度的重要指标。"[1] 成功的女性职业形象塑造,可以打破传统性别的刻板印象,为女性走向社会空间提供更畅通的通道。

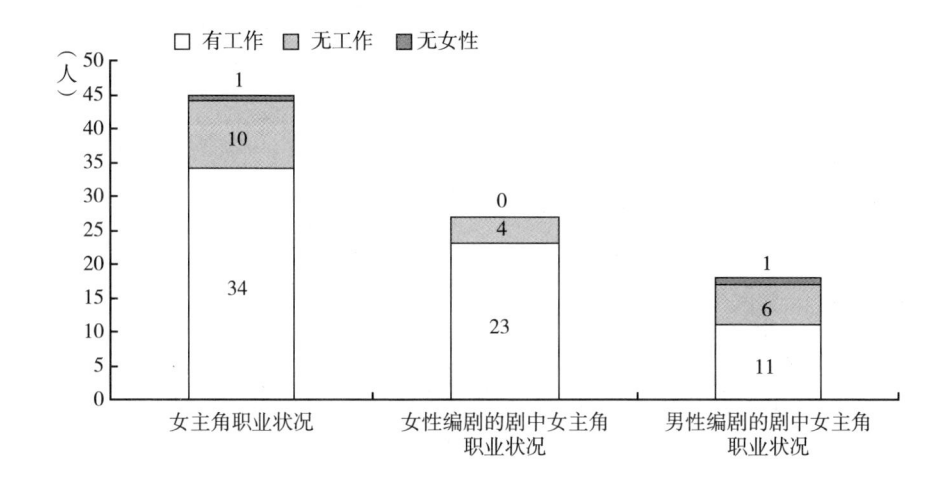

图9 女主角职业状况

在这45部剧中,女主角职业状况为:无工作者10人,公司白领5人、女企业家或高管6人、古代王神4人、绣娘2人、编辑2人、老师2人、校长1人、秘书1人、神医1人、护士长1人、厨师长1人、服务员1人、网络主播1人、大堂经理1人、特务1人、检察官1人、警察1人、谈判官1人、金牌销售1人(见图9)。女性承担家庭责任延伸领域的工作或者辅助工作,如教师、绣娘、秘书、医生、厨师等,虽然有一定占比,但剧目中女性有了更广阔的职业选择,如女企业家、检察官、谈判官、缉毒警察等。

---

[1] 陈飞强:《稳定与变迁:女性媒介中的女性形象——对〈中国妇女报〉女性人物的分析》,《中华女子学院学报》2013年第1期。

社会角色身份是不是为女性提供了更多的公共空间的参与机会？男主外、女主内，男人属于"公共领域"，女人属于"私人领域"，男人是社会人，女人是家庭人，这些观点都极大地束缚了女性的自我发展。在44部（去除1部无女性剧目）样本剧中，仅有《正阳门下小女人》1部剧中女性比男性更多地出现在公共领域，但从这剧的命名也不难发现，尽管女主角是成功的女企业家，但依然逃脱不了"小女人"的刻板印象。有15部剧的女性较少进入公共领域而更多处于私人领域，包括《如懿传》《娘道》《岁岁年年柿柿红》《老中医》等。有13部剧的女性为两者兼顾，而男性更多出现在公共领域，如《人民的名义》《谈判官》等。有16部剧为男女均两者兼顾，如《都挺好》《逆流而上的你》《风筝》等（见图10）。

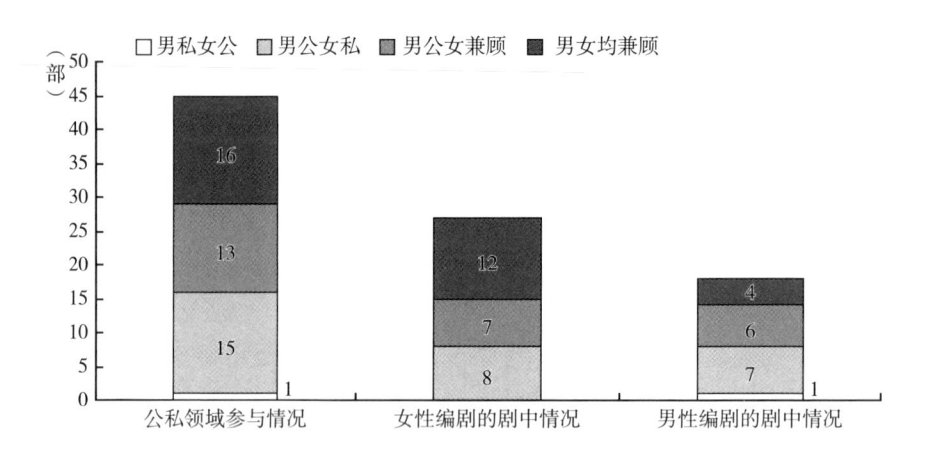

图10　男女公私领域参与情况

分析可见，女性公私领域的参与情况与创作者性别之间无明显关联。但将此数据与工作状况做对比，女性编剧笔下的女性公共领域参与率为70.3%，低于女性工作率85.2%。对男性编剧来说，这个比例则更为接近。可见很多女性编剧剧中女性的职业身份，只是人物的角色标签，是并未真正地成为女性生命中的组成部分的伪职业身份。这些女性貌似不需要任何职业活动，而是将更多精力用于家庭和恋爱，从而形成了对女性的刻板印象，还间接形成了对职场女性的时空压榨。

四 女性的性格特征和情感追求

社会结构主义者尼克尔松说:"女性的本性不是跨越时空的永恒通则,而是社会、历史、政治中被社会构建起来的'刻板印象'。"传统男权社会中逐渐形成的男刚女柔的性格定式,以及传统道德和封建礼教的压迫,彻底磨灭了女人形象的性情与个性,形成了女性的忍让气质,以谋求在男权制度下的认同。

于是在男性视角下,很容易以女性对男权的归顺与否为标准,将女性塑造为"圣女"与"巫女"的二元对立形象。女性在男权标准下被塑造的脆弱、温婉、善良、母性、贞洁、狠毒、放荡……的刻板印象并不是牢不可摧的,自信、果敢、谋略、强大的女性形象的塑造,会逐渐对女性的刻板印象形成瓦解,从而形成女性形象的多元的传播空间和传播视角。

在这些剧目中,知书达理、温柔体贴、善解隐忍、可爱、大方、忠贞、懂事、天真的圣女形象,和牺牲者、奉献者的母性形象,以及"傻白甜"形象都被归结为传统的女性形象。此类女性是对女性刻板印象的强化。这种形象在45部样本剧中高达27部(见图11)。

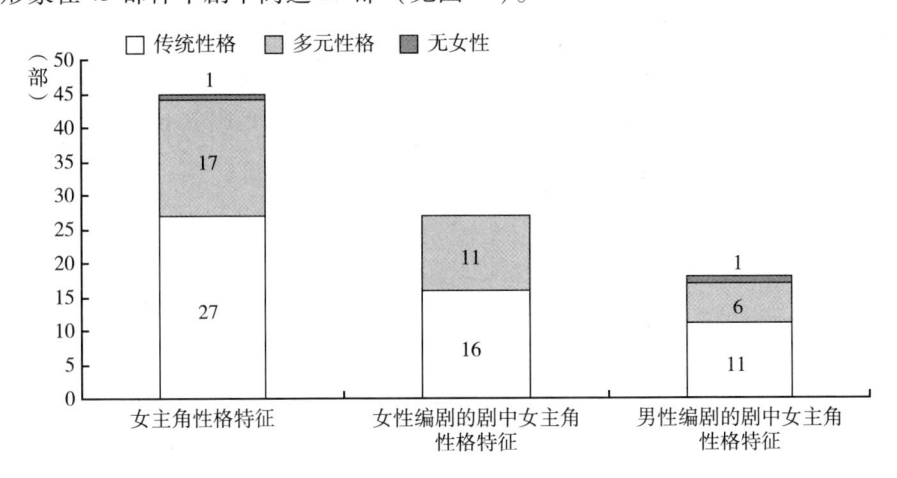

图11 女主角性格塑造

如《娘道》《岁岁年年柿柿红》《刘家媳妇》等剧尽管对女性着墨很多，但仅仅是强化了隐忍、被动、克制、忠贞的母性形象。《娘道》中女主角生了三个女儿，为了生儿子百般周折，她对孩子无条件付出，为了家族利益、子女的利益，完全奉献自我。她对爱情专一，选择为亡夫守身如玉，自我意识较弱。《刘家媳妇》虽然号称要塑造新农村的新女性形象，但女主角太过以德报怨、隐忍避让，使人物的合理性遭到观众质疑，获得2.7分的豆瓣超低评分，引发大量网友吐槽。

不过，还有17个剧目塑造了多元的女性形象，她们刚毅、有谋略、勇敢、自强、不拘小节、有革命精神、张扬、英姿飒爽，为女性形象提供了多元的可能性。《正阳门下小女人》塑造了具有较强自我意识的商界女精英，且女主角甚至是女二号，不但具有社会地位和社会价值追求，在爱情面前也拿得起、放得下，即使离过婚，也会主动追求新的爱情。《延禧攻略》中的女主角更是因为不忍气吞声、有仇必报、敢作敢为的性格获得鲜明的人物区隔和广泛的社会关注。《都挺好》中的苏明玉不但在事业中勇敢追求、敢爱敢恨，在哥哥对其施暴时敢于用法律手段保护自己，还在家人落难时默默地在背后提供帮助，形成了一个较为饱满和立体的原型人物。

《如懿传》中的女主角天真烂漫，但同样也比较有谋略和手段。最后用断发这般决绝的方式对不公平的帝王婚姻发出致命的控诉，体现了女性在父权社会中无奈的自我放逐。与《甄嬛传》中对皇权的颠覆相比，《如懿传》多了几分无奈，从而多元化呈现女性的性格特征，体现出其对男权的妥协。断发的行为看似决绝，但并不是真正的女性的自我救赎。

在寻求突破的过程中也出现了一些失败的案例，如《猎毒人》中的女主角，被塑造成了冲动、沉不住气、喜怒形于色的性格，做出对着领导咆哮、对爱慕者无端发脾气的行为，还动不动就哭。第一场恩师去世，她以哭的形式出场。此后几乎是每集都哭，甚至哭和咆哮崩溃成了她与男性警察最大的区别。在办案过程中，女主角由于思维不够专业、考虑不够周全，酿成了很多错事，甚至"污名化"了女警察。

在女主角的性格塑造中，创作者性别对女主角性格特征的影响较大，男性更倾向于呈现传统的女性刻板形象。但男性在多元化的女性性格探索上呈现两极化现象，既有《正阳门下小女人》中智慧、刚毅、聪明、温婉、有胆识、有魄力的多元立体的女性形象，也有《猎毒人》中冲动、傻气的女性形象。女性编剧同样注重对女主角的多元性格塑造，如《那年花开月正圆》中大大咧咧、不拘小节、有革命精神、重情重义的女富商形象，《都挺好》中的苏明玉。

在传统情感中，女性多处于被动地位，且在忠贞观的压制下，女性会表现得皈依顺从。女性对爱情、婚姻的态度，也成为女性成长的重要标志。女性在情感中能够自主、勇敢追求，通过自我奋斗实现自我价值，而非任劳任怨地按照男权规则来进行自我规约，将爱情视为生活的全部，将皈依男性作为人生的最终旨归。

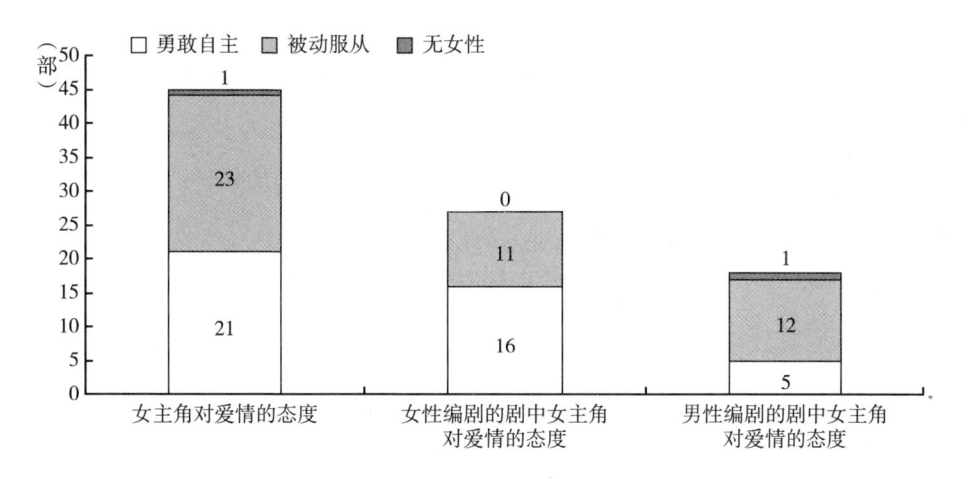

图 12 女主角对爱情的态度

样本剧中很多女主角在爱情中表现出了主动和勇敢，看到自己喜欢的人会勇敢追爱，如《老男孩》《欢乐颂》《亲爱的热爱的》等。但女性的爱情自由并不是天然存在的，剧作中也呈现了很多犹豫狐疑的女性，在试错之后，甚至多次违背自己的心意。也有走入情感后，女性勇敢跟从内心，表现出在情感中的蜕变与成长的剧目，如《娘亲大舅》《正阳门下小女人》《带

着爸爸去留学》等。女主角对爱情的态度见图12。

其中具有反叛性的人物为《面具》中的女主角,她大胆追爱、迷恋并供养瘾君子。她指责特务老公"我根本不了解你",她说她的情夫是一个活生生的人,她喜欢情夫的关怀,当她做完手术累了时,他会给自己捏腿,而且会说"我爱你"。

尽管网友的反应比较大,但是在电视剧中呈现女性的情绪,及其对于爱、对于相互了解和关怀的需求来说,这种表达还是具有进步意义的。而且与《美好生活》中对出轨妻子的谴责和后悔的前妻不同的是,男主角在这件事情中进行了自责、反省与谅解。尽管这种刻画手法并不是完全出于女性自我情欲需要的表达,而是借此反映男主角特务身份的窘迫境地,但还是给了女性情感的荧屏形象多样化的表达。

剧中同样塑造了大量的被动、狐疑、忠贞、将爱情视为生命全部的婚恋观。如《美好生活》中的女主角作为杂志社编辑,基本不处理工作,几乎将所有的时间用来喝饮料、打电话、回忆前夫、思念情人、"骚扰"男主角,爱情至上的意味非常明显。社会身份和职业角色只是女性的一个幌子,情感被塑造为女性的最终归宿。

《香蜜沉沉烬如霜》中女主角前期对于"灵力"的追求、自我价值的提升,反而被描述为不成熟的表现,而后期被旭凤点化,坠入爱河的锦觅才被认定是成熟的。女主角锦觅深情地说出:"鸦鸦,谢谢你。让我在蝼蚁一般,卑微又渺小的一生之中,第一次知道活着的意义。"可见,男性还是被描述为女性的救赎者,是女性生命的全部意义。

女性与历史的创造之间的距离很远,在历史创造中是沉默的,甚至被塑造成历史发展中绊脚石的角色。当女性的终极追求被定义为爱情和家庭时,就抹杀了女性的自我发展和自我价值追求,从而使女性逐渐淡出社会政治参与的范畴,失去在社会政治层面获得平权的机会。

45部样本剧中,26部样本剧中的女性具有较强的自我意识,她们从自身的感受体验出发,对自己的存在、本质进行思考,探索自身的生存处境和精神解放的道路(见图13)。编剧通过女性视角的叙事,让人们体验女性的

图 13 女主角自我意识状况

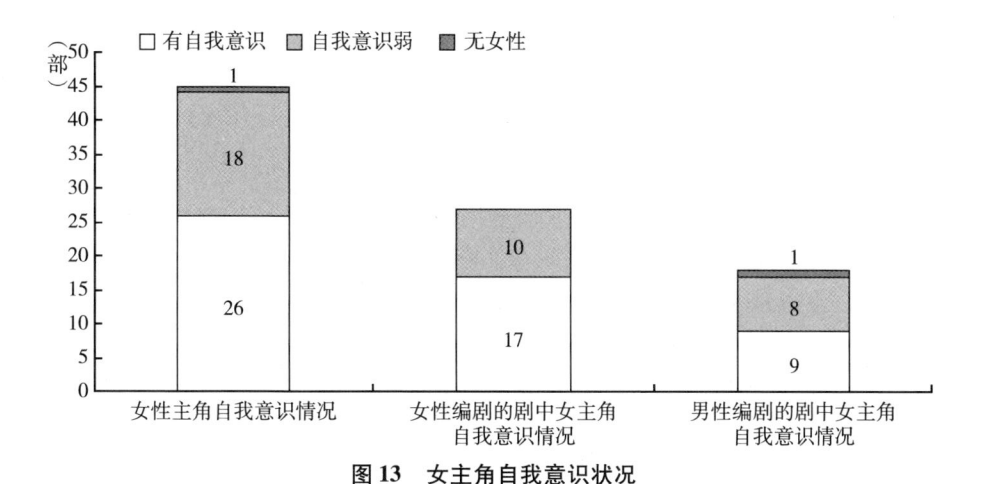

心理感受、命运遭遇、价值观念等，不再把女性作为沉默的男性附庸，从而体现出女性的自我价值。

45部样本剧中也出现了一些对传统女性婚恋观的挑战，如《谈判官》中的女主角说："我从来不觉得女人因为嫁给某个人而值得炫耀。"这说明其注重将关注放在自己身上。女性自我意识的表达和创作者性别之间有一定的相关性，女性创作者往往更容易进行女性书写，展现女性的情感命运。

除了自我意识，这些剧目是否呈现了女性在社会发展中的多面形象和多重作用，是否倡导女性对社会地位和财富的追求、倡导女性的政治和社会参与，是否鼓励女性的多元价值发展？还是将爱情和家庭定义为女性生命的全部意义，从而形成被男权规训的、狭隘的自我价值追求，进一步固化女性第二性的地位？这些都是值得研究的问题。

有不少的剧目中，爱情、家庭、孩子被描述为女性全部的价值追求，前文已有论述，此处不再赘述。另外，还有很多剧目中，女性原本在前期具有一定的社会政治参与意识，但在随后的情感或家庭生活中却自然而然地放弃了原本的价值追求，或者叙述者改变了叙事的视角，从工作完全转为对爱情和家庭的描述，给观众错误的价值导向。

在一些剧目中，尽管女性有一定的社会价值追求，但这种追求止步于家庭，即通过辅佐男士建功立业的角度来展现自我价值的实现。由于特殊历史

背景的需要，很多古装剧多是这种思路，如《延禧攻略》《如懿传》等。但亦有现代剧如《好久不见》，将女性作为男性成长发展的启蒙者，看似具有较高的思想意识，但却抹杀了女性参与社会政治的机会，让女性隐蔽于历史的后台，在沉默中丧失女性平权的机会。

《因为遇见你》这样的剧目，尽管呈现了女性对于事业的努力，但这种努力在剧中被描述为是由女性特殊身份背景导致的，即先天基因使然，以及对刺绣活动的痴迷使然。女性的事业追求被先天化，而非女性独立的自我价值追求、社会参与、社会价值奉献的需要。女性的社会地位和荣誉的获得被表现得唾手可得，而名利追求者的形象却被以"巫女"的方式污名化。

45 部样本剧中有 17 部剧的女主角，有大爱理想、有社会正义感、有社会追求或者参与政治、追求自我价值的实现（见图14）。在《最美的青春》中，女主角看到在台上讲话的部长（她素未谋面的亲生父亲），热泪盈眶。同伴问她为何哭，她的回答是："建功立业，我是激动的。"女性在政治参与的过程中，被赋予了一定的自主性，尽管女性政治命运中包含复杂的家庭因素和情感动因，但总体来说还是呈现了有社会价值、积极参与政治的正面女性形象。

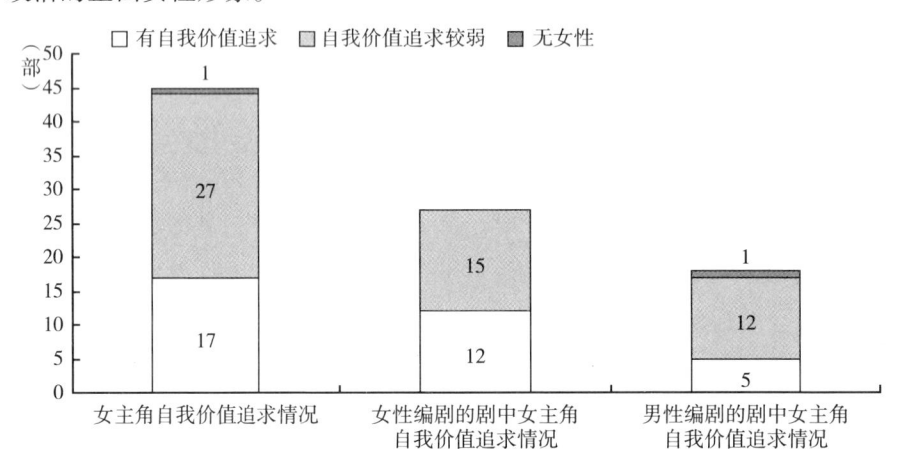

图 14 女主角自我价值追求情况

通过对比不难发现，女性编剧笔下的女主角有自我价值追求的有12位，女主角自我价值追求较弱的有15位，分别占女性编剧27部作品的44.4%和55.6%，两者占比存在较大差距。可见，很多剧目从女性视角来讲述故事，也描绘了女性的命运遭遇和心路历程，但对女性的描述缺乏深层的社会思考，从而使女性囿于传统母性形象、爱情中的痴女形象。甚至还有一些剧目通过对女性政治参与者的污名，扼杀女性对权利和社会价值的追求。如《猎毒人》中的女主角出于"妇人之仁"，劝阻吕云鹏别去冒险，可是倔强的他软硬不吃。女性因为缺乏更高的价值追求，在工作中体现出行为偏差，甚至被描述为男性社会价值实现的绊脚石。

总　结

综观2017~2019年的45部热播样本剧，女性作为男性附庸的作品虽然依旧存在，但更多的创作者将精力放在了刻画女性的自我命运遭遇、价值观念、心理特征等方面，呈现女性的独立价值。尽管女性编剧工作者的大量参与为女性提供了更多的荧屏话语机会，但女性导演后继乏力的情况也很明显。

尽管女性的荧屏呈现机会依然少于男性，但在受众期待视野和商业的双重结合之下，女性获得的关注度有很大提升，这是女性获得媒介权利的重要机会。但值得警醒的是，女性在获得更多曝光机会的同时，生存空间也在媒介和商业的双重话语强权下变得更逼仄。女性演员的外貌、年龄的呈现空间越来越狭小，甚至连女性演员的生存空间也变得极度狭小。

女性在荧屏中大多获得了很好的教育，并且拥有一份工作，有较大一部分女性经济较为独立，这种独立自主的新女性形象为女性意识的觉醒提供了契机。但需要注意的是，女性获得社会参与机会，却是以女性不放弃家庭职责为前提的，且承担家庭职责的男士被污名化或具有表演性，从而使女性不得不面临事业和家庭空间的双重压力。

尽管很多剧目对女性的事业有正向描述，但是在女性的价值追求方面，

还是有很多编剧将女性塑造为传统的母性奉献者形象、被救赎者形象、爱情中的痴情女子，将爱情和家庭描述为女性的最终归宿。女性微弱的社会参与意识也是以男性为中介来实现的，从而让女性在历史的发展中进一步消声。

女性的解放、平权和政治参与在表面上看貌似很好，但真正追寻到自我价值追求和社会政治参与层面时，不难发现，荧屏中的女性还缺乏深刻的自我反省和更高层级的社会价值追求，因而被屏蔽于社会政治之外，成为影像世界中自我解放的虚妄假想。

《那年花开月正圆》《正阳门下小女人》《都挺好》作为在各个方面上的女性形象塑造的正向典范，虽然也存在一些小问题，但还是呈现了多元的、进步的、有社会理想和社会价值追求的女性形象，并在与男性发展的动态平衡中，实现了自我成长。但总体来说，作品有高原、没高峰，并且与爆款剧目之间还存在关注度的差距。

分析中不难发现，女性书写的确为进步的女性形象的塑造提供了一定的优势，但总体来说，女性意识的觉醒、女性价值的深层挖掘的缺失是普遍性的社会问题。在更多的女性投入创作的同时，依然需要创作者具备先进的性别意识，使女性不再囿于荧屏的自我麻痹，真正寻求女性的自我觉醒。

参考文献

卜卫：《广告与女性意识》，《妇女研究论丛》1997年第1期。

谷岩、胡哲：《电视剧对社会价值观的映射与建构》，《现代传播（中国传媒大学学报）》2011年第12期。

〔法〕西蒙娜·德·波伏娃：《第二性》，陶铁柱译，中国书籍出版社，1998。

B.6 女性自媒体的特点与趋势研究报告[*]

王琴 周翼[**]

摘　要： 自媒体的发展使媒体传播结构趋于个人化和多样化，女性自媒体为女性带来了新的话语空间。女性自媒体包含了女性微信公众号、女性微博号、女性头条号、女性抖音号、女性快手号、女性网络直播等不同类型，不同的媒体平台也给女性自媒体生产和传播提供了丰富的资源。女性自媒体关注女性相关内容，主要通过图文、音频、视频、直播等媒介形式传播。女性自媒体传播以用户为中心，重视与受众的互动，主要依靠个人化品牌传播和社群化互动传播两种类型，也实践了多元化的商业运作模式。自媒体中虽然人人都能发声，但现实是少数女性精英作为意见领袖垄断了话语权；一些女性自媒体缺乏明确的性别意识和立场，商业化的侵蚀也使一些自媒体煽动民众的焦虑，缺乏社会责任。在媒体技术迭代，网络舆论复杂化的环境下，需要用主流价值观来引领自媒体的发展方向，为未来女性自媒体开拓更加丰富的可能性。

关键词： 女性自媒体　女性话语　性别意识

---

[*] 本报告为教育部哲学社会科学研究重大委托项目"高等教育大众化与媒介融合时代菁英女性培养与领导力提升研究"（项目编号：15JZbW002）阶段性研究成果。
[**] 王琴，博士，中国传媒大学媒介与女性研究中心副主任、副研究员，主要研究方向为性别传播、女性媒介研究；周翼，中国传媒大学传播学在读硕士研究生，主要研究方向为媒介与女性。

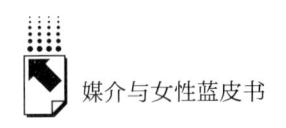

一 女性自媒体概述

随着移动互联网的普及,媒体技术的社会化和平民化,当前社会中出现了一大批自媒体。通过微信、微博、网络直播平台、短视频平台、新闻聚合平台等渠道,各类自媒体获得了丰富的平台资源和广阔的表达空间。

(一)自媒体

自媒体是指个体或者一小群人作为传播主体进行媒体传播,并且独立获得用户的个人化媒体。自媒体的主体不同于传统意义上的媒体组织,更强调媒体传播的个人特征。美国学者丹·吉尔默(Dan Gillmor)在自媒体领域的首部专著名为《自媒体》(We the Media),书名的副标题就是"草根新闻,源于大众,为了大众"(Grassroots Journalism, by the People, for the People)[1],体现了自媒体的平民化基础和大众化目标。在此书中,丹·吉尔默阐释了他所理解的媒体演进的过程,即"传统媒体—新媒体—自媒体"。早在2003年,美国新闻学会发布的由谢因·波曼(Shayne Bowman)与克里斯·威理斯(Chris Willis)撰写的报告《自媒体:大众将如何塑造未来的新闻和信息》[2]("We Media: How Audiences are Shaping the Future of News and Information")中,对自媒体的定义是:"一个普通市民经过数字科技与全球知识体系相连,提供并分享他们真实看法、自身新闻的途径。"[3] 我国学者喻国明将其简化为"全民DIY","所谓基于网络的内容生产DIY,其实就是全民出版、全民传播的意思,它是一种全新的内容生产与消费的生产理念与

---

[1] Dan Gillmor., *We the Media: Grassroots Journalism, by the People, for the People* (O'Reilly Media: New edition, 2006).
[2] S. Bowman, C. Willis, "We Media: How Audiences are Shaping the Future of News and Information," *Reston: The American Press Institute* (2003).
[3] 邓新民:《自媒体:新媒体发展的最新阶段及其特点》,《探索》2006年第2期。

消费模式"。①

截至 2019 年 6 月,我国网民规模达 8.54 亿,网民男女比例为 52.4∶47.6②;可以看出,传播主体和信息载体、传播内容等以不可逆转之态向网络空间中迈进。随着网民人数和移动互联网普及率的逐年上涨,媒体技术的社会化和平民化催生了一大批自媒体,独立生产内容并向用户传播。

技术驱动下丰富的平台资源和广阔的表达空间让自媒体得到了迅速发展和扩张。自媒体的信息制作和传播具有不同于传统媒体的显著特征:个体化、自主性、多样化、圈群化和高速性。③ 传播个人主义开始萌芽,传播集体主义开始式微。自媒体的传播方式同时具备了人际传播、群体传播和大众传播的功能与特点,有学者将自媒体上的表达主体分为四类:公共知识分子、草根、政府官员和娱乐炒作者。这四类人群分别传播不同的信息:观点、事实、政务信息和谣言。④ 这体现了自媒体的传播具有双重性,一方面,它可以带来多元化的观点和丰富的事实;另一方面,它在缺乏有效合理管控的情况下也会散布谣言和假消息,制造混乱的信息环境。

(二)女性自媒体

自媒体的蓬勃发展给女性带来了新的话语空间。当前媒体的细分趋势,使自媒体类型有多元化的呈现。女性自媒体就是由女性个体或女性群体独立制作的,关注女性内容、为女性受众服务的自媒体类型。⑤《2018 年自媒体行业白皮书》显示,自媒体粉丝的性别比为女性∶男性 =

---

① 喻国明:《解读新媒体的几个关键词》,《广告大观》(媒介版)2006 年第 5 期。
② 中国互联网络信息中心:第 44 次《中国互联网络发展状况统计报告》,2019 年 8 月,http://www.cnnic.com.cn/hlwfzyj/hlwxzbg/hlwtjbg/201908/P020190830356787490958.pdf。
③ 宋全成:《论自媒体的特征、挑战及其综合管制问题》,《南京社会科学》2015 年第 3 期。
④ 代玉梅:《自媒体的本质:信息共享的即时交互平台》,《云南社会科学》2011 年第 6 期。
⑤ 王琴:《创新与平衡:女性自媒体的传播策略——以微信公众号咪蒙为例》,《中华女子学院学报》2018 年第 2 期。

54.7∶45.3，女性用户是自媒体的主力粉丝。[1] 女性自媒体逐渐成为自媒体领域的重要力量。利用自媒体渠道发声和维权，传播女性的声音，普及性别意识和男女平等观念，也成为女性自媒体的发展目标之一。在新的传播环境下，随着传播格局的丰富，传统的专业媒体和官方媒体所垄断的话语权与解释权开始被自媒体分割和削弱，媒介权力在去中心化的状态下向更多层级和领域弥散；这给"沉默的大多数"带来了发声的机会与渠道。

女性自媒体给很多边缘化的女性群体带来了独立自主言说的空间。女性自媒体也具备了女性另类媒介（Alternative Media）的重要特征。1989年，联合国教科文组织在《世界传播报告》（World Communication Report）中，将另类媒介定义为主流媒介之外的选择。[2] "另类媒介的创办者往往是那些被主流媒体拒之门外的弱势社会团体"，它的特点是小规模、去中心化、自组织、强调自律与媒介民主、欢迎普通民众参与、注重批判性话语。"另类媒介创办者力图改变现状，重塑大众心智。"[3] 它的产生体现着"主流媒介未能完全满足某些群体的传播需要"[4]，在一定程度上可以为边缘群体的多元化诉求提供有效的发声渠道。另类媒介的存在"为另类声音创造了新的空间，使人们注意到特殊群体的利益，注意到反对和颠覆性的声音"[5]。而女性另类媒介就是由女性创办的、具有上述特征和诉求的媒介形式及实践。

"虽然妇女们创办的另类媒介不会显著地改变主流媒体机构的性质与决策，但她们批评和挑战了主流媒介的权威性，既创造了妇女发声表达自

---

[1] 《2018自媒体行业白皮书》，腾讯网，https://new.qq.com/omn/20180327/20180327A1WDYQ.html。
[2] UNESCO, *World Communication Report* (1989).
[3] 曹晋：《抗争途径：妇女与另类媒介》，载"传播与中国·复旦论坛"（2011）——交往与沟通：变迁中的城市论文集》，2011。
[4] 卜卫：《超越"妇女与媒介"——〈北京行动纲领〉回顾、中国经验与"北京+20"评估》，《妇女研究论丛》2015年第5期。
[5] 孟丽娟：《我国"另类媒介"的媒介生态和内容研究——基于11种AIDS-同性恋社群内部刊物的实证分析》，载《第二届华中地区新闻与传播学科研究生学术论坛获奖论文》，2011。

己意见的机会，又共享了妇女之间的生活经验、智力情感，以及被倾听的尊重。"① 当女性的诉求和权利无法在主流媒介中被完整而真实地呈现时，通过女性另类媒介可以呈现女性的真实生活，彰显女性的主体表达与个人体验。正如学者曹晋所指出的，"她们从沉默到发声，创造了自我身份认同、发挥了抵制社会性别与媒体等级权力结构的能动性，并彰显了勇敢改变现状的积极抗争精神，而不是被动地成为主流媒介塑造的商品消费者或是色情消费的对象"②。

二 女性自媒体的类型及特点

当前媒体的细分趋势使自媒体类型有多元化的呈现。女性自媒体逐渐成为自媒体领域的重要力量。女性自媒体种类繁多，生产和传播的内容更为丰富多元。根据媒体平台区分，女性自媒体一般包括女性微信公众号、女性微博号、女性头条号、女性抖音号、女性快手号、女性网络直播等。根据媒体类型区分，女性自媒体可分为女性资讯平台、女性社交平台、女性视频平台、女性音频平台、女性电商平台等。根据媒体内容不同，可分为资讯类和生活类等。根据传播主体的性质，可分为个人/草根女性自媒体、专业/机构女性自媒体等。

目前研究中较多采用第一种分类方法，本报告也据此对女性自媒体进行大致的现状梳理和特点分析。

（一）女性微信公众号

截至2018年9月，微信月活跃用户超过10亿。③ 微信公众号数量超过

---

① UNESCO, *World Communication Report* (1989).
② UNESCO, *World Communication Report* (1989).
③ 《2018微信数据报告》，腾讯网，2019年1月9日，https://support.weixin.qq.com/cgi-bin/mmsupport-bin/getopendays。

2100万个,月活跃账号数约350万个,月活跃粉丝数近8亿。① 用户基数庞大,使用频率居高不下,"微信形成了一个新型的庞大的社会网络,缔造了社交、媒体、商业办公、支付等健全的生态圈"。② 聚焦于女性微信公众号方面,《2018年中国微信500强年榜》③ 显示,在前100强中,账号主体为女性④的有17个,发布内容主要与女性相关的账号仅有5个⑤。可以看到,在处于"头部"的微信公众号中,女性自媒体依然很少。值得注意的是,在100强中,绝大部分的专业机构媒体微信公众号的同名微博性别认证都是男性(如以《人民日报》为代表的央媒,以澎湃新闻为代表的新媒体,以《广州日报》为代表的地方媒体等都认证为男性),仅有环球网和新浪娱乐两个账号微博认证为女性,这也反映了传统性别气质下将男性与权威、权力和专业等意义取向捆绑在一起的社会文化,其是父权制文化下意义和信息传播者被男性垄断的一种现实折射。

在垂直细分领域,女性微信自媒体整体上也处于边缘地位。以2019年5月20日至5月26日这一周的微信自媒体榜单为例,财经领域进入前十位的仅有"叶檀财经"这一女性自媒体,除此之外均为男性或专业财经自媒体;汽车领域全是机构自媒体和男性自媒体;而在时尚领域,几乎全是女性自媒体(如"她刊""黎贝卡的异想世界""灵魂有香气的女子""原来是西门大嫂"等)。不同领域内出现的性别分化反映了现实生活中存在的行业性别隔离。在微信自媒体中,这种隔离和分化并没有因技术上的解放和赋权带来改善,反而以新的呈现方式延续。值得注意的是,在情感领域,榜单前

---

① 智研咨询集团:《2019~2025年中国微信营销行业市场需求预测及投资未来发展趋势报告》,https://www.chyxx.com/research/201810/683894.html。
② 吴中堂、刘建徽、唐振华:《微信公众号信息传播的影响因素研究》,《情报杂志》2015年第4期。
③ 《2018年中国微信500强年榜 | 新榜出品》,腾讯新闻,2019年1月6日,https://xw.qq.com/cmsid/20190106B0ZSYJ00。
④ 关于微信公众号的运营主体的性别评判依据,主要是以此账号的自述结合账号主体开设的微博账号中的性别认证来判断。
⑤ 分别为"新氧"(排名第31位)、"悦读"(排名第53位)、"少女兔"(排名第79位)、"她刊"(排名第88位)、"睡前伴读"(排名第93位)等。

十位中仅有"HUGO"这一女性自媒体上榜,相比之下,"不二大叔""知书先生""武志红"等男性自媒体更加突出。这也体现了情感这一被认为是传统女性内容的领域,出现了新的男性主导的趋势。

(二)女性微博号

《2018微博用户发展报告》[①]显示,截至2018年第四季度,微博日活跃用户超过2亿;微博用户中男性居多,占比为57%。作为全媒体化社交平台,微博上的内容生态活跃,其呈现方式和表达方式也较多元化。微博大V用户往往备受关注,具有较强的传播力和影响力。

在女性微博号中,女性明星的传播力和影响力十分凸显。2018年4月,谢娜粉丝破亿,获得吉尼斯世界纪录"第一个累计粉丝数量达到1亿的微博账户"和"粉丝数最多的微博账户"两项称号。2018年12月初,杨幂的微博粉丝也超过1亿,成为微博粉丝破亿的第三人。女性明星在微博上的影响力可见一斑。微博是粉丝娱乐的主战场,女性自媒体影响力更多地被明星覆盖。《微博2018粉丝白皮书》[②]显示,娱乐明星粉丝累计人次已超167亿,平均每个微博用户会关注37个娱乐明星。在用户层面,娱乐明星微博活跃粉丝中,女性粉丝占61.1%,其中71.2%的女性粉丝处于20~29岁,年轻女性成为微博自媒体的主要受众。

近两年微博平台最受关注的"网红"榜中,也有大量的女性网络红人不断涌现。"Papi酱""冯提莫""密子君""李子柒""办公室小野"等女性自媒体受到较多关注。通过多平台差异化内容分发方式,女性微博将粉丝面继续扩大,在前几大用户流量平台中均取得了不小的成功。通过对自媒体评估机构克劳锐的榜单进行监测,我们发现,在纳入统计的22个月中,每

---

① 《2018微博用户发展报告》,新浪微博数据中心,2019年3月15日,http://data.weibo.com/report/reportDetail?id=433。
② 微博明星、新浪娱乐、艾漫数据:《微博2018粉丝白皮书》,http://sina.aiman.cn/fifth-pc.html。

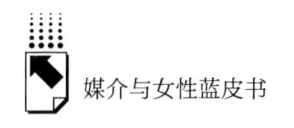

次榜单中女性自媒体占一半及以上的次数有14次。[①] 在微博平台上，女性自媒体可谓是数字"半边天"。

（三）女性头条号

今日头条客户端是目前移动端最具影响力的新闻资讯平台之一。截至2019年4月，今日头条客户端活跃用户已达1.9亿。[②] 在用户性别分布方面，今日头条用户男女性别比为61.8∶38.7，男性用户超过六成。[③] "头条号"是今日头条针对媒体、国家机构、企业以及自媒体推出的专业信息发布平台。与微信公众号不同的是，它无须订阅，而是通过将智能推荐与粉丝推荐相结合来进行双引擎驱动，是目前国内发展最快、规模最大的内容平台之一。目前，在今日头条上共有800多个拥有100万以上粉丝的头条号。[④] 头条号创作者中，六成为男性，四成为女性。[⑤]

2019年4月的"头条号图文内容营销价值排行榜"显示，在科技数码、财经、汽车、时尚、娱乐、三农、育儿、生活、文史、情感心理10个垂直领域中，女性自媒体占比普遍不高。在科技数码领域中，仅有"小鹿娜科技"这一头条号上榜（排名第22位）。财经方面，仅有"叶檀财经"（排名第5位）、"越女事务所"（排名第42位）这两个女性头条号上榜。汽车领域，仅有"车若初见"（排名第2位）、"车早茶"（排名第17位）上榜。值得注意的是，部分汽车领域的头条号作者虽然是男性，但是他们发布的视

[①] 克劳锐：《Top榜单》，http://www.topklout.com/wemedia/list? owner = 1。统计2017年1月到2018年12月共22个月（其中，2018年4月和5月数据缺失）。
[②] 《艾媒北极星｜2019年4月手机App TOP500榜单》，艾媒网，2019年5月20日，https://www.iimedia.cn/c900/64418.html。
[③] 《艾媒报告｜2019Q1中国手机新闻客户端市场监测报告》，艾媒网，2019年5月10日，https://www.iimedia.cn/c400/64308.html。
[④] 记者站：《头条号、一点号、百家号……各大内容平台如今能挣多少钱?》，https://mp.weixin.qq.com/s? src = 11&timestamp = 1558623196&ver = 1624&signature = cc2chsMN1GBj1TX3AD9pSe ∗ U36 ∗ − UKDcX4zcZEjfsTU0q6E4jh5w8mbcbrXwvBVhRC5lsiD1i6toevf31ao0DSS5DdylANztKWWrr5hGBVjGATlve7hTDq2Z8FF − i − JL&new = 1。
[⑤] 《头条号公布2017年创作者画像：最喜欢晚上11点发布内容》，钛媒体，2018年1月9日，https://www.tmtpost.com/nictation/3014800.html。

频中所选用的主持人/讲解员是女性。另外，时尚领域依然是女性的天下，几乎90%上榜的时尚头条号都是女性。①

今日头条发布的平台科学科普创作者画像显示，平台上目前活跃着1万多位科学内容创作者。其中，接近88%的科学科普创作者为男性。② 可见，在今日头条的科普自媒体中，男性占据绝对优势地位，与现实生活中男性占据科学技术话语权的局面相同。《2018年头条创作者大数据》显示，在男性用户群体中最受欢迎的创作者是"第一军情"，其粉丝数达到1050万。而在女性用户群体中，最受欢迎的是拥有2010万粉丝的创作者"办公室小野"。2017年的头条号创作者数据显示，超过10%的创作者来自贫困县。③ 一些女性自媒体人通过头条号的电商路径获得经济独立，比如今日头条的女性创作者"巧妇9妹"，她通过今日头条小店在2018年卖出了765吨水果，年成交额超过1500万元。④

（四）女性抖音号

抖音是2018年的现象级产品。截至2018年12月，抖音国内日活跃用户数突破2.5亿，国内月活跃用户数突破5亿。⑤ 抖音用户中54.37%是女性，45.63%是男性。⑥ 北京大学开放研究数据平台《TooBigData短视频行业

---

① 《"头条号图文内容营销价值排行榜"4月完整榜单》，今日头条，2019年5月13日，https://www.toutiao.com/i6690374387478037005/。

② 《今日头条2019创作者画像：科学科普创作者超过1万个》，搜狐网，2019年3月1日，http://www.sohu.com/a/298407559_161623。

③ 《头条号公布2017年创作者画像：最喜欢晚上11点发布内容》，钛媒体，2018年1月9日，https://www.tmtpost.com/nictation/3014800.html。

④ 《今日头条公布2018创作者画像：1.5万账号拥有10万以上粉丝》，中国网，2019年1月11日，http://www.ce.cn/xwzx/gnsz/gdxw/201901/11/t20190111_31238997.shtml?agt=15438。

⑤ 《抖音发布2018大数据报告 北京成2018年度"抖音之城"》，央广网，2019年1月29日，https://baijiahao.baidu.com/s?id=1623994603784819496&wfr=spider&for=pc。

⑥ 《艾媒报告｜2019中国3·15消费者权益调查报告短视频篇》，艾媒网，2019年3月12日，https://www.iimedia.cn/c400/63797.html。

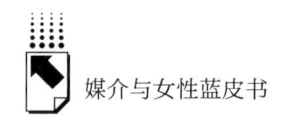

研究数据》[1] 显示，截至 2019 年 2 月 1 日，抖音短视频 KOL 500 强排行榜中，251 位是男性，215 位是女性，剩余 34 位是机构或专业媒体抖音号[2]。与微博不同，在这 215 位女性自媒体中，仅有 23 位明星上榜，女性草根自媒体占据了主力位置。

在女性抖音号的内容发布者中，有 50% 处于 21～25 岁的年龄区间，是内容生产的主力军。头部内容发布者的男女性别比例为 34.6∶65.4。抖音上的"草根素人"自媒体占到了近一半（49.1%）。[3] 整体来看，女性用户产生的播放、评论、点赞、分享等都是平台内容生产和消费的主要来源，女性成为短视频传播空间的重要角色。

2019 年 3 月，抖音联合《中国妇女报》发布的《听妳说——女性表达方式研究报告》指出，在抖音上，每天都会有近 1.4 亿个女性发表短视频作品或者是与别人的作品互动，影响着小半个中国超过 5 亿的用户，其间产生了许多在互联网空间具有影响力的女性创作者，为社会发展和大众生活带来了积极的影响。

对于不同粉丝数量级的女性抖音号，其创作领域分布存在明显差异。在抖音上，女性的创作更倾向于以真人形象和真实生活为素材，同时更愿意分享自己的态度、心情、生活观点等；其表达的社会价值具有"ROLE"的特征，即"理解真实自我（Reality）、打破刻板偏见（Outlook）、促进情感沟通（Link）、激活多元体验（Experience）"。[4]

（五）女性快手号

快手一直是短视频行业中的领跑者。截至 2018 年 12 月，快手累计注册

---

[1] 北京大学开放研究数据平台：《TooBigData 短视频行业研究数据》，http://dx.doi.org/10.18170/DVN/Z1P3IK。
[2] 即抖音蓝 V 认证。
[3] 广告圈头条：《2018 抖音研究报告：从大数据的视角，看抖音爆火的秘密》，2018 年 11 月 7 日，http://www.jxbin.com/54436.html。
[4] 抖音、《中国妇女报》：《听妳说——女性表达方式研究报告》，2019 年 3 月 6 日，https://www.useit.com.cn/forum.php?mod=viewthread&tid=22486。

用户超过 7 亿，拥有超过 1.6 亿日活跃用户，3 亿月活跃用户。[1] 其用户性别比例趋近于中国人口学特质，男女比例为 50.8∶49.2。[2] 快手大数据研究院发布的《2018 年度内容报告》显示，快手上的内容分类排名前几位的关键词是"生活"（28%）、"小姐姐"（14%）和"美食"（11%），女性受到的关注十分明显。女性"草根"快手号如"卓玛""办公室小野""兔子牙""辣目洋子"等均被快手官方在报告中当作成功案例。[3] 有研究发现，快手上的女性自媒体表达着"乡村圈层内部的婚恋交友诉求"[4]，她们是发布寻求伴侣视频的主体人群。此外，女性用户更喜欢通过短视频获取知识信息，对教程类内容更加情有独钟。[5]

快手平台让更具普遍意义的草根获得参与文化活动和公共表达的可能。快手"网红"粉丝排行榜显示，绝大部分受关注的快手"网红"均为"素人"。[6] 她们中的大多数无法靠知识或外表吸引观众，但充满热情，对"表现舞台"有强烈需求。其在无阶层限制、文化限制和经济限制的相对平等的互动过程中，释放主体性和自我。"通过视频展示对都市文化的时代新感受，表现都市和乡村线上空间和线下空间交叠的情景，呈现出网络新时代城乡文化并存的另外一种可能性。"[7]

---

[1] 《快手日活用户超过 1.6 亿月活用户 3 亿》，腾讯科技网，2019 年 1 月 10 日，http：//tech.qq.com/a/20190110/012226.htm。

[2] TalkingData：《快手用户人群洞察报告》，2018 年 11 月 21 日，http：//www.199it.com/archives/798021.html。

[3] 《2018 快手内容报告：1.9 亿人在快手发布作品》，人民网，2019 年 1 月 28 日，http：//it.people.com.cn/n1/2019/0128/c1009 - 30594645.html。

[4] 刘娜：《重塑与角力：网络短视频中的乡村文化研究——以快手 App 为例》，《湖北大学学报》（哲学社会科学版）2018 年第 6 期。

[5] 企鹅智库：《亿级新用户红利探秘：抖音 & 快手用户研究报告》，2018 年 4 月 9 日，https：//36kr.com/p/5127967。

[6] 快手：《快手网红粉丝排行榜（5.30）》，https：//mp.weixin.qq.com/s? timestamp = 1559301885&src = 3&ver = 1&signature = 3cyU5kSL9 * glBBx2yKhxKxaNeV8sIU9eMV – ZbMdTExRGLmp * LH4cUmxt7e9sDWxBOOdFoRNfLznVdnzMTrw3yQox5ZlJzXImqO1G0HB0qaXlL3B – zEUUR6sQEncAwEpScyg8lb42bnYW * QMU * FpTObIMznwFQO2PJfiMewiMTAY = 。

[7] 姬广绪：《城乡文化拼接视域下的"快手"——基于青海土族青年移动互联网实践的考察》，《民族研究》2018 年第 4 期。

有研究表明，抖音用户青睐的内容主要具备创新性、优质性、高能炫技以及正能量等特点，快手用户则更偏向于泛娱乐化、泛生活化的内容。① 这也给女性自媒体的发展奠定了坚实的用户基础，在各垂直类别 KOL 分类中，年轻女性类型的 KOL 数量最多，活跃度也最高。在快手上，粉丝数量 50 万以下的自媒体占比达到 84%，相对平等的推荐机制和竞争环境也给更多女性自媒体的成长提供了较为有利的生存空间。

（六）女性网络直播

截至 2019 年 6 月，网络直播用户规模达到 4.33 亿人，网民使用率达到 47.9%。② 近几年，随着视频内容行业持续快速增长，网络直播市场规模也逐步扩大。③ 目前的网络直播大致分为三类，即秀场类、游戏类和泛生活类。其中，秀场类直播的行为主体往往被称为"主播"，女性是其中的主体人群。"女主播"通常以青春靓丽的女性居多，颜值、聊天和才艺是主要展现内容。《2018 主播职业报告》④ 指出，网络主播这一职业具有年轻化、收入稳定、职业门槛较高、工作强度大、女性从业人数多五大特点。其中，女性主播占主导地位，占比达 78.8%。在职业主播中，这一趋势更为明显，男女主播比为 1∶5。目前，在市场上的直播应用中，秀场模式最为普遍，此类应用占比达到 57.33%。在直播渠道不断丰富的同时，直播节目却呈现同质化、泛娱乐化倾向。不少直播平台以"美女直播""美女真人在线"等为噱头吸引用户，甚至出现一些低俗化、软色情化的内容。

此外，国内顶级电商平台淘宝也鼓励卖家直播带货，催生了一大批淘宝

---

① 《卡思数据联合新榜研究院权威发布〈2019 短视频内容营销趋势白皮书〉》，搜狐新闻，2018 年 12 月 6 日，http：//www.sohu.com/a/280072965_813600。
② 中国互联网络信息中心：第 44 次《中国互联网络发展状况统计报告》，2019 年 8 月，http：//www.cnnic.com.cn/hlwfzyj/hlwxzbg/hlwtjbg/201908/P020190830356787490958.pdf。
③ 《〈2019 中国网络视听发展研究报告〉解析行业发展大势趋势》，国家广电智库，2019 年 5 月 27 日，http：//industry.caijing.com.cn/20190529/4592046.shtml。
④ 《〈2018 主播职业报告〉发布网络主播具有年轻化、收入稳定等特点》，央广网，2019 年 1 月 9 日，https：//baijiahao.baidu.com/s?id=1622161267118513612&wfr=spider&for=pc。

直播自媒体。以2019年2月至4月的新榜淘直播榜单[①]为例,可以发现每期入榜的100名淘宝达人中,绝大部分是女性。一方面,女性通过电商平台的新型职业选择扩展了就业和获取经济独立的渠道,在公共空间中发表自己的观点和意见;另一方面,这种以女性为主体的电商直播,也在一定程度上将女性限制在消费角色和凝视对象中,固化了性别刻板印象。

三 女性自媒体的传播策略

(一)女性自媒体的内容特性与形式

随着媒体技术的不断发展,可供女性自媒体在生产内容时选择的形式也更加丰富多元。但由于时间、成本和能力限制,大部分女性自媒体的形式还是以图文、音频、视频、直播等为主。针对不同的媒介平台,女性自媒体的内容也具有一体化制作、多渠道发布的融媒体特征。如"李子柒""Papi酱"等女性自媒体在初期采用以短视频为主、以图文为辅的策略,待核心用户形成后逐渐开启直播等更多元的传播形式。"灵魂有香气的女子"等主要通过微信公众号传播、社群运营,迅速吸引了大量粉丝;后期逐渐延伸为付费音频、付费课程等更多元的内容生产形式。在不同传播渠道上,由于平台属性的差异,传播内容的形式也不尽相同。

在生产频率方面,不同类型的女性自媒体也会根据制作难度和内容属性等有所差异。一般来说,短视频需要前期策划、拍摄、后期剪辑配乐等工作,制作周期较长,在短视频分享平台上的推送频率大概为一周一次,这也符合用户对类型化短视频的等待极限。比如,"李子柒"在微博上发布的短视频,呈现一周一更、十天一更、两周一更等无规律的发布状态。"Papi酱"在B站的视频发布,基本上每个月更新2~3条视频,目前的固定栏目

---

① "淘直播·月榜",新榜网,https://www.newrank.cn/public/info/list.html? period = taobao_month&type = data。

是"Papi酱的周一放送"和"不定期更新的抖音合集"。而视频直播由于筹备成本相对较少，一般可以保持日更或周更的频率。在微博和微信公众号平台的图文创作中，一些广受关注的头部女性自媒体，基本能实现日更。以"灵魂有香气的女子"为例，其在微信公众平台上保持包括原创、转发和软文在内的多篇文章的日更量，在喜马拉雅电台上将精选的微信文章内容有声化，保持一周多更的音频生产频率。

（二）女性自媒体的传播路径与受众形态

在传播策略层面，目前比较成熟的自媒体传播主要是个人化品牌传播和社群化互动传播两种类型。个人化品牌传播以女性主创者的风格、个性等极具辨识度的要素进行传播，这类女性自媒体大多将其主创者作为品牌基础，如"李子柒""冯提莫""叶檀财经""Papi酱"等，主要通过人格化、个人化的方式提高传播竞争力。社群化互动传播主要专注于具体的领域和话题，通过优质的内容吸引核心粉丝群体。如"灵魂有香气的女子"聚焦女性情感、"黎贝卡的异想世界"专注女性时尚，通过在线上与粉丝频繁互动，在线下定期举办各种交流活动，强化自媒体与用户之间的紧密联系。这两种传播策略都需要首先建立起一个品牌化的、具有核心竞争力的女性自媒体，然后通过多元化内容形式在不同平台和渠道传播，打造核心用户群体，形成具有凝聚力的稳固社群。

女性自媒体的受众不仅仅是女性，不少获得商业性成功的女性"大号""大V"等通过吸纳广大的男性粉丝获得持续的影响力，如比较关注女性话题的"Papi酱"的微博粉丝中，男性就占到三成多。[①] 在努力扩大受众群体时，女性自媒体也不局限于女性话题，将各种社会热点议题等纳入创作素材。有的女性自媒体也会主动邀请粉丝参与到内容生产过程中，比如"灵魂有香气的女子""黎贝卡的异想世界"就通过多种方式鼓励用户投稿参与

---

① 黄正茂：《"2016年第一网红"Papi酱蹿红之道——基于受众使用与满足的视角》，《西部广播电视》2016年第9期。

创作，并定期集结成专题文章发表。① 自媒体传播体现了鲜明的用户思维，通过各种留言互动，鼓励用户通过点赞、转发、评论和投稿等活动，参与到内容生产环节中，成为自媒体的内容生产者的一部分。通过优质内容吸引用户，再以社群的形式确立核心受众，辅之以线下活动，增强双方之间的信任度，这已成为女性自媒体扩大自身影响力的重要策略。

（三）女性自媒体的商业运作模式

女性自媒体能否长期稳定地进行内容生产和传播活动，商业运作模式的选择至关重要。目前，女性自媒体主要的商业运作模式有网络广告模式、会员制（知识付费模式）、O2O（Online to Offline）模式、粉丝打赏模式、内容版权（IP授权）模式、渠道收益（平台分成/MCN分成）模式等。在具体运营和操作化阶段，这些模式运用的成功与否存在极大的不确定性。此外，许多自媒体的发展过程和成长路径显示，多元化的商业模式才能带来女性自媒体的可持续发展。"灵魂有香气的女子"的商业运作从最初的网络广告模式和渠道收益模式，逐渐向课程付费模式、内容版权模式等更加平衡的盈利方向辐射，将自身生存风险逐步降低。对于广告模式，女性自媒体在广告发布频率、呈现方式及广告内容方面都需要慎重选择。虽然曾有超级大号能做到一篇广告卖出几十万元的价格，但大多数女性自媒体的影响力有限，广告收入并不丰厚。此外，当下大多数女性自媒体使用的软文广告方式虽然相对硬广来说不容易引起反感，但是将个人化品牌、资讯消息等与广告营销内容相结合，也承担着较大的道德责任，存在粉丝流失和内容信赖度下降的风险。

四 女性自媒体的发展困境与未来趋势

（一）女性自媒体的现实困境

在倡导全民参与的自媒体领域，女性自媒体发展也存在很多深层次

---

① 王家丽：《"灵魂有香气的女子"微信公众号内容生产与传播策略分析》，硕士学位论文，安徽大学，2017。

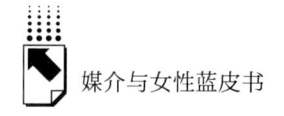

的问题。自媒体中虽然人人都能发声，但现实是少数女性精英作为意见领袖垄断了话语权；女明星、女名人、女"网红"等充当着新的网络舆论领袖，在自媒体传播生态中延续了话语霸权地位。草根女性自媒体的声音微乎其微。在网络技术高度发达的今天，也并非所有女性都能参与公共议题的讨论，受到技术条件、经济基础、文化水平、社会资本参差不齐等内外部因素影响，大部分草根女性群体依旧处于边缘地位，无法主动、有效且自由地发声。此外，一旦没有形成适合自身的有效且可持续发展的商业模式，在商业资本的狂轰滥炸下，女性自媒体很难维持自身独立性。

女性自媒体内容创作主体和用户具有不同的社会背景，对性别平等认识普遍不足，缺乏必要的媒介素养教育和传播规范指导。一些女性自媒体在对性别议题的理解和传播中，难以形成具有明确性别意识的判断和立场。后真相时代，个人情绪和主观性认知取代事实和理性判断，自媒体常常成为情绪传播的狂欢场域。

一些女性自媒体的发展过度追求商业化，受到"注意力经济"的诱惑，往往以点击量和关注度为最大目标；或采取"标题党"式的创作策略，或以色俗手段吸引注意力，煽动民众的焦虑，编造虚假内容；一心追求经济利益，而不顾媒体的社会影响和社会责任。很难说所有的女性自媒体人都真的热忱于中国的性别平等事业，她们中的部分群体仅仅是觊觎当下女性的消费能力，通过制造符号盛宴和消费狂欢，从而攫取商业价值。如此前被誉为"中国自媒体教母"的"咪蒙"，因为无视道德底线，以各种谎言和虚假内容贩卖焦虑，引发社会舆论的一致抨击而被全网封杀。此外，自媒体的内容侵权现象一直存在，缺乏具体有效的法律制度的约束，加上注意力经济下的信息的多点传播，这些都导致了自媒体"洗稿"现象层出不穷，成为自媒体的一大痼疾。

（二）女性自媒体的未来发展

女性自媒体作为一种新型媒介形式，已经成为女性群体重要的发声渠道和平台。在传统媒体中，女性往往被作为主流传播结构和叙事框架中的客体和"他者"。自媒体平民化取向和多元化发声改变了传播生态，女性在自媒体场域获得更多的主体意识和话语空间，女性自媒体人以女性视角审视社会，关注性别议题，以持续的议题建构推进了性别意识的社会传播。

但将视角放到整个社会的宏观环境中看，我们也发现女性话题和女性声音更多的是线上虚拟空间内的"繁荣"，仅仅靠女性自媒体的呐喊并不能最大限度地改善国人的性别观念，在线下日常生活的实践中，传统性别文化依然是社会主流。大量普通女性作为沉默的大多数，依然面临传统父权制文化对女性的普遍规训和压迫。在融合媒体时代，媒体拟态环境越来越和现实环境叠合，自媒体的发展更需要社会文化环境的完善和配合，尤其需要良好的文化建设和舆论引导。

传播结构变革并不一定会带来女性主体话语权的"正面提升"，正如本报告对各大平台女性自媒体发展现状的观察和分析，传统性气质刻板印象和性别角色分工在自媒体环境下依然存在，有的领域甚至加剧了对女性的偏见和污名。女性自媒体的创作者大多有鲜明的主体意识，但是由于对女性主义、性别平等概念理解不完整，在阐释性别议题时也会出现一定的误读和误解，这导致更多受众在难以辨别真伪、具有一定倾向性的言论中进一步加剧性别平等议题的模糊性。还有一些女性自媒体内容生产主体虽然是女性，但传播的内容及其背后的意识形态依旧是父权制的翻版。这也对自媒体未来发展提出了更多挑战。因此，需要多渠道提升自媒体作者的性别意识和媒介素养，完善传媒领域性别平等监测和监管机制。

整体来看，女性自媒体目前的发展仍是女性话语权提升的一大进步。传播学者麦克卢汉认为，新媒介的出现会改变旧有的权力结构和社会关系，新的权力关系在新媒介的激发下会渐渐形成。在传播生态重塑下，固化的社会文化也借由这些结构性要素的变迁得以松动。在媒体技术迭代、网络舆论复杂化的环境之下，需要用主流价值观来引领自媒体的发展方向，为未来女性自媒体开拓更加丰富的可能性。

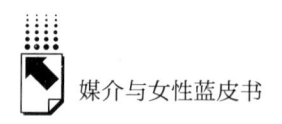

参考文献

潘祥辉:《对自媒体革命的媒介社会学解读》,《当代传播》2011年第6期。
彭锦:《网络直播热潮下的冷思考》,《电视研究》2016年第9期。

B.7 反家暴法实施媒体报道研究报告

冯媛 曹苧予*

摘　要： 本报告通过在主要搜索引擎、新闻网站和职能机构官方网站上的关键词检索，进行持续追踪，考察2016年3月1日我国反家暴法实施以来媒体报道的特点。研究发现，信息发布量呈下降趋势，只有民间公益平台的信息发布量略有增加，新闻媒体和妇女组织的信息发布量各约占42%；其他有反家暴职责的国家机构和群众团体的反家暴信息的占比少于2%。反家暴信息中占压倒性多数的是宣教性的。被报道的家暴个案中有80%以上发生在城市，受害者多为亲密关系中的妻子。对未成年人的家暴有一定报道，但对老人、残障人、重病人、孕产妇的特殊保护措施未见报道，性少数群体遭遇的家暴在媒体中几乎不可见。反家暴措施中，得到最多报道的是人身安全保护令。在研究发现的基础上，作者指出大众传媒应该遵循反家暴法的要求，重视反家暴的媒体报道和信息发布，各级政府的妇女儿童工作委员会应该对此加以督促。

关键词： 家庭暴力　媒体报道　妇女权益　反家暴法

---

* 冯媛，为平妇女权益机构共同发起人，汕头大学文学院妇女研究中心客座教授，主要研究方向为社会性别和发展、性别和传媒、对妇女的暴力与妇女赋权；曹苧予，为平妇女权益机构研究员，现为北京市西部阳光农村发展基金会项目专员，主要研究方向为青少年社会工作及妇女社会工作。

2016年3月1日,《中华人民共和国反家庭暴力法》正式实施。反家暴法强调预防机制,其第六条第一款指出:"国家开展家庭美德宣传教育,普及反家庭暴力知识,增强公民反家庭暴力意识。"该法征求意见稿中没有明文规定媒体的角色,经过妇女组织的反复倡导,第六条规定:"广播、电视、报刊、网络等应当开展家庭美德和反家庭暴力宣传。"

两年来,媒体对反家暴主题的报道情况如何?北京为平妇女权益机构先后发布的三份监测报告中,对此有一定呈现。[1] 本报告根据监测数据,较为深入地追踪了2016年3月1日到2018年2月28日的媒体报道情况,以呈现总体状况、变化趋势和若干特点。

一 反家暴报道的总体状况

为促进反家暴法的实施,北京为平妇女权益机构开展了对反家暴法相关的媒体监测,结合媒体监测和其他反家暴工作,形成研究报告并提出政策建议。

本报告监测的时间范围:2016年3月1日至2018年2月28日。

数据来源:四大类互联网媒体。具体包括:新闻网站,即腾讯新闻、网易新闻、新浪新闻、人民网、新华网;妇联网站,共统计了全国妇联网站和31个省区市的妇联网站;相关责任机构网站,即国务院妇儿工委网站、民政部网站、卫计委网站、司法部网站、公安部网站、教育部网站、最高人民法院网站、最高人民检察院网站、全国总工会网站、共青团中央网站、全国残联网站;妇女公益的网络平台,选取了8家比较有代表性的、以反家暴为工作主题或重点之一的民间机构进行统计。

---

[1] 参见《反家暴法实施一年记录》,网易公益网,2017年3月2日;皮磊《〈中华人民共和国反对家庭暴力法〉实施监测报告发布实施20个月,公民反家暴意识有所增强》,公益时报网,2017年12月5日,http://www.gongyishibao.com/html/zhengcefagui/12984.html;李合子《反家暴法实施20个月:每天仍至少有一人死于家暴》,女权之声,2018年1月4日,https://zhuanlan.zhihu.com/p/32628522;冯媛、曹苧予《宣传,处置,保护:国家意志尚需增强——〈中华人民共和国反对家庭暴力法〉实施2周年观察反家暴系列监测报告 - 3》,2018年3月7日,http://equality - beijing.org/newinfo.aspx?id =71。

检索方式：微博和搜索引擎，包括新浪微博①、必应搜索引擎、谷歌搜索引擎②和百度搜索引擎。

搜索的关键字词："反家暴""家暴""家庭暴力""恋爱暴力""社工＋家暴"。

因此，下文中所有数据，仅为上述监测范围内③所检索到的数据，而非两年间所有媒体的全部反家暴报道。

1. 两年间反家暴报道的总量和趋势

从2016年3月1日至2018年2月28日，新闻网站、各责任机构官方网站、公益机构的网站信息平台共发布反家暴信息5382条。

从趋势变化来看，两年间来反家暴相关信息发布量逐步减少，除2016年3月、11月出现明显波峰外，整体曲线是波动中下降（见图1）。

新闻媒体报道的总量最大，因而其波动和总体趋势决定了反家暴信息发布变化的总体趋势。具体来看，新闻媒体报道的数量变化与反家暴信息发布量的整体变化状况一致（见图2）。

对反家暴有法定义务的各职能部门，其官网的相关信息发布量两年间下降趋势更加明显（见图3）。

全国妇联网站和各省区市妇联网站反家暴信息发布总量虽然较大，但下降趋势更加陡峭。在2016年3月之后逐月大幅下降，即使在2016年11月国际消除对妇女的暴力日和之后的16天行动中，也未见强劲上升，直到2017年

---

① 公益机构网站或微博包括红枫网、反家暴新浪微博、反家暴公益小组新浪微博、新媒体女性新浪微博、女权之声新浪微博、橙雨伞新浪微博，2017年1月开始加入源众反家暴中心、众泽律所的新浪微博。
② 必应搜索引擎和谷歌搜索引擎：2016年9月开始在这两个搜索引擎上统计数据，2017年1月开始统计百度搜索引擎中的数据。
③ 监测范围包括新闻媒体网站（腾讯新闻、网易新闻、新浪新闻、人民网、新华网）；妇联网站（32个，包括全国妇联网站和31个省区市的妇联网站，其中青海省妇联网站因技术障碍，2016年一度没有包括）；其他责任机构网站；公益机构网站或微博，有红枫网（因网站数据基本没有更新，2016年10月后一度没有监测）、反家暴新浪微博、反家暴公益小组新浪微博、新媒体女性新浪微博、女权之声新浪微博、橙雨伞新浪微博（2016年10月开始统计）。微博和搜索引擎：新浪微博、必应搜索引擎、谷歌搜索引擎和百度搜索引擎。

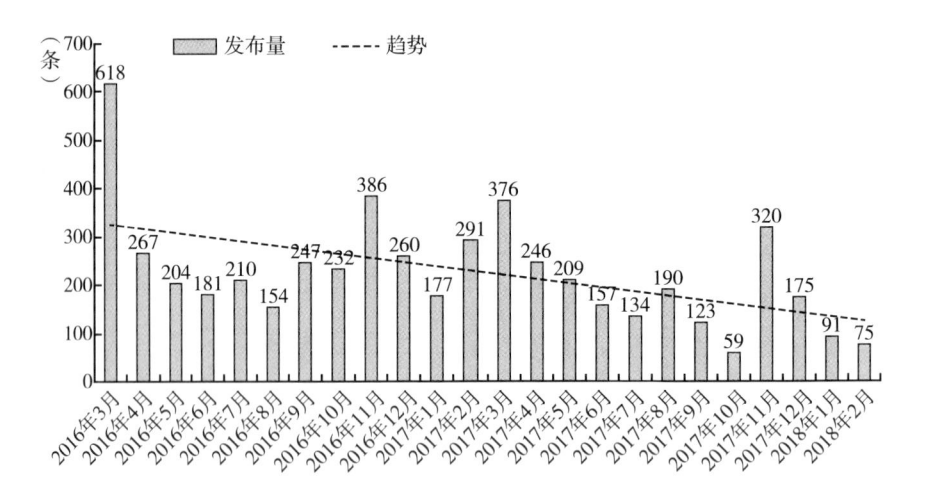

图1　2016年3月1日至2018年2月28日反家暴信息发布量和趋势

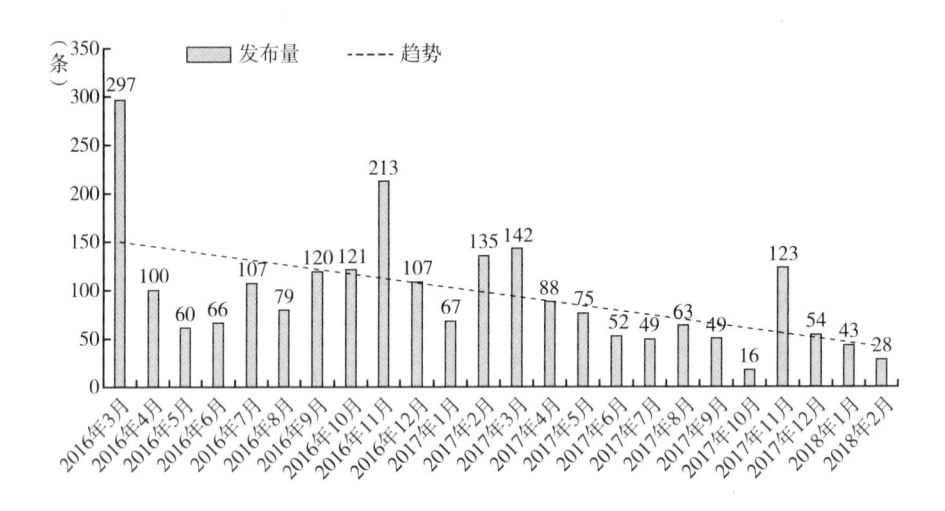

图2　2016年3月1日至2018年2月28日新闻媒体反家暴信息发布量和趋势

3月,才见明显波峰,但峰值远远小于2016年3月的水平(见图4)。

妇女公益机构信息发布反家暴信息的数量略呈逆势上扬姿态。这期间,公益机构网站或公益信息平台共发布信息1000多条,两年间信息发布量的总体趋势平稳,并稍有上升。其中2016年3月至12月,10个月发布近400条,2017年1月至2018年2月这14个月发布600多条(见图5)。

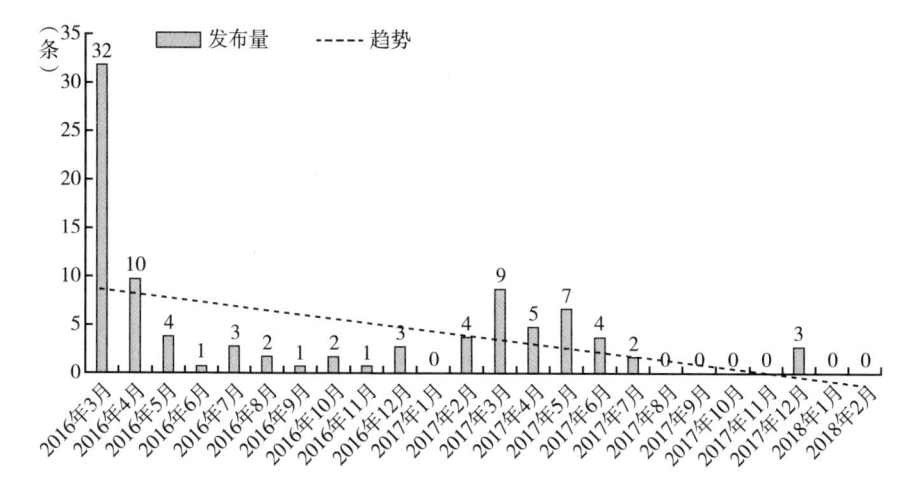

图3 2016年3月1日至2018年2月28日各职能部门反家暴信息发布量和趋势

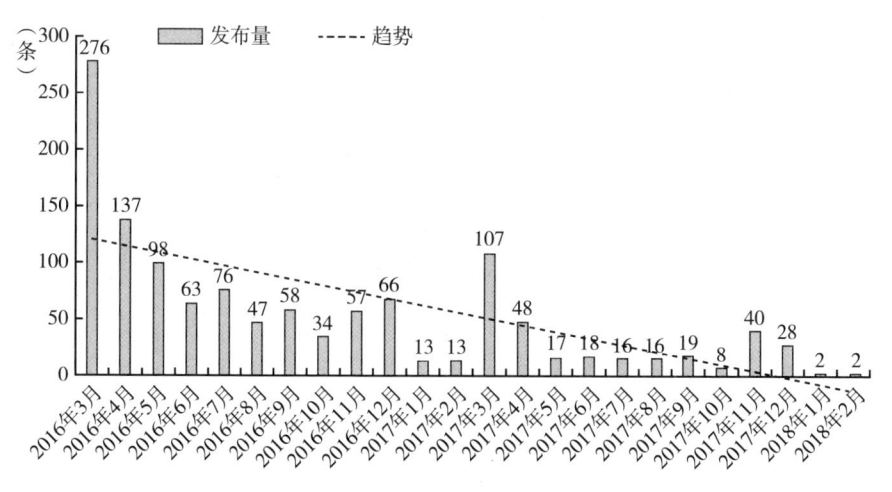

图4 2016年3月1日至2018年2月28日全国妇联网站及各省区市妇联网站反家暴信息发布量和趋势

2. 信息发布者具多元性公益机构主体数少占比大

如果按发布者身份划分，新闻媒体发布的信息最多，约占两年间反家暴信息总量的一半；妇联网站次之，占1/4；妇女公益平台位居第三，占将近1/4；11个职能部门（8个国家机构和3个群众团体）发布量最少，占2%。新闻媒体是信息传播的主渠道，妇联网站与妇女公益平台是传播宣传的主力军，而

101

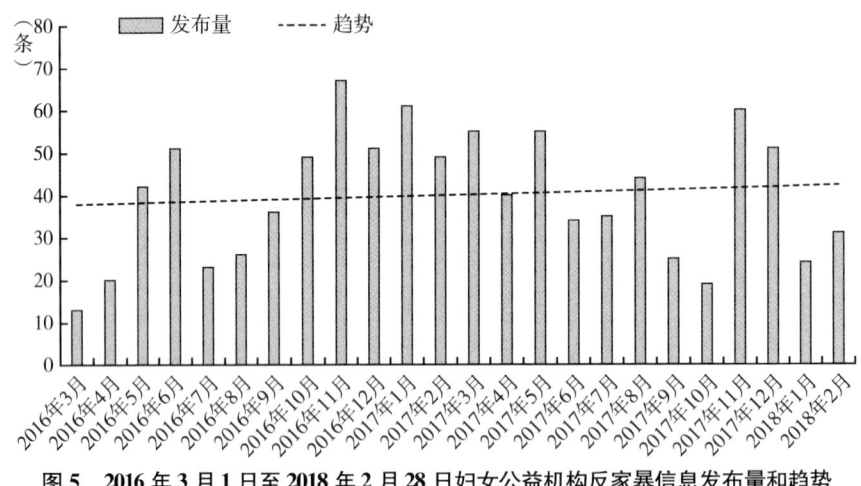

图5　2016年3月1日至2018年2月28日妇女公益机构反家暴信息发布量和趋势

主要职能部门，特别是政府部门网站的信息数量少得不相称。

两年间各类机构发布反家暴信息情况见图6。

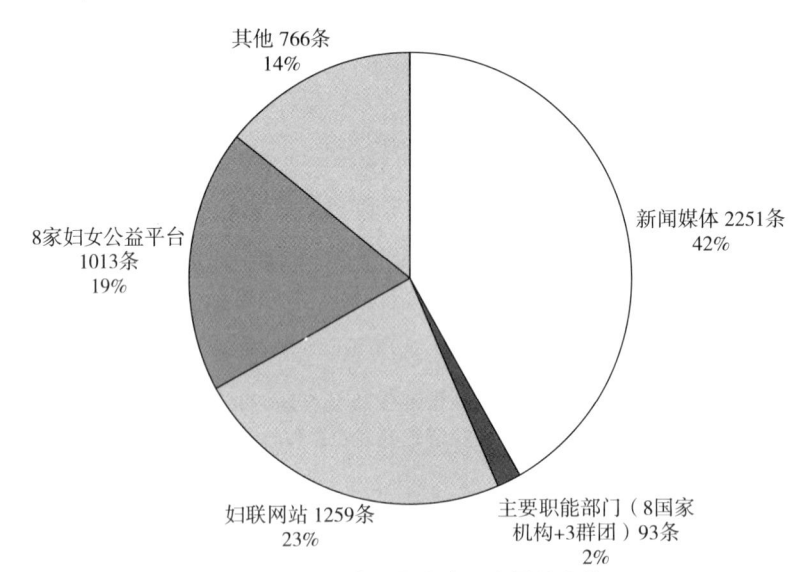

图6　两年间各类机构发布反家暴信息情况

无论在现实中还是研究报告的监测范围内，妇女公益平台数量不多，但活力非凡。本报告共统计了8家妇女公益平台在微博及其网站上发布的关于反家暴的数据，其中新媒体女性、女权之声、反家暴公益科普小组、反家暴、橙雨伞公益、北京红枫妇女心理咨询中心从2016年3月至2018年2月不间断统计，源众反家暴中心、众泽律师事务所从2017年1月开始统计。这些妇女公益平台，大多属于实体公益机构，少数则完全属于网上社群，如反家暴公益科普小组、反家暴，其信息发布量见图7。

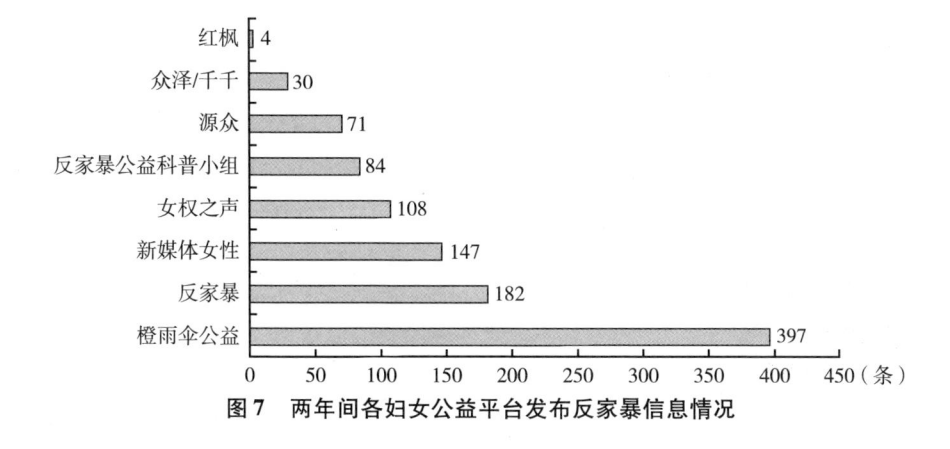

图7 两年间各妇女公益平台发布反家暴信息情况

平台	条数
红枫	4
众泽/千千	30
源众	71
反家暴公益科普小组	84
女权之声	108
新媒体女性	147
反家暴	182
橙雨伞公益	397

由图7看出，2015年成立的橙雨伞公益发布的反家暴信息最多（397条）；反家暴次之（182条）；新媒体女性发布147条；女权之声发布108条。

鉴于上述信息数量发布的趋势，反家暴信息发布者的比重分布，在两年间也发生了微妙的变化。2016年，媒体报道为1269条，占比为47%；全国妇联网站为886条，占比34%。[1] 反家暴法实施了20个月时，新闻媒体网站发布信息2006条，占总数的比例下降了约5个百分点，为42.46%。全国32家妇联网站发布1187条，占总数的比例下降了约9个百分点，为25.12%；8家妇女公益平台发布信息758条，占总数的16%；主要职能部门网站发布90条，占总数的比重从一周年的2.2%下降到1.9%。[2] 故2016

---

[1] 参见冯媛、曹苧予《反家暴法实施一周年观察和建议——〈中华人民共和国反对家庭暴力法〉实施监测报告-1》，2017年2月28日。

[2] 冯媛、曹苧予：《20个月走了多远——〈中华人民共和国反对家庭暴力法〉实施监测报告-2》，2017年11月28日。

年 3 月 1 日至 2018 年 2 月 28 日，反家暴法实施两年间，新闻媒体网站发布的与反家暴相关的新闻共 2250 余条，占总数的近 42%。妇女组织发布 2270 多条，亦约占总数的 42%；其中全国妇联和各省级妇联共 32 个网站发布约 1259 条，约占总数的 23%，8 家妇女公益平台发布 1010 多条，约占 19%。[①] 其他责任方包括 8 个国家机构和除妇联之外的 3 个群众团体[②]总共发布 93 条关于反家暴的信息，占 2%。这些职能部门在 2016 年 3 月 1 日《中华人民共和国反家庭暴力法》实施初期发布信息比较积极，总共发布了 32 条，之后开始持续下降，到 2017 年 3 月反家暴法出台一周年时信息数量增多，随后又开始下降。具体而言，司法部网站发布信息最多，达 29 条，最高人民检察院网站发布 21 条，国务院妇儿工委网站发布 19 条；再次是全国总工会网站、全国残联网站和共青团中央网站，分别发布 8 条、6 条、4 条，教育部网站和最高人民法院网站分别发布 3 条，卫计委网站、公安部网站和民政部网站未检索到信息（见图 8）。

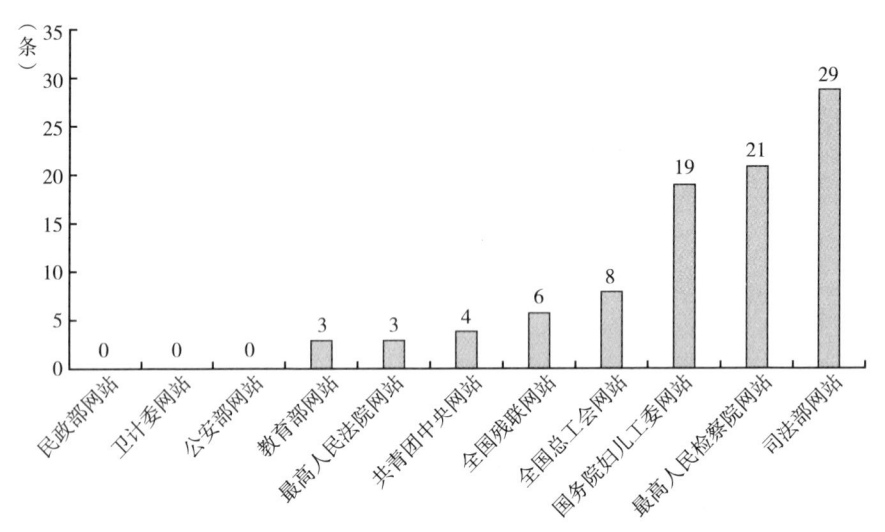

图 8　2016 年 3 月至 2017 年 3 月各职能部门网站发布反家暴信息情况一览

---

① 冯媛、曹苧予：《宣传，处置，保护：国家意志尚需增强——〈中华人民共和国反对家庭暴力法〉实施 2 周年观察反家暴系列监测报告 -3》，2018 年 3 月 6 日。
② 反家暴相关责任部门，除全国妇联外，监测范围为国务院妇儿工委、民政部、卫计委、司法部、公安部、教育部、最高人民法院、最高人民检察院、全国总工会、共青团中央、全国残联的网站。

3. 信息的地域分布

从各省区市妇联网站的发布的反家暴信息量，可以看到一幅非常不平衡的全国地图。各省区市反家暴信息的多寡反差很大。遥遥领先的是湖南，两年间共发布反家暴信息205条，其次是黑龙江（80条），再次是广东（75条），接下来依次是西部的甘肃（64条）、陕西和四川（均为55条），以及东部的上海（53条）。重庆、湖北、内蒙古、贵州、安徽这几个中西部省区市均为40多条。以上12个数量相对较多的省区市之后，有15个省区市发布数量为10~39条。而河北、海南、西藏、新疆这4个省区信息量发布最少，为3~7条。

对比各地妇联网站反家暴信息发布量及为平妇女权益机构搜集到的各地妇联反家暴工作的推进情况，我们发现除湖南省各项都走在前列之外，二者的关系在其他省区市看不出直接相关性。有的省区市的妇联反家暴工作推进得比较扎实，但信息发布量却不大。

从媒体报道的家暴案件的城乡分布来看，2016年3月至2018年2月搜集到的304件个案报道，其中81.91%的家暴事件发生在城市，只有18.09%发生在农村（见图9）。而据全国妇联和国家统计局2011年发布的第三次中

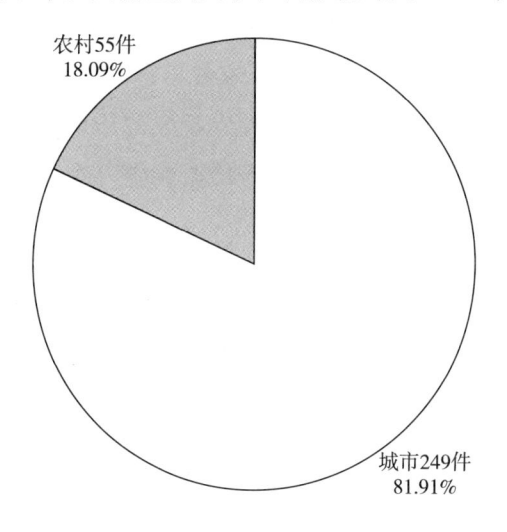

图9 2016年3月至2018年2月媒体报道的家暴案件城乡分布

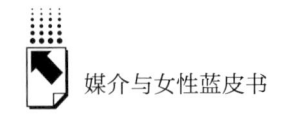

国妇女地位调查,以及其他一些数据,家庭暴力的发生率城乡之间差别并不很大,而且农村发生率略高于城市。由此可见,媒体对城市家暴的关注度远远高于农村。

二 反家暴信息内容概览

1. 信息内容类型分布

各类媒体的反家暴信息的类型分布,也很不均衡。宣教性内容远高于其他内容。

本报告将反家暴新闻或信息的内容分成了6类,即反家暴宣传①、反家暴培训或能力建设②、反家暴介入服务③、反家暴政策建议④、与反家暴相关的报告⑤、反家暴专题研讨会⑥。

从数量上看,新闻网站的宣传性内容最多(1509条),占所有反家暴信息的2/3(67%),高出第二位反家暴介入服务类信息的2倍多;反家暴介入服务类信息(565条)占媒体反家暴信息总数的25%。而占第三位的反家暴培训或能力建设类信息只有117条(占5%)。反家暴政策建议类的报道更少,为43条(占1.9%)。具体分布情况见图10。

全国及各省区市妇联网站发布的反家暴信息内容分布从图11中可见一斑。仍然是以宣传性内容为主,占64%;反家暴培训或能力建设方面的内容占23%,但与新闻媒体相比,反家暴培训或能力建设类信息的比重上升

---

① 反家暴宣传教育包括普法新闻、普法活动的报道。
② 反家暴培训或能力建设包括对反家暴相关执法人员进行的讲座、技能培训、交流会、座谈会、相关调研等。
③ 反家暴介入服务包括反家暴法执法机关的介入,或者相关单位、公益组织等为家暴受害者提供的各种服务、帮助等。
④ 反家暴政策建议包括建议出台或已经出台的各机构、各地方的对反家暴法配套的细则、规定等。
⑤ 包括有关领导对反家暴做出的重要指示、讲话等,以及权威机关组织撰写的反家暴相关报告。
⑥ 反家暴专题研讨会为各类反家暴的主题性会议、学术性研讨。

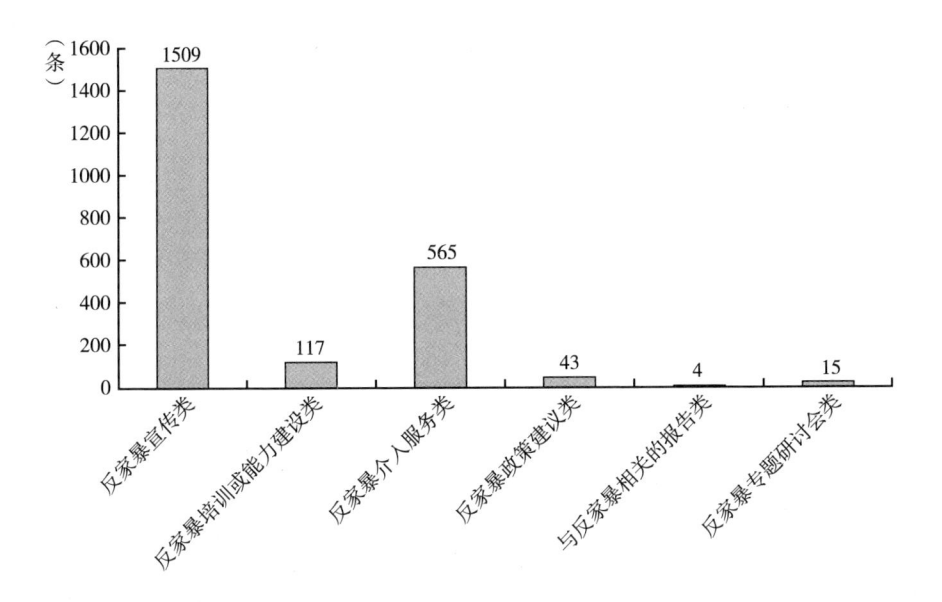

图10 两年间反家暴信息中各项内容分布情况

为第二位；介入服务类内容在第三位（8.7%）；政策建议类内容为27条，占2%，和这类内容在新闻媒体内的占比相当（见图11）。

相关责任部门发布的反家暴信息内容，可以说几乎都是宣传性的，但政策建议类的比例高于新闻媒体和妇联网站。从图12可见，2016年3月至2018年2月，8个机构和3个群众团体总共发布94条关于反家暴的信息，其中82%（77条）是宣传性的，其次是反家暴介入服务类和反家暴政策建议类信息，均为7条，占比为7.4%；反家暴专题研讨会类信息2条；反家暴培训或能力建设类信息1条（见图12）。

2. 媒体报道中受家暴影响人群分布

媒体报道的个案中，受家暴者的83.82%为女性；家暴类型中有2/3发生在夫妻或亲密关系之间，还有10%的分手时或分手后的暴力。也有约1/4发生在父母和成年或未成年子女等近亲属之间。未成年人遭遇的家暴占比较低，性少数群体遭遇的家暴则几乎不见报道。

304件被报道的家暴案件中，受害者总人数为323人，其中80.19%的受害者是女性，男性受害者占19.50%，1例其他性别受害者（间性人）

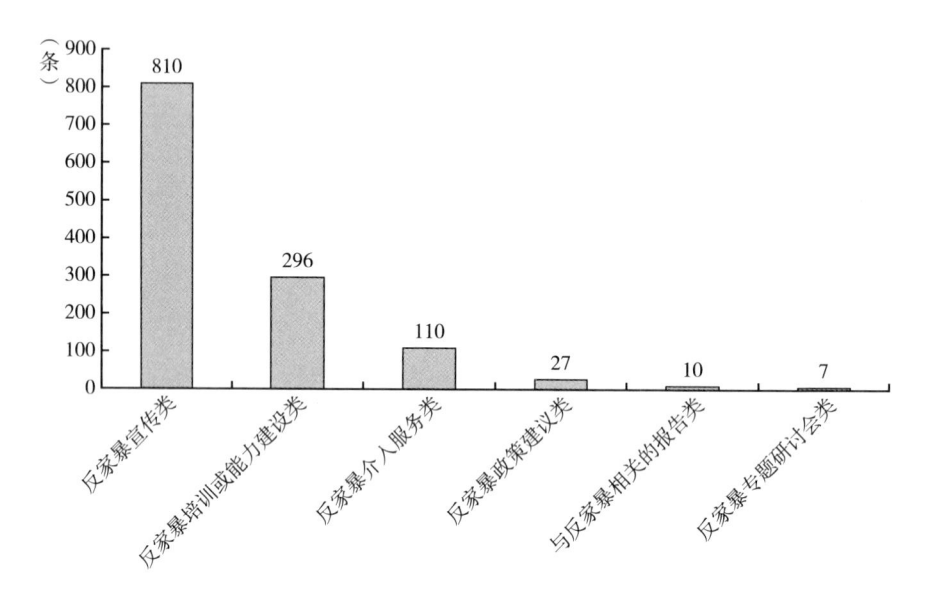

图 11 全国妇联网站及各省区市妇联网站发布的反家暴信息内容分布

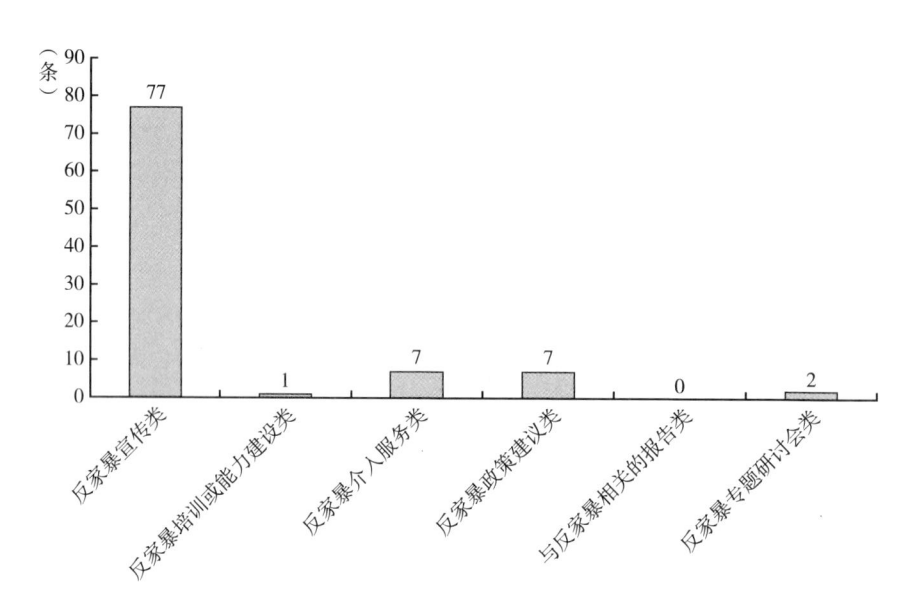

图 12 各职能部门网站反家暴信息内容分布

（见图13）。

由于根深蒂固的打孩子传统，未成年人可以说是中国家暴受害群体的主体，被报道的个案中，未成年受害者为15%（见图14）。媒体报道的家暴个案中受害者年龄分布情况见图15。

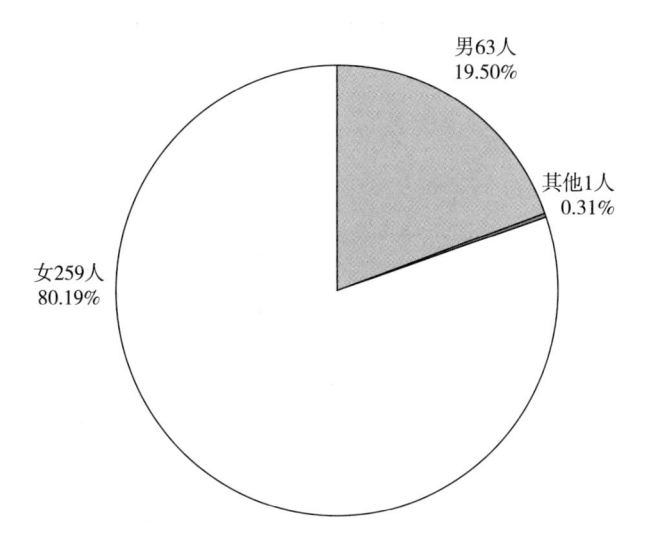

图13　媒体报道的家暴个案中受害者性别分布情况

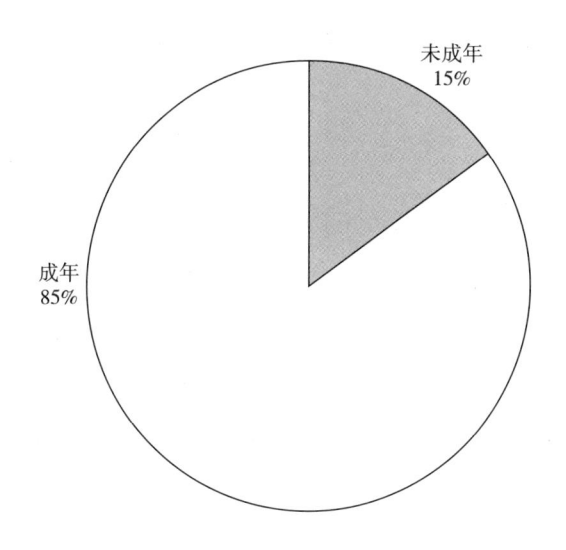

图14　媒体报道的家暴个案中成年人与未成年人比重

媒介与女性蓝皮书

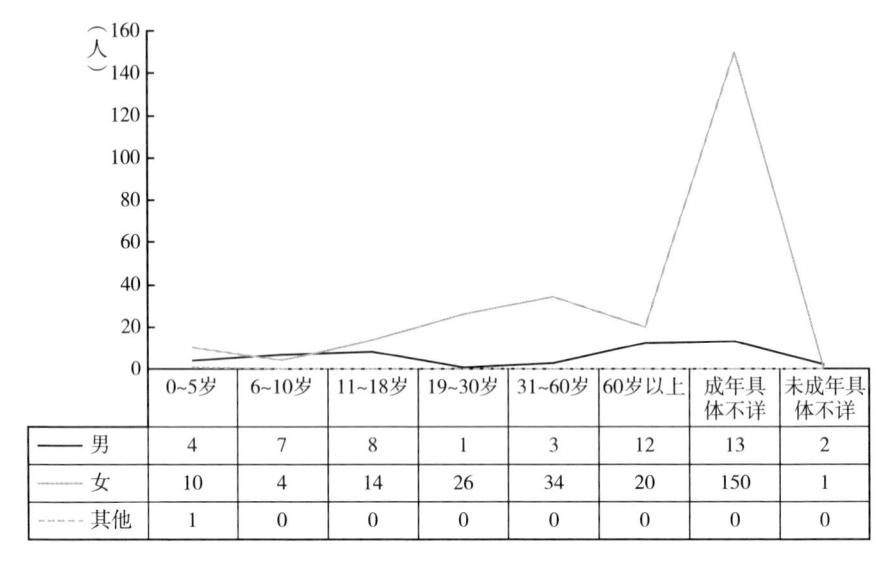

	0~5岁	6~10岁	11~18岁	19~30岁	31~60岁	60岁以上	成年具体不详	未成年具体不详
男	4	7	8	1	3	12	13	2
女	10	4	14	26	34	20	150	1
其他	1	0	0	0	0	0	0	0

图15 媒体报道的家暴个案中受害者年龄分布情况

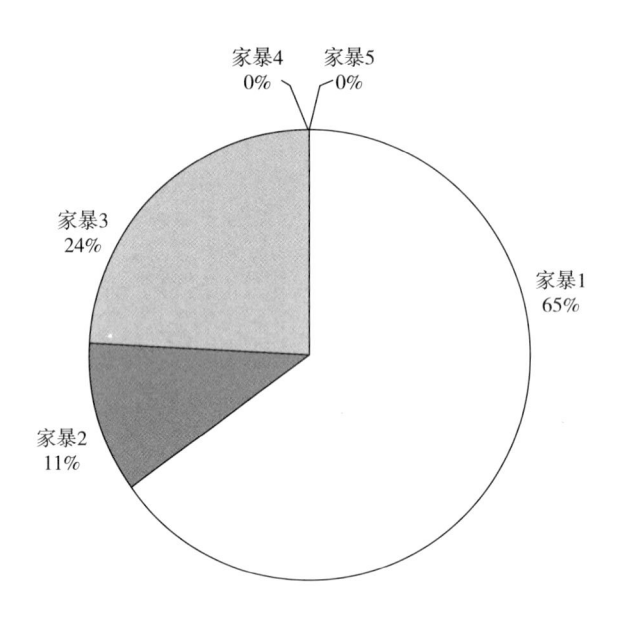

图16 媒体报道的个案中家暴类型分布

在监测中，我们将家暴类型分为5类，家暴1指法定夫妻之间或同居伴侣之间的暴力；家暴2指追求暴力或恋爱、同居结束后的暴力或离异后的暴力；家暴3指父母和子女之间的暴力或其他近亲属之间的暴力①；家暴4指因为性取向和性别表达等发生的家庭暴力；家暴5指其他类型暴力。由图16可以看出，在家暴案件中受害者与施暴者是法定夫妻关系或同居关系的占65%，受暴者与施暴者是亲子关系或其他近亲属关系的占24%。恋爱暴力或离婚、分居后的暴力占11%，而因为性取向和性别表达发生的家庭暴力未见报道。

女性是家庭暴力的最主要受害群体，这点媒体报道基本上反映了现实。但对老人、重病人、残障人士、孕产妇等反家暴法明文规定特殊保护的群体，在个案报道中呈现不多。现实中，同性恋、双性恋、跨性别者遭遇家暴的概率非常高，如2017年，北京大学社会学系和北京同志中心联合发布的《2017中国跨性别群体生存现状调研报告》显示，在1640位可能或确定被父母或监护人知道自己跨性别身份的受访者中，仅有6位从未受到来自原生家庭的暴力。② 近两年也屡屡有报警或求助的个案，并产生了彩虹暴力总结所③、跨儿中心等机构的服务和倡导工作，如《中国性少数群体家庭暴力研究报告》《反家暴法在跨性别群体中的应用实况及跨性别群体对反家暴法的改进建议2017》等成果。而在从新闻媒体到官方网站、公益平台的反家暴信息中，对性别和性少数群体关注非常不足，个案中性少数人群仍然处于"符号灭绝"的不被看见的状态。

3. 媒体信息中的反家暴介入和服务

经过多年的努力，目前我国各类反家暴服务已经初步得到发展。家庭暴力对家庭成员、社区和社会有多方面的影响，反家暴也需要跨部门多机构协力。过去两年间，媒体报道的案件中，对反家暴的多机构综合性特点反应如何？目前的报道中反家暴介入服务类信息的发布者，以公安、法院、妇联三大部门或机构为主，其他部门或机构的职责很少被顾及。

---

① 此处的父母与子女包括：养父母与养子女；继父母与继子女；岳父母、公婆与女婿、媳妇。近亲属关系包括三代以内的血亲。
② 北京大学社会学系和北京同志中心联合发布的《2017中国跨性别群体生存现状调研报告》，参见NGOCN《首部跨性别群体家暴报告发布：逾八成曾遭来自父母的暴力》，2018年4月16日，http://www.ngocn.net/news/2018-04-16-ee2527e82afff7fd.html。
③ 《〈反家庭家暴法〉一周年实施与法律评估报告》，同语网，2017年3月8日，http://www.tongyulala.org/downloadshow.php?cid=8&id=64。

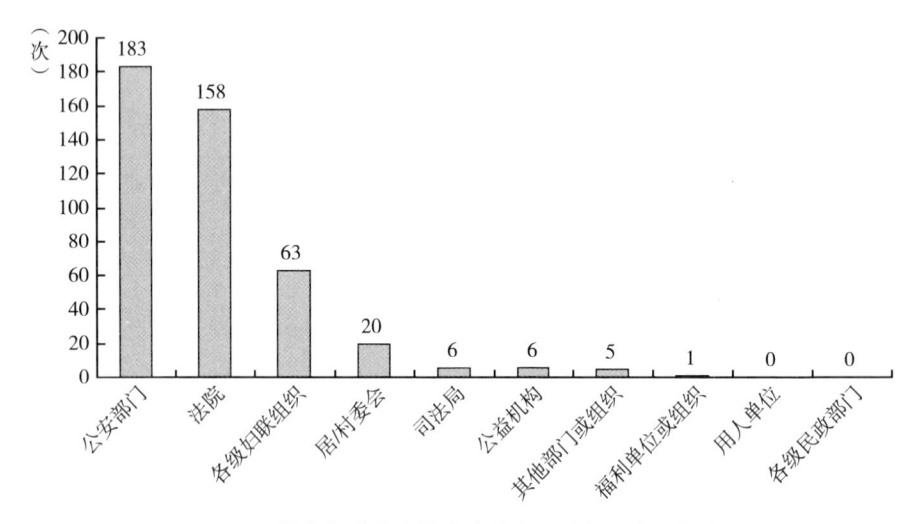

图中柱状数据：公安部门 183；法院 158；各级妇联组织 63；居/村委会 20；司法局 6；公益机构 6；其他部门或组织 5；福利单位或组织 1；用人单位 0；各级民政部门 0。

图17　媒体报道的家暴个案中各职能部门介入频次

从图17中可以看出，在被报道的家暴案件中，公安部门、法院和妇联是介入次数较多的，其中公安部门介入最多，有183次；法院介入158次；各级妇联组织介入63次；居/村委会介入20次；司法局介入6次；各类公益机构介入6次；其他部门或组织介入5次；福利单位或组织介入1次。而用人单位、各级民政部门没有介入。

在受害者保护和服务机制中，最被广为报道的是人身保护令。由图18可知，在被报道的家暴案件中，法院为受害者提供人身保护令的案件有129件；施暴者被警方拘留或者批捕的有73件；公安出警的有52件；对施暴者进行教育的有49件；警察出具家暴告诫书的有23件。反家暴法规定的强制报告制度，在新闻报道中未见实例。临时撤销监护权的实例不多。具体情况见图18。

4. 媒体关注的部分家暴案件

在2016年3月《中华人民共和国反家庭暴力法》正式实施后，有多件家暴案件被舆论关注并引发热烈讨论。有些报道不仅促使受害人进行维权，而且能提升社会大众对于不同类型的家庭暴力的认识及反家暴能力，但也有不少报道质量不高，甚至还存在性别歧视或再度伤害的情况。还有不少典型案例缺乏跟进报道，没有下文。

反家暴法实施媒体报道研究报告

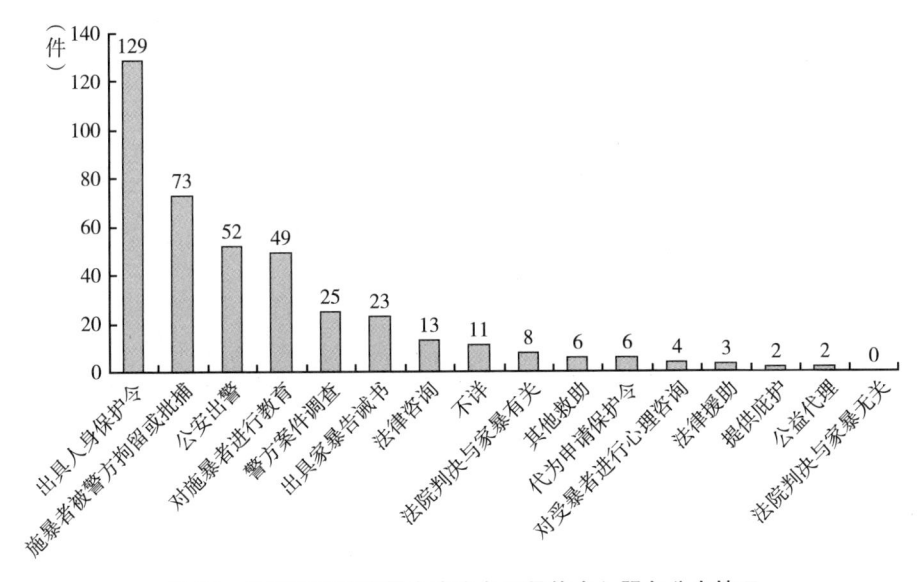

图18 媒体报道的家暴个案中各项具体介入服务分布情况

数据（从左至右）：出具人身保护令 129；施暴者被警方拘留或批捕 73；公安出警 52；对施暴者进行教育 49；警方案件调查 25；出具家暴告诫书 23；法律咨询 13；不详 11；法院判决与家暴有关 8；其他救助 6；代为申请保护令 6；对受暴者进行心理咨询 4；法律援助 3；提供庇护 2；公益代理 2；法院判决与家暴无关 0。

　　媒体报道在反家暴方面的积极探索包括：云南武定在一起"杀夫"案中引入专家证人，律师做无罪辩护①；澎湃新闻对四川成都一起民警施暴案做了非常及时的报道②，《中国妇女报》则突出报道了司法机关处理这个个案的另一个特点，即成都市双流区人民法院核发人身安全保护令给曾和施暴者有同居关系的当事人。③

　　一些报道反映了社会公众的反家暴热情，以及社会参与的效应。如2017年8月12日南京南站候车室发生的公然猥亵女童案件，率先被网友通过微博披露出来，得到新闻媒体重视，促使警方迅速介入，并于8月14日通报结果④：经调查，和行为人同行的两名中年人为行为人的父母，女童系养女。南京铁路

---

① 杨雄波、罗晓欢：《女子遭家暴杀害醉酒丈夫庭审引入"专家证人"制度》，新浪网，2016年5月12日，http://news.sina.com.cn/c/2016-05-12/doc-ifxsehvu8766505.shtml。
② 周宽玮、王亚辉：《"成都民警用警车拘禁并殴打女友"续：女子获人身安全保护令》，澎湃新闻，2017年1月6日，https://www.thepaper.cn/newsDetail_forward_1594671。
③ 任然：《成都发出针对同居暴力的人身保护令》，《中国妇女报》2017年1月11日，第B1版。
④ 王巍、王煜、王梦瑶：《南京猥亵女童事件续：民政部门正在核实收养关系》，《新京报》2017年8月16日，转引自中国新闻网，http://www.chinanews.com/sh/2017/08-16/8305702.shtml。

113

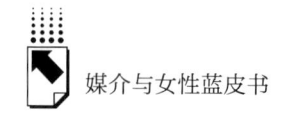

警方依据查证事实，已以涉嫌"猥亵儿童罪"对行为人依法予以刑事拘留，对其父母依法进行调查处理。媒体报道中对此案引发的相关讨论有所涉及，如家庭中的虐童问题、"童养媳"问题，拓宽了人们对家暴的狭隘认识。

但很多家暴个案没有后续报道。2016年3月1日，反家暴法实施当天，前全国人大代表、媒体热点人物蓝翔技校校长荣兰祥的妻子孔素英到法院申请人身安全保护令，引起众多媒体关注[1]，但直到3月7日上午，济南市天桥区人民法院才组织孔素英方和荣兰祥方就保护令一事进行听证。但听证会结束后是否发保护令，后续结果未见报道。对于法院做出是否核发保护令决定的时限，72个小时是指自然日的连续72小时还是工作日的72小时等的问题，除了《法制晚报》外，也没有更多媒体讨论。

有的报道则强化和传播了陈陈相因的对家暴的错误态度和处理方式，导致质上的缺陷。主要表现在：一些报道存在责备受害者的现象，如将一些悲剧的发生归咎于受害者不主动求助、不及早求助、不报警或不积极申请告诫书和保护令；却不探究责任主体缺乏反家暴意识、不了解自己的法定义务、不以方便求助者的时间和方式提供服务、相互推诿、拒绝转介庇护所等问题。还有一些报道存在性别歧视，对女性和受暴者造成二次伤害。

三 结论和建议

综上，本报告通过在主要搜索引擎、新闻网站和职能机构官方网站上的关键词检索，持续进行追踪，考察2016年3月1日我国反家暴法实施两年来的媒体报道特点。研究发现，反家暴信息发布量呈下降趋势，只有民间公益平台的信息发布量略有增加；新闻媒体和妇女组织是主要的信息发布方，各约占信息总量的42%；其他负有反家暴职责的国家机构和群众团体发布的反家暴信息的占比不足2%。反家暴信息中有压倒性的多数是宣教性的，

---

[1] 江丞华：《蓝翔校长严重家暴倾向 妻申请保护令无果》，中国警察网，2016年3月7日，http://policewomen.cpd.com.cn/n25693749/c32298914/content.html。

并有一定数量信息反映各类反家暴干预和服务。被报道的家暴个案中有80%以上发生在城市，受害者为亲密关系中的妻子。对未成年人的家暴有一定报道，但对老人、残障人、重病人、孕产妇的特殊保护措施未见报道，性少数群体遭遇的家暴在媒体几乎不可见。反家暴措施中，得到最多报道的是人身安全保护令。

新闻媒体的反家暴信息还存在质上的缺陷，主要表现在以下几个方面。一些典型或重大案例缺乏跟进报道。对特别弱势的群体，如重病患者、残障人士和性少数遭遇家暴和对反家暴的特殊需求，难见官方媒体报道。还有一些报道存在性别歧视，将求助的受暴妇女泼妇化，强化性别陈规定型，将家暴合理化；甚至将一些悲剧的发生归咎于受害者不主动求助、不及早求助、不报警或不积极申请告诫书和保护令，却不探究责任主体缺乏反家暴意识、不了解自己的法定义务、不以方便求助者的时间和方式提供服务、相互推诿、拒绝转介庇护所等问题。这类性别歧视的报道，对女性和受暴者造成二次伤害。还有的报道所表扬的新闻主角的服务方式违背反家暴工作伦理，如无视求助者的意愿，没有向其介绍求助者的权利和可得到的服务，而是以自己认为最合适的方式进行调解，而报道完全肯定了这样的方式。

基于以上问题，国家负责新闻媒体和大众传播的机构，应该遵循国家反家暴法的要求，重视反家暴的媒体报道和各类信息的发布，促进数量增加、质量提升。为此，应该在对媒体工作者的专业培训和岗位培训中，纳入性别平等理念和媒体技能方面的内容，并将反家暴宣传和服务信息作为公益广告，鼓励各类媒体进行发布。各级政府的妇女儿童工作委员会，应该对此加以督促。

参考文献

《中华人民共和国反家庭暴力法》，由中华人民共和国第十二届全国人民代表大会常务委员会第十八次会议于2015年12月27日通过。

B.8
学术视野中的女性传媒工作者
——新中国成立以来女性传媒工作者研究

董小菲[*]

摘　要： 本报告以中国知网学术期刊全文数据库中333篇相关文献为研究对象，在对其进行定量和定性研究后梳理发现，有关女性传媒工作者研究的数量在波动中上升，但整体数量不多；研究者整体的学科背景较多元，但缺乏对该领域的持续关注，未形成学科和本土的学术自觉；研究议题较丰富，对其职业形象的研究最多，其次是职业生存发展，对新兴领域关注不足；研究方法以定性研究为主，定量研究较少，方法较为多元，但基本是其他学科观念或理论的移植，甚至坚持社会性别方法论的也不多，有本土特色的理论和方法更是极为少见。未来学者须加强学术自觉，回归中国本土经验，抓住时代机遇，实现研究的突破性进展。

关键词： 女性传媒工作者　女性职业发展　女性职业形象

传媒工作者[①]和女性的发展历来为国家所重视，相关的学术研究数量浩繁。女性传媒工作者的研究属于女性与媒介的一个分支，处于跨学科的研究领域，出现较晚，其研究数量过少的问题长期被学术界诟病。新中国成立以来，我国女性与媒介研究不断取得新进展，在这一研究学科下，目前对女性

---

[*] 董小菲，山东女子学院文化传播学院副教授，主要研究方向为媒介与女性发展、新媒体实务。
[①] "传媒工作者"实际上是一个内涵很广的概念，涉及的群体数量庞大。本报告的传媒工作者主要是指在报纸、电视、广播、杂志、网络这五大媒介从事信息采编制作的工作者。

传媒工作者研究的发展情况、学术界聚焦哪些议题、采取了什么样的研究方法、取得了什么样的研究成果，是本报告探究的主要方面。

需要说明的是，所谓学术，应该是指用科学的论证来探究事物本质和规律的过程或结果。然而，在这个意义上的有关女性传媒工作者的学术研究，直到1995年前后才出现；因此为了探究其在新中国成立至1995年这段时期的特点，本报告将学术的概念放大至具有学术研究价值、在学术期刊上发表的文章以及硕博士学位论文。在这层意义上，那些采用类似报告文学、典型人物报道、新闻评论等写作手法的文章，如果其不仅仅是事实、现象的记录或时代意识、公众情绪的传达，而且力图深入审视和剖析事物的内在联系和深层结构[1]，也被纳入了本报告的研究范围。

一 研究方法

本报告利用知网数据库中的基础检索功能，检索条件选择"主题"，将女性新闻工作者（73篇）、女性新闻从业者（30篇）、女性传媒工作者（10篇）、女性记者（63篇）、女性编辑（74篇）、女性主持人（108篇）、女性编导（20篇）、女性报人（40篇）八个关键词[2]在知网进行检索，初始检索结果的文章数量为418篇。[3] 去掉"女性"后检索结果的文章总量为279965篇[4]，据此，可估算出有关女性传媒工作者的研究数量与传媒工作者研究数量的总体比例为1:670，占比相当低。

---

[1] 李运抟：《强化报告文学的学术意识》，《光明日报》2013年4月23日，第14版。
[2] 在进行实际检索时，选择的关键词还有女性传媒从业者、女性媒体工作者、女性媒体从业者、女性播音员，但检索结果均为0。
[3] 在知网以关键词进行检索的结果数量在不同时间有所不同，这可能与知网不定期会进行数据库的更新有关。本报告的检索时间为2019年7月23日。
[4] 由于编辑和编导一词内涵较广，涉及的学科和领域过多，如编辑的检索结果中存在大量有关生物学基因编辑的文章，编导的结果中有大量舞蹈编导的文章，而本报告此处的数据不在于进行严格的统计学上的计数，只是为了与女性的数据进行对照，从而对男女性数量的差距有更为直观的认识。因此，计算总量时，没有计算编辑的检索结果。其他关键词的检索结果分别为：新闻工作者（19273篇）、新闻从业者（814篇）、传媒工作者（108篇）、传媒从业者（61篇）、媒体从业者（714篇）、媒体工作者（384篇）、记者（205820篇）、主持人（50002篇）、报人（2789篇）。

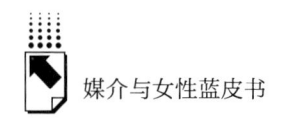

在分析女性传媒工作者的研究情况前，本报告对检索到的结果进行了筛选，主要排除了不符合开篇所界定的"学术"内涵的、非我国女性传媒工作者研究的文章，将最终得到的333篇文章作为分析对象。

本报告采取定量和定性结合的方法对333篇文章进行梳理，定量分析采取基础的统计和内容分析法，定性分析主要采取文本细读法。基础的统计主要考察文章数量、文章来源数量、研究者情况等方面，旨在从整体上把握女性传媒工作者研究的基本情况和变动趋势。运用内容分析法，进一步从论文作者性别、研究议题、研究方法三个类目进行更为细致的计量分析，旨在清晰掌握研究整体概况。定性的文本细读法则主要用于总结该领域的研究成果、发展演变和存在的问题。

二 研究脉络梳理

新中国成立前，传媒工作者研究就已进入学术视野。新中国成立后，传媒工作者的研究在1957年进入爆发期。[①] 但相比而言，女性传媒工作者研究进入学术视野则相对滞后，在20世纪80年代才陆续有相关研究出现。1981~2019年女性传媒工作者研究成果数量如图1所示。

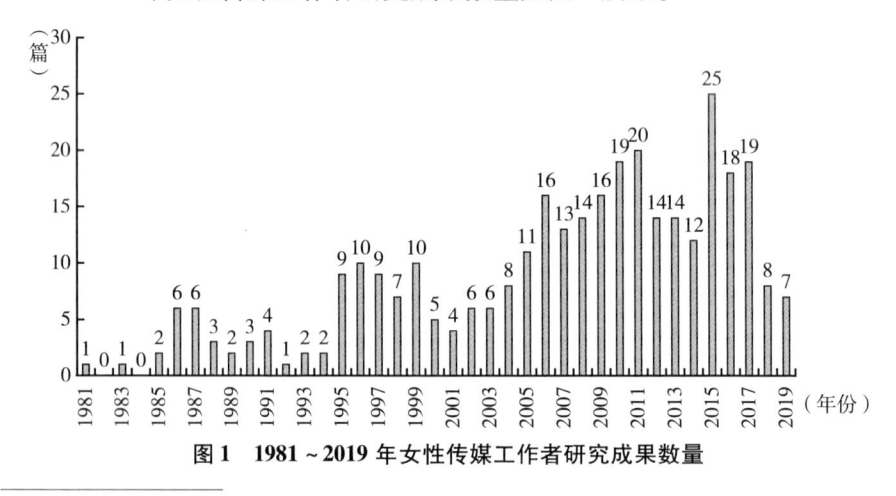

图1 1981~2019年女性传媒工作者研究成果数量

---

① 以上文去掉女性之后的关键词进行检索的结果作为判断依据。

（一）文章的数量、来源数量和研究者情况

从图 1 可见，文章的数量呈波动上升趋势，分别在 1986 年、1996 年、2006 年、2011 年、2015 年出现过五个较为明显的波峰。但也可看出，该领域的文章数量在总体上没有明显增加，且在近几年还有下降趋势。

文章来源总量为 150 个，每个出处平均发表 2.22 篇文章，图 2 列出了

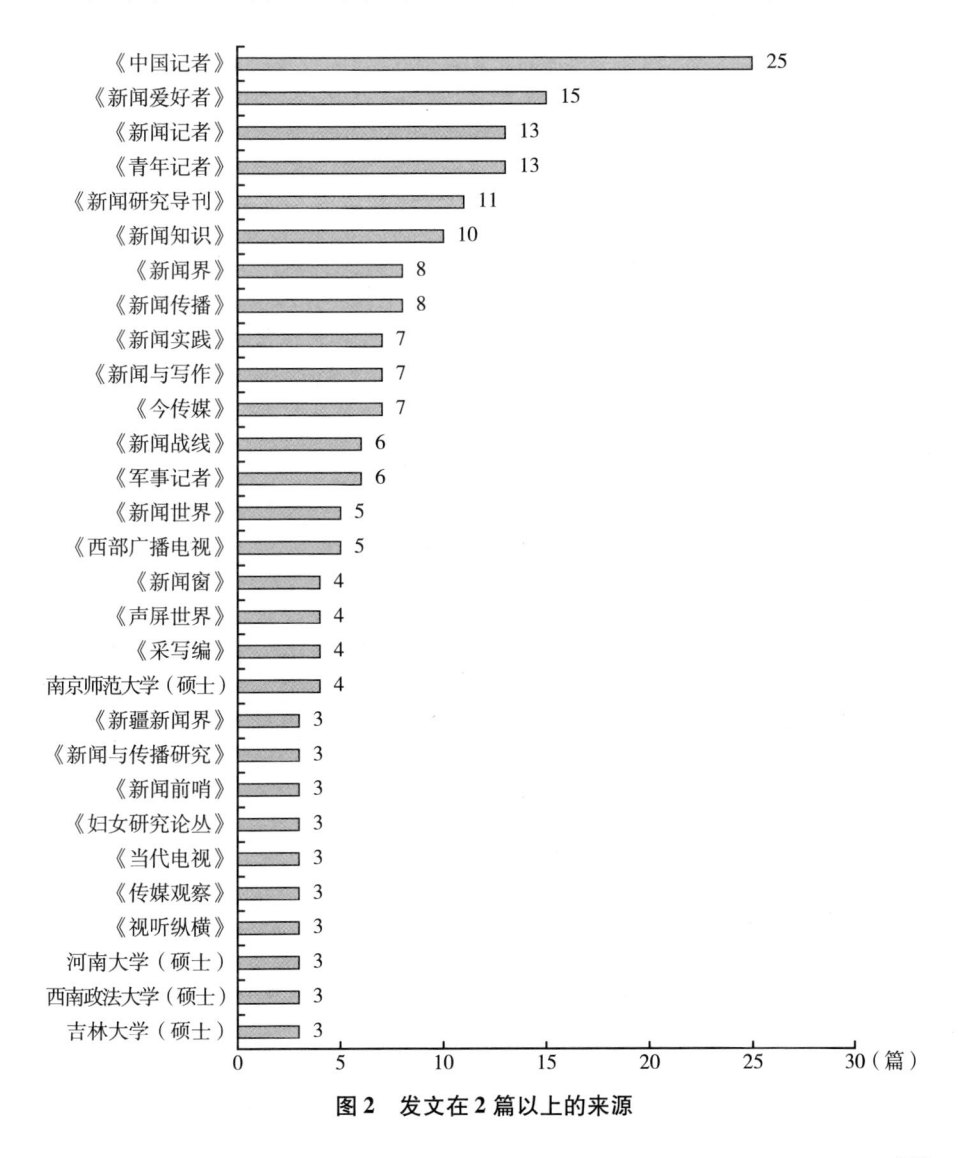

来源	篇数
《中国记者》	25
《新闻爱好者》	15
《新闻记者》	13
《青年记者》	13
《新闻研究导刊》	11
《新闻知识》	10
《新闻界》	8
《新闻传播》	8
《新闻实践》	7
《新闻与写作》	7
《今传媒》	7
《新闻战线》	6
《军事记者》	6
《新闻世界》	5
《西部广播电视》	5
《新闻窗》	4
《声屏世界》	4
《采写编》	4
南京师范大学（硕士）	4
《新疆新闻界》	3
《新闻与传播研究》	3
《新闻前哨》	3
《妇女研究论丛》	3
《当代电视》	3
《传媒观察》	3
《视听纵横》	3
河南大学（硕士）	3
西南政法大学（硕士）	3
吉林大学（硕士）	3

图 2　发文在 2 篇以上的来源

发文数在2篇以上的期刊或硕博士培养单位,共有29家。总体来看,发文总量较多的期刊里,多数最早的发文时间也很早,诸如《新闻战线》(最早1981年发文)、《新闻界》(最早1985年发文)、《新闻爱好者》(最早1986年发文)、《中国记者》(最早1987年发文)、《新闻记者》(最早1986年发文)、《新闻知识》(最早1987年发文),这六家也扮演了开路先锋的角色。其中,在学位论文方面,硕博士学位论文共有41篇,培养单位共计24家,2006年出现了该领域的第一篇硕士论文《试论女性新闻从业者的职场崛起及现实困境》,由华中师范大学的胡蕾完成。

研究者的数量为311人,发文最多的作者陈崇山共发表5篇,平均每人发文1.07篇,这在一定程度上说明研究者对该领域缺乏持续关注。在能够确定性别的117名作者中,男性有27名,女性有90名,这一领域的女性研究者偏多。发文在两篇及以上的作者见图3。

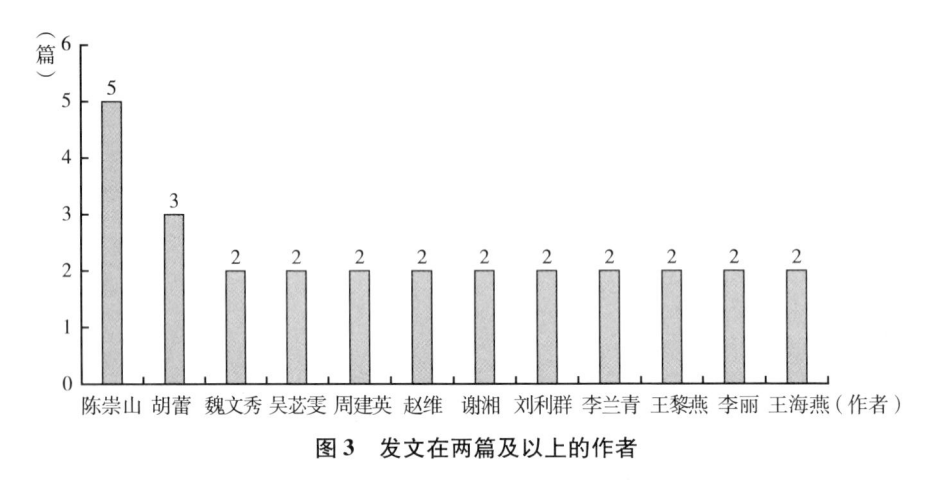

图3 发文在两篇及以上的作者

(二)研究领域

有关女性研究者领域的划分,可供借鉴的研究成果很少。本报告采取的策略是借鉴扎根理论的研究方法,在通读全部文章的基础上进行归纳,最终将研究领域的类目划分为13个,如表1所示。

表1 研究领域的类目划分及所占比重

类目	类目说明	数量（篇）	百分比（%）
职业形象	专业能力（风格特点、语言、知识等）、外在形象（服饰发饰、表情仪态和化妆造型等）、内在形象（性别气质、人格等）	69	20.72
成长历程	生活和工作的成长历程	47	14.11
典型工作事迹	工作、工作生活的冲突协调等	45	13.51
职业优劣势		38	11.41
职业生存现状	基本情况（年龄、受教育程度、从业年限）和工作情况（职务、报道范围、升迁、职业认知、职业态度等）的综合性研究	26	7.81
职业地位作用	数量、话语权、决策及对行业或职业的贡献、改变等	23	6.91
身心健康	职业态度、职业压力（倦怠、焦虑等）	20	6.01
作品分析		19	5.71
职业困境障碍	角色冲突、性别偏见、暴力、技术挑战等	18	5.41
职业历史发展	发展情况的阶段式梳理	8	2.40
自我认知	角色认知、性别意识	7	2.10
素质业务提升		7	2.10
职业道德		6	1.80

"职业形象"议题下的研究数量最多，这与该领域涉及的内涵多及因此细分的领域相应更多有关。这些研究成果对现实和虚构的女性传媒工作者形象都有涉及，但以现实的为主，虚构的仅有4篇。研究者更加关注研究对象的专业能力，在所有的专业能力中最看重"语言"能力。"职业生存现状"议题关注的内容最丰富、全面，多以群体为对象展开调查，调查的内容也随着时间的推移不断丰富，其中对不少项目如工作满意度、健康状况、素质提升等也有专门研究。有关"职业优劣势"的研究中，对"优势"的研究有20篇，占该议题总数的52.63%。

（三）研究对象

对研究对象主要从数量、专业职务、年代三个方面来考察。从研究对象的数量上来看，以女性传媒工作者群体研究（225篇）为主；从研究对象个

体的专业职务来看，女性主持人的研究最多（108篇），其次是女性编辑（74篇）、女性记者（63篇）、女性报人（40篇）、女性编导（20篇）；从研究对象的年代来看，以新中国成立后成长起来的女性传媒工作者的研究为主，老一代传媒工作者的研究仅有38篇，且研究集中在2011年以后，为30篇。另外，研究对象以发达地区的知名女性传媒工作者研究为主，有关基层工作者的研究仅有2篇，有关少数民族工作者的研究数量为3篇。

（四）研究方法

有关研究方法的类型划分，不同学科有不同的标准。在确认本报告的分类时，作者考察了新闻传播领域常用的研究方法，也结合了一些学者的论述。例如黄雅兰将性别与传播研究常用的方法分为量化的内容分析、问卷调查，质化的文本分析（话语/叙事/修辞）、田野研究、深度访谈、理论综述以及现象经验总结和新闻评论类。[①] 李彪在考察我国四类新闻传播学期刊时，将研究方法的类目划分为实验法、统计调查法、观察法、内容分析法、二手资料法、个案研究法、思辨论证法、综合法。[②] 另外，由于本报告大量的研究样本来自新闻传播学期刊，很多文章为传媒从业者撰写，或者只是作者的有感而发，缺乏严谨的学术规范。但这些文章也有一定的学术研究价值，所以也被纳入本报告的研究范围。因此，本报告最终将研究方法的类目划分为8个：定量的问卷调查、内容分析，定性的文本分析（话语/叙事/修辞）、文献分析、个案研究、深度访谈，思辨论证，以及在严格意义上并不能算学术研究的事实感受描述。219篇文章除此之外所使用的方法如表2所示。[③] 其中比重排名前三的为思辨论证22.75%、文献分析（14.67%）、文本分析（8.98%）。整体上来看，定量研究的数量很少，只占总量的8.98%。

[①] 黄雅兰：《中国语境下的性别与传播研究（1995~2014）》，《新闻春秋》2017年第1期。
[②] 李彪：《新闻传播学研究方法的构造——对1995~2007年我国四种主要学术期刊的考察》，《国际新闻界》2008年第1期。
[③] 学位论文一般采用多种研究方法，本报告在计数时，只取了其中最主要的一种。

表2 研究方法

方法论	方法	数量（篇）	百分比（%）
定量	问卷调查	20	5.99
	内容分析	10	2.99
定性	文本分析（话语/叙事/修辞）	30	8.98
	文献分析	49	14.67
	个案研究	30	8.98
	深度访谈	5	1.50
人文	思辨论证	76	22.75
	事实感受描述	114	34.13

除此之外，本报告也考察了研究者是否坚持了社会性别的方法论，数据显示，研究者64篇文章中使用了这一方法论，占比为19.22%。

另外，大部分文章实际上并未在文中明确指出所使用的研究方法，甚至在41篇学位论文中，也有7篇没有注明所使用的研究方法。而在使用思辨论证法的76篇文章中，也有很多文章缺少理论支撑，存在较大的随意性。这在一定程度上说明，女性传媒工作者的研究在学术规范性和严谨性上有待提高。

三 女性传媒工作者研究议题的拓展

通过上述定量的内容分析，我们可以看到女性传媒工作者的研究在整体上趋向于更有深度和广度，但需要指出的是，上文用于定量分析而划分的类目，只是为了对研究的整体情况进行梳理，很多文章，诸如对职业生存现状议题的研究，实际上论述了职业形象、职业优劣势等议题。因此接下来的文本细读，本报告打破单篇文章的界限，探究关系比较密切的研究领域的具体情况。

（一）职业形象

20世纪90年代，有关女性传媒工作者职业形象的研究数量不多，这些

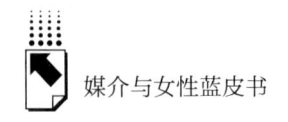

研究中的女性带着崇高的新闻理想，将自身的发展自觉融入国家民族的事业，具有参与社会变革的属性，这一时期女性传媒工作者的形象是积极的，但也存在同质性问题。这一时期大多以"讲故事"的方式展现"女记者"的形象，仅有一篇论文对女性主持人的形象进行了学理化研究，文章分析了女性主持人出现的意义，其在声音、语言和心理上的优势，也强调了需统一女性主持人形象的自然属性和社会属性。[1] 21世纪以来，研究者逐渐发现不同的女性传媒工作者的形象具有多样性和异质性。

首先，研究者关注的媒体，从现实空间的报纸拓展到电视、网络[2]以及虚构空间的小说[3]、电视剧[4]、电影[5]。关注的研究领域，从传统的新闻[6]领域，拓展到时尚[7]、娱乐[8]、体育[9]、军事等领域。研究者也更加注重对媒体类型或内容的细分，其中对电视行业女性传媒工作者形象研究的数量最多、类型最丰富，不同学者分别考察了电视谈话节目[10]、电视新闻采访[11]、帮忙类节目[12]、人物专访节目[13]等节目类型中的女性传媒工作者形象。

其次，在诸多的形象要素中，研究者更加关注女性传媒工作者的专业能力，这可能与电视谈话类节目的快速、繁荣发展有关，在诸多能力中，对

---

[1] 冬艳：《女性节目主持人在大众传播中的地位和作用》，《对外大传播》1997年第Z1期。
[2] 陈熙：《网络新闻中女记者的媒介形象分析（2010～2017）——基于女性主义视角的考察》，硕士学位论文，广西大学，2018。
[3] 张健仲：《张承志作品中青年女性形象的个案分析——〈北方的河〉中的女记者》，《文学界》（理论版）2011年第9期。
[4] 梁璐：《国产电视剧对女性新闻工作者的形象塑造》，《新闻世界》2010年第7期。
[5] 李尤：《影视作品中女记者的刻板印象研究》，硕士学位论文，暨南大学，2012。
[6] 宋家红：《近现代中国女新闻工作者的特色与传统》，《新闻与传播研究》2003年第2期。
[7] 邹超、张晓伟：《女性时尚电视节目主持人的形象塑造》，《新闻爱好者》2011年第18期。
[8] 尚静之：《中国电视娱乐节目知名女性主持人的形象建构研究》，硕士学位论文，西南政法大学，2013。
[9] 时畅：《从世界杯转播看女性体育节目主持人的品牌塑造》，《当代电视》2015年第2期。
[10] 曹莉：《国内电视谈话节目成功女主持人研究》，博士学位论文，华东师范大学，2010。
[11] 方东明：《谈电视新闻采访中的女性特质》，《新闻世界》2012年第2期。
[12] 秦靖：《女性记者在帮忙类节目中的角色定位》，《视听界》2012年第5期。
[13] 靳莹雪：《人物专访节目中男女主持人的会话策略差异》，《唐山师范学院学报》2016年第1期。

"语言"的研究占多数。这些研究普遍认为,女性传媒工作者语言独具"女性气质",主要为使用词汇具体化、感性宽容、亲和力强、主动倾听、善用肢体语言等。对于这些特点,研究者多数持肯定态度;但也有研究指出了一些不足,诸如男女两性语言失衡问题①、缺乏幽默感或只是建立在男性审美趣味上的幽默②、产生或强化性别刻板印象③。

最后,研究者还向历史溯源,考察了近现代不同时期对女性传媒工作者形象的呈现或分析。这些研究多从家庭和职业的双重视角切入,将近现代女性传媒工作者职业形象提炼为艰苦办报、百折不挠的奋斗精神,事业为主兼顾家庭的职业精神,以及她们在工作中体现出的女性色彩。④还有针对某一机构(《大公报》⑤、《妇女共鸣》、《女声》、《妇女生活》⑥)、某一地域(旧上海⑦、沪宁⑧)、某一时期(清末民国时期⑨、1927~1937年⑩)的研究。

(二)职业生存现状和职业地位作用

职业生存现状主要是从整体上考察女性传媒工作者这一群体的职业生态。这一领域的研究始于1995年第一次全国性的女性新闻工作者问卷调查,后续的相关研究也多以问卷调查(占该领域研究方法总量的46.4%)

---

① 胡水:《电视谈话类节目中的女性语言——从〈鲁豫有约〉等节目谈起》,《新闻窗》2008年第1期。
② 李斌:《试论女性主持人幽默特征》,《新闻界》2007年第6期。
③ 王卉:《铿锵玫瑰与空谷幽兰——以差别女性主义理论解读新闻中的两种声音》,《青年记者》2013年第24期。
④ 宋素红:《近现代中国女新闻工作者的特色与传统》,《新闻与传播研究》2003年第2期。
⑤ 侯杰、秦方:《近代知识女性的双重角色:以〈大公报〉著名女编辑、记者为中心的考察》,《广东社会科学》2005年第1期。
⑥ 冯剑侠:《女报人与现代中国的性别话语——以20世纪30年代"新贤良主义"之争为例》,《山西师大学报》(社会科学版)2014年第5期。
⑦ 谢美霞:《旧上海的女记者》,《新闻爱好者》2006年第9期。
⑧ 刘晓伟:《"一份平凡的职业":民国沪宁女记者的身份认同研究(1946~1948)》,《新闻春秋》2014年第4期。
⑨ 刘煜程:《清末女报人与中国女性的人格转型研究——以康同薇、秋瑾为研究对象》,硕士学位论文,湘潭大学,2015。
⑩ 颜雯雯:《1927年~1937年间的女新闻工作者研究》,硕士学位论文,南京师范大学,2013。

的方式开展。但后续有关女新闻工作者的全国性大规模调查几乎没有再出现，只是有一些地区性调查在陆续展开，如2001年和2013年的《上海市女新闻工作者调查报告》、2015年浙江传媒研究院在集团内部进行的调查。同时调查涉及的行业领域有所增加，例如2010年上海女性体育新闻工作者职业现状的调查、2017年新闻出版业女性管理者职业成长调查。这些调查的内容涵盖女性传媒工作者职业和家庭的多个方面，后续研究在分析当次调查结果的同时，也有与之前的数据进行的对比分析，以此来探究女性传媒工作者生存状态的变化。[1] 考察的维度和指标随着时间推移也逐渐趋于丰富，尤其是近年来随着新媒体技术的发展，不少调查都增加了相关的调查题项，甚至还出现了对转型进入新媒体领域后人员的专门调查。[2]

这些调查时间跨度很大，然而调查结果表明，有明显改变的主要是女性从业人员的数量[3]，以及女性的自我意识、职场素养等个体层面的"内部因素"，生存状况等其他"外部因素"并未发生明显或者根本性的变革。[4] 女性传媒工作者的职业地位整体上不高，主要表现在：女性在高层管理岗位的数量依然很少且上升机会较少，婚姻家庭与工作的冲突依然是其主要的职业困扰，缺乏职业话语权。[5]

除了以问卷调查开展的研究外，还有多以文献分析法和思辨论证法进行的其他研究。这些研究尽管使用了不同的方法策略，但是研究结论与问卷调查的结果基本一致。不同的是这些偏质性的研究成果，除了阐述女性传媒工

---

[1] 《2013年上海市女性新闻工作者调查报告》，《新闻记者》2014年第3期。
[2] 崔慧莹：《我国女性新闻工作者的新媒体转型研究——基于北京、广州的调查》，硕士学位论文，广东外语外贸大学，2017。
[3] 杨亮亮、于红、张思远：《试论女性记者群体性扩大对传媒业的影响》，《新闻研究导刊》2016年第11期。
[4] 《2013年上海市女性新闻工作者调查报告》，《新闻记者》2014年第3期；罗青兰、陈少志：《新闻出版业女性管理者职业成长调查》，《现代出版》2017年第5期。
[5] 刘平：《女性主持人的话语弱化——隐藏在电视光环背后的性别差异》，硕士学位论文，华中师范大学，2006；顾晓莉：《中国女性体育新闻从业者话语权的缺失和重构研究》，硕士学位论文，北京体育大学，2009。

作者的生存状态之外，还分析了状态出现的原因和应对策略。这些研究认为，女性传媒工作者的职业生存状况难以得到根本改善的原因主要在于传统性别观念的影响、女性对新闻业的价值贡献未得到认同等，因此解决问题的关键在于反思和消除价值评价体系中存在的不平等现象。①

（三）身心健康与自我认知

在有关职业生存的问卷调查中，身心健康始终是一个重要的测量维度。在关于身心健康的专门研究中，职业压力、职业倦怠、成就感下降等有关职业枯竭方面的研究占多数。上述相关研究共同揭示出女性传媒工作者的身心健康状况不佳，与此同时，她们对职业的满意度却不低。其中仅有一篇单独关注身体健康的文章，该文章指出新闻机构注重加强思想素质和业务素质而忽视心理建设，女性新闻工作者乳腺疾病发病率逐渐上升，并根据实证研究的结果提出了可通过健康管理降低该群体发病率的方法。从职业角度来划分，学者们发表最多的是关于期刊女性编辑身心健康的研究（占全部研究数量的55.56%），其次是女性记者。这可能与编辑的职业"权力"有关。职业压力和倦怠的研究实际上在各个行业都存在，尤其是2004年中国人力资源网开展的"中国工作倦怠指数调查"活动，更是让这一话题成为热门，而期刊编辑因为拥有刊发稿件的权力，因此更多的相关文章得以呈现。由于期刊编辑和新闻从业者的工作性质在本质上具有高度相似性，该议题在研究结论上也有高度一致性。

女性传媒工作者职业枯竭，首先在于其面临与男性同样的问题，中国传媒行业兼具事业、企业特征而导致该行业制约因素较多，职业发展空间较小。除此之外，学者多引入性别的视角，提出职业枯竭的原因在于社会对传媒行业的成功女性存在性别歧视、职业机会不平等、工作家庭冲突。② 然

---

① 张敬婕：《贡献、挑战与应对：女性传媒工作者发展研究》，《浙江传媒学院学报》2017年第1期。
② 刘睿：《女性新闻工作者的心理困境与消解——长沙市女性新闻工作者为例》，硕士学位论文，湖南师范大学，2010。

而，与此同时，女性在自我认知上存在不同程度的问题，如有的女性对性别敏感程度较低，无法及时辨别性别偏见或歧视的盲点和误区，惯于将压力归结于自身①；有的女性的性别观念过于传统，导致其在对自己的角色期待与社会期待之间存在较大差距，这使女性传媒工作者存在比男性更为严重的生存危机感，出现了比男性更加严重的职业枯竭现象。② 在针对性的应对策略里，多数学者呼吁女性传媒工作者加强自身的健康建设，其中也特别强调社会各界要建立和维护女性的社会支持系统③，例如媒体机构引入员工帮助计划（EAP）④、高校开设性别平等课程、建立具有性别平等意识的传媒监测机构。⑤

（四）职业优劣势与职业困境障碍

有关职业优劣势的研究，整体上呈现积极的情绪。多数研究者只阐述了女性在传媒工作者中具有的优势，例如善于言辞沟通、长于感性思维，因承担了来自家庭工作更多压力而获得的独特的意义身份等。⑥ 尽管社会性别主流化在1995年就已提出，但在后续的研究中，还存在不少性别本质论的问题，把有关优势的论述描述为天性⑦、天生的⑧、特有的⑨。这些研究看似在论述女性的优势，实质上强化了性别的刻板印象，并不利于解构两性之间不

---

① 霍睿：《女记者性别意识研究——基于对长春市女记者的调查与访谈》，硕士学位论文，吉林大学，2016。
② 侯典牧、刘翔平、徐小燕：《女新闻工作者的职业枯竭源探究》，《职业与健康》2009年第3期。
③ 张天景：《与压力共舞：女性编辑自我心理调适》，《编辑之友》2009年第8期。
④ 吴玥、张小贝、杨岳千：《女性新闻工作者心理健康状况调查——基于北京电视媒体一线采编的实证研究》，《西部广播电视》2014年第7期。
⑤ 葛延峰：《问题和出路：传媒与女性关系的本土化思考》，《编辑之友》2015年第8期。
⑥ 孙伟楠：《试析基层女性电视新闻采编记者的独特优势及能力提升策略》，《新闻研究导刊》2016年第22期。
⑦ 庄居湘：《试论女新闻工作者的职业优势与社会性别劣势》，《湖南社会科学》2005年第6期。
⑧ 吴苾雯：《女记者的职业优势》，《青年记者》2000年第5期；李丽：《用女性记者优势展现新闻女性视角》，《现代商业》2011年第2期；杨学莹：《女记者的"秘密武器"》，《青年记者》2013年第7期。
⑨ 许玲玲：《女性战地记者的优势》，《记者摇篮》2011年第12期。

平等的二元对立，从而压缩了两性自由发展的空间。从对职业优劣势的具体描述中，可以发现优势是个体性的，劣势则更多呈现为社会、文化、教育、制度等系统性的存在。

这些系统性的劣势，也逐渐演变为各种困境或障碍，体现在以男性为逻辑的市场化所带来的不公正的就业合同与薪酬制度、女性和工会组织的式微等方面，更体现在日常的性别化编辑部文化中。[1] 以上种种，造成女性传媒工作者职业发展中的种种不利乃至不幸，其在不同程度上制约着其职业发展进程。

（五）作品分析

学者对女性传媒工作者作品的分析，从媒介的类型来看，涉及报纸、广播、电视。从作品的类型来看，以文字作品（12篇，占比63.16%）为主。随着技术的发展，女性传媒工作者的作品形式也逐渐丰富，例如在"首都女记者践行'四力'主题新闻交流研讨活动"上入选的优秀作品，涵盖了通信、评论、移动直播、H5、深度报道等多种形式；但缺少摄影类作品，这也可反映出女性摄影工作者的整体数量极少，学者在未来的研究中可重点关注这一问题。从作品的创作者来看，19篇文章创作者中涉及的女性传媒工作者共有17人，学者考察的作品多出自新中国成立后的优秀工作者。

对老一代工作者作品进行研究的文章有6篇，研究的对象集中在民国的杨刚、浦熙修、彭子冈上。研究者不仅关注作品本身的特点，也关注创作者本身，更重要的是关注这些作品对历史研究、对学科发展产生的意义。这些创作者带着以文字救国的理想，将本身的女性特质融入作品，将新闻报道与多种文体的文学创作杂糅于一体，最终形成细腻与阳光共存的风格，展现了女性对时代的主体性表达。[2]

---

[1] 王海燕：《对媒体商业化环境下"新闻业女性化"的质疑——探究女性新闻工作者追求性别平等的障碍》，《新闻记者》2012年第12期。
[2] 韦平：《民国四大女记者研究》，硕士学位论文，福建师范大学，2016。

从整体上来看，多数文章只对作品本身进行了分析，涉及作品的题材、采写特点、表达方式等。内容部分学者将创作者本人的经历与作品的分析进行结合，不仅分析了作品内容，还在一定程度上交代了产生此类作品的原因。少数学者试图从社会性别理论角度切入分析，发现女性传媒工作者的作品多以女性视角为主，这种视角最根本的特点体现为：具有浓厚的人文关怀和生态关怀，表现在如实反映妇女和其他亚文化或边缘文化人群的生活，并将其作为一种积极的发展力量来呈现。[1] 也有研究认为这种女性视角也可能存在一定程度的消极作用，例如过多彰显个人倾向[2]、过多情感介入影响受众对事实的理解。[3]

（六）其他

成长历程和典型工作事迹两个议题下文章的数量较多，90篇文章中有82篇采取了"事实感受描述"的方法。这些文章多为新闻从业者的他述和自述，介绍了不同领域优秀新闻工作者的事迹，总结他们的职业优势和工作经验。这些研究缺乏对女性传媒工作者职业行为中权力结构的深层反思，但对于深入细致地了解其生存状态具有重要的学术价值。

梳理职业历史发展的文章很少，仅有8篇，其中有3篇是关于新中国成立前的女性传媒工作者的研究。这些文章对某一行业或时期的女性传媒工作者的发展情况进行了历时性分析，对不同时期的情况进行了归纳总结。有学者通过对当代126名女性记者的分析考察，将女性记者队伍的形成划分为三个阶段：战争时期——一手拿枪、一手拿笔的革命者；新中国成立后至"文革"前——巾帼不让须眉的开拓者；十一届三中全会召开

---

[1] 卜卫：《女性主义的观察视角——读〈人民日报〉女记者卢小飞的新闻作品》，《新闻记者》1997年第1期。
[2] 刘利群：《广播节目主持人对女性职业生活的表达与阐释——对〈女人回家备忘录〉主持人表达的思考》，《现代传播》2002年第6期。
[3] 程亚惠：《社会性别理论下的中国新闻奖文字类作品"她视角"研究》，硕士学位论文，西南政法大学，2017。

后——求真求实的探索者。① 有学者考察了抗日战争到伊拉克战争时期的战地女性记者，将其职业发展路径概括为模仿、解放、觉醒、突破。② 有学者从产生—发展—崛起三个阶段总结了少数民族女性新闻工作者的职业发展历程。③

有关素质业务提升的专门性研究文章有7篇，多数研究给出了素质业务提升的具体方法，例如：加强大学教育、在职培训，自学新技术。也有研究从身体、心理、文化、职业等维度，分别论述了素质提升的必要性。④ 大多数学者强调了新技术带来的时代变革，有学者则专门对编辑的科技素养进行了论述。⑤

另外，有6篇文章针对热点事件阐发了对女性传媒工作者职业道德的观点或感受。

四　女性传媒工作者研究的四个阶段

（一）1981～1994年——介绍期

1978年中国开始实行改革开放政策。1985年，中国签署了被视为全球女权运动诞生标志的《到2000年提高妇女地位内罗毕前瞻性战略》，进一步展示了中国推行性别平等政策的决心。这一时期女性的发展更多是在政治和经济的共同因素下推动的，而政治的因素起到了更为重要的作用。女性传媒工作者是以被解放者或者社会建设者的姿态进入新闻传

---

① 金瑞英：《中国当代女记者素描》，《新闻爱好者》1995年第9期。
② 王黎燕：《走进"不属于"自己的领域——女性视角中的中国战地女记者》，《新闻爱好者》2004年第6期。
③ 王莉：《少数民族女新闻工作者：历史与特色》，硕士学位论文，中央民族大学，2008。
④ 赵瑾：《浅谈女性新闻职业者的素质培养》，《漯河职业技术学院学报》（综合版）2005年第3期。
⑤ 石俊梅：《试论知识经济时代中年女性编辑的重新定位》，《内蒙古民族大学学报》（社会科学版）2004年第1期。

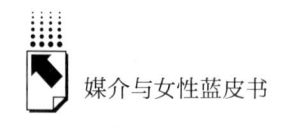

媒行业的，这一时期女性的身份特征，在男女都一样的话语中，几乎是被遮蔽的。

这一时期传媒研究的旧刊开始陆续复刊，新刊也不断创办，这在一定程度上为女性传媒工作者的研究提供了较为宽广的发表空间；但文章大多由传媒工作者撰写，并不能算是严格的学术研究。这些文章介绍了一大批优秀女性传媒工作者，如1985年的《彩色的女性——记全国好新闻一等奖获得者李小玉》、1986年的《我想当一名第一流的女体育记者——访〈新民晚报〉卢璐》、1987年的《不倦的探索者——记〈光明日报〉中年女记者樊云芳》、1988年的《我们登上了"世界屋脊"——记第一个访问西藏的女记者团》、1989年的《国有危难士争先——访〈经济日报〉女记者隋明梅》、1994年的《纵横几万里行期100天女记者范春歌开始中国陆疆大扫描》等。

（二）1995~2004年——转型期

这一阶段，跨越了两个世纪，此时社会主义市场经济体制初步建立，改革开放也取得了深入发展。1995年联合国第四次"世妇会"的《行动纲领》中，"媒介与性别"被列为推进性别平等的优先领域之一，并受到学术研究视域关注。同年，女性传媒工作者研究领域出现了第一个真正意义上的学术课题——中国女性新闻工作者的现状和发展研究，这标志着女性传媒工作者的研究从感性转向理性，放弃口号式的呼喊，更加强调学术的角度、立场。这一时期的研究共有85篇文章，其中有39篇文章不再使用事实感受描述式的"方法"，并且在很多文章中以社会性别的视角进行分析；但该时期学术界对社会性别的理解并不一致，甚至有很多存在矛盾冲突的地方，并且更多的研究还只是把社会性别界定为女性视角，即从女性的视角出发来审视女性传媒工作者的生存状态。

从整体上来看，这一时期的研究关注女性群体的生存和发展、关注女性的不平等地位，但多数研究者认为改变这种现状的出路在于女性自身的努力，鼓励女性传媒工作者抓住历史发展的机遇，发展、提高自己。

（三）2005~2014年——反思期

2005年，世界新闻业中女性的数量首次超过男性；2014年，中国的女性新闻工作者超过半数[1]，随着女性新闻工作者数量的快速增加，"崛起"成为这一时期的主要声音。大量研究者认为崛起的女性在从事传媒行业时具有独特的性别优势；但研究者也发现，单纯的数量增加实际并未改变女性的地位，而且女性表面崛起的背后隐藏了更多不显而易见的问题。因此，不少研究开始关注女性传媒工作者的身心健康、职业发展障碍等问题。这一时期，有关女性传媒工作者的研究队伍不断壮大，研究方法更加多元，研究内容也更加具体和细致。

该时期的研究，不再将女性传媒工作者作为一个整体来考察，更多关注不同个体层面的女性传媒工作者面临的具体情况，例如不同女性传媒工作者的职业形象、话语空间等。通过对一个个具体的人的探索，丰富女性特质的内涵。正如有研究指出的，研究女性的话语方式，目的是明确什么是符合女性特质的传播方式，真正增强女性工作者的独立自信。[2]

（四）2015年至今——包容期

这一时期，新媒体崛起，媒介融合成为大势所趋，并且上升到国家政策层面。与此同时，人工智能、大数据等技术逐渐在传媒行业被广泛应用，改变了过去的信息生产模式。传媒作为国家历来重视的领域，在这一时期的地位和作用也得到了进一步加强，讲好中国故事、新时代文明实践活动、乡村振兴、县级融媒体建设、践行"四力"等重大时代话题和任务被不断提出。

作为实践性较强的领域，传媒生态和国家社会的巨大变革为研究提供了

---

[1] 《〈中国新闻业年度观察报告2017〉首发》，网易新闻，2017年11月26日，http://news.163.com/17/1126/15/D468OHH6000181KI.html。

[2] 邹菁：《〈新闻调查〉的女性话语风格——编导范铭、记者柴静作品分析》，《电视研究》2006年第7期。

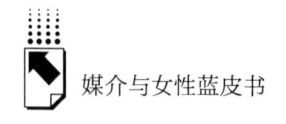

更多丰富的实践素材，相比于女性与媒介其他领域研究的勃兴，有关女性传媒工作者的研究却没有及时对现实做出回应，涉及新媒体、新技术的并不多，仅有2篇文章研究了网络媒介中的女性记者形象，分别发表于2015年和2018年。不过，这一时期的研究涵盖了前文划分的各个议题，并且首次出现了基层女性传媒工作者的研究，越来越多的文章出现在非新闻传播类的期刊上，研究者在坚持还原女性生命体验的同时，强调两性的并置研究①，既考察女性也考察男性，甚至也会考察双性同体。②

新技术带来的传媒生态的复杂化，研究视角向两性并置的转换，以及国家又一次进入转型期，女性传媒工作者势必会在这一时期起到更为重要的作用。在多重力量的作用下，这一时期的研究也将呈现越来越多元与发散的包容特点。

五 存在的问题或局限

（一）未形成学术自觉

这一问题主要体现在两个方面：一是未形成学科自觉，二是未形成本土自觉。

有关女性传媒工作者的每一次研究密集期的出现都与政治密切相关，研究者人均发表文章的数量仅为1.07篇，说明很多研究者只是在这一领域偶尔驻足，并没有将自身视为这一领域的学者。这一方面使研究缺乏持续性，另一方面也难以形成学术共同体。

第二个问题体现在，既有的研究中，有理论观照的成果不多。涉及理论的也多为西方女性主义流派中的一些现成的理论和观点，如"他者""反抗"等话语或者是"阶层""种族"等分析框架，没有注意到中国文化语境

---

① 靳莹雪：《人物专访节目中男女主持人的会话策略差异》，《唐山师范学院学报》2016年第1期。
② 刘婷：《女性意识对金星主持风格的影响与制约》，《采写编》2017年第3期。

中存在诸如"阴阳互转""乾坤"等更为复杂的男女两性关系。而中国的女性传媒工作者职业发展的一个重要障碍——角色认知障碍，在很大程度上来源于文化惯性。忽视文化这一重要的结构要素，会导致在理论层面缺乏学术自信，难以形成具有中国特色的意义生成、话语解读和话语言说的社会性别研究，在实践层面的困境则是研究结论难以真正适用于中国的女性经验。

（二）研究停滞不前

相较于女性与媒介其他领域的研究，女性传媒工作者的相关研究太少，这是学术界几十年来一直存在的问题。有不少学者呼吁要加强对该领域的研究，但一味呼吁并不能解决问题，只有探明原因才会有相应策略。学界一直认可并强调的原因是，相较于女性与媒介其他领域的研究，女性传媒工作者研究难度较大。不可否认这是一个很重要的因素，但学术研究总要对现实进行回应。通过本报告的梳理发现，这一问题存在的更加根本的原因可能在于，数十年来女性传媒工作者的现实生存情况并未发生质的改变；即使研究了，结论可能仍和过去一致，不具备足够的学术创新点，致使很多学者放弃了这一领域的选题。由此可看出，提升女性传媒工作者生存状况任重道远。

但上述现实情况并不能成为研究进展停滞不前的充分借口，除了前文论述的新时代变革期带来的研究机遇外，在该领域还有很多可以突破的路径。第一，可以有效利用成熟学科的相关研究成果和研究框架来拓展研究，在使用时注意要按照本领域研究的性质对其进行改造或修正。例如张敬婕引入了跨文化传播研究视域下对人类认知的划分——"开放区"、"盲区"、"封锁区"和"未知区"，结合具体的性别因素，清晰地阐述了女性传媒工作者面临的困境及其应对策略。第二，增加比较研究的视角，例如不同国家的对比、不同性别的对比、不同性别层次的对比、不同地区的对比研究。第三，对不发达地区的女性传媒工作者的研究，例如县级地区、少数民族地区或西部边远地区。

女性传媒工作者的研究隶属女性与媒介的跨学科领域，其研究范式旨在

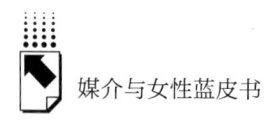

突破男权主流文化的原有构造，其研究取向在于从根本上改变人类关系，这是一项与经漫长历史积累形成的思维定式的斗争，其过程势必艰辛漫长。在未来的研究中，如果要改变弱势的地位和停滞的状态，必须要从回归中国本土经验入手，认真审视并结合中国的文化传统和当下的社会结构，在反思的基础上建构本土的理论。只有这样，才有可能在新一轮的时代变革中，把握住历史发展机遇，实现本领域研究的突破。

B.9 体育节目女主持人现状与职业发展趋势*

杨 娜 陈志娟**

摘 要： 近年来，我国体育产业发展规模日益扩大，体育媒体的市场格局也发生了变化。2017~2018年，体育节目中的女主持人利用网络媒体涌入体育市场后，有了更多的职业发展机遇与表达空间，也面临多重挑战。本报告介绍了2017~2018年我国体育节目女主持人的类型和特点，分析目前我国体育节目女主持人的发展现状和面临的挑战。通过对体育媒介生态环境的分析，总结体育节目中女主持人在新的媒介环境下的职业发展趋势。

关键词： 体育节目 女主持人 女主播 网络体育

一 引言

长期以来，体育是男性为主的活动场域。"体育产业生态圈"发布的《2016中国体育从业者现状调查报告》显示，被调查者中男性从业人员所占比例为74%，女性人员所占比例为26%。[1] 此外，体育节目中的女主持人

---

* 本报告为国家社科基金项目"性别议题的媒体表达与提升国际话语权研究"（项目编号：16BXW070）的阶段性成果。
** 杨娜，中国传媒大学传播研究院硕士研究生，主要研究方向为媒介与女性；陈志娟，博士，中国传媒大学媒介与女性研究中心副研究员，联合国教科文组织"媒介与女性"教席团队成员，主要研究方向为媒介与性别、新媒体等。
[1] 《2016中国体育从业者现状调查报告》，搜狐网，2016年12月31日，https：//m.sohu.com/a/123102811_499976。

经常以"陪衬""花瓶"的标签化形象出现①,在体育媒体或节目中是缺少话语权的"弱势群体"。

近年间,我国体育产业发展较快。《2017年全国体育产业总规模与增加值数据公告》指出,2017年,全国体育产业总规模(总产出)为2.2万亿元,增加值为7811亿元,占同期国内生产总值(82.71万亿元)的比重为0.94%。从名义增长来看,总产出比2016年增长15.7%,增加值同比增长20.6%。②在这种背景下,体育媒体的市场格局也日渐多样化。在政策利好、资本涌入的大背景下,体育节目的女主持人得到了更多的发展机会。

2017~2018年,我国体育节目的女主持人得到了更多的就业机会与更大的发展空间,其类型、形象、工作形式都呈现多样化趋势。但不容忽视的是,体育节目女主持人在取得职业发展进步的同时,也面临不可避免的挑战。

二 体育节目女主持人总体情况

20世纪90年代,我国体育节目中开始出现女主持人。在1990年亚运会转播节目上,我国第一位女主持人宁辛进入观众视野。进入21世纪,电视体育节目中频繁出现女主持人的身影,沈冰即为该时期的代表人物。

从2013年开始,我国体育产业进入新的发展时期。许多体育节目以"男主持人+女主持人+嘉宾"的阵容为标准,刘语熙、马凡舒也成为许多体育爱好者耳熟能详的女性体育主持人。

如今,体育节目的女主持人不但数量上有所增长,类型上也更加多样。

---

① 马浩:《女性主持人在电视体育节目中的角色赋予》,《新闻传播》2014年第10期。
② 《2017年全国体育产业总规模与增加值数据公告》,国家统计局官网,2019年1月8日,http://www.stats.gov.cn/tjsj/zxfb/201901/t20190108_1643790.html。

本报告从女主持人的类型与特点出发,对2017~2018年我国体育节目中女主持人的总体情况进行介绍。

(一)体育新闻类节目主持人

体育新闻类节目属于新闻类节目的一种,节目以当日国内和国际的重大体育讯息为主,涵盖体育赛事、运动员及其他相关新闻。

《体坛快讯》是央视体育频道主打的日播体育新闻节目,每天中午12点播出。节目将国内外的体育新闻动态以视频或图文的形式播报给电视受众,每期节目时长为20~30分钟。《体坛快讯》的节目播报模式为单人播报,主持阵容包括孙燕、李蕊、施丹、朱虹、梁毅苗五位女主持人。节目录制地点为央视演播间,每期节目由一位女主持人单独出镜,在每期节目固定片头"本期提要"结束后,女主持人便配合体育视频及图片进行每日重要体育新闻的播报,播报形式类似于新闻类节目《新闻直播间》。

央视体育频道的另一档日播节目《体育晨报》也是体育新闻类节目的代表,该节目于每天上午7点播出,第一时间为受众报道体育消息,节目时长为2小时左右。《体育晨报》的节目播报形式为双人播报,通常为男女主持人各一位,女主持人为程雨涵、杨一、王洁、刘柏伶、杨茗茗等,男主持人为崔征、王江、华北、尤宁等。

体育新闻类节目的节目形式通常偏向于严肃、正式,即使是节目风格比较轻松的《体育晨报》,其内容与整体形式也体现出专业化、规范化的特点。节目中的女主持人服装、妆容较为正式,服装基本类型为职业套装,语言风格平实严谨,新闻播报专业度较高,同时,男女主持人在节目中担任的工作内容基本相同。

(二)体育专题类节目主持人

体育专题类节目通常指对某种体育活动的相关内容进行专题性制作,比

如球队历史、运动员经历、比赛回顾等。《天下足球》是央视较有代表性的周播专题类体育节目，该节目每周一晚19：30播出，节目时长为1小时30分钟左右，节目内容为将与足球活动相关的知识或信息制成主题节目。《天下足球》的主持形式为男女主持人各一位，女主持人包括王曦梁、杨茗茗等，男主持人包括朱晓雨、邵圣懿等。

《篮球公园》也是较有影响力的周播体育专题类节目，其节目固定主持人为女主持人王洁、男主持人刘星宇。两位主持人在时长为55分钟的节目中互相配合，共同探讨以NBA、CBA、WNBA、CUBA为主的篮球赛事信息及其他篮球相关知识。

体育专题类节目具有杂志性、知识性、娱乐性、人文性、深度性的特征[1]，因此，该类体育节目的女主持人主持风格在正式中又增加了活泼与轻松。在服装妆容方面，女主持人多为休闲装扮，语言风格轻松、亲切，对节目话题的熟悉度较高，男女两位主持人的分工也较为平均。

（三）体育赛事转播类节目主播

最普及的观看体育赛事的平台为传统媒体，例如CCTV－5频道，常年为体育观众直播或转播体育赛事。以CCTV－5日常转播的NBA及CBA比赛为例，节目通常采取"男主持人+嘉宾解说员"的播报形式，直播间常驻主持人于嘉、杨健等与嘉宾解说员一起推进比赛的解说进程。在2018年平昌冬奥会的各类比赛转播中，通常为"男主持人+嘉宾解说员"或"女主持人+嘉宾解说员"的形式，如女主持人程雨涵常与嘉宾解说员搭档，完成速滑等项目的赛事转播。但总体来说，在体育赛事转播类节目中，男主持人的出镜机会普遍多于女主持人。

体育赛事是体育产业的源头，因此，赛事转播成为体育节目的重中之重。近年来，各大互联网公司纷纷以重金购买体育赛事版权。此外，由于互联网体育赛事节目具有良好的时效性、便捷性、可保存性、自主性与互

---

[1] 张德胜：《当前电视体育专题节目现状分析》，《当代传播》2008年第1期。

动性等优势①，网络平台也成为受众观看体育赛事的重要渠道。2016年企鹅智酷的数据统计，调查者中超过95%的体育爱好者看过在线赛事直播或转播。②

与传统体育节目相比，网络体育赛事转播类节目的娱乐性与商业性更高，节目中的主持阵容通常为"男主持人+嘉宾解说员+女主播"。以拥有NBA国内独家转播权且背靠微信、QQ强大用户群的《腾讯NBA》为例，该节目在NBA赛季期间能够在其平台腾讯体育转播NBA所有季前赛、常规赛、季后赛以及总决赛。节目常驻女主播有徐小溢、小七、小楠、美娜、果果五人，每期节目由一人出镜。每期节目内容重心在于赛事的解说，该部分通常由男主持人和解说嘉宾完成，女主播主要负责在节目中与观众互动、展示商品等环节。

在传统媒体的赛事转播类节目中，女主持人服装、妆容偏向正式、职业化，与嘉宾共同解说赛事情况，点评较为专业、严谨；网络体育赛事转播类节目中的女主播主持风格以轻松、娱乐为主，服装基本为运动T恤及短裙或短裤，与节目中男主持人相比，女主播的主持往往时长较短、内容较少，偏向于互动环节，专业性解说能力比较薄弱。但应该注意的是，网络平台的便捷性与广泛性使女主播具有较高的人气与较大的影响力，《腾讯NBA》五位女主播微博关注数均超过10万。③

（四）网络平台自制体育节目或自媒体节目主持人

网络媒体和新媒体的普及推动了大量的自制体育节目的产生，该类节目内容类似于传统媒体的体育专题类节目，但与之相比，其系统性与规划性较低，娱乐性较强，能够突出主持人的个人特点。如PPTV在2018年推出的体育节目《环顾亚平宁》和《德甲肖电影》自开播后都赢得了良好

---

① 招乐辉、张伟：《当前我国的网络体育视频研究》，《新闻知识》2009年第8期。
② 《企鹅智库：NBA网络直播报告》，中文互联网数据资讯网，2016年6月24日，http://www.199it.com/archives/487518.html。
③ 数据来自五位女主播个人微博主页，2018年8月17日。

的口碑。这两档节目均为周播节目，《环顾亚平宁》节目由固定女主持人顾瑜蒙单人主持，主要介绍意大利足球甲级联赛的比赛情况；《德甲肖电影》则由固定女主持人肖彬单人主持，介绍德国足球甲级联赛的比赛、球队、历史等。两档节目每期节目时长为5~10分钟，体现出网络媒介环境碎片化的特点。

与传统平台的体育节目相比，网络自制体育节目能够更加突出女主持人的个人风格和个人特点。女主持人在节目中的服装多为休闲装，语言风格较自然，这能够拉近与受众的距离，同时拥有更多表达个人观点的机会，提高了个人的曝光度与影响力。不过，网络自制体育节目由于受到的约束较小，也会出现主持人体育专业度不高、节目话题偏离体育内容的情况。

（五）体育赛事解说员

体育赛事解说员是专门对体育项目、体育赛事进行讲解、介绍、分析的人员，在很大程度上担任主持与解说的双重任务。解说员的人员构成通常为退役运动员或专职解说员。如在2018年平昌冬奥会的赛事解说中，叶乔波、刘秋宏等担任速滑项目的解说员。运动员在退役后担任解说员是比较常见的现象，其解说内容专业度较高，并且能够结合个人经历与经验对赛事情况进行评论与分析。

另一类解说员则为体育媒体专职解说员，有时亦担任体育节目主持人的角色。如央视女解说员陈滢，其长期担任花样滑冰、体操、艺术体操等项目的解说工作。在网络体育媒体中，较有代表性的女性解说员为被称为"泰达女神"的张漠寒。张漠寒最早担任甘肃卫视《全景足球》的主持人，后在PPTV、乐视体育、章鱼TV等网络平台担任欧冠、西甲联赛、中国足球超级联赛等足球赛事的解说员。专职解说员相比于体育节目的主持人来说需要具备更丰富、更深厚的体育专业知识以及职业解说素养，同时又需要具备主持人把控节目时间与节奏的能力。

从数量来看，体育赛事解说工作中的女性解说员要少于男性解说员。女性解说员解说的项目更偏向于在传统意义上具有"女性特质"或"中性特质"的运动项目,如体操、游泳、小球运动等项目,而更具有"男性特质"的大球运动如足球、篮球等运动项目的女性解说员人数相对较少。足球解说员张漠寒曾在节目中表示,全国女性足球解说员不足十人。

三 体育节目女主持人发展面临的挑战

2017~2018年,体育节目中的女主持人依然面临被标签化、刻板化的问题。随着资本的注入和体育新媒体的兴起,女主持人的职业道路也受到了商业利益干扰与自我发展困境的多重挑战。

(一)无法摘除的"性别牌"标签

有学者指出,女主持人是"电视节目满足当代观众需求的必然选择"。[1] 许多体育媒体和体育节目在选择女主持人时,就已经给女主持人进行了功能定位,即利用女性的性别角色吸引受众。体育节目女主持人能够扩展体育节目视角,增强电视节目情感性,带动节目气氛,提升节目的关注度与吸引力。可以说,体育节目中的女性主持人这一职业产生于体育栏目长久的发展和品牌定位需求、受众的期待以及女性体育从业人员的个人诉求。[2]

在这种背景下,女主持人在节目中被关注更多的是其"性别角色",而不是"主持人角色"。女主持人的功能被固化为"辅助"与"观赏",在对她们工作内容及职业技能的关注中也往往缺少体育专业知识的内容。因此,在体育节目大打"性别牌"时,女主持人的专业度和业务能力经常受到质

---

[1] 马浩:《女性主持人在电视体育节目中的角色赋予》,《新闻传播》2014年第10期。
[2] 时畅:《从世界杯转播看女性体育节目主持人的品牌塑造》,《当代电视》2015年第2期。

疑，女主持人"最大的短板就是项目专业知识和理解极为匮乏"①，且"解说方式单一，缺少公正客观的态度"②，这些问题使女性主持人难以摆脱"花瓶"的标签和"边缘"的角色。"性别牌"的标签难以从体育节目女主持人身上抹去，这是女主持人职业发展面临的首要挑战。

（二）商业化运作下"被看"的对象

近年来，随着国内体育转播政策的开放，大量资本涌入体育市场，许多互联网巨头纷纷以重金购买体育赛事版权，利用互联网平台制作体育节目，使体育赛事的版权价值在网络端实现变现。越来越多的观众开始通过互联网或者移动互联网观看体育赛事，国内选择用电脑观看体育赛事的观众达到26%，选择用手机的达到19%；国内视频网站也正处于高速发展时期，用户规模不断扩大，付费率逐年上升。③

出于资本逐利的心态，各大网络体育节目与视频网站采取博眼球、争流量的方式吸引用户，女主持人也成为被用来争夺用户的工具，成为"被看"、被商业化甚至被炒作的对象。女主持人的外表、私生活经常成为网络热议话题，"或经常被利用成为软新闻或花边新闻（比如与男性运动员炒绯闻）的主角，成为男性欣赏的视觉对象"④。

许多网络媒体为了提高点击率与浏览量，纷纷聚焦于女主持人的外表形象，常为其冠以"最美主播""美女主持人"等头衔，并以放大"女性"特征的文章为噱头吸引受众眼球。

（三）"网红效应"下吸粉的工具

"流量经济""网红效应"是近年来极具热度的社会现象，通常以互

---

① 洪见骁、张德胜：《女主持人在体育专题节目中的角色——以 CCTV-5〈NBA 最前线〉为例》，《青年记者》2014 年第 23 期。
② 戴一鸣：《体育节目中女性主持人的媒介形象研究》，硕士学位论文，陕西师范大学，2016。
③ 《2017 年中国体育赛事版权现状分析及价格提升空间分析》，中国产业信息网，2017 年 12 月 4 日，https://www.chyxx.com/industry/201712/589116.html。
④ 王馥、肖忻：《足球报道中的女性因素》，《新闻前哨》2010 年第 9 期。

联网或移动互联网为平台，聚集大量粉丝与关注度，形成定向营销与消费市场。目前，不但扎根于网络的普通"红人"辈出，许多影视明星、媒体人、知名企业家也走上了靠"网红""吸粉"的道路。"网红"已经成为一个成熟的产业，根据《2018年中国网红经济发展研究报告》，截至2018年4月，中国"网红"粉丝总数达到5.88亿，同比增长25%。[①]

体育产业也搭上了"网红效应"的顺风车，体育明星及解说员、主持人等体育媒体人依托直播、短视频等平台，吸引了大量的流量与关注。在"流量为王"的时代，许多体育节目女主持人也希望通过打造自身品牌来提高个人的知名度，实现工作价值以及商业价值。"流量"成为衡量主持人受欢迎程度的重要标准，甚至成为主持人商业变现的间接工具，只为"吸粉"、迎合受众心理导致制造话题、刻意炒作、直播穿着暴露等问题的出现。

因此，正确看待"流量经济"、认清流量误区是体育节目女主持人在"网红横行"时代约束自我、发展自我的前提，只有提高个人业务能力，坚守"内容为王"，才能建立良好的个人品牌，实现个人价值。

四 体育节目女主持人职业发展趋势

2017～2018年是我国体育产业的飞速发展时期，也是体育媒介的快速成长时期，新的形势使体育节目女主持人的职业发展形成了多样化的发展趋势。

（一）体育新媒体市场的壮大，为女主持人提供了更多就业机会

自国务院46号文件《国务院关于加快发展体育产业促进体育消费的若

---

① 《2018年中国网红经济发展研究报告》，中文互联网数据资讯网，2018年6月21日，http://www.199it.com/archives/739837.html。

干意见》①公布后,体育产业上升为"国家战略",进入了加速成长期,体育媒体的市场格局也发生了新的变化。除了央视体育频道、地方体育频道等传统电视媒体阵营外,以乐视体育、腾讯体育、PPTV为代表的互联网体育平台逐渐兴起②,网络体育媒介呈现的体育节目与体育赛事日益增多(见表1)。

表1 主要体育赛事国内版权购买情况

赛事	购买方	时间	版权内容	平均每年价格
中超	体奥动力	2016~2020年	中超联赛电视公共信号制作及全媒体版权	16亿元
中国之队	体奥动力	2015~2018年	中国之队系列比赛公共信号制作和媒体版权	0.5亿~0.8亿元
NBA	腾讯体育	2015~2020年	大陆地区NBA独家网络播放权	1亿美元
英超"大陆"	新英体育	2013~2019年	大陆地区全媒体播放权	1.67亿元
英超"香港"	乐视体育	2016~2019年	香港地区独家转播权	1.33亿美元
西甲	PPTV	2015~2020年	中国区独家全媒体版权	0.5亿欧元

资料来源:《2017年中国体育赛事版权现状分析及价格提升空间分析》,中国产业信息网,2017年12月4日,https://www.chyxx.com/industry/201712/589116.html。

在体育新媒体市场日益壮大的行业背景下,体育媒体行业对从业人员的需求量增加,体育节目与赛事在新媒体平台播出的热潮也为女主持人提供了更多的就业机会。如表1所示,国内互联网公司纷纷买下体育赛事版权,制作体育节目,腾讯体育、乐视体育等旗下的体育节目中均有常驻体育女主播或女主持人,以《腾讯NBA》为例,该专栏节目中驻有五位固定女主播。

此外,体育新媒体市场的规模仍在继续扩大。根据《2016~2022年中

---

① 《国务院关于加快发展体育产业促进体育消费的若干意见》,中国政府网,2014年10月20日,http://www.gov.cn/zhengce/content/2014-10/20/content_9152.htm。
② 《体育媒体综合影响力研究报告(一)》,搜狐网,2016年9月30日,http://www.sohu.com/a/115362071_498697。

国体育新媒体市场分析预测及投资前景预测报告》，预计到2020年体育新媒体市场规模将超过510亿元（见图1）。与传统媒体平台有限的节目数量和工作岗位相比，新媒体平台制作的体育节目将释放大量的就业空间，为女主持人提供更多的就业机会。

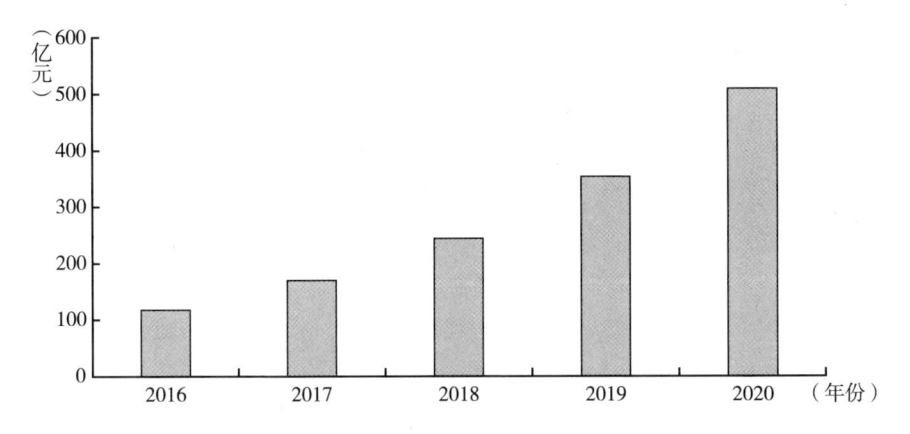

图1　2016～2020年体育新媒体市场规模预测

资料来源：《2016～2022年中国体育新媒体市场分析预测及投资前景预测报告》，中国产业信息网，https://www.chyxx.com/research/201608/443255.html。

（二）网络平台为体育节目女主持人提供了新的发展空间

除了传统媒体的体育节目外，互联网媒体在资本的助力下纷纷进军体育媒体市场，网络平台已成为体育媒介与体育节目呈现的重要渠道。

从节目形式来看，与传统平台所提供的体育节目相比，网络体育节目更加多元化，节目时长没有严格的限制。在这种情况下，女主持人或女主播的出镜时间通常会增加，一些节目也会给女主持人或女主播提供单独的节目板块来完善和丰富整档节目的内容。从媒介渠道来看，女主持人或女主播可以利用微博、微信公众号等新媒体为个人创造发声机会，分享个人对体育项目的见解，拓宽个人职业发展道路。

以《腾讯NBA》女主播王舒涵（小七）为例。在NBA 2017～2018赛季期间，王舒涵在个人微博主页发布了大量与篮球相关的内容动态。微博发

布情况如表2所示①，其中与其工作或篮球相关的微博数量最多，包括其个人对球队及队员的评价或其对节目所做的准备工作等内容。

表2 NBA 2017~2018赛季期间《腾讯NBA》女主播王舒涵个人微博数统计情况

单位：条

时间	NBA 2017~2018赛季期间微博数	篮球相关	自拍	广告	个人生活
2017年9月	10	1	3	1	5
2017年10月	19	9	3		7
2017年11月	25	12	6		7
2017年12月	17	9	1	1	6
2018年1月	18	6	7		5
2018年2月	17	4		1	12
2018年3月	16	8	3	2	3
2018年4月	20	11	2	3	4
2018年5月	34	17	8		9
2018年6月	33	10	1	4	18
总计	209	87	34	12	76

媒介功能独特而又责任重大，媒介主要从三方面赋权于女性。首先，媒介为女性提供信息资源；其次，媒介为女性提供表达空间；再次，媒介为女性提供参与渠道。②从这一标准来看，在新媒体环境下，网络平台为体育节目女主持人提供了更加广阔的个人表达空间与更多的职业发展机会，同时它"使女性经验和女性话语能够更多地传达和纳入话语空间中，为多元表达的凸显提供更多可能"③。

（三）电子竞技的发展为女主持人带来新的职业前景

随着体育事业的快速发展，体育行业出现了许多新的前景产业。

---

① 表2是作者对王舒涵个人微博的统计，2018年8月22日。
② 刘利群：《可见与不可见——社会性别视角下的中国媒介与女性》，《现代传播》（中国传媒大学学报）2013年第2期。
③ 刘利群、唐觐英：《新媒体视域下的女性赋权增能》，《中国妇女报》2015年6月23日。

电子竞技是其中最具前景的体育项目之一。电子竞技早在2003年就被国家体育总局承认为第99个正式体育项目，但直至2017年才迎来了发展的新元年。2017年，中国电竞产业进一步完善，国内电竞用户规模达到2.5亿，市场规模突破50亿元。[①] 2017年10月28日，在瑞士洛桑举行的国际奥委会第六届峰会上，电子竞技被国际奥委会承认为正式体育赛事。电子竞技作为风头正劲的体育项目，其普及度与传播度越来越高。

与此同时，电竞主播与电竞解说员成为关注度越来越高的职业群体。与其他体育赛事相同，完整的电子竞技直播或转播节目除了需要参赛选手外，还需要赛程、赛事解说员。从电竞用户数量上来看，企鹅电竞与腾讯电竞联合发布的《2017中国电竞发展报告》显示，被调查者中男性用户占81%，女性用户占19%[②]；在电子竞技领域的解说员，女性从业者数量依然少于男性，但其中也有专业度较高、被受众认可的女解说员。女解说员Miss是其中的代表，Miss为魔兽争霸3职业选手、星际争霸2职业选手、英雄联盟解说，现任游戏风云游戏竞技频道主持人，被称为"电竞女王"。

2017年，中国电子竞技游戏市场实际销售收入达到730.5亿元，同比增长44.8%。[③] 电子竞技在政策支持的背景下进入发展的高速道，逐渐正规化、产业化，电竞赛事解说作为电竞产业的核心价值之一（见图2），其职业前景被普遍看好。

电竞比赛女解说员这一职业为传统体育节目的主持行业增加了新的类别，也为女主持人提供了更多的职业选择。

[①] 《中国电竞行业与用户发展报告》，腾讯科技，2018年6月14日，http://tech.qq.com/a/20180614/013743.htm#p=4，2019-04-10。

[②] 《2017中国电竞发展报告》，搜狐网，2017年6月20日，https://www.sohu.com/a/150592057_667510。

[③] 《2017年中国游戏行业发展情况分析》，中国产业信息网，2018年3月1日，http://www.chyxx.com/industry/201803/614929.html。

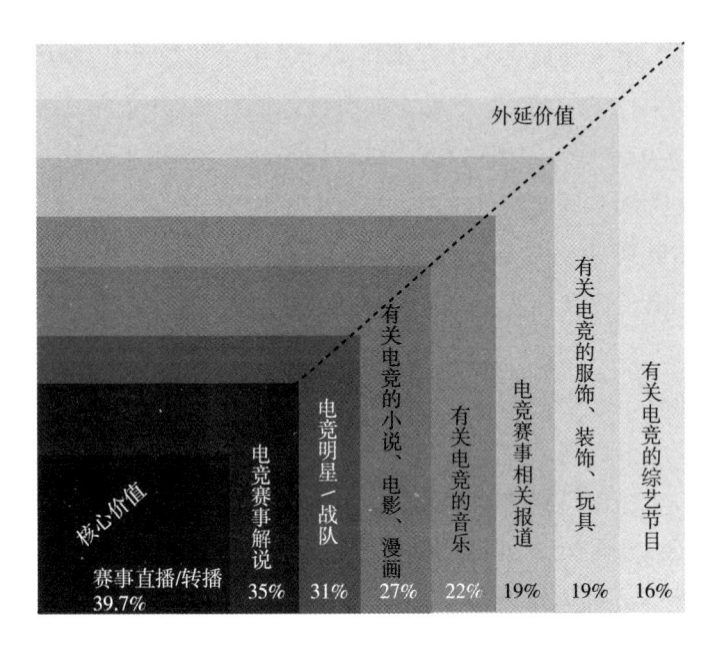

图 2　电竞用户对电竞赛事商业价值的认知情况

资料来源：《2017 中国电竞发展报告》，搜狐网，2017 年 6 月 20 日，https：//www.sohu.com/a/150592057_ 667510。

B.10
社会性别视角下的健康传播

——基于2011~2018年《健康报》《健康时报》的女性健康报道分析

房 琳[*]

摘 要： 本报告以《健康报》《健康时报》为例，利用内容分析法对2011~2018年传统健康类报纸媒体对女性健康议题的报道进行统计分析，发现：第一，媒体对于女性健康议题的报道数量稳步增长，反映了女性健康问题越来越受到重视；第二，媒体对女性不同健康议题的报道分布有显著差异，其中关于孕产知识的报道数量最多，报道内容也逐步向更加多元化的方向发展，从生理疾病扩展到心理健康、健康生活方式等方面，反映了大众对健康的重视和对健康生活的诉求；第三，将社会性别角度嵌入女性主题的健康传播，可发现媒体在健康传播的过程中无意识地建构了大众对女性社会性别角色的认同，且更偏重于对女性生育功能和女性家庭角色的认同。

关键词： 社会性别 健康传播 女性健康报道

一 导言与问题的提出

健康和每个人息息相关，20世纪70年代，健康传播从美国起源，从此成

---

[*] 房琳，博士，主要研究方向为健康传播、媒介与性别研究。

为一门深刻影响人们健康水平的重要学科。作为健康传播中的重要渠道，媒介在健康传播的过程中发挥了越来越重要的作用，健康传播的主体通过媒介使传播内容得以扩散，这在一定程度上改变了人们的态度和行为，使其形成新的生活方式，对其健康造成影响。通过媒介可以普及有关健康科学和疾病防治的基本常识，提升大众健康素养，提升其自我保健能力。此外，大众还可以通过媒介了解公共卫生服务的供给情况，为公共卫生服务的有效利用创造条件。

随着传播技术的不断进步，健康传播的媒介平台也逐渐发生变化，总结起来可以分为以下几类。一是政府类官方健康媒体，主办者为各级卫生行政机构部门、卫生监督机构等。二是医疗机构或者医学研究网站，主办者包括医院、医学研究机构和医学院校等。三是社会组织与民间组织健康媒体，主要是各类自发形成的非政府组织、国际组织和行业协会等。四是公共健康媒体，主办者为互联网公司等，这类媒体运营内容丰富，表现形式多种多样。五是传统媒体健康媒体，主办者为各类传统健康媒体。六是以个人微博或团队为背景的自媒体平台等。[1]

女性是社会发展过程中的一个特殊群体，保障女性健康不仅是女性生存和发展的基本体现，也是衡量一个社会保障体系完善程度的重要指标，更是社会进步的必然表现。[2] 女性具有特殊的生理和心理特征，充分关注女性健康、传播女性健康知识和技能、改善女性生活方式和行为、促进女性在不同生理阶段的健康安全，也是健康传播的重要内容。

20世纪90年代，"社会性别"概念的提出，为社会科学领域开展女性相关研究提供了一个独特视角。传播学者也将社会性别的概念引入传播学，通过对传播内容的梳理来研究媒介对女性形象的构建，通过对社会性别和传播的交叉研究来剖析传播现象及其本质。在健康传播尤其是媒介关于女性健康主题的传播活动中，是否也可以运用社会性别的视角来加以阐释，这是一个值得研究的问题。本报告将传统健康报纸类媒体作为研究对象，以《健康报》

---

[1] 李璇：《融媒体时代健康传播的媒介呈现》，硕士学位论文，黑龙江大学，2018。
[2] 张琳：《北京市女性健康保障状况与改进路径研究》，《安徽卫生职业技术学院学报》2015年第3期。

《健康时报》为例，通过对2011～2018年女性健康方面的报道进行梳理，以期总结媒介对于女性健康关注的趋势及主题变化，并对变化做出合理解释。

二 研究设计

本报告利用内容分析法，选择有代表性的传统健康报纸媒体，从中筛选与女性健康主题相关的报道，通过对报道进行编码和统计分析来定量描述和概括。具体过程如下。

（一）研究样本

首先，选取有代表性的传统健康报纸媒体。目前国内健康类的报纸媒体较多，有专业媒体也有社会媒体。本报告选取《健康报》和《健康时报》两份报纸作为数据来源。《健康报》由国家卫生健康委员会主管，是全国性的卫生行业报，在卫生方针政策的宣传、国内外医药卫生重大科技成果的报道、卫生保健知识的传播、健康科学生活方式的倡导等方面具有较强的权威性和较大的影响力。《健康时报》由《人民日报》主管、主办，在目前国内医药卫生健康类媒体中，以贴近生活、面向百姓，融新闻性、实用性、服务性于一体为特色，成为在国内有一定影响力的健康类媒体品牌。从报纸性质上来看，《健康报》是行业媒体的代表，《健康时报》是社会媒体的代表，以这两份报纸作为数据来源，可以较为全面地反映健康传播中女性健康议题的内容特点。

其次，对2011～2018年两份报纸的报道进行全样本统计。2011年1月1日至2018年12月31日，《健康报》报道共11498条，《健康时报》报道共1452条，由于两份报纸出版周期不同，报道数量有差异。在样本的选择上，筛选涉及女性健康的内容，报道形式不限，共获得有效样本311份。

（二）类目建构

根据研究目标，对不同报纸、出版日期的报道主题分别进行编码，由于女性生理的特殊性和疾病的复杂性，除了女性特有疾病之外，女性疾病还包

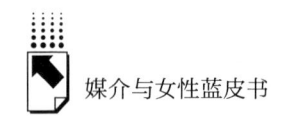

括男性、女性共患但有性别差异的疾病，在此以多个标准为依据分别进行编码，以最大限度保证分类的全面、客观，多维度考察报道主题的特点及变化趋势。以内容为依据进行划分，共形成肿瘤、一般妇科疾病、孕产知识、心理健康、健康养生、美容养颜、更年期疾病、妇科内分泌、乳腺疾病、其他10个类目。其中肿瘤指包括乳腺癌、宫颈癌在内的所有肿瘤疾病；一般妇科疾病指除肿瘤之外的妇科炎症等；孕产知识指孕前、孕中、产后相关健康保健知识；心理健康指应对抑郁症等疾病的心理知识；健康养生指健康的生活方式；美容养颜指女性美容相关报道；更年期疾病指更年期相关疾病如心血管疾病、骨质疏松等；妇科内分泌指月经不调、多囊卵巢等妇科内分泌疾病；乳腺疾病指乳腺炎、乳腺增生等疾病。以女性器官为依据进行划分，共形成乳腺、子宫、卵巢、阴道、生殖健康、其他6个类目，只要与乳腺相关的疾病如乳腺癌、乳腺炎等全部归入乳腺类，与子宫相关的如子宫肌瘤、宫颈癌、宫颈糜烂等全部归入子宫类，与卵巢相关的如卵巢癌、输卵管疾病等归入卵巢类，与阴道相关的如阴道炎等全部归入阴道类。以女性特有生理期为依据进行划分，形成初潮、经期、排卵期、孕产期、哺乳期、绝经期、其他7个类目，与各生理期相关的疾病分别归类。

三 研究结果

以下从总体趋势和媒体关注点分布、报道主题分布等三个方面对研究结果进行总结。总体趋势是指从报道数量上呈现的传统健康报纸媒体对于女性健康主题报道的变化趋势，内容分布主要呈现媒体对于不同女性健康热点的关注情况。

（一）总体趋势分析

从女性健康主题报道数量、报道总量、占比三个方面呈现传统健康类报纸对女性健康主题报道的流变趋势（见表1）。

表1 2011~2018年女性健康主题报道数量、报道总数、占比情况

年份	2011	2012	2013	2014	2015	2016	2017	2018
女性健康主题报道数量(篇)	7	24	54	31	49	54	54	38
报道总量(篇)	814	1631	2146	1798	2367	1925	2240	1629
占比(%)	0.9	1.5	2.5	1.7	2.1	2.8	2.4	2.3

结论1：女性健康是健康类报纸的重要议题，尽管有的年份有所波动，但报道数量整体呈平稳上升趋势。女性健康主题报道数量在2016年达到峰值，推测与2016年全面放开二孩政策等社会热点相关。2017~2018年度报道数量较2015~2016年度有所下降，其中报道总量和女性健康主题报道数量在2018年均有所下降，推测与新媒体不断发展、健康传播的媒介使用转变有关。

（二）媒体关注点的分布情况

分别以媒体报道内容、女性器官疾病种类报道、女性不同生理期报道为依据，对2011~2018年媒体对女性健康的关注点进行分析（见表2、表3、表4）。

表2 2011~2018年媒体报道内容分布情况

报道主题	篇数	百分比(%)	报道主题	篇数	百分比(%)
肿瘤	65	20.9	美容养颜	8	2.6
一般妇科疾病	31	10.1	更年期疾病	13	4.2
孕产知识	110	35.3	妇科内分泌	19	6.1
心理健康	7	2.2	乳腺疾病	15	4.8
健康养生	16	5.1	其他	27	8.7

结论2：报道内容的排名分别为：孕产知识（35.3%）、肿瘤（20.9%）、一般妇科疾病（10.1%）、妇科内分泌（6.1%）、健康养生（5.1%）、乳腺疾病（4.8%）、更年期疾病（4.2%）、美容养颜（2.6%）、心理健康（2.2%）。

媒体关注的内容不仅局限于疾病，还有健康保健知识，这从某种程度上说明女性健康受到重视，女性整体健康素养得到提升。

表3 2011~2018年女性器官疾病种类报道分布情况

报道主题	篇数	百分比(%)	报道主题	篇数	百分比(%)
乳腺	57	18.3	阴道	2	0.6
子宫	32	10.3	生殖健康	118	37.9
卵巢	30	9.6	其他	72	23.2

结论3：从女性独有的器官角度来看，媒体对乳腺的关注度最高，为18.3%，关于女性乳腺的健康类报道最多，其后依次为子宫（10.3%）、卵巢（9.6%）、阴道（0.6%）。本数据一方面契合了乳腺疾病对女性健康的威胁的事实，据报道，乳腺癌是女性最常见的恶性肿瘤之一，受生活方式、生殖观念的改变等因素影响，我国乳腺癌的发病率逐年上升[1]；另一方面说明媒体报道与社会热点呈正相关，每当有相关社会热点出现，报道数量便随之增加。2013年5月，知名好莱坞影星安吉丽娜·朱莉自曝已经接受预防性的双侧乳腺切除术，以降低罹癌风险。2015年1月，著名歌手姚贝娜因乳腺癌复发去世，这两件事都成为当时的社会热点，这说明媒体对乳腺的关注度高也与热点事件密切相关。

表4 2011~2018年女性不同生理期报道分布情况

报道主题	篇数	百分比(%)	报道主题	篇数	百分比(%)
初潮	0	0	哺乳期	9	2.9
经期	14	4.6	绝经期	12	3.9
排卵期	9	2.9	其他	166	53.5
孕产期	100	32.2			

---

[1] 李凡、任国胜：《乳腺癌诊治现状与展望》，《中国普外基础与临床杂志》2019年第12期。

结论4：对于女性不同的生理期，媒体的关注度排名由高到低依次为孕产期（32.2%）、经期（4.6%）、绝经期（3.9%）、哺乳期（2.9%）和排卵期（2.9%）。媒体对于育龄女性的健康关注度远远高于其他阶段的女性，对青春期、更年期和老年期女性的健康关注不足。

（三）不同时期不同报道主题的分布情况

将2011~2018年划分为2011~2012年、2013~2014年、2015~2016年、2017~2018年四个时间段，对不同时期《健康报》《健康时报》的不同报道主题进行进一步分析（见表5）。

表5 2011~2018年不同时期不同报道主题分布情况

单位：篇，%

类别	2011~2012年	2013~2014年	2015~2016年	2017~2018年
肿瘤	8(25.8)	26(30.5)	21(20.3)	10(10.8)
一般妇科疾病	4(12.9)	9(10.6)	11(10.7)	7(7.5)
孕产知识	8(25.8)	23(27.0)	37(35.9)	42(45.1)
心理健康	0(0)	2(2.4)	0(0)	5(5.4)
健康养生	0(0)	2(2.4)	5(4.9)	9(9.7)
美容养颜	1(3.2)	3(3.5)	3(2.9)	1(1.1)
更年期疾病	3(9.7)	2(2.4)	4(3.9)	4(4.3)
妇科内分泌	1(3.2)	5(5.9)	10(9.7)	3(3.2)
乳腺疾病	2(6.5)	4(4.7)	7(6.8)	2(2.1)
其他	4(12.9)	9(10.6)	5(4.9)	10(10.8)

结论5：媒体对不同时期不同健康主题报道的呈现存在显著差异。生育是女性生活中的重要事件，无论哪个时期，关于生育的健康知识都是媒体报道的重点，呈逐年递增趋势。健康养生也逐渐受到越来越多的关注。女性健康不但包括生理健康，还应包括心理健康，从数据中可以发现，心理健康作为女性健康的一个重要层面，仍未受到足够重视。

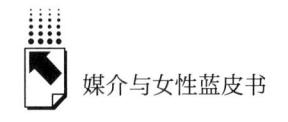

四 总结与讨论

通过性别角度，将女性健康议题的媒介呈现放在时间的脉络中考察，不仅可以把握媒体的报道规律，也可以从中探寻表象背后的内在本质。性别分为生物性别与社会性别，生物性别（sex）指的是男女之间的生理性区别；社会性别（gender）是社会科学领域中用于描述基于生理性别的不同而产生的一系列社会角色期待、制度不平等的社会性区别。在很多情况下，生物性别被认为是自然的、不变的；社会性别则是社会的、情景化的，并基于不同的文化而变化。[①] 在对上述两家报纸媒体关于女性健康主题的报道进行研究时，从生物性别和社会性别两个角度，恰好能对报道主题趋势和报道主题的分布做出合理解释。

1. 从生物性别的角度看

男女生物性别不同，生物性别的不同通常指不同的生殖系统、不同的染色体、不同的性激素等生理差别，女性特殊的生理特征也使其在生育中承担了更多责任。随着医疗技术的进步和健康传播的深入，大众健康素养得到提升，对于健康的认知不断深化，认为女性的健康"不仅仅指没有疾病或不虚弱，而是指身体、精神和社会等方面处于完全健康的状态"[②]，这也是男女平等意识在健康层面的体现和进步。社会对于女性健康的关注发生迁移，首先表现在对生殖健康的重视。在全面放开二孩的背景下，人们对于孕前、孕期和产后的保健更为关注，这也是关爱女性健康、注重优生优育的表现。其次是健康传播内容的扩展。人们对女性健康的关注不仅局限于对疾病的预防和治疗，传播中的健康主题也得到进一步丰富，养生、美容、心理健康、健身等拓展了健康传播的内容。

[①] 朱剑峰：《性别差异与医学实践：当代人类学视角中的性别医学》，《华东师范大学学报》（哲学社会科学版）2019年第2期。
[②] 黄丹、刘潇雨：《社会性别视角下的女性健康政策：我国台湾地区经验及其对大陆的借鉴》，《社会福利》（理论版）2018年第4期。

2. 从社会性别的角度看

通过收集的样本和分析结果可以看到，在开展关于女性主题的健康传播活动时，媒体在不知不觉中建构了人们对女性社会性别角色的认同，也可以看作对女性社会角色的刻板印象的反映。媒体的报道主题以孕产知识居多，更关注育龄女性，这除了是生育政策调整带来的影响外，也与社会对女性的角色定位相契合，其更偏重女性生育功能和家庭角色，忽略了女性的社会角色。女性主题的健康传播，受众的范围应该进一步扩大，从生理期来看，青春期、绝经期、老年期女性也有不可忽视的健康诉求。媒体的报道中涉及美容养颜的内容增多，这也是社会认同的女性应当是美丽的这种刻板印象的反映。在健康传播中引入社会性别的视角也是必要的，这有助于我们对固化的认知进行重新认识。

B.11 新媒体商业广告中的性别问题研究

——基于"媒体性别敏感指标"对微信用户最喜爱的 TOP10 朋友圈广告的分析

叶鸿宇[*]

摘　要： 微信是中国乃至世界华人社区影响力最大的新媒体平台，其商业广告对包括性别观念在内的当代中国文化、价值观的影响巨大。本报告以 2017~2018 年度微信朋友圈中最受用户喜爱的 TOP10 商业广告为研究样本，通过分析来探讨其中所传达的性别观念，试图了解新媒体商业广告承载的性别观念的平等状况和对女性的刻板印象之状况。研究以凡·祖伦关于媒介尤其是新媒体中的广告是性别传播的重要载体的论述为理论基础，以联合国教科文组织各部门于 2012 年制定的"媒体性别敏感指标"（GSIM）为主要研究框架。研究发现，广告中的性别均衡存在状况、对性别平等的描绘状况和对性别发展的关注状况方面有了长足的发展，却也依然存在严峻的问题，需要继续努力解决。

关键词： 新媒体　微信朋友圈　媒体性别敏感指标　商业广告　性别认知

---

[*] 叶鸿宇，博士，中华女子学院国际教育学院讲师，主要研究方向为国际传播、国际传播与女性研究、媒介与性别研究等。

一 研究背景

目前，依托网络和数字技术的新媒体，其因实时交互性和传播海量信息的特点带来了新的人际互动形态和巨大的影响力。微信作为我国新媒体的重要构成，其发展之快、影响之广，与传统媒体有很大的不同。微信自2011年问世至今发展了不过10年，已经从一个简单的提供即时通信的免费应用程序发展成跨越不同通信运营商、操作系统的多功能免费社交媒体平台。根据微信的年度统计报告，目前其用户已经超过10亿人，单从用户数量上来讲，微信是仅次于Whatsup和Facebook的世界第三大社交媒体。

（一）研究目的与问题

微信是中国乃至世界华人社区影响力最大的新媒体平台，其商业广告对于当代中国文化和价值观的影响不容小觑。性别观念作为文化价值观中的重要构成，也在被传播和影响之列。

微信的交互性与共享性特征，使其成为新媒体时代有效的人际传播平台和桥梁。以传播效果显著、影响力巨大的微信平台为载体进行广泛传播的商业广告，其承载的文化价值观的传播力同样强大。朋友圈作为微信平台上用户互动的重要功能和形式，将微信最初的点对点即时传播拓展为一对多的传播模式，极大地扩大了微信及其商业广告的影响力和影响范围，成为商家追捧的营销、推广平台。

本报告以微信朋友圈商业广告为研究对象，通过分析，试图探讨新媒体时代广为传播的商业广告中所传达的性别观念状况，了解其承载的性别观念的平等状况和对不同性别尤其是女性的刻板印象的情况，以期找到现存的不足，或推动媒介中的性别平等进程。

为了达成研究目的，本报告将试图通过调研分析来解决以下问题：

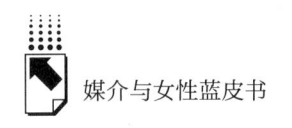

2017~2018年，作为新媒体代表的微信，其商业广告向受众传播了怎样的性别认知？

（二）研究对象与样本

本报告对微信进行了初步调研，通过了解微信广告的发展简史和广告形式变迁的重要历史节点，逐步清晰了研究对象。微信开始投放广告的历史较短，根据微信官方平台数据，其在2014年8月11日才新增图片广告及支持投放外链的功能，并在此后开始不断发布微信广告的规范公告和推广信息。到2015年1月21日，随着微信在朋友圈的第一个广告上线及不断发展，其广告的影响范围进一步扩大，广告形式也日益多元化。经过不到一年的研发，到2015年的12月，微信开启了朋友圈视频广告时代。2016年3月，当下影响力巨大的"公众号关注"和"移动应用推广"功能开始上线。2016年7月，微信又推出了"H5广告落地页模板"功能，此后H5广告开始逐步进入大众视野。2016年10月20日，微信"公众号互选广告"上线，促成广告主与流量主的合作。2017年5月18日，"朋友圈卡片式广告"正式上线，试图通过视频、图文信息的聚拢提升广告传播效果。随后在2017年9月推出的"朋友圈选择式卡片广告"的上线，开启了朋友圈广告的互动模式。如果说新媒体开启了互动时代，那么这种互动模式则开启了广告的新媒体时代。

2017年底，微信推出了"朋友圈投票式卡片广告"，进一步升级了广告的用户参与功能。随着微信朋友圈广告的日渐成熟，微信在2018年初首次举行了2017年度用户最喜爱朋友圈广告评选活动。2019年初，微信推出了2018年度用户最喜爱朋友圈广告TOP10评选活动。

微信的海量广告对研究的可行性提出了挑战，而微信举行的2017年度和2018年度用户最喜爱朋友圈广告评选活动让本报告的研究成为可能。2017年度的评选参与者超过60万人，2018年度的评选参与者超过67万人。微信官方工作人员根据用户收到广告时的互动（对广告的点赞、评论、分享、反馈等行为）活跃度及广告点击率等数据，选出排名靠前的广告作为参选广告，最后由微信用户投票选出参选广告的TOP10。

本报告将以2017~2018年度微信朋友圈中最受用户喜爱的TOP10商业广告为研究样本。TOP10广告由实际投票结果产生，按照首字母排名，不分先后。本报告在研究中也不再对广告样本进行排名。2018年度上榜广告中有一条公益广告，其不属于本报告的研究范畴，将不被纳入研究样本。因此，2017~2018年度微信朋友圈中最受用户喜爱的TOP10商业广告研究样本共19个广告。

（三）理论基础

凡·祖伦在《女性主义媒介研究》[①] 一书中提到，媒介是一种社会性别技术，不断地向受众再现社会性别，尤其是社会性别的刻板印象。[②] 新媒体作为媒介技术发展的产物，与广播、电视等传统媒体在交互性、即时性等方面有巨大的差别；然而其对社会性别的再现方面却可视为一种传承。维斯、凡·祖伦和米海吉在一篇关于女性的社交媒体论争的文章[③]中谈到，技术的发展使社交媒体成为可以即时应答、互动的平台，无论用户是否参与互动，这种可能性都已然存在。社交媒体这种进入门槛较低的媒介让女性参与互动与发声成为可能。因此，在社交媒体平台上，女性参与可能性的提升使社交媒体较之传统媒体在对社会性别的再现方面有了更大的改变刻板印象状况的可能。

与此同时，凡·祖伦在该书中还提到广告在社会性别再现的讨论中扮演了重要的角色，它所呈现的对社会性别的关注是其他文化类别无法企及的。由于广告需要在限定的时间和空间里传播意义，社会性别这种具有显著的承载主体性和社会结构的符号就成为它的重要构成。[④]

---

① 〔荷〕凡·祖伦：《女性主义媒介研究》，曹晋、曹茂译，广西师范大学出版社，2007。
② 〔荷〕凡·祖伦：《女性主义媒介研究》，曹晋、曹茂译，广西师范大学出版社，2007。
③ Vis, Farida, L. Van Zoonen, and S. Mihelj, "Women Responding to the Anti-Islam film Fitna: Voices and Acts of Citizenship on YouTube," Feminist Review 1 (2011).
④ 〔荷〕凡·祖伦：《女性主义媒介研究》，曹晋、曹茂译，广西师范大学出版社，2007。

根据以上论述，结合本报告研究，鉴于媒介尤其是新媒体中传播的广告是传播社会性别的重要载体，新媒体平台本身又改变了用户使用媒介的方式、介入媒介的程度，从而使以新媒体为传播平台的广告所传递的社会性别信息较之前的媒介环境有了变化的前提与可能性。本报告将对微信平台中传播的广告进行分析，探讨其所传播的社会性别内容是否依然或在多大程度上传递出关于社会性别的刻板印象。

（四）分析方法

本报告将以联合国教科文组织各部门于2012年制定的"媒体性别敏感指标"（GSIM）[①]为分析2017～2018年度微信朋友圈中最受用户喜爱的TOP10商业广告中性别敏感状况的主要参考框架。"媒体性别敏感指标"主要用于评价媒介中的性别敏感状况，以期最终在全球媒体中实现社会性别主流化。

该指标中的类别B部分包含了广告大类，重点关注广告中的性别描述，其分析对象与本报告研究对象非常吻合。同时，本报告还将借鉴在"我国大众传媒与男女平等价值观的传播研究"课题的一篇阶段性研究成果[②]中采用的媒体内容监测指标体系，试图将该体系的一级指标应用到广告内容的分析过程中。根据指标内容，本报告将以量化与质性研究为研究方法和路径。

根据研究的实际情况、研究问题与研究的可操作性，主要参考"媒体性别敏感指标"中类别B的广告部分和上述研究，本报告采用的分析指标主要包括3个一级指标和11个二级指标（见表1）。

[①] 联合国教科文组织：《媒体性别敏感指标：衡量媒体运行和媒体内容性别敏感的指标框架》，刘利群、陈志娟等译，中国传媒大学出版社，2017。

[②] "我国大众传媒与男女平等价值观的传播研究"课题组：《男女平等价值观传播视角下电视新闻节目监测报告：以中国大陆地区五个新闻节目为案例》，载刘利群主编《中国媒介与女性发展报告（2013～2014）》，社会科学文献出版社，2015。

表1 研究分析指标体系

一级指标	二级指标
广告中的性别均衡存在状况	1. 广告中影像的男女比例 2. 发出广告画外音（权威的声音）的男女比例 3. 广告中（声音和影像）显示的坚定自信而不是被动消极的男女比例
广告中的性别平等描绘状况	1. 广告中分别被刻画成以下角色的男女比例：专家/顾问，消息灵通的/聪明的/清醒的/谨慎的消费者，无知的/轻信的/顺从的消费者，可有可无的装饰性角色 2. 广告中女性与男性的职业 3. 广告中女性与男性的外在定位或者社会定位（例如，工作相关，家庭相关，家庭/人际关系相关） 4. 广告中呈现为主要人物的女性与男性的外貌（包括服饰和体态）以及其他次要人物或者缺席人物的特性 5. 不同类别产品广告中，将自然的社会性别角色刻板化的男女比例（例如，与烹饪和清洁相联系的家居用品、食物、含酒精的/不含酒精的饮料、美容和保健产品、儿童用品、电子产品、汽车、运动装备/配件） 6. 服务或活动广告类型中，将社会性别角色刻板化，或者是将社会性别角色自然化的男女比例（例如，旅行和休闲、酒店、教育、健康、育儿、电信、银行和投资、房地产、体育赛事） 7. 描绘微妙刻板印象的广告比例（即那些强调传统"女性气质"/"男性气质"特性和男性/女性角色的刻板印象，它们使这些特性显得正常和不可避免）
广告中的性别发展关注状况	包含对男性和女性的多种角度再现/描绘的广告的比例（显示有创意的努力，以挑战和反对性别刻板印象，以及其他形式的、具有性别歧视的再现）

资料来源：作者结合媒体性别敏感指标和研究者发展的分析框架，针对本报告的研究对象建构的研究分析指标体系。

二 研究发现

（一）广告中的性别均衡存在状况

本指标主要是对1995年联合国第四次世界妇女大会通过的《行动纲领》中重大关切领域"妇女与媒体"中"促进媒体对妇女做出均衡和非陈规定型的描绘"[①] 这一战略目标的回应。对广告内容中性别均衡存在状况的

---

① 《第四次世界妇女大会〈行动纲领〉》，2017年5月23日，http：//www.nwccw.gov.cn/2017-05/23/content_157555.htm。

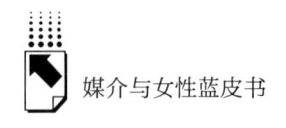

分析，主要涉及广告中出现的人物的性别比例。

（1）广告中影像的男女比例

19个被研究的2017~2018年度微信朋友圈中最受用户喜爱的TOP10商业广告为视频或图片广告，广告中既有男女同框的情况，也有只有男性或者只有女性甚至没有人物影像出现的情况。具体情况如图1所示。

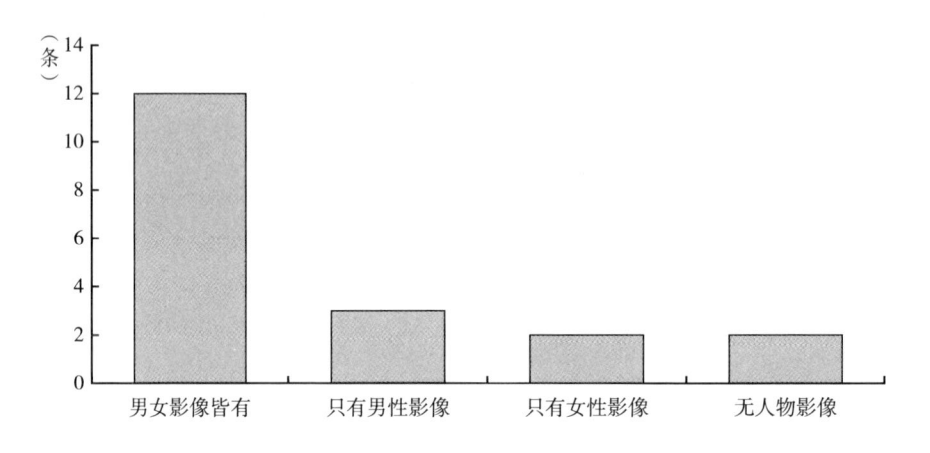

图1　商业广告中男女影像数量

根据图1，广告中既有男性又有女性的共12条；只有男性的广告共3条；只有女性的广告共2条；没有人物影像的广告2条。从广告的数量对比来看，男性和女性在这些广告中呈现较平衡的状态。

然而，当我们将数据具体到男女的人数比例时，所显示的结果并非如此均衡（见图2）。

根据图2，从具体人数来看，广告影像中共有男性182人，女性84人。这个2.2∶1的男女比例是广告中所有男女的比例，与之前广告条数所反映的平衡状态并不吻合，有超过2倍的差距，这让作者对每条广告中的男女比例产生了较大兴趣。主角在一条广告中很重要，有时决定了这条广告是否有影响力。如果单看主角数量，则共有男性广告主角40人，女性广告主角25人，男女比例为1.6∶1。广告中男女配角数量分别为142人、59人，两者比例为2.4∶1，较之男女主角的比例，差距又大了一些。根据以上分析，广告

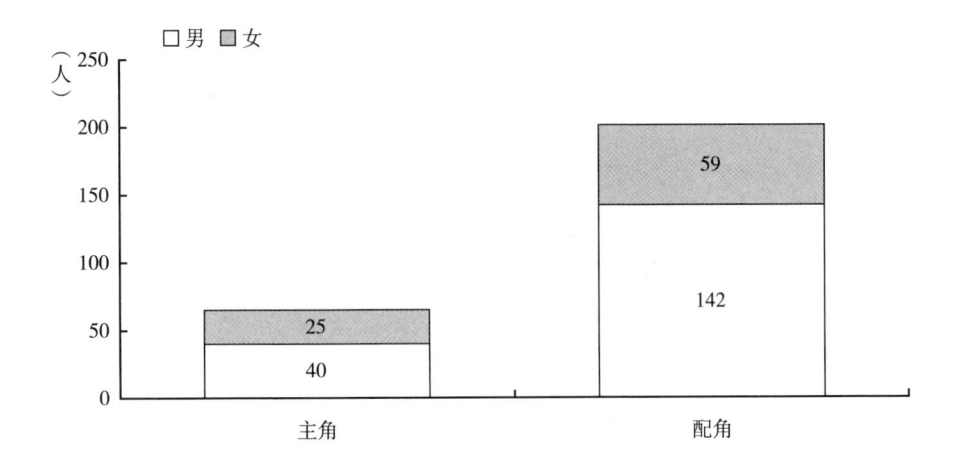

```
           □男  ■女
(人)250
    200
    150                              59
    100
     50   25
          40                        142
      0
           主角                      配角
```

图 2 广告影像中男女主角、配角数量

中男女主角的比例与男女配角的比例为 1.6∶1 至 2.4∶1，广告商对男性的钟爱体现得明显、直观。

（2）发出广告画外音的男女比例

除了影像外，画外音也在广告中以声音的方式触及受众的感官，影响与感染受众。在被研究的 19 个 TOP10 广告中，有一则为图片广告，其从属性上看不包含画外音，将不被纳入本部分样本中。其余广告主要分为四类情况，包括男女声音都有、只有男声、只有女声、没有画外音（只有音乐）。其中没有画外音的广告有 8 条，男女声都有的有 4 条，只有男声的有 5 条，只有女声的有 1 条（见图 3）。

画外音在一定程度上代表了权威的声音，如图 3 所示，在有画外音的广告中，如果将包含男声与只有女声的广告做比较，其比例为 50∶6；如果将包含女声与只有男声的广告做比较，则比例为 28∶28，即 1∶1，只有女声的广告与男女声都有的广告条数之和等于只有男声的广告条数。从总体的广告样本看，画外音包含男女声的广告占 22%，其原因或者是广告效果的需要，或者是有其他考虑，如有一定的性别意识；即便只有前者的考虑，我们依然能够看到此类广告中性别的平衡性。

从图 4 可见，男性画外音是权威的代表已成为所有样本广告的共识，包

```
                男女声都有
                  22%
                  4条
```

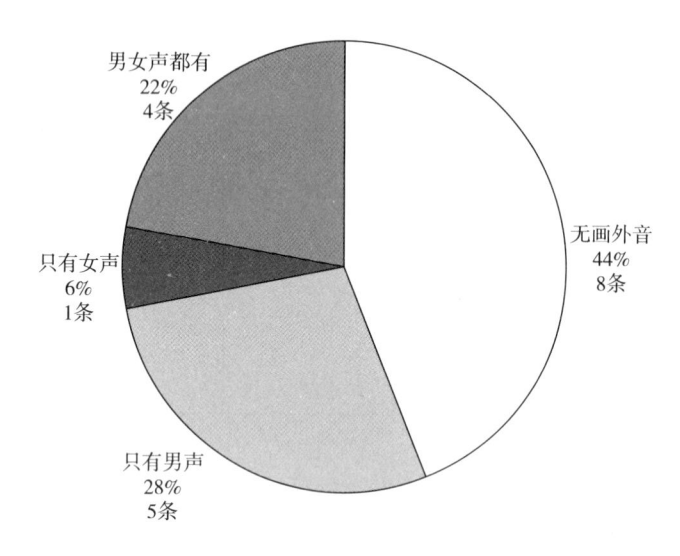

图3　商业广告中画外音男女所占比例

```
              男女声都有
                40%

                                只有男声
                                  50%

              只有女声
                10%
```

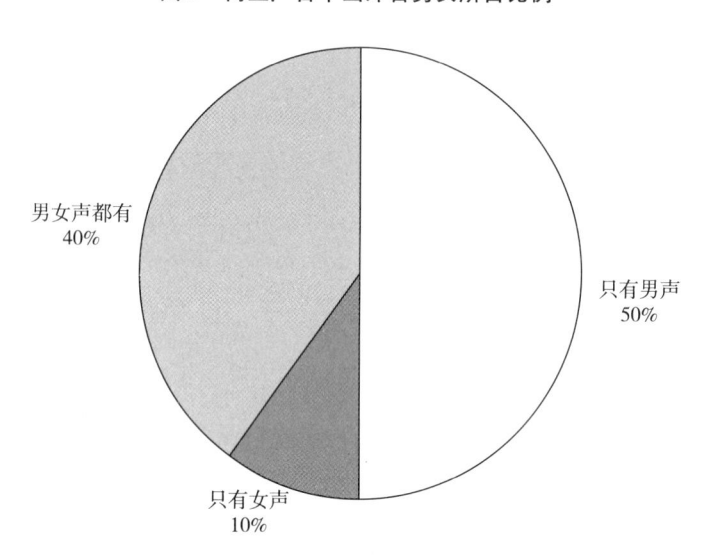

图4　商业广告中有画外音的广告中男女所占比例

含男声的广告占所有广告的50%，占有画外音广告的90%，这种情况的出现也反映了社会的期待和广告背后的资本走向。包含女声的广告占所有广告的28%，占有画外音广告的50%，值得注意的是，女声的确存在于画外音中，而且在有画外音广告中的比例还占到了一半；然而这些数据也能说明，广告中的女声只有在和男声一同出现时，才被广告接纳。如果不能作为陪衬，女声很难单独出现在画外音中，女声单独出现的比例仅为10%。如果在男女声都有的广告中，女声在广告画外音中所占比例相对较低，就可以证实这一点。

为了证实该数据带来的结果，本报告进一步对广告中既有男声又有女声的广告画外音内容进行了分析，试图了解男女声在广告画外音中的比重，结果如图5所示。

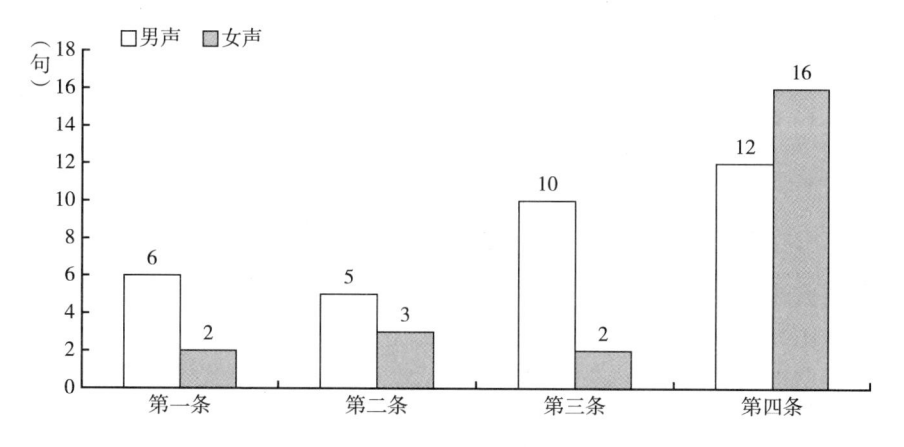

图5 有男女声画外音的广告中男女声的句子数量

有男女声画外音的广告中，男声多于女声的句子有3条，女声多于男声的句子有1条。如果按照男女声都有的广告中总体画外音的句子数量来看，女声共23句，男声共33句，以男声表述的句子总数较多。综上，研究结果与上文中的假设相符。这说明社会正在进步，但性别不平衡的问题依然存在。

（3）广告中影像显示的坚定自信而不是被动消极的男女比例

本报告将广告中男女影像面带笑容、眼神直视镜头、给人积极向上的感觉作为坚定自信的判断标准。如图6所示，在所有广告中，坚定自信的男性影像107人，女性54人，男女比例为2∶1，即如果通过广告认知世界，则三位自信的角色当中，有两位是男性。只是不知所有的广告影像人物中，坚定自信的男性和女性又占了多少比重，本报告结合上文图2显示数据进行了

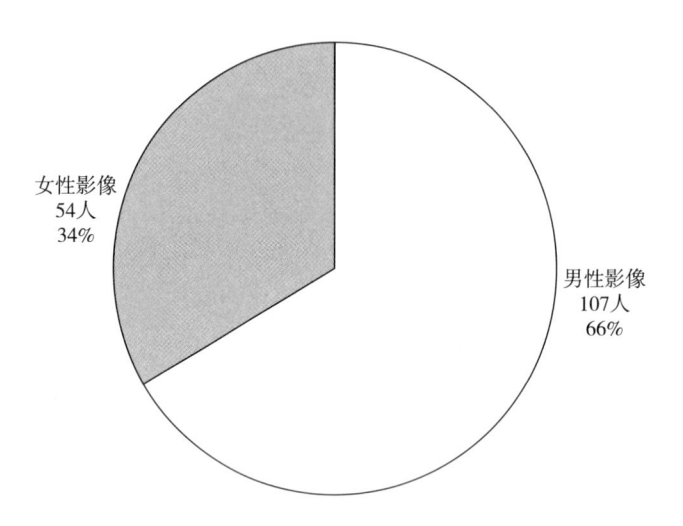

图 6　商业广告影像中坚定自信的男女所占比例

对比，发现如下：在所有 266 位广告影像人物中，坚定自信的 107 位男性占了所有人物的 40%，54 位自信的女性则占了所有人物的 20%；在所有 182 位男性中，坚定自信的男性有 107 位，所占比例为 66%，所有 84 位女性影像人物中有 64% 的女性坚定自信。这说明，虽然在所有广告角色中，坚定自信的女性比男性要少一半，但其至少在所有女性角色中所占的比例与男性的这一比例是相当的。

（二）广告中的性别平等描绘状况

广告中的性别平等描绘状况的指标从另一个角度对《行动纲领》中"妇女与媒体"领域的"促进媒体对妇女做出均衡和非陈规定型的描绘"[①]战略目标进行了回应，并反映了其具体执行情况。

（1）广告中分别被刻画成以下角色的男女比例：专家/顾问，消息灵通的/聪明的/清醒的/谨慎的消费者，无知的/轻信的/顺从的消费者，可有可无的装饰性角色

---

① 《第四次世界妇女大会〈行动纲领〉》，2017 年 5 月 23 日，http：//www.nwccw.gov.cn/2017-05/23/content_157555.htm。

研究结果表明，在样本广告中，有前三类角色存在。为了清晰地呈现三种类型角色在总体样本中的分布情况，将以图7展现研究结果。

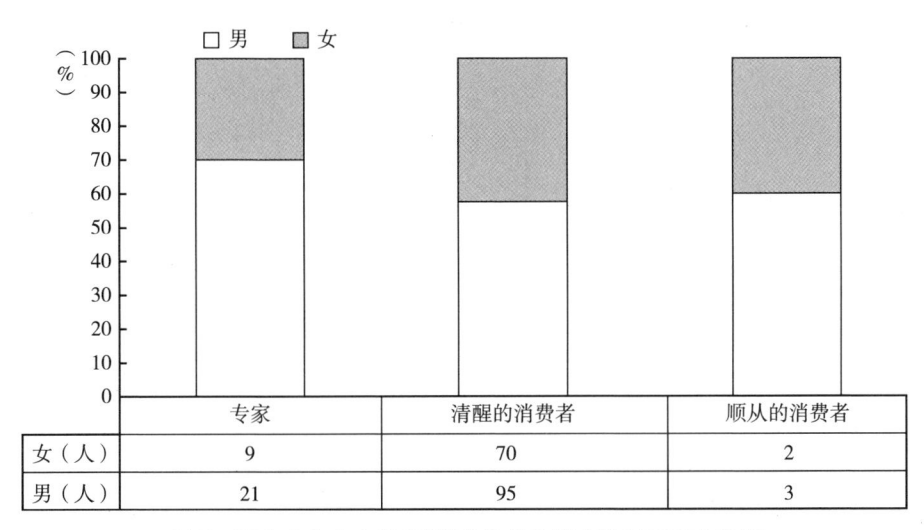

	专家	清醒的消费者	顺从的消费者
女（人）	9	70	2
男（人）	21	95	3

图7　商业广告中专家/消费者角色的男女数量和所占比例

图7显示，首先，从数量上看，广告样本中清醒的消费者数量要远多于专家数量，专家数量比顺从的消费者数量多。在商业化发展到一定阶段的今天，消费者在广告商的眼中已经变得更加积极、主动和清醒，这样的认知在广告中体现得比较明确。不过，无论是哪一类人群，女性数量都少于男性。如果不看数量，单从每一类的占比来看，女性所占区间为30%～42%。由此可见，微信的商业广告中无论什么类型的形象，其男女比例要达到1∶1，依然还有努力的空间。

如果单从不同的性别来看，男性中专家的比例高于女性中专家的比例（见图8、图9）。

从具体的数量上看，无论男性或女性，清醒的消费者都占绝对多数，由此可见，广告商在产品宣传的设计中将大多数受众预设为有智慧、有独立判断能力的个体。这至少体现了广告商对独立人格的尊重，也体现了其对不同性别的人都持理解和尊重的态度。

图9显示，女性专家占女性总数的11%，而由图8可见，男性专家占

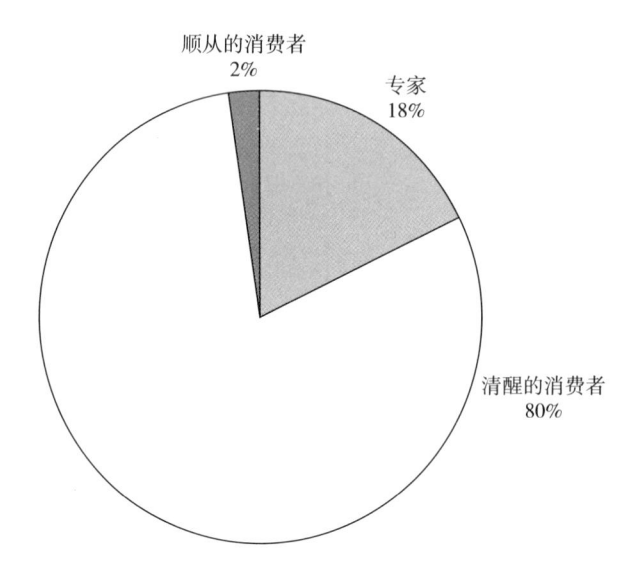

图8 商业广告中男性专家/消费者角色所占比例

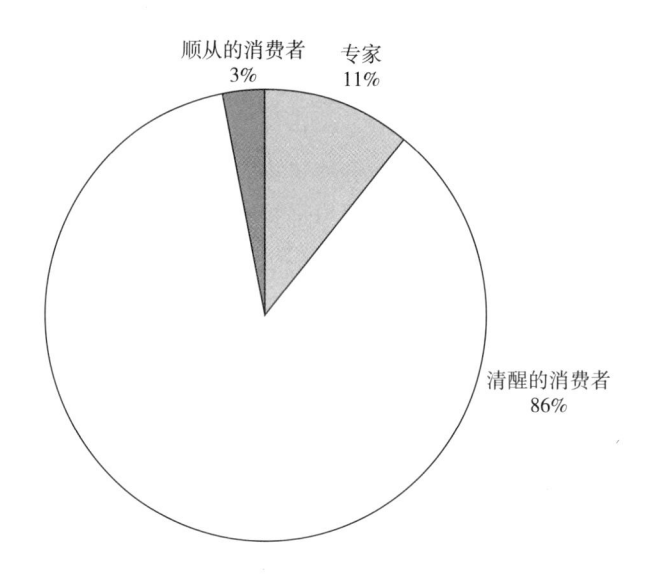

图9 商业广告中女性专家/消费者角色所占比例

男性总数的18%，两者对比发现，男性专家在男性中的占比高于女性专家在女性中的占比。这说明，更多的男性被认为是专家，而更多的女性被视作消费者。广告本身体现的是广告商的态度，却也能反映出社会的普遍认知。

(2) 广告中女性与男性的职业

在研究样本中,并非每个广告中都有明确的职业指向,这与广告主题、类型、理念、目标受众等都有一定关系。例如,其中运动品牌广告中的一位女主角以跳舞的形式出现,却无法判断她究竟是专业舞者,还是兴趣所致;又如,一电商平台广告中有一位垂钓的老者,受众只能看到男主角出来垂钓,却无法对其进行职业判断,男主角可能只是对垂钓感兴趣、可能无业,也可能有其他职业。去掉人物职业不明确或者没有职业的12条广告,在剩下的7条广告中,职业性别分布情况见图10。

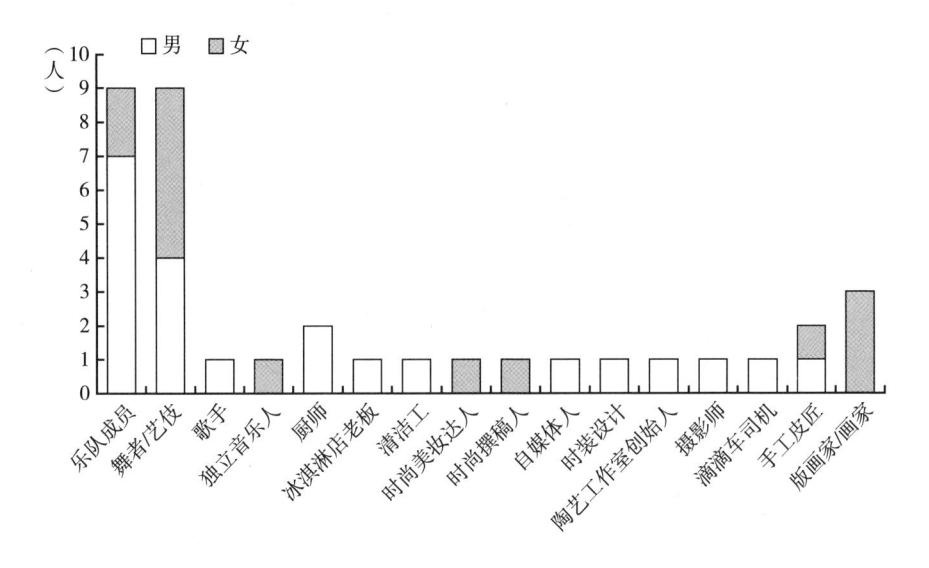

图10 广告中的人物职业性别分布情况

如图10所示,既有男性又有女性的职业有三个,分别为乐队成员、舞者/艺伎和手工皮匠,其他职业都只有男性或只有女性。这与我们生活中的实际情况差异较大,也由此体现媒体塑造的是一个虚拟的世界,与真实世界存在事实性差异。从具体的职业来看,广告中的特定职业与特定性别有刻板的内在联系,例如广告中的厨师、摄影师、自媒体人等技能型职业只包含男性。创作型职业的性别则分布比较均衡,例如陶艺工作室、时装设计、画家、独立音乐人、手工皮匠等,有两种性别都有的,也有只有男性或只有女

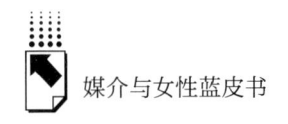

性的情况。与科技相关的职业仍然是男性的领域，例如自媒体人、摄影师等。同样，广告中职业与性别的分布情况也在一定程度上反映了人们目前较为普遍的认知。

（3）广告中女性与男性的外在定位或者社会定位

在多年之前的大量广告中，经常可见的是好妈妈、好太太、成功男士等刻板化的社会定位，新媒体时代，微信中最受欢迎的广告是否依然沿袭了这些定位呢？本报告研究样本广告后，发现了如下结果（见图11）。

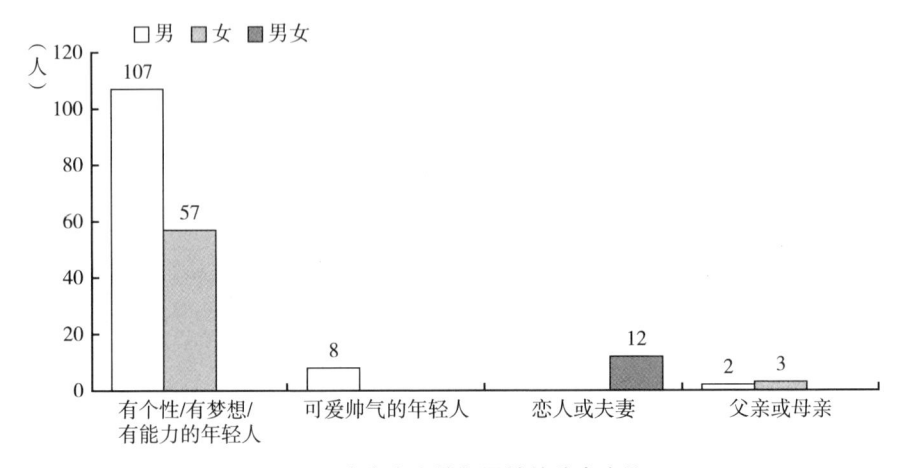

图11 广告中女性与男性的外在定位

如图11所示，在对所有广告人物的外在定位的研究中发现，其一，其中数量最多的人群是没有明确家庭信息的年轻人，他们的共性是遵循自己的梦想、做自己。他们或者很有能力，是某个领域的专家，例如有自己的工作室；或者能随心做自己，例如一个人或者和三五好友去旅行。在这类人群中，女性的数量大约是男性的一半。其二，另一类没有家庭信息的年轻人可被看作一种有时代特色的多元呈现，就是坊间所谓的可爱帅气的"小鲜肉"，呈现在广告中的是8位穿粉白色系服装的魅力大男孩。这个群体的出现从对应的广告看也是市场需求所致，广告主体是一款甜美少女香水，主打的概念是恋爱的味道。广告商希望通过广告中各具特色的男孩所产生的吸引力聚合目标消费者。这些男孩有的温柔、有的酷、有的漂亮，但无一不与广告中传统的成功男士形象背离。其三，广告中有家庭或有亲密关系的角色中，作为单独的母亲或者父亲角色的人物很少，以成双成对的组合形式出现的夫妻或恋人的数量相对较多，其成为广告商更愿意呈现的形式，也能从侧面反映广告受众对于和谐的亲密关系的接受度相对更高。

总的来说，图11中样本广告所呈现的信息与传统的认知相比有所变化，这种变化包含对不同性别的多元化认知；虽然做更好的自己的年轻人中男性依然占多数，但其中的女性也有了更积极的形象；广告中对和谐、美好的亲密关系的追求，也体现了社会对不同性别认知的积极变化。

（4）广告中呈现为主要人物的女性与男性的外貌以及其他次要人物或者缺席人物的特性

广告人物的外貌包括其衣着和体态，对于受众而言非常直观且有冲击力，是广告中既一目了然也让人印象深刻的因素。曾经在很长一段时间内，香车美人、成功男士等标志性的类型人物占据了广告屏幕，本报告研究的是近期在新媒体平台上流行的广告，情况是否有所变化。

经过研究，本报告总结了不同类型的男女形象，发现广告中人物具体的外貌特征呈现了多样的人物形象，这些形象多元且立体，并不单一，还体现了特征的交叉。具体结果如下：男性形象包括"运动有个性、成熟稳重、成熟运动、酷、充满自信、运动健美、时尚运动、专业有个性、职业、可爱、帅气个性、专业帅气、休闲和运动休闲"；女性形象包括"性感有个性、成熟性感、温柔美丽、开朗、性感可爱、时尚性感、职业、专业性感有个性、开朗时尚性感、性感美丽有个性、性感美丽、性感职业、性感可爱"。这些形象有很大不同，其中也有一部分形象有重合之处。据此结果，本报告进一步对相应的具体特征所反映的形象类型进行了关键词提取，结果见图12。

从图12中可见，男性和女性共享的形象包括个性、成熟、时尚、专业、职业、可爱、开朗；男性特有的形象为运动、稳重、酷、自信、健美、帅气、休闲；女性特有的形象为性感、温柔、美丽。以上关键词体现了广告人

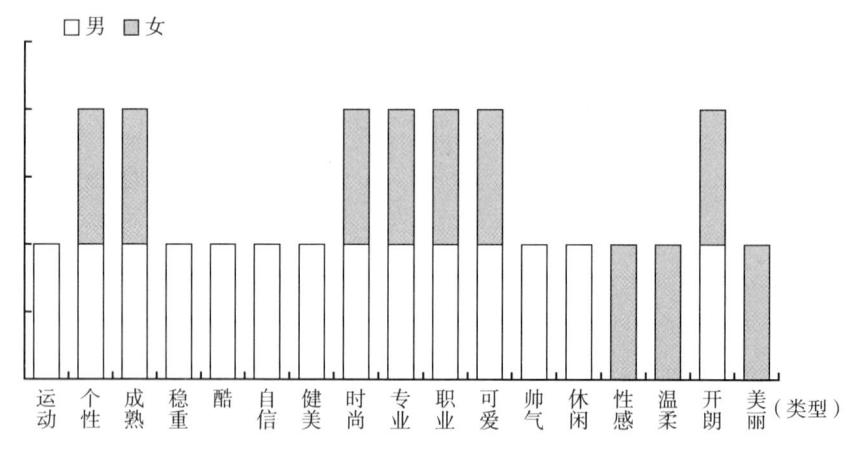

图12 广告人物外貌特征所反映的男女形象类型分布

物外貌特征所反映的显著的形象,例如用"酷"来描述某广告人物形象,就无法用"个性"来替代,因为此处的"酷"用来形容一身摇滚打扮的吉他手,属于类型化的"酷","个性"更强调个体化的特征。

从男女共享的形象可以看出,社会对不同性别的多元化接受度有所提高。例如与女性刻板印象联系密切的"可爱"在本报告的广告样本中也在男性身上得以呈现;与男性刻板印象一直有着天然联系的"专业"也开始与女性形象有所关联。"个性"作为年轻一代的新形象,体现了社会接受度的变化,以及年轻一代更愿追寻自我价值实现的价值取向的变化。

从男性特有的形象看,大量形象与传统男性形象没有较大差别,如成熟、稳重、阳光、专业、健美等。其中健美并非中国传统男性形象特征,从具体的广告来看,西方元素的加入也让这种"肌肉美"的概念受到大量微信用户的认可。而从女性特有的形象类型来看,几种类型无一例外是占据广告刻板印象较长历史的传统特点。

(5)不同类别产品广告中,将自然的社会性别角色刻板化的男女比例

本报告中有6条广告不属于产品类广告,不作为本部分的研究对象,去除这些广告,研究结果如图13所示。

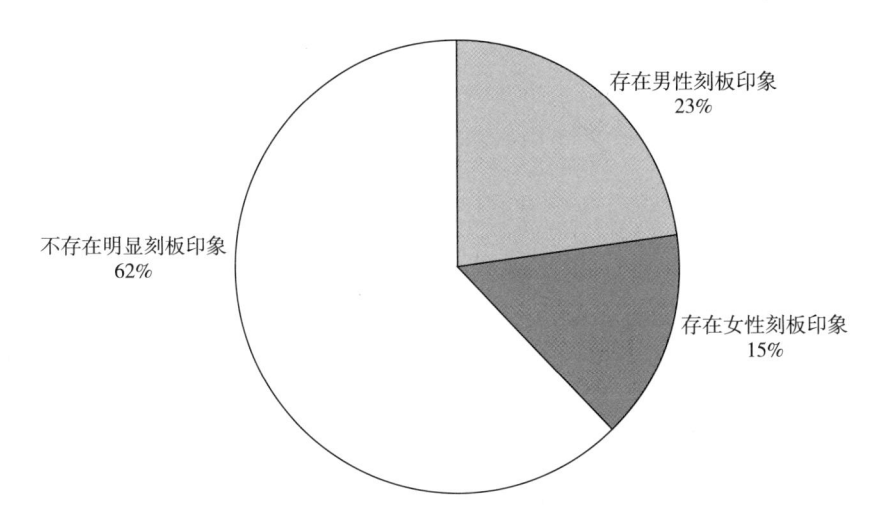

图 13 不同产品类别广告中，将自然的社会性别角色刻板化的男女比例

图 13 中，不存在明显刻板印象的广告占有效研究样本的 62%，根据具体的广告内容来看，这一类广告的主题包含婚戒、婚鞋、运动服、时尚服饰、旅行、手机、汽车等。如果"结婚是双方的事、时尚不分性别、旅行大家参与"是目前主流的思维认知，那么运动服、手机和汽车广告中将女性作为主角的出现，则在一定程度上打破了刻板印象。虽然本报告中涉及的汽车广告的相应车型是专门为女性设计的友好型号，相应型号的手机也是以女性为目标受众的；但此处资本的流向推动了刻板印象的逐渐打破，是一种向好的趋势，是打破刻板印象的重要一步。

研究中男性刻板印象的存在主要是将汽车、手表、登山靴与男性紧密联系在一起；女性刻板印象的存在则主要是与口红、香水相连。我们既看到了刻板印象状况的继续，也看到了打破刻板印象的开始，且此处刻板印象所占比例不到 50%，这是一个可喜的数字。

（6）服务或活动广告类型中，将社会性别角色刻板化的男女比例

上文提及的不属于产品类型的广告都可归入此类，主题包含旅行、电商、比赛等。经研究，广告中社会性别刻板化状况如图 14 所示。

本部分样本量较少，从有限的样本来看，在本报告中不存在明显刻板印

存在男性刻板印象
17%

存在女性刻板印象
0

不存在明显刻板印象
83%

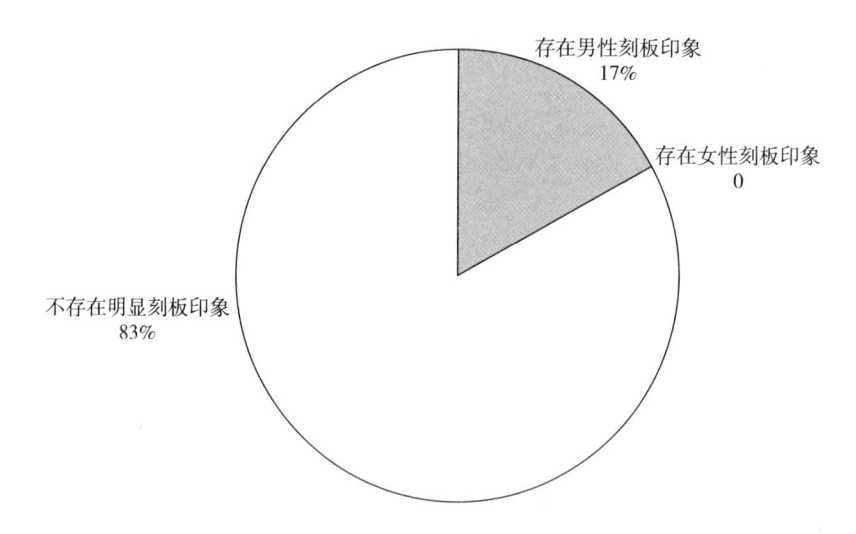

图 14　服务或活动类型广告中社会性别角色刻板化男女比例

象的服务、活动类型广告占所有有效样本的绝大部分。其中，将性别与行业密切关联的只有电商递送平台，这与相应职业的特殊性有关。广告商呈现的与旅行相关的内容都是爱侣一起去旅行，所以性别相对平衡，不过这也与目标受众为家庭、情侣等消费群体有关。即便如此，能够带来客观的性别平衡性、弱化刻板印象也是让人可喜的结果。虽然比赛类广告只有男性，但这与其设计、创意有关，不带有明显的刻板印象因素，因此未被纳入刻板化范畴。

（7）描绘微妙刻板印象的广告比例

这一部分的讨论较能体现目前的社会性别认知水平，本报告以期通过直观的图示将结果与大家共勉（见图15）。

如图15所示，一个明确的结果是存在微妙的刻板印象占所有有效样本广告的绝大多数，其中含对女性的刻板印象的广告多于含对男性的刻板印象的广告，不过差距不大，基本上比较平衡地体现了社会对男性和女性的刻板印象都比较严重，两者是相对应的。

这些微妙的刻板印象在广告的细微处被不经意地体现、被自然化。广告在不知不觉间已经传播了刻板印象，如追求掌控、有专业素养、成功等

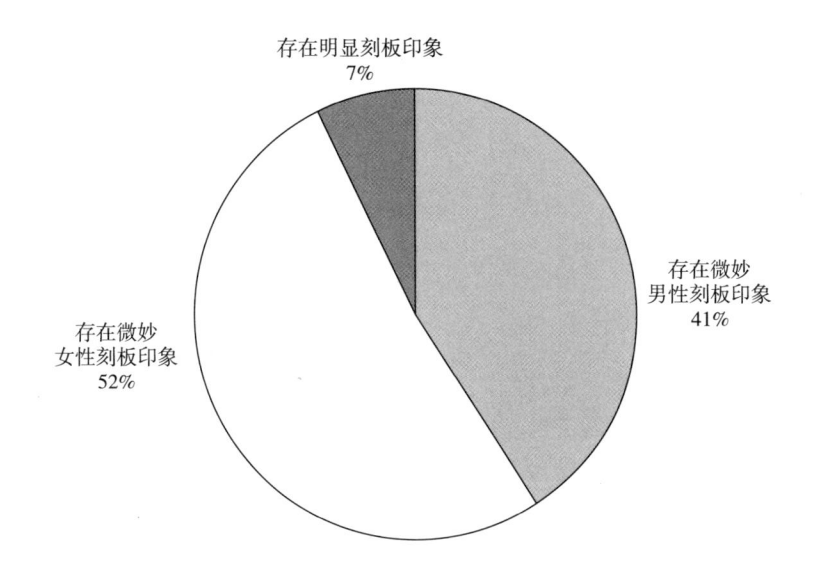

图 15 描绘微妙刻板印象与明显刻板印象的广告比例

对男性形象的传统且积极的认知，以及具有依附性的、美丽、性感、可爱的物化了的女性形象认知的大量存在，凸显了刻板印象自然化的现状和问题的严峻性。

为了具体了解样本广告中刻板印象的状况，本报告对带有微妙的刻板印象广告内容的相关细节进行了分析和总结，以呈现具体的刻板印象。

研究表明，男性的刻板印象中包括"酷、掌控、专业"等特征。这些特征创造了积极向上的、阳光进取的体现正能量的男性形象。但相较于男性的形象，广告中呈现的女性刻板印象却会让受众受到更强烈的冲击和负面影响。

研究结果显示，女性的形象包括"性感、依附性、甜美、母亲"等，这种刻板印象在与男性相应的形象形成对比后，会让受众强烈感受到女性的依附性、低存在感、被物化且顺从、母亲角色固化的形象。

刻板印象的自然化尤其是被呈现且被大部分受众无意识接纳的状况，反映了刻板性别认知的改变任重道远。从广告商到广告人再到受众，广告在各个环节对刻板印象的无意识、大规模传播，极大地阻碍了性别观念的进步。

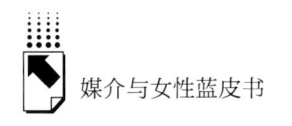

（三）广告中性别发展关注状况

广告对性别发展状况的关注是体现社会发展过程中社会性别意识现状和性别平等状况的重要指标。在本报告中，这一部分主要讨论对男性和女性以多种角度再现的广告比例。

从广告比例来看，19条广告中包含呈现男女多元形象因素的广告的占比为82%，有的广告因同时包含对女性和男性多元形象的呈现而被重复计算，具体如图16所示。

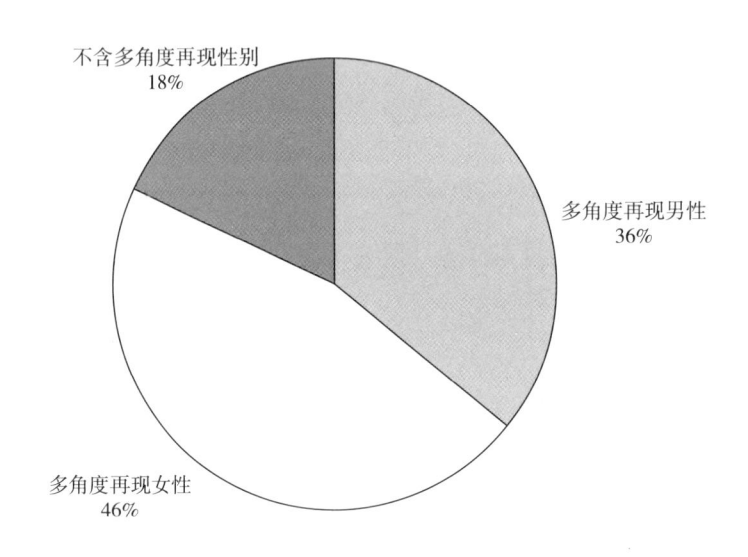

图16 对男性和女性多角度再现的广告比例

有性别发展意识或者反映性别认知进步的广告占有效样本的大多数，虽然这可能仅仅是无意识或因利益驱使的被动呈现，但这种客观上的发展是继续前进的重要起点。

无论男性还是女性，相关广告所呈现的都与非本性别传统刻板印象中的特征有所联系。这种看似是性别的反串，实则是重要的多元化尝试。按照社会性别理论的观点，性别本身是社会所赋予的，那么多元的尝试不失为一种冲破刻板印象的有益进步。

具体而言，男性的多元再现包括"温和、挫败、甜美"等特征。在这些特征中，"儒雅、顾家、温和"是促进男女和谐相处的重要因素，是向性别平等、和谐共处的目标迈进的前提。

"挫败"这类承认失败的形象描述，是立体地塑造贴近现实的男性形象的尝试，事实上展现了立体、真实的人物形象，以及对挫折、失败的正确认识。承认失败不失为一种优秀的品格，能够做到这一点，便离成功更近一步。

"可爱、依附、传统女性职业"等是长久以来被打上女性烙印的特征，在此的呈现体现了社会对性别多元化的宽容，也体现了社会认知的改变和其所反映的社会现状的变化。

广告样本呈现的女性特征亦是如此。无论是"成功、科技的使用"，还是"掌控"等特征，都曾和男性特征同时出现。这反映了广告商、广告人甚至受众对女性认知的转变，也可归因于这个时代女性的真实变化，女性开始变得自信、自立、自强，这种积极的变化在广告中的呈现会进一步影响女性的实际发展。

三　结论

通过以上研究，可以回答本报告开始提出的问题，2017～2018年，作为新媒体代表的微信，其商业广告向受众传播了怎样的性别认知？

第一，在广告中的性别均衡存在状况方面，其一，从广告条数来看，广告中的男女影像比例呈现较为平衡，当具体到人数时，无论主角、配角还是总数，男性都比女性多，比例为1.6∶1与2.4∶1；其二，广告中的画外音，含女声的广告条数占所有含画外音的广告的50%，与男声所占的90%相比有近一半的差距，且女声画外音的比重总体低于男声；其三，广告中影像显示的坚定自信的男性是女性的2倍，但前者占所有男性影像的比例与后者占所有女性影像的比例相当。虽然在样本广告中男女影像和画外音的比例都不算均衡，但在男女坚定自信的影像占各自性别的比重方面体现了均衡性。

第二，广告中对性别平等的描绘状况方面，广告中清醒的消费者形象多于专家形象，后者又多于顺从的消费者形象，且各类形象中男性都多于女性，同时男性中的专家所占比例大于女性。从职业来看，广告中技能型职业只与男性相关，而创作型职业男女分布均衡，与科技相关的职业则仍以男性为主。从社会定位来看，有梦想的年轻人形象为广告中的主要形象，也有均衡的性别分布；同时另一类可爱帅气的"小鲜肉"的出现体现了广告的多元尝试和社会认知的变化；还有伴侣形象的呈现，也体现了社会对性别在认知方面的积极变化。从外貌特征来看，男性与女性各自特有的形象主要为大众传统的刻板印象，不过男性和女性共享的形象如个性、成熟、时尚、专业、职业、可爱、开朗等反映了刻板印象逐渐被打破的可喜现实。在产品类广告中，从主题与性别的联系来看，传统的性别刻板印象依然存在，但多数广告中不存在明显的社会性别刻板化的情况，且存在打破刻板印象的状况。在服务或活动类广告中，男女形象虽与对应的主题有关，但客观上总体呈现性别平衡。在描绘微妙刻板印象方面，我们看到了性别刻板印象自然化问题的严峻性，绝大多数广告存在或对男性或对女性的微妙的刻板化描述。从研究结果来看，对性别的显性描绘中，虽然刻板印象依然存在，但所占比重已经在下降，且有性别平衡的趋势。然而隐性的刻板印象几乎存在于每条广告中，问题之严峻让我们不得不重新审视广告中的性别平等状况。

第三，广告中对性别发展的关注状况方面，对男性进行多角度再现的样本广告占所有广告数量的36%，其中包含再现男性温和儒雅的特征、勇敢承认挫败的特征以及传统的女性化特征等形象；对女性进行多角度再现的广告占所有广告数量的46%，含再现女性对科技的使用和对生活的掌控的形象。这种对两性的多元化呈现，体现了社会的进步、对性别认知的宽容度的提升，以及从陈旧的认知走向对个体的尊重。人们或许会对其中一些形象颇有微词，但这依然是一种好的现象。知识和真理正是在不断地思辨中浮出水面的，多元化的呈现不仅体现了社会的宽容，也是社会进步和发展的重要体现。相信在这一方面，能够继续坚持，甚至做得更好。

希望在不久的未来，我们能够看到广告中的影像与画外音中的男女比例越来越接近1∶1；针对性别刻板印象的自然化问题，需要从广告商、广告人、受众等各方面入手去解决，教育与宣传都是可以考虑的途径；广告中能够保持对不同性别的呈现，甚至更加多元化、更多地呈现不同性别的积极形象。

参考文献

曹晋、〔英〕格雷姆·默多克：《新媒体、社会性别、市场经济与都市交往实践》，复旦大学出版社，2015。

刘利群、曾丹娜、张莉莉主编《国际视野中的媒介与女性》，中国传媒大学出版社，2007。

刘利群主编《媒介与女性蓝皮书：中国媒介与女性发展报告（2015~2016）》，社会科学文献出版社，2017。

UNESCO, *Gender-Sensitive Indicators for Media*: *Framework of Indicators to Gauge Gender Sensitivity in Media Operations and Content*, (2012), http://www.unesco.org/new/en/communication-and-information/resources/publications-and-communication-materials/publications/full-list/gender-sensitive-indicators-for-media-framework-of-indicators-to-gauge-gender-sensitivity-in-media-operations-and-content/.

L. Zoonen Van, "Gendering the Internet: Claims, Controversies and Cultures," *European Journal of Communication* 1 (2002): 5-23.

女性媒介篇

Women's Media

B.12
融入·融合·融通：提升女性主流媒体传播力
——以《中国妇女报》为例

禹 燕[*]

摘　要： 在迈向新型主流媒体的进程中，女性主流媒体如何不断提升传播力、引导力、影响力、公信力？近年来，《中国妇女报》以传播力建设为基础，以"融入"为先导，在新时代新闻舆论工作大格局中寻找主流定位，强化特色表达，讲好中国女性故事；以"融合"为方向，在媒体融合发展大趋势中求新求变，在女性、儿童、家庭等领域不断增强话语权和引领力；以"融通"为手段，潜心智造深度内容产品，探索性别研究的新闻化传播路径，推动学术成果为社会现实服务。以传播

---

[*] 禹燕，中国妇女报社副总编辑、高级编辑，主要研究方向为女性人类学、女性文化、性别与传媒。

力的有效提升,推动引导力、影响力、公信力的同步增强,努力打造"主流+特色、工作+生活、喉舌+智库、平台+融合"的新型传播格局。

关键词:《中国妇女报》 传播力 媒体融合 性别平等

在传媒变革的大格局下,主流媒体如何不断提升传播力、引导力、影响力、公信力?近年来,《中国妇女报》以传播力建设为基础,精心打造引导力,有效提升影响力和公信力,以"融入"为先导、以"融合"为方向、以"融通"为手段,不断增强党报意识、加快融合发展、突出女报特色、强化智库功能,构建了"主流+特色、工作+生活、喉舌+智库、平台+融合"的新型传播格局,努力实现传播增效、品牌增值、影响扩展。

一 融入:在新时代新闻舆论工作大格局中寻找定位,以特色表达讲好中国女性故事

作为我国主流媒体中唯一的一家女性媒体,《中国妇女报》要不断提升传播力、引导力、影响力、公信力,坚持主流定位是根本,强化特色表达是本色。为此,必须以"融入"为先导,牢牢把握新时代新闻舆论工作的大方向,在新时代新闻舆论大格局中寻找定位,以具有女报特色的内容呈现讲述中国故事,以具有女报特性的表达方式讲好中国妇女发展故事和中国女性故事,从而展现、观察中国发展的女性视角,补充中国发展之书的女性篇章,使女性发展与中国发展融为一体。

(一)彰显性别平等的顶层设计,以高位"融入"达成传播高度

2017年,党的十九大的召开是举世瞩目的重大新闻事件,这是各媒体展现竞争力、体现影响力的契机,也是《中国妇女报》2017年新闻宣传的

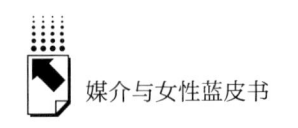

重中之重，利用这次机遇讲好中国女性故事，既是女报的政治使命，也是女报的职责担当。

彰显中国妇女事业发展顶层设计的高远立意，展现大国领袖的超凡气度与博大胸襟，是讲好中国女性故事的首要命题。十九大召开前夕，《中国妇女报》推出了报社历史上最长的一篇报道《建功伟大事业　筑梦伟大时代——党的十八大以来妇女事业和妇女工作沿着习近平总书记指引的方向开拓前进纪实》（2017.10.17），全文共五章，近三万字，用四个整版篇幅加以呈现。

报道以鲜明的政治意识和宏阔的时代视野，立足于"以习近平同志为核心的党中央将促进妇女全面发展放在更加突出的位置""妇女事业作为中国特色社会主义事业的重要组成部分"这一根本前提，系统梳理了习近平总书记关于妇女事业和妇女工作的一系列新理念、新思想、新战略；用翔实的统计数据反映了中国妇女事业的发展成就，体现了女性的获得感和幸福感；用生动的故事赞美了创造中国奇迹背后的中国女人；细数了中国家庭建设的成就，述说了家庭对国家发展、民族进步、社会和谐的重要作用；聚焦了妇联组织改革发展的进程。报道刊发后，被众多主流媒体转载，200多家微信公众号转载，赢得新闻界、妇女界上下一致赞誉，彰显了主流女性大报的风范。

（二）借力主题报道大势，以深度"融入"拓展传播广度

2018年是改革开放40周年。40年的生动实践，充分印证了改革开放是决定当代中国命运的关键选择。在"壮阔东方潮　奋进新时代——庆祝改革开放40年"的主题报道中，《中国妇女报》定位鲜明独特，做足做透"女"字特色文章。通过改革开放40年来中国女性的生活变迁，折射出伴随中国经济社会发展，女性地位提升、受教育程度提高、就业创业机会增多等主题，描绘了改革开放中的中国女性群像，生动展现了改革开放40年给女性带来的获得感、出彩感，在众多媒体报道中独树一帜。

特别是晋江系列报道，以"在晋江发现'她力量'"为视角，集中采写了《弄潮的女人们》《"创二代"创梦新时代》《"国际范儿"里"海纳百川"》等报道，勾画了一批敢闯敢拼、白手起家"吃螃蟹"的女性，通过这些"爱拼才会赢"的创业者，展示了改革开放40年"晋江经验"的生动样本和创新实践。充分体现了《中国妇女报》"主流话题，特色表达"的理念。

与此同时，报社还精心策划、推出了"回首40年见证她力量"系列报道，以时代性、典型性、示范性为基准精选采访对象，不仅展现推动时代变迁的巾帼力量，更注重以"她"为视角，通过女性作为改革开放历程参与者、见证者的故事，映射改革开放的关键节点与深层背景。"中国个体第一家"悦宾饭馆创始人刘桂仙"敢为天下先"的创举，成为工商登记与工商管理改革的生动案例；首位农民工全国人大代表胡小燕，见证了我国人民代表选举制度的变革；中国首位女航天员刘洋，是我国科技发展和航天事业进步的直接推动者；环保践行者廖晓义，"西行20年+东归20年"，勾勒了我国生态文明建设的曲折进程；法官宋鱼水参与司法改革的经历，也是我国依法治国进程的生动写照。

（三）把握重要新闻节点，以特色"融入"凸显传播亮度

每年全国两会召开的时间适逢"三八"妇女节这一交汇点，借力"三八"妇女节，强化议题设置，可获事半功倍之效。

2018年3月8日，《中国妇女报》以《时代女性 怀家国之情 担复兴大任》为题，用一个整版的篇幅报道了参加2018年全国两会的优秀女性代表委员，7位女性代表委员以朴实而坚定的话语，展现了她们的责任与担当、梦想与情怀。同时，精心策划了纪念"三八"妇女节的特刊《奋斗·绽放》，三个版分别为"面孔""大事""见解"，《40年，难忘的十张面孔》回顾了改革开放40年来产生过重要影响的女性人物，其中有勇立经济改革潮头的排头兵；立足乡土、推进农村改革的领头雁；见证中国民主政治进程的农民工；青史留名的科学家、航天员；以拼搏精神诠释中国精神的体坛名将、励志榜样；以独特创意讲好中国故事的女导演。她们用奋斗为改革

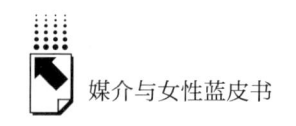

开放背书，用绽放为美丽人生存档。《40年，值得铭记的瞬间和历程》，通过梳理改革开放40年来和妇女事业发展息息相关的大事件，对妇女事业发展的制度成果与实践成就进行回顾与展望——"两次大会"展现开放姿态、两项立法彰显法治变革力量、"两个纲要"体现国家意志、群团改革纳入全面深化改革布局，脉络清晰、提纲挈领。《新时代，我们怎样过"三八"》，对"三八"节被商业化、娱乐化的现状进行反思，探讨如何赋予这个节日更大的价值与意义。《中国新闻出版广电报》评价"这一份让人过目难忘的特刊""十分精致"，给女性读者献上了一份温馨的节日礼物。

二 融合：在媒体融合发展大趋势中求新求变，扩大"女性之声"传播力

在迈向新型主流媒体的进程中，《中国妇女报》紧紧把握传媒变革趋势，积极投身媒体融合发展，坚持移动优先战略，把移动端的传播优势和报纸的专业内容优势相融合，全面激发新闻生产力、创造力，在妇女、儿童、家庭等领域不断增强话语权和引领力。

（一）传播手段多元"融合"，重大主题报道实现全媒体聚合传播

在党的十九大、中国妇女十二大、改革开放40年等重要宣传节点上，报社采编团队综合运用文字、图片、图表、视频、音频、直播、H5等传播手段，打造全方位、立体化、强互动的品牌新闻产品，使"报网微端屏"各展所长，线上线下同向发力。

十九大召开之前，《中国妇女报》推出"喜讯捎给总书记——回访习近平看望慰问过的家庭"全媒体大型主题报道，这是报社历史上第一次真正意义上的融合报道实践。除在纸媒头版重要位置刊发图文报道外，还在新媒体平台同步播放总书记看望慰问过的19个家庭的短视频，全国妇联系统新媒体进行同步转载，阅读量达6000万，"亲戚习近平"迅速成为热词。该作品也获得新闻业界一致好评，并荣获第二十八届中国新闻奖。

2018年,中国妇女第十二次全国代表大会前后,报社充分利用短视频这一新手段生产优质新闻产品。系列短视频《数说新成就》共五集,以数字形式的角度,从参与决策管理以及经济、教育、健康等不同领域,全景呈现各行各业妇女建功新时代的贡献作为,集中展示妇联工作和妇联改革的进展成效。《一个90后妇联小姐姐的一天》,创作手段令人耳目一新,打破了社会对妇联干部的刻板印象,广受好评。此外,《向她们致敬》《向前辈致敬》《向历史致敬》等12个致敬系列H5,让广大受众在回忆中感受中国妇女运动的光辉历程,领略老一辈无产阶级革命家的优良家风。

(二)全媒体平台协同"融合",社会热点同步发声

当下,互联网彻底改写了大众传播的格局,性别平等议题也面临众声喧哗的挑战,面对种种社会怪象和奇谈怪论,中国妇女报社推进全媒体平台协同发力,同步发声,坚持以舆论监督之力,扬性别平等正气。

2017年,在几乎所有涉及性别平等的事件中,《中国妇女报》均运用全媒体平台铿锵发声。奥迪二手车和绝味鸭脖广告侮辱女性,《中国妇女报》的评论犀利有力,最终使其受到工商部门处罚。"八千湘女"被恶意诋毁,《中国妇女报》的态度旗帜鲜明,刊发的评论《"八千湘女"的尊严不容亵渎》,用大量事实和珍贵史料,正本清源,以正视听。"女德班"沉渣泛起,《中国妇女报》予以迎头痛击。2017年5月,江西九江学院"女德"讲座主讲人丁璇的荒谬言论引起社会广泛关注。《中国妇女报》陆续推出评论《所谓"女德"已触碰性别平等的文明底线》《应如何对待"女德"我们态度清晰而坚定》等,同时派出记者赴九江调查,第一时间发布了当地妇联的表态、介入过程以及社科联的处理决定。该评论被《环球时报》微信公众号、《中国青年报》微信公众号转发,据不完全统计,该事件相关评论与报道的全网总转载量超过4000万。

2018年,针对歌手PG one的新歌涉嫌"教唆青少年吸毒"和"公开侮辱妇女"、知名博主Ayawawa侮辱"慰安妇"的"女性性别优势论"、未成年人"女德班"等数起涉性别舆情事件,《中国妇女报》持续发力移动端,

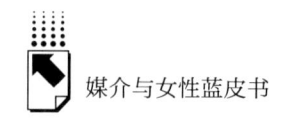

对错误言论给予有力抨击，舆论监督成效凸显：PG one 作品遭下架，Ayawawa 被禁言半年。在"女性堕落导致国家堕落""婚外性无害论"等热点话题的交锋中，《中国妇女报》等主流大报更是展现了强大的引导力。

2018年11月18日晚，针对俞敏洪"女性堕落导致国家堕落"的视频，《中国妇女报》官方微博第一时间予以回应。19日，官方微信推出《性别观关乎成功人士的格局》一文，批评俞敏洪言论的事实、逻辑和价值错误，获得网民点赞。随后，《中国妇女报》全媒体平台连续推出《男女彼此成就才是好的安排》《推进性别平等是全社会的共同责任》《让尊重妇女成为国家意志公民素养社会风尚》3篇深度评论，平实、理性地指出这些言论的失当之处。人民网、光明网等各大主流媒体纷纷转载或跟进，舆论场正能量形成压倒性优势。20日，《中国妇女报》官方微博推送《俞敏洪通过中国女网向广大女同胞诚恳道歉》一文，阅读量达1649万次；随即又推送评论员文章《让尊重关爱妇女儿童、促进男女平等成为全社会的风尚》，对其公开道歉予以肯定。21日，微信公众号"人民日报政文"推出《@所有人！是时候补上性别平等这堂课了》对这场舆论战进行复盘并点评："作为党和政府联系妇女群众的桥梁纽带，全国妇联在这次事件中及时发声，有力维护广大妇女权益，有效引导社会舆论。《中国妇女报》连续发表多篇文章驳斥错误言论，让广大妇女吃下了定心丸，也感受到了妇联组织娘家人的温暖。"

（三）与用户强化情感"融合"，提升网络感召力、动员力

新媒体时代，集信息生产者、传播者和接受者为一体的用户，掌握了新闻和信息的选择权和传播权，维系用户对媒体的忠诚度、黏度，需与用户进行有效情感沟通，提升用户体验。为此，《中国妇女报》新媒体团队注重强化与用户的深度互动，并致力于打造差异化产品，以赢得更多受众特别是年轻受众喜爱。

2018年，《中国妇女报》官方微博的粉丝量向120万进军，活跃度非常高。据新浪提供的数据，官方微博共参与了438个话题，发博8560条，产生阅读量12.2亿次，日均阅读量在334万次以上，单条阅读量在千万次以上的达十多条，具有很强的网络动员能力。其中，《〈娘道〉，反感你，是因为你把

毒瘤扮成了鲜花》，单条阅读量超过 429 万次，全网阅读量近 3000 万次；《男子求爱不成当面跳江 女方被死者家属索赔近 80 余万元》单条阅读量近 5000 万次。官方微信原创的阅读量"10 万＋"产品《新增一个月离婚冷静期！》"刷爆"朋友圈，有数千网友留言，《彭丽媛的哪句话，让全世界为之感动》《警花教你乘滴滴》等融媒体"爆款产品"也屡屡刷屏。

三 融通：潜心智造深度内容产品，探索性别研究的新闻化传播路径

在信息传播碎片化、新闻阅读浅表化的当下，受众分众化、差异化、圈层化的趋势也逐渐强化，满足部分受众需求的深度内容产品正在成为各媒体提升综合竞争力的"利器"。深度内容产品不仅是"以深度和全面为传播旨趣的新闻报道"，还包括对最新的理论思考、学术研讨、政策解读的关注等。就女性主流媒体而言，既要传播性别平等理论研究的最新成果，也要对性别平等推进的实践成果进行理论提升，还要对新闻现象进行理论分析与专业解读。因此，应以"融通"思维打破理论与实践的隔膜，探索以新闻化的方式推介学术成果、运用学术成果，使理论成果让决策层"听得懂"，让公众"听得见"。

为此，《中国妇女报》精心智造的理论周刊《新女学周刊》，力求以新闻视角和新闻方式探索女性和性别研究的新闻化传播路径。

（一）把握时代主题，使学术思考与新闻时效"融通"

2017 年，党的十九大召开之前，《新女学周刊》推出"治国理政新理念新思想新战略与女性发展"系列文章，对"五大发展理念"融入女性发展实践的深刻内涵及重要意义进行解读，总结党的十八大以来女性发展的成功经验，展望女性发展的崭新格局及未来路径。《创新是引领中国女性发展的原动力》强调，女性发展需要理论、制度、科技和文化方面的创新。其中，理论创新是牵引，制度创新是保障，科技创新与女性发展相辅相成，文化创

新是软实力。《男女协调发展是践行协调发展理念题中应有之义》指出，推进男女协调发展，应保证男女两性都能从社会发展中受益，反对顾此失彼的发展模式，增强发展的均衡性。《推进绿色发展，为女性赋权增能》认为，在绿色转型中纳入性别视角，对促进经济增长、性别平等和社会公正具有重要意义。《开放发展是实现性别平等的必由之路》强调，在开放发展理念下推动妇女发展、实现性别平等要坚持统筹国内、国际两个大局。《共享发展：全面激发推动男女平等正能量》认为，共享发展揭示了男女平等基本国策的本质要求，优化了妇女发展的社会环境，激发了实现男女平等的正能量。

2018年，在纪念马克思200周年诞辰之际，结合习近平总书记的重要讲话精神，《新女学周刊》邀请专家撰写了一组有关马克思主义妇女观的文章，《继承马克思为女性解放留下的宝贵财富》《深刻领悟马克思的妇女自由全面发展思想》《澄明马克思主义妇女解放思想的当代价值》《不断赋予马克思主义妇女解放理论时代内涵》等，从不同角度重温马克思的光辉思想和理论精髓，倡导人们继承马克思为女性解放留下的宝贵财富，在实践中坚持和发展马克思主义理论。

（二）聚焦特殊新闻节点，使公众关注与学术研究"融通"

每年的两会是举国关注的重大事件，以学术思考回应社会关切成为媒体强化智库功能的重要契机。2018年两会期间，第十三届全国人大第一次会议将民法典各分编列入当年立法项目，引发全民关注，《民法典各分编：健全男女平等基本国策体系化执行机制》以农村妇女土地权益保护为例，阐述了民法典的合同、物权、婚姻家庭、继承、侵权责任等各分编对于建立有效的妇女权益保护机制的作用。《政府工作报告》提出的"消除性别和身份歧视"亦成为热议焦点，《落实"消除性别歧视"目标的三大实施途径》建议，出台反就业歧视法、健全消除性别歧视的法律评估机制、防止"男尊女卑"的封建文化死灰复燃。

每年9月10日的中国教师节都是年度新闻节点。2014年以来，《新女学周刊》连续推出教师节专题报告，关注中国高校女教师及中小学教师、幼教、特教、特岗女教师的权益与发展问题，引发读者强烈共鸣。在2017年第33个教师节来临之际，《新女学周刊》将关注视线延伸到世界范围内教师职业的性别差异问题上，推出"观察与求解：教师职业性别不平衡的国际比较"专题，独家编译经济合作与发展组织《教师职业性别不平衡》报告，并邀请专家进行中外教师职业性别差距比较，对研究和改善中国教师职业性别不平衡问题具有启示意义。2018年教师节，《新女学周刊》将视线对准教育行业的高层领导——"女校长及女性领导者"这一重要且特殊的群体，通过对这一群体数量、规模、结构及发展状况的考察，洞悉女教师晋升所面临的困境，总结女教师突破"玻璃天花板"的有效经验，推出了"蓄势与突破：中国女校长及女性领导者发展报告"专题，分别考察任职于经济水平相对发达的直辖市、承担高等教育责任的高校女校长及女性领导者，与任职于经济水平相对欠发达地区、承担基础教育重任的乡村女校长的发展情况，并因地制宜地提出相应的对策建议。

（三）深度探讨热点新闻事件，使学术表述与新闻表达"融通"

家暴、性骚扰、校园欺凌等新闻事件一直是社会热点，引发越来越多的公众关注和舆情热点，及时邀请学者、专家来分析、建言，有助于推进对相关问题的深度思考和综合防治。

2018年推出的《加强对"精神暴力"行为的法治化惩治机制》关注"精神暴力"的预防、处置，注重对受害人的保护、对加害人的处分。《工作场所性骚扰的前因后果及组织干预》提出，工作场所性骚扰不只是组织内部的事情，更是社会文化中性别建构和性别歧视的产物，其预防与治理是一项系统工程。《防止校园欺凌需加强公民教育与法制教育》认为，缺乏公民教育与法制教育是校园欺凌现象产生的温床，应加强对青少年进行平等教育和法制教育。《家庭暴力对儿童行为的影响及应对措施》阐述了家暴对儿童外化行为和内化行为所造成的影响，从事前、事中、事后三个层面提出了解决由家暴造成的儿童行为问题的综合防控措施。

综观来看，在探索增强女性主流媒体传播力的实践中，《中国妇女报》

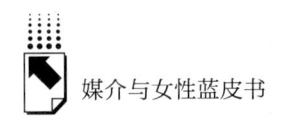

积极"融入"、创新"融合"、精心"融通","主流+特色、工作+生活、喉舌+智库、平台+融合"的新型传播格局正日臻成熟。

参考文献

蔡双喜、刘天红:《2017:关注大趋势 立足本土化 拓展新视野——"新女学"年度热点回眸》,《中国妇女报》2017年12月26日。

蔡双喜、刘天红:《2018:把握新时代新议题 汇聚新思想新观察——"新女学"年度热点回眸》,《中国妇女报》2018年12月25日。

隋明照:《表达简明精准 报道精彩纷呈》,《中国新闻出版广电报》2018年3月13日。

《中国妇女报社2017年概况》,中国新闻年鉴社编辑《中国新闻年鉴(2018)》,2018。

B.13
主流媒体女性评论与妇女观的形塑

李 舒 孙小咪＊

摘　要： 新闻评论与妇女观在本质上都属于观点的产物。在我国，女性评论特别是主流媒体女性评论对于形塑妇女观和推动女性事业的发展发挥了重要作用。新中国成立以来，女性社会地位显著提升，女性在经济社会发展中的作用日益彰显。进入新时代，主流媒体女性评论要在妇女观的形塑上守正创新，不断丰富妇女观的时代内涵。

关键词： 女性评论　妇女观　主流媒体

新中国成立以来，我国女性事业的发展取得了重大的进步，女性在社会中的权利、地位都得到了前所未有的保障和提高，女性在经济社会发展中的作用也日益彰显。这些成就的取得与全社会在妇女观（即对有关女性问题的态度和观点）上的变化密切相关。恩格斯说过："一个民族要想站在科学的最高峰，就一刻也不能没有理论思维。"[①] 理论来源于实践，正确的理论可以推动实践的发展和社会的进步。新闻评论作为对社会现实做出的价值判断，对社会思想、公众认知发挥着重要的影响。其中，女性评论（即以女性人物、女性事件、女性话题等为评论对象的新闻评论）对社会妇女观的形塑发挥着不可替代的作用。

＊ 李舒，博士，中国传媒大学传播研究院院长、教授、博士生导师，主要研究方向为新闻评论、政治传播、传媒治理等；孙小咪，中国教育电视台编辑。
① 《马克思恩格斯全集》第26卷，人民出版社，2014。

一 女性评论与妇女观的关联

《中国妇女报》在1987年的"三八"国际妇女节社论中指出:"妇女观的问题,归根结底是个如何认识、对待和引导妇女的问题,是妇女应该走什么道路,应该如何选择和实现人生理想,为国家、民族、社会做出应有贡献的问题。"随着时代的变迁,妇女观的内涵也在不断调整和丰富。在这个发展过程中,新闻评论特别是女性评论作为承载观点的新闻体裁,对社会妇女观的形塑起着关键的作用,也承担着相应的功能。

20世纪初,半殖民地半封建社会中的中国妇女的处境尤为艰辛,在家庭和社会环境中均受到严重压迫。彼时的评论立足于争取妇女解放的呐喊与启蒙,在与旧社会、旧思想进行观点上的碰撞,引导社会反思封建、扭曲的妇女观的同时,也表达和形塑着符合时代发展方向的妇女观。

1907年1月14日,《中国女报》创刊于上海。创办人秋瑾为这份清末妇女刊物撰写了白话文发刊词,为妇女解放而呐喊。在同期题为《敬告姊妹们》的评论文章中,秋瑾指出:"但凡一个人,只怕自己没有志气;如有志气,何尝不可求一个自立的基础、自活的艺业呢?""如今女学堂也多了,女工艺也兴了,但学得科学工艺,做教习,开工厂,何尝不可自己养活自己吗?……难道我诸姊妹,真个安于牛马奴隶的生涯,不思自拔么?"秋瑾提出女性应该"自立""学艺",追求经济独立和人格独立。除了阐述她的妇女解放观点之外,这篇文章也是向全社会发起求助,呼吁有识之士为办好《中国女报》贡献一份力量,用舆论的力量推进中国妇女的解放。

1919年11月14日,长沙女子赵五贞因不满父母包办婚姻,用剃刀自杀于接亲花轿内。针对这一事件,毛泽东于11月16~28日在《大公报》《女界钟》上先后发表了数十篇评论文章,认为赵小姐的自杀反映了旧社会妇女的悲惨处境和地位,指出"环境为这种事件的发生提供了条件",这种环境就是"婚姻制度的腐败,社会制度的黑暗,意想的不能独立,恋爱不能自由"①。评论文章不但对这一事件背后隐藏的社会问题进行了深刻剖析,还呼吁砸碎腐败的婚姻制度和社会制度的"花轿"与"囚笼"。毛泽东的妇女观内涵相当丰富,关于妇女的解放道路、妇女的社会作用、妇女的合法权益等的认识和判断,都是毛泽东思想的重要组成部分。新闻评论则在不同时期,为思想的探索和传播,发挥了重要作用。

同样,鲁迅也为彼时妇女所遭受的压迫发声。他的文学作品中所呈现的女性形象,如《祝福》里的"祥林嫂"、《伤逝》里的"子君"等,无疑都给了封建礼教响亮的耳光。此外,鲁迅也时常运用评论"敲打"当局的荒唐。1914年3月,袁世凯颁布旨在维护封建礼教的《褒扬条例》,"妇女节烈贞操,可以风世者",给予匾额、题字、褒章等奖励。对此,鲁迅在1918年的《新青年》上发表了《我之节烈观》,文中通过"不节烈的女子如何害了国家?""何以救世的责任,全在女子?""表彰之后,有何效果?""节烈是否道德?""多妻主义的男子,有无表彰节烈的资格?"等一系列设问,得出结论:"节烈这事是:极难,极苦,不愿身受,然而不利自他,无益社会国家,于人生将来又毫无意义的行为,现在已经失了存在的生命和价值。"②在1926年发表的《记念刘和珍君》一文中,鲁迅表达了对刘和珍这样的女子的钦佩:"我目睹中国女子的办事,是始于去年的,虽然是少数,但看那干练坚决,百折不回的气概,曾经屡次为之感叹。至于这一回在弹雨中互相救助,虽殒身不恤的事实,则更足为中国女子的勇毅,虽遭阴谋诡计,压抑至数千年,而终于没有消亡的明证了。"③ 还有更为犀利的《关于妇女解放》一文,开篇即指出:"孔子曰:'唯女子与小人为难养也,近之则不逊,远之则怨。'女子与小人归在一类里,但不知道是否也包括了他的母亲。"④ 通过归谬论证和严密的逻辑,驳斥了轻视女性的荒谬认识。

---

① 毛泽东:《对于赵女士自杀的批评》,《大公报》1919年11月16日。
② 鲁迅:《我之节烈观》,《新青年》月刊1918年8月第五卷第二号。
③ 鲁迅:《记念刘和珍君》,《语丝》周刊1926年第74期。
④ 鲁迅:《鲁迅文集·南腔北调集》第十四卷,吉林文史出版社,2006。

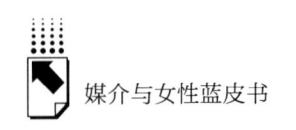

新中国成立以来，女性评论的重要性更是不言而喻。每年的"三八"国际妇女节期间，主流媒体都会在重要位置推出社论、评论员文章等高规格的评论，反映出党和国家对妇女事业发展的高度重视。虽然有些评论具有一定的时代局限性，但总体看来，女性评论在传达正确、主流的妇女观，引导全社会形成两性平等、尊重女性的共识，以及引导女性形成正确的自我认知上，发挥了不可替代的作用。

进入信息时代，社会公众对信息的需求更加全面，除了资讯类信息以外，对观点性内容的需求也更加迫切。与此同时，社会转型期各种新现象、新问题层出不穷，有关女性的话题时常成为社会热点，甚至成为网络舆情事件。这些都敦促着新闻评论及时发声，以避免错误的认识对社会女性观产生不利影响。

新闻评论与妇女观两者在属性上具有共同点：妇女观是对女性社会角色、地位、权利、作用以及女性发展等的根本认识，与新闻评论一样，在本质上都属于意见性信息。新闻评论与妇女观构成了互动关系：一方面，新闻评论反映和塑造着一个社会的妇女观，促进和推动着妇女观的发展；另一方面，妇女观影响着评论的内容选择和价值取向。新闻评论关注社会现实、立足观点表达、讲究说理方法的特质，在妇女观的传递上具有新闻报道所不具备的功能，对社会妇女观的形塑更为直接、有力。

二 女性评论与新中国成立以来妇女观的变迁

新中国成立以来，中国社会的妇女观发生了巨大的变化，女性评论既是这一变迁的折射，客观上也推动了这一变迁的进程。本报告以《人民日报》（1949年以来的）和《中国妇女报》（1985年创办以来的）在"三八"国际妇女节当天发表的女性评论为研究对象，力求厘清我国主流媒体女性评论的变迁规律，推进女性评论更好地发挥社会功能。《人民日报》作为党报，在反映党和国家对妇女问题的态度和观点上最具代表性；《中国妇女报》作为全国妇联的机关报，在女性问题的探讨上更具专业性。在政治、经济、社会、文化等因素的综合影响下,女性评论与其他新闻作品一样,带有鲜明的时代烙印,在不同的时期体现出不同的阶段性特征。纵观新中国成立以来女性评论的发展情况,大致可以分为四个阶段。

(一)改革开放以前(1949~1976)

新中国成立初期,政治、经济、社会思想等方面都经历着巨变,女性评论主要在以下两个方面发挥着重要作用。

一是改变社会思想,推进男女平等。新中国成立前,女性社会地位低下,男尊女卑的思想普遍存在。《人民日报》的女性评论在彻底铲除封建残余和资产阶级思想,鞭挞旧社会对妇女的摧残和束缚,建立全新的妇女观,倡导婚姻自由、男女平等方面发挥了积极作用。

二是引导社会正视女性的作用,为社会主义建设争取力量。"一五"计划以及之后的总路线、"大跃进"、人民公社化运动,都迫切需要将全社会包括女性的力量统一到社会主义建设中。因此,相当一部分女性评论更像是号角和动员令,鼓励和号召妇女积极参加社会劳动,为社会主义建设争做贡献。这一点从部分"三八"国际妇女节社论的标题(见表1)可窥见一二。

表1 1949~1966年《人民日报》部分"三八"国际妇女节社论标题

年份	评论标题
1956	《充分发挥妇女在社会主义建设中的伟大作用》
1957	《更充分地发挥妇女群众的社会主义积极性》
1959	《妇女们,鼓足冲天干劲,做出更大贡献!》
1961	《妇女们,为今年农业丰收贡献更大力量!》
1963	《妇女们,为争取新的胜利而斗争》
1964	《妇女们,发扬革命精神争取新的胜利》
1965	《大树革命雄心,苦练过硬本领——纪念三八国际劳动妇女节》

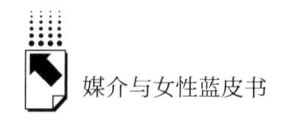

"文化大革命"的十年，《人民日报》只在1973年和1974年刊发了"三八"国际妇女节社论。这一方面折射出妇女事业被弱化，另一方面也反映出女性评论的地位和作用大大降低。受当时政治路线的影响，女性评论表现出浓厚的阶级斗争色彩，在对女性地位的解读、对妇女工作方向的判断以及对妇女观的传递上都出现了不同程度的偏离。

（二）改革开放初期（1977~1992）

十一届三中全会后，"文革"中"左"的错误得以纠正，党重新确立了解放思想、实事求是的方针。随着国家的拨乱反正，党的新闻工作也迎来了继1942年、1956年后的第三次改革。1981年1月，中共中央《关于当前报刊新闻广播宣传方针的决定》指出，新闻宣传工作要"切实坚持党性原则，密切联系群众，发扬实事求是、旗帜鲜明、真实准确、生动活泼的优良作风"。与之相应，女性评论的面貌也焕然一新，主要体现在两个方面。

一是对女性角色的认知逐渐回归常态。女性评论不再把妇女作为政治斗争的工具，作为被决定、被支配的物；也不再一味"呐喊"，要求妇女无条件地投入国家和社会建设中。而是提出"摆在全社会面前的一个重要问题就是要重视妇女，关心妇女"。

二是更加尊重女性的选择，鼓励女性自我发展。女性评论不再"一把抓"，而是把女性当作独立自由的个体，鼓励她们在擅长的领域积极开拓，例如1991年的社论谈道："她们之中，有政绩斐然的公务人员，有精明强干的企业家，有英姿飒爽的军人，有驰骋体坛的运动员，有富于创造的科学工作者，还有用情与美酿造精神佳肴的文艺工作者，甘为'春蚕''蜡烛'的女教师，救死扶伤的白衣战士，以及千千万万在平凡岗位上无私奉献的职工，在农业生产和多种经营中大显身手的农民……她们以主人翁的姿态，在各条战线上创造的伟大业绩，向社会展示了妇女的价值和时代风貌。"

（三）社会转型期（1993年至今）

1993年十四届三中全会通过了《中共中央关于建立社会主义市场经济体制若干问题的决定》，确立了我国社会主义市场经济体制的基本框架。伴随着经济转型，社会也进入转型期，社会结构发生深刻变化，加之利益的调整，人们的行为方式、价值体系也发生了明显变化。女性评论在不同层面对各种新现象、新问题予以关注。

宏观上，女性评论从整体上把握妇女事业的发展方向。1995年第四次世界妇女大会在我国举行，"男女平等"首次被列为促进我国社会发展的一项基本国策。女性评论牢牢把握这一基本原则，对妇女事业发展中的一些关键性问题及时做出符合时代的判断，对于妇女事业发展发挥了重要指导作用。

中观上，女性评论对具体妇女工作发挥引导和监督功能。女性评论呼吁全社会着力推动解决妇女最关心、最直接、最现实的利益问题，例如《人民日报》2015年的评论员文章指出："毋庸讳言，一位女性要有尊严地度过一生，仍需要经历比男性更多的困难。出生人口性别比畸高，重男轻女的观念，就业时面对的各种明里暗里的歧视，职业生涯中有形无形的'天花板''潜规则'，还有家庭暴力等，仍在困扰着女性同胞。"[1] 在女性评论的持续呼吁下，各项维护和保障妇女权益、促进男女平等的工作得到不断深化和拓展。

微观上，女性评论充分肯定和关心女性个体发展。一方面，重视对女性先进人物的宣传，鼓励女性充分绽放光彩。《中国妇女报》评论明确表达了对女性价值的态度："幸福，除了物质，还有精神。自尊且自信，拥有独立人格而非谁的附属，以坦然、智慧、不卑不亢赢得尊重；自立且自强，不靠外界施舍而是自身耕耘，握紧属于自己的命运，游刃有余地去实现自我价值。"[2] 另一方面，强调女性在社会参与过程中享有平等的权利，关心女性

---

[1] 《共担促进男女平等的责任与使命》，《人民日报》2015年3月8日，第1版。
[2] 《拥抱小幸福 撑起大情怀——写在"三八"国际妇女节之际》，《中国妇女报》2016年3月8日，第1版。

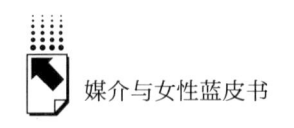

在现实生活中面临的困难。伴随经济体制改革的深化，女性在参与社会劳动时的权益、晋升等话题也成为女性评论的重要内容。女性评论在为女性寻求更多发展机会、营造更加公平的竞争环境、推动政府和社会共同解决制约女性发展的障碍上发挥了不小作用。

（四）女性评论的变迁规律

新中国成立以来，主流媒体女性评论在主题、说理、话语风格等方面都发生了明显的变化。

1. 主题：从一切为了国家到以人为本

我国经济体制经历了从计划经济到市场经济的转变，生产力及生产方式的变革从根本上决定了女性发挥作用的空间和形式。不同的时代背景下，国家和社会对女性发挥的作用要求不同，女性评论的主题也相应发生了变化。

在社会主义建设时期，女性评论从妇女解放的角度大力提倡妇女走出家庭，融入国家建设。"公共食堂、托儿所、幼儿园等集体福利事业的大量举办，从根本上解决了妇女参加社会生产和料理家务的矛盾，从而进一步解放了妇女在家庭一方的劳动力。"此外，"参加劳动最光荣，好吃懒做最耻辱"是这一时期媒体引导舆论的重点，相应的，争比先进成为女性评论的主题。

这一时期女性评论传递出的价值观是，妇女不再附属于家庭，妇女不但要在思想上保证"又红又专"，劳动上勤勤恳恳，还要不断提高自己的技术能力，积极参加技术革命运动，提高劳动生产率，为国家建设发挥作用。

改革开放以后，随着经济体制的转变和社会的进步，国家意志不再强行将妇女与社会建设捆绑到一起，女性评论的主题逐渐转向以女性主体为本，重视女性个体的进步和发展。女性评论一方面开始提倡给予女性更多的自我空间，呼吁全社会尊重和爱护妇女，关心和支持妇女工作，要为妇女实现个人的发展进步创造良好的环境；另一方面注重引导女性发扬自尊、自信、自立、自强精神，不但要实现自身的发展进步，也要在为社会发展做贡献中实现自身价值。

2. 说理：从宏阔大论到事理结合

新闻评论作为论说性的新闻体裁，重在以理服人。说理方式决定说理效果和评论功能的实现，也反映出新闻评论对传受关系的认知。

改革开放之前，女性评论多采用直接说理，并大量套用方针、政策、文件等理论性依据，形成了基于国家政治语境的宏阔大论式的评论风格。特别是在"文革"期间，报纸在刊发"三八"国际妇女节评论的同时，还醒目地印着毛主席关于妇女问题的论述。如1973年3月8日《人民日报》除了在头版头条刊发社论《劳动妇女是伟大的革命力量》以外，还在报眼的位置印着"时代不同了，男女都一样。男同志能办到的事情，女同志也能办得到"的毛主席语录。总之，改革开放前的女性评论在思维方式上还处于自上而下的"单向度"状态，对读者顾及较少的说理难免带有"说教"意味，造成预期与实际效果的割裂。

改革开放后，女性评论的说理更加注重通过事理结合来提升实际效果。例如2017年的评论员文章《让"她时代"绽放更多光彩》写道："回首人类文明进步的征程，女性的身影从未缺席；放眼今天，女性的优势、魅力日益彰显。时隔12年重登奥运之巅的中国女排，'一说起青蒿素眼睛就发亮'的科学家屠呦呦，勇敢进驻浩瀚太空的航天员刘洋，被誉为'学术女神'的年轻博导颜宁……无论是科研一线还是竞技赛场，到处都活跃着来自女性的创造，到处都洋溢着源自玫瑰的芬芳。"[①] 这些鲜活的个例不但丰富了人们对于女性角色的认知，也于无形之中实现了价值观的传递。

同时，女性评论也更加注重运用法律来探讨女性议题。虽然1954年宪法中明确规定"妇女在政治的、经济的、文化的、社会的和家庭的生活各方面享有同男子平等的权利"，但早期却鲜见以法律为说理依据的女性评论。1982年宪法颁行后，随着国家法治化进程的加快，女性评论越来越多地以法律为依据，强调女性依法享有的财产权、休息权、受教育权等

---

① 《让"她时代"绽放更多光彩》，《人民日报》2017年3月8日，第1版。

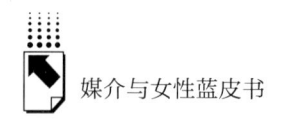

各项权利。1995年男女平等被列为一项基本国策,加之《中国妇女发展纲要(2011—2020年)》的出台,都为女性评论以法理说事理提供了支撑力量。

3.话语风格：从政治话语到社会话语

话语是语言系统与社会环境的交汇点,不同时期的话语必然带有时代的烙印。女性评论的话语风格经历了从政治色彩话语向社会色彩话语的转变。

福柯认为,话语就是在特定社会文化条件下,为了一定目的而说出或写出的论证性话语,是一系列"政治事件","它运载着政权并由政权又反过来控制着话语本身"①。改革开放前,社会的认知体系完全由政治力量决定,因此媒体的话语方式不但必须为政治宣传服务,还不可避免地受到政治话语的影响。本报告对"必须"和"一定"这两个指令性词语在42篇"三八"国际妇女节重要评论中出现的频率做了统计(见表2)。

表2 "必须""一定"的词频统计

指令性词语	总共出现次数	1949~1978年出现次数	1979~2019年出现次数
必须	99	75	24
一定	32	26	6

其中,"必须"共出现99次,改革开放前出现75次;"一定"一词共出现32次,改革开放前出现26次。通过"必须"和"一定"的词频变化不难看出,伴随着话语环境的变化,女性评论逐渐摆脱了"俯视""指令"状态,论述的视角逐渐由政治转向社会视角,把女性置于整个社会结构中定位其社会角色和作用。从"指挥"到"指导",从直白、生硬的号召、鼓动到真挚、平和的呼唤、鼓励,这不仅体现了女性评论话语风格的转变,也是社会文明程度不断提高的折射。

---

① 石义彬、王勇：《福柯话语理论评析》,《新闻与传播评论》2010年第1期。

三　融媒体时代女性评论社会功能的实现

在女性评论的助推下，我国女性的话语权力得到持续提升。

微观层面，女性个人发展权利得到有效保障。例如，女性受教育的权利。女性评论多次把受教育的重要性纳入议题，样本中监测到"教育""学习"一类的词频共244次。据2017年《中国妇女发展纲要（2011—2020年）》统计监测报告，与2010年相比，女性接受学前教育、义务教育、高中阶段教育以及高等教育各个阶段教育的比例均有较大幅度上升，特别是义务教育阶段，小学学龄女童净入学率达到99.9%。此外，在女性职业选择、生育保障等多个问题上，女性在社会上的话语权都有所保障。

中观层面，女性在家庭和婚姻关系等场域中的话语权得到提升。新中国成立以来，封建的婚姻制度被废除，传统的"一夫多妻"退出历史舞台，女性不再是家庭关系中的"附属品"。与此同时，女性评论呼吁和鼓励妇女走出家庭，走向社会，这促使了女性实现经济独立，在社会中能够独当一面。制度和经济的双重加持，使女性在两性关系中的地位不断提升，家庭地位显著提高，参与家庭重大事务决策权力明显增大。"我妈高兴，全家高兴"不仅仅是一句调侃，更是女性在家庭关系中地位的真实写照。

宏观层面，女性在社会公共事务治理中的话语权也不断凸显，如妇女的政治参与问题。1954年我国第一届全国人民代表大会的女代表人数只占总人数的12%，而到2018年第十三届全国人民代表大会，女代表的比重已上升至24.9%，增加了1倍之多。此外，女性评论还推动了一系列保护妇女合法权益的法律法规的制定。从"八二宪法"到1988年的《女职工劳动保护规定》，再到1992年的《中华人民共和国妇女权益保障法》以及《中国妇女发展纲要（2011—2020年）》，还有婚姻法、就业促进法、劳动合同法、社会保险法等多项法律中都对妇女所享有的权益提供了支撑和保障。新中国成立以来，女性权利从无到有、从局部到全面地发展和完善起来。

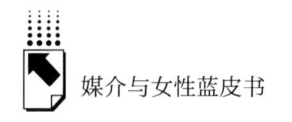

融媒体时代女性评论要想充分实现社会功能,还要从如下几个方面发力。

一是要保证"在场",这是功能实现有效发挥的前提。"三八"国际妇女节期间的女性评论无疑是一年之中最具代表性、最能集中反映一个国家妇女观概况的,也最能够把"时度效"发挥到极致,这一时期女性评论的"在场"显得尤为重要。1990年"三八"国际妇女节,时任宁德地委书记的习近平在《闽东日报》发表评论《妇女是推动社会发展的伟大力量》:"有人曾说,农村妇女离不开锅台,上不了讲台,登不上舞台。大量无可辩驳的事实一再证明,在社会主义革命和建设时期的闽东广大妇女,她们离开了锅台,走出了家庭,步入社会,不仅投身于各项生产劳动,而且参加各种政治活动。"在20世纪90年代的闽东,这篇评论犹如春风应时而出,为女性实现自身的社会价值提供推力。2004年3月,时任浙江省委书记的习近平在《中国妇女报》发表《充分发挥妇女"半边天"作用》一文,畅谈男女平等基本国策。习近平总书记一直非常重视女性在社会中的地位问题,他善于运用女性评论传递积极的妇女观,通过评论文章的鼓与呼,有效推动了相关政策的制定和实施。

然而,主流媒体女性评论每年只有"三八"国际妇女节前后才"在场"是远远不够的。如果平时的版面中鲜见身影,就难免给人"三月的春风一刮就走"的感觉。本报告统计了《中国妇女报》2014年1月至2018年12月的女性评论,共计634篇,其中2015年数量最多,达到了161篇,约占总样本的1/4。而自2015年后,女性评论的数量呈递减趋势(见图1)。

妇女观的形塑是一项长期的工作,在融媒体传播背景下,女性评论要突出庞杂信息的重围,发挥对妇女观的价值引领作用,必须要保证"在场"。一方面,"在场"意味着女性评论要建立常态化传播机制,提高女性评论在媒体中的可见度,避免季节性关注;另一方面,"在场"还体现在议题的均衡性上,要保证重要议题、焦点、敏感话题主流媒体声音不缺位。

二是要发挥好女性评论的引导与监督功能。社会进入转型期,各种社会思潮暗流涌动,互联网上的海量内容中难免裹挟着与主流妇女观相悖的信

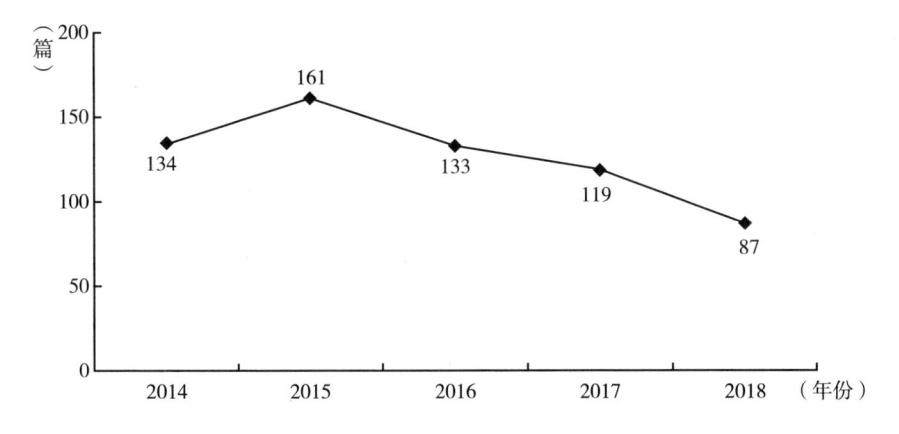

图 1 《中国妇女报》2014 年至 2018 年女性评论数量变化

息。面对各种新情况、新问题，女性评论需要明确自身的角色站位，及时察觉社会思想中潜在的性别歧视，并对社会现象中体现的错误的妇女观予以引导和纠偏。2018 年电视剧《娘道》虽然收获了高收视率，但其折射出的妇女观却备受争议，混淆了社会认知。对此，《北京日报》发表评论："人们看剧，从来不只是品评剧情而已，更会体味其承载的价值观。一部《娘道》，让有的观众吐槽'物化女性'，有的调侃'该拍一部姊妹篇《女德》'，还有人直斥之为封建糟粕的'毒瘤'。凡此种种，无不反映着对'有毒三观'的不满。"[1] 评论及时批驳了剧作中扭曲的性别观，引导构建社会主流价值观、妇女观。

再如 2017 年的"女德事件"，"女德教母"丁璇大肆公开宣扬自己崇尚的男尊女卑、愚昧落后的妇女观："男人象征的是天，女人象征的是地。天在上，地在下，有个自然规律它永远都不会变，那就是地永远翻不了天，也就是在教女人要懂得敬天的道理。"这种逆潮流、逆人性的歪理邪说，多家媒体纷纷发表评论予以抨击（见表 3），在态度鲜明地指出其思想糟粕的同时，传递给公众正确的妇女观。

---

[1] 胡宇齐：《升级版"女德班"？警惕"娘道式糟粕"沉渣泛起》，中国网，2018 年 10 月 18 日，http://m.china.com.cn/appshare/doc_1_20_991087.html。

表3　部分媒体关于"女德"的评论

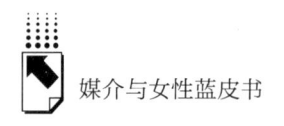

序号	媒体	标题
1	《中国妇女报》	《所谓"女德",已经触碰性别平等的文明底线》
2	《钱江晚报》	《把糟粕当精华,如此"女德"不道德》
3	央视	《"女德班"奉行的是封建糟粕和男权复辟》
4	澎湃	《叫停"女德班",更要反思无意识的"日常女德"》
5	东方网	《高校女德讲座是提倡精神"裹小脚"》

三是要守正主流价值观,赋予妇女观新的时代内涵。当下,主流妇女观不时受到冲击和考验:一方面,陈旧落后的妇女观间或"伪装"成各种面貌重回大众视野、混淆视听;另一方面,市场经济环境下消费主义盛行,物化女性和低俗化女性的现象比比皆是。与此同时,传播格局与舆论环境也更加复杂:一方面,网络信息泥沙俱下,经济转型对社会心态的冲击导致舆论场整体态势不够稳定,某些突发事件或公共事件容易在短时间内带来舆论的大幅震荡;另一方面,新媒体突破了区域边界,女性议题往往涉及国际传播,容易被一些势力以人权为幌子拿来做文章,女性评论面临的总体传播形势更加复杂。

面对各种不确定性,主流媒体必须要承担起"定海神针"的职责。在意识形态层面,要进一步凸显党对妇女事业的关心,强化主流意识形态对妇女观的塑造。在业务层面,作为观点性的内容,女性评论必须保持严谨,对内澄清谬误,引导社会树立正确的妇女观;对外捍卫中国观点,传递好中国的妇女价值观。

此外,女性评论也应该结合时代发展的特点,进一步丰富妇女观的内涵。在我国,马克思主义妇女观是认识和解决女性问题、促进妇女解放的根本遵循,也应结合中国社会的发展变化不断丰富和更新。党的十八大以来,习近平总书记发表了一系列关于妇女事业的重要论述。这些重要论述坚持运用马克思主义基本原理和方法论,形成了包含倡导两性平等、保障妇女权益、加强妇联组织建设、发挥妇女独特作用在内的内涵丰富又十分严谨的妇女观体系,是马克思主义妇女观中国化的最新成果,对于我国妇女事业的发展具有重要的指导意义。在现实中，男女平等虽已有制度约束，但性别歧视现象仍然屡见不鲜，要想真正改变这种状况，还需要女性评论更多地结合社会现实，观照女性在社会、家庭等不同场域中的角色，重视挖掘女性自身的力量，助推女性实现自己的社会价值。

四是要创新传播手段，发挥多元主体、多元渠道的合力。从 20 世纪八九十年代报纸上群言式的小言论、读者来论以及各种评论专栏，到广播电视上各类谈话评论节目中主持人和嘉宾、观众在演播室或通过连线的方式探讨女性议题，再到 21 世纪以来网络媒体为公众提供的便捷评论互动渠道，女性评论的主体逐步向普通公众放开，变得更加多元化。与评论员的专业评论不同的是，一般公众在组织评论时通常不会长篇大论、面面俱到，更多的是就事论事的"小言论"。例如 2019 年两会期间，有代表提议让夫妻一起休产假，公众对此展开了各种各样的评论，社会舆论从女性就业、家庭和谐等角度出发，倾向于支持这一提议。这些"小言论"虽然不能算是真正意义上的女性评论，但是依然通过观点的力量反映和影响着社会妇女观。在融媒体时代，专业评论与"小言论"还可以进一步联动，媒体"搭台"、大众"唱戏"，共同搭建起层次清晰、系统协调、可感可控的多元传播主体，从多个角度丰富妇女观的时代内涵，也使主流、正向的声音传得更远、更广（见图 2）。

图 2　"@新浪新闻客户端"发出问题，引导公众参与讨论

在传播手段和渠道方面，融媒体背景下的新闻评论不再拘泥于单一的文字或影像表达，而是通过运用更加丰富的手段、更有吸引力的形式，为全社会妇女观的塑造和传播打开一个新的局面。2016年，中央电视台推出中国首档融媒体新闻评论节目《中国舆论场》，将大数据分析、全媒体平台的舆论热点议题，以融媒体手段带动全民参与讨论。此外，还有很多"轻量级"的融媒体评论产品也正在探索之中，如《人民日报》的"任仲平"微视频评论、新华社的"辛识平"、四川广播电视台的《洋洋大观》等。

打破渠道间的壁垒，推动多渠道联动也是融媒体时代女性评论发展的着力点。在2018年学习力大会上，新东方董事长俞敏洪发表言论称："一个国家好不好在于女性，现在中国的堕落，正是因为女性的堕落导致了整个国家的堕落。"此言论一出，立即在微博上广泛传播并引起公众声讨，不少"大V"站出来据理反驳。主流媒体及时介入，《中国妇女报》首先在微博上做出反应："胡言乱语！俞敏洪，你需要一个性别顾问！"进而在报纸上发表评论《性别观关乎成功人士的格局　建议展开对话并提供性别平等咨询支持》《男女彼此成就才是最好的安排》，对有关错误言论给予批评和指正。主流媒体在多种媒体渠道的联动，及时控制住了舆论的方向，使主流价值观的传递更加有效。

妇女解放的实现必然与时代的发展同声相应。2019年，国新办发表了《平等　发展　共享：新中国70年妇女事业的发展与进步》白皮书，全方位地展现了新中国成立70年来妇女事业取得的历史性成就。这些成就的取得，根本上是依托于新中国成立以来各个领域取得的进步。政治上的民主、经济上的崛起、思想上的解放，各种力量汇聚到一起，搭建起了较为完整的法制、制度、组织框架，有力地保障着女性追求平等发展机会。因此，女性评论在进行舆论引导、对妇女观进行形塑时，必须要立足服务社会发展的大局，只有这样才能保证妇女观的时代性和鲜活性，最终有利于女性自身长远的发展。1942年3月9日，女作家丁玲在《解放日报》上发表《"三八节"有感》一文，开篇即提到："'妇女'这两个字，将在什么时代才不被器重，不需要非凡地被提出呢？"这也正是女性评论价值所在。

参考文献

〔荷〕梵·迪克：《作为话语的新闻》，曾庆香译，华夏出版社，2003。

国务院新闻办公室：《平等　发展　共享：新中国70年妇女事业的发展与进步》白皮书，2019年9月19日。

李舒：《新闻评论》，中国人民大学出版社，2013。

马焱：《试论马克思主义妇女观中国化的最新成果》，《山东女子学院学报》2018年第4期。

《人民日报》1949~2019年报纸。

王蕾：《从素朴的平等到马克思主义妇女观的确立——中国社会性别观的形成与变迁》，《河南大学学报》（社会科学版）2018年第1期。

〔美〕沃尔特·李普曼：《公众舆论》，阎克文、江红译，上海人民出版社，2006。

中共中央文献研究室编《三中全会以来重要文献汇编》，人民出版社，1982。

《中国妇女报》1984~2019年报纸。

B.14
短片创作中的"她力量"

——新媒体为女性在影像表达领域带来的变化和发展趋势

孙见春*

摘　要： 与传统长片影视作品创作领域不同，短片创作领域中女导演几乎占据了"半边天"。本报告根据中国国际新媒体短片节金鹏奖九届参赛短片的数据，包括参赛数量、入围数量、获奖数量，从短片创作的主题选择、表现手法、技术应用三个方面分析了男女导演在影视创作领域存在的差异，以及造成影视行业男女从业者比例差距和创作成就差距的原因。分析表明，女导演创作短片的水准和品质总体落后于男导演。可喜的是，历届短片节金鹏奖参赛数据显示，女导演在短片创作领域非常活跃，女导演参赛短片数量、品质、艺术水平呈逐年上升趋势。新媒体的发展为女性提供了更适合用影像表达思想和情感的广阔平台，未来女性力量在短片创作领域将发挥越来越重要的作用。

关键词： 新媒体　短片　影视创作　女导演

关注影视行业的人可能都会发现一个有趣的现象，看电影的女观众多，拍电影的男导演多。在奥斯卡的颁奖典礼上，在戛纳电影节、柏林电影节、

---

* 孙见春，中国国际新媒体短片节办公室秘书处秘书长。

威尼斯电影节、北京电影节、上海电影节的领奖台上也很少看到获奖女导演、女编剧、女制片人的身影。现实情况也确实如此，与其他行业相比，传统电影、电视剧创作领域确实是由"男性主导"的行业之一。根据"欧洲女性视听网络"2016年调查报告数据，欧洲电影产业男女导演比例为男导演占79%，女导演占21%。① 中国电影资料馆的数据显示，美国华纳兄弟影业、派拉蒙影业、20世纪福克斯影业、索尼影业、迪士尼影业、环球影业六大好莱坞电影公司2014～2017年发行的影片中男女导演比例分别为93.7%、6.3%，女导演占比小得可怜。② 美国圣迭戈州立大学2016年发布的"影视业女性现状"调查报告显示，美国国内票房前250位影片中的幕后制作人男女比例严重失衡，女性从业者占比仅为19%，而其中将近一半的女性从事的是服装、道具、助理等后勤服务岗位，在电影主创人员中，女性比例为10%左右（见图1）。③

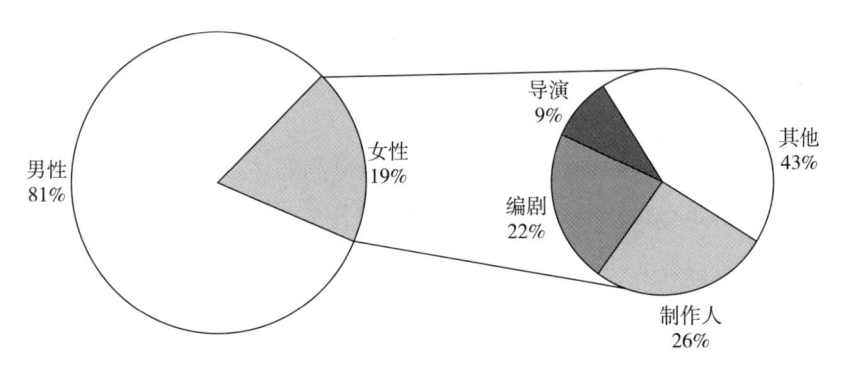

图1　美国国内票房前250位影片中的幕后制作人男女比例

短片是相对于长片电影、电视剧的概念。摄影机、银幕、电影院的出现促进了90分钟时长电影创作的兴盛，电视机的诞生使45分钟长度的电视剧

---

① 《欧洲电影产业男女比例严重失衡　女导演仅占两成》，腾讯娱乐，2016年2月13日，https://ent.qq.com/a/20160213/009934.htm。
② 《如今是女导演创作的春天？》，搜狐网，2018年3月28日，http://www.sohu.com/a/226630081_100056703。
③ 《欧洲电影产业男女比例严重失衡　女导演仅占两成》，腾讯娱乐，2016年2月13日，https://ent.qq.com/a/20160213/009934.htm。

创作盛极一时，电脑的普及、互联网的兴起把2~15分钟的短片从不起眼的角落和小众艺术中推上了主流。短片创作相较于长片，拍摄时间短、投资少、场景简单，更讲究创意和叙事手法。从电影诞生开始，短片就承担着发现人才、锻炼人才的基石工程的作用。

中国国际新媒体短片节（以下视情简称"短片节"）是目前中国唯一的国家级、国际性短片节，截至2018年底已经举办了九届。2010年视频网站兴起，为鼓励优秀新媒体短片创作，孵化优质影视创意项目，促进影视和新媒体产业融合发展，推动国际文化交流与合作，在国家广播电视总局的指导和支持下，深圳市文化广电旅游体育局和深圳广播电影电视集团策划创办了中国国际新媒体短片节。每年11月最后一个周末，短片节在深圳举办，活动内容包括开幕式、闭幕式、金鹏奖短片导演原创扶持计划竞赛、国际短片交流展映、光明草地短片嘉年华、高校日、短片交易市场七大板块近百场活动。短片节的诞生填补了中国没有短片节的空白，经过多年的发展，短片节已成为向业界输送新人、新项目、新科技的平台，国内外业界一致认可的国际重要短片节之一。

金鹏奖短片导演原创扶持计划是中国国际新媒体短片节一项重要的短片竞赛活动，每年金鹏奖面向国内外短片导演开放申报，由每一届短片节国际评选委员会对参赛者提交的短片进行评选，确定10位短片导演入选扶持计划。入选导演可以获得组委会颁发的最高30万元人民币的下一部作品创作资金扶持，以及其他资源扶持。著名导演冯小刚、陆川、王小帅、王全安、陈可辛、高志森，著名演员蒋雯丽都担任过金鹏奖评委会主席。新西兰维塔工作室创始人，获得过五届奥斯卡视觉效果奖的理查德·泰勒（Richard Taylor），法国著名纪录片导演雅克·克鲁索（Jacques Cluzaud），著名演员陶虹、梁静和影视行业的专家、学者组成的权威评审团确保了金鹏奖评选质量和水平，使短片节在国内外的知名度和影响力得到快速提升。在短片节平台上，一批优秀的年轻导演被发现并成为影视行业中冉冉升起的新生力量。短片《河龙川岗》的导演申奥，《爷爷》的导演丁璐，《英雄国1988》《巴格达梅西》的导演萨希·奥玛尔·卡利法，《宵禁》的导演桑恩·克里斯滕森，《爸爸的卡车》的导演莫里西奥·奥萨其，《无宇宙无生命》的导演康斯坦丁·布朗兹等金鹏奖评选出的短片导演在其他国际电影节上也屡获佳绩。其中第五届最佳金鹏短片《宵禁》获得第 85 届奥斯卡金像奖最佳真人短片，并成功改编成了长片电影《在我消失之前》。第九届短片节期间，青年导演陈志敏举办了首部长片电影《蜻蜓少年》全国院线上映发布会。这部电影根据 2016 年陈志敏导演入选第七届短片节官方展映的短片《被称赞的孩子》改编而成，是短片节平台上首部成功孵化为长片的中国短片。除了评奖之外，每年短片节组委会还会在参赛的短片中按照不同主题评选出优秀短片，并在深圳影院和高校举办交流展映活动，九年累计展映 400 多场，包括约 50 个国家和地区的 500 多部短片，目前观众上座率超过 75%。每届短片节开幕时，组委会会邀请展映入选短片导演到现场与观众交流，展映现场气氛非常热烈，他们的作品得到越来越多观众的喜爱。对于刚刚起步的年轻导演来说，短片节成为他们走向专业创作的摇篮。

短片节以权威的竞赛、专业的交流、国际化的平台吸引了国内外导演。截至 2018 年底，金鹏奖参赛短片累计有 163 个国家和地区的 30984 部作品，其中男女导演参赛作品数量比为 3∶2。与传统长片影视作品创作领域不同，短片创作领域中女导演几乎占据了"半边天"。我们对九届短片节参赛短片的数据，包括参赛数量、入围数量、获奖数量以及创作规律进行了分析，从短片角度分析了男女导演在影视创作领域存在的差异，以及造成影视行业男女从业者比例差距和创作成就差距的原因。同时，我们也看到新媒体的发展对女性从事影视作品创作起到的积极促进作用，为女性用影像语言表达思想和情感带来的变化。

在九届短片节金鹏奖 30984 部参赛短片中，有 40% 为女导演的作品，短片节参赛导演年龄 80% 为 35 岁以下的年轻人。这说明在事业起步阶段从事影视艺术创作的女性人数并不少，有电影梦想的女导演也不少。但是，当我们统计九届金鹏奖入围短片和获奖短片导演中女导演数据时，却发现一个很不乐观的现象。九届短片节金鹏奖入围短片总数为 293 部，女导演创作的短片（含联合创作）入围数量约 48 部，仅仅约占 16.4%。九届短片节金鹏奖获奖短片共 103 部，其中女导演的短片 17 部，占比约 16.5%（见图 2、图 3）。这个比例与文章开头罗列的传统影视行业中女性从业者和女导演的比例相比，虽然略高一些，但也是非常相近，这说明女导演创作短片的水准和品质，或者说在进阶更高层面和更高水准的影视作品创作过程中普遍落后于男导演。那么究竟是什么阻碍了女性在影视创作领域的发展，限制了她们创作影片的品质和水准呢？

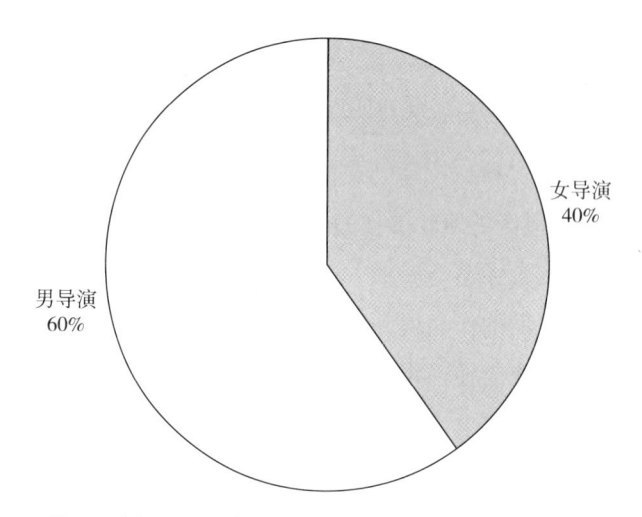

图 2　中国国际新媒体短片节金鹏奖参赛导演男女比例

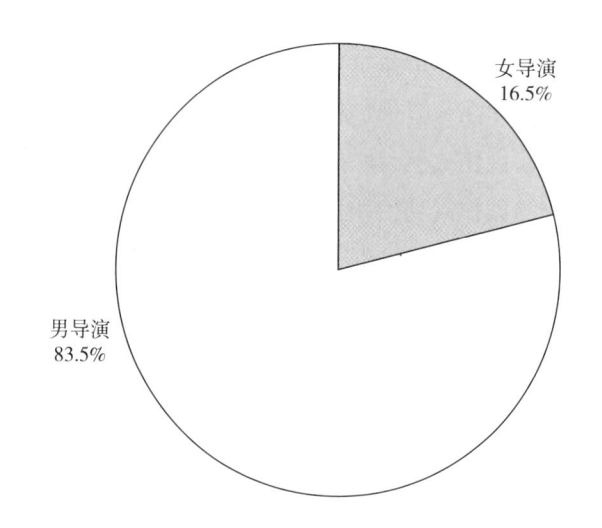

（男导演 60%，女导演 40%）

图 3　中国国际新媒体短片节金鹏奖获奖导演男女比例

（男导演 83.5%，女导演 16.5%）

我们从主题选择、表现手法、技术应用三个方面对九届短片节金鹏奖参赛男导演和女导演的作品进行了分析，希望通过研究男导演和女导演在短片创作题材、主题选择，影像语言的驾驭能力，叙事风格特点，对技术的兴趣、掌握以及应用方面的差异，来剖析导致男导演和女导演创作水平差距的原因。

一 九届短片节金鹏奖参赛作品中男女导演创作短片的主题差异

我们对比了九届短片节金鹏奖参赛作品中男导演和女导演创作短片选择主题的差异。

从创作主题来看，男导演更加关注人类命运、社会问题等宏大的主题，他们更希望改变世界，探索未知的世界；而女导演更多关注生活、情感，对个人成长、心理感受和生活中的困惑更感兴趣。相对来说，男导演在选择创作主题时视野更加开阔，对社会矛盾和热点事件更加敏感，倾向于向外思考；而女导演选择创作主题时会更加关注人的内心世界，对人的心理、情感和精神层面的问题更加敏感，倾向于向内思考（见表1）。

表1　九届中国国际新媒体短片节金鹏奖参赛作品中男女导演创作短片主题

男导演关注度较高的创作主题	女导演关注度较高的创作主题
◆社会问题	◆情感故事
◆科幻	◆社会问题
◆人类命运	◆传统文化
◆探索冒险	◆生活困惑
◆艺术文化	◆人的成长

在短片节收到的参赛短片中，也有大量男导演和女导演共同关注的主题，例如对女性受教育权利等社会问题的关注。我们将相同主题的男导演创作的短片和女导演创作的短片进行对比，发现对于同一个主题，男导演和女导演运用的叙述方式和创作手法也存在着较大差异。在我们收到的参赛作品

中，有三部反映女性受教育权利的短片给我们留下了非常深刻的印象，分别是第四届短片节金鹏奖最佳纪实短片《死亡队列》、第七届短片节官方展映入选短片《生活非我所想》和第九届短片节金鹏奖最佳纪实短片、最佳女性主题短片《女孩阶层》。

《死亡队列》（见图4）记录了15名阿富汗妇女为女性受教育权利斗争的事情。此前，15名阿富汗女孩在上学的途中被泼强硫酸。为了争取女性受教育的权利，15名阿富汗女艺术家站在卡塔尔一个闹市区的风雪中默哀，这里曾是塔利班执行死刑的地方。

本片导演是女导演玛利亚姆·埃博拉赫米（Maryam Ebrahimi），1976年出生于德黑兰，毕业于德黑兰艺术大学，主修公共领域艺术。她十分关注中东问题和妇女权利，曾创作了多部以政治和社会为主题的艺术短片。

图4　《死亡队列》

《生活非我所想》（见图5）是一部动画短片，11分钟的动画讲述了一位缅甸女孩曲折而辛酸的成长历程。这部短片根据缅甸一位女孩的真实故事改编。一出生，女孩对这个世界充满了好奇，对生活有着各种各样美好的憧憬。但随着自己慢慢长大，女孩经历了受教育权利被剥夺、情感被欺骗、身体被侵犯等惨痛遭遇，而造成这一切的原因就是她是一个女孩！短片反映了缅甸存在的男女地位不平等、女性受教育权利得不到保护等问题，呼吁社会尊重女性，给予女性应有的且与男性平等的权利。

图5　《生活非我所想》

短片创作中的"她力量"

这部短片的导演凯瑟楠（Kyal Say Nyan）是一位男性。他是缅甸自由动画艺术家，同时也是一位外科医生，在医疗工作之余，他会进行动画、漫画和插图等方面的创作。

《女孩阶层》（见图6）是一部纪实短片。巴基斯坦北部偏远地区的生活很艰难，特别是受到传统文化观念的束缚，女孩几乎没有受教育的机会，受教育的权利面临巨大障碍。但一场革命正在静悄悄地酝酿，这个地区的女孩第一次为接受教育的权利向传统挑战，第一次将强烈渴望接受教育的愿望表达出来。

这部短片由女导演凯瑟琳·埃弗雷（Kathryn Everett）摄制。她是一位美国纪录片导演，在过去的十年里一直致力于倡导人道主义和社会正义。她于2017年12月辞去工作，探访了巴基斯坦并制作了影片《女孩阶层》，为巴基斯坦女孩受教育的权利呼吁。

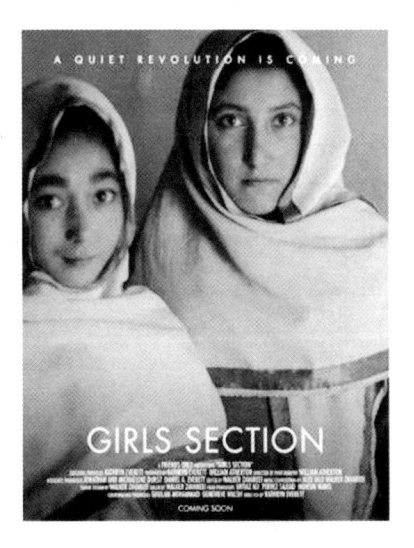

图6 《女孩阶层》

三部同样主题的短片，在女导演的短片中镜头语言带有一种唯美的风格，通过美反衬现实的残酷，更像是在倾诉和呼吁。而男导演的作品中镜头语言更加强烈和刺激，用尖锐的批判方式反映现实，具有更为强烈的批判精神和情感刺激。

表2 九届中国国际新媒体短片节金鹏奖入围女导演短片（含联合创作）情况

届别	短片名称	导演	国家	入围奖项
第一届	《普拉克》	安娜·赫斯曼	克罗地亚	优秀纪实短片导演
	《脸》	沈静文	中国	优秀手机动画片
	《悟》	韩雪梅	新加坡	优秀制作
	《钟鼓楼》	刘艺	中国	优秀设计

219

续表

届别	短片名称	导演	国家	入围奖项
第二届	《那时年纪小》	滕丛丛	中国	最佳剧情短片
	《爷爷》	丁璐	中国	最佳编剧
	《红领巾和练习本》	朱慧	中国	
	《怪异的牙科之旅》	朴夏妍	韩国	
第三届	《铁窗》	丽奈·拉维娜	拉脱维亚	最佳纪实短片
	《评论》	王欣	中国	最佳手机短片
	《卖自行车的小女孩》	朱佳梦	中国	最佳网络人气
第四届	《可数的幸福》	威尼西亚·艾瑞皮欧托	希腊	最佳剧情短片
	《死亡队列》	玛利亚姆·埃博拉赫米	瑞典	最佳纪实短片
	《童乐》	陈宜谦	中国	最佳幽默短片
	《抢狮头》	段雯锴、马维佳(联合创作)	中国	
第五届	《了不起的伯纳德》	菲利普·露皮恩 玛丽海伦·维恩(联合创作)	加拿大	最佳剧情短片
	《最后十五分钟》	熊舒予	中国	最佳动画短片
第六届	《盲钻》	何文超	中国	最佳短片、最佳剧情短片
	《春花上学》	杜星红、饶青青、王婷(联合创作)	中国	最佳纪实短片
	《木偶戏》	埃莱娜·莫利纳	西班牙	
	《有一天》	裘芳媛	中国	最佳动画短片
	《重返人间》	孙韵岚	中国	
	《让奶奶带孩子的下场》	斯丽蓉	中国	最佳手机短片
第七届	《我的爸爸曾志伟》	王萌	中国	最佳剧情短片
	《生炒糯米饭》	焦媛	中国	
	《伙伴》	施屹、陈海璐(联合创作)	中国	最佳动画短片
	《邮递员》	吕梦琦	中国	
	《红鞋》	陈佳莹	中国	
第八届	《一个城市的葬礼》	陶梦颀、克里斯托弗·温特鲍尔(联合创作)	中国/美国	最佳纪实短片
	《伴艾骑行》	蔡晓玲	中国	最佳大学生纪实短片
	《黑色房间》	任晶晶	中国	最佳大学生动画短片
	《狼来了》	龙曼旎、王玉玲、叶思岐(联合创作)	中国	
	《爸爸妈妈爱说谎》	曾漪、舒畅(联合创作)	中国	最佳大学生超短片

续表

届别	短片名称	导演	国家	入围奖项
第八届	《我是谁》	梅媛	中国	深圳城市主题短片竞赛单元最佳创新故事短片
	《浮元子》	李佳	中国	深圳城市主题短片竞赛单元最佳包容故事短片
	《让我们换一种方式相处》	臧倩	中国	深圳城市主题短片竞赛单元最佳包容故事短片
	《爱说谎的爸爸》	余心玲	中国	深圳城市主题短片竞赛单元最佳关爱故事短片
	《爱上你自己》	易莉	中国	深圳城市主题短片竞赛单元最佳关爱故事短片
第九届	《一只小苹果》	克塞尼亚·罗加诺娃	俄罗斯	最佳剧情短片
	《陈欢曼曼》	胡绮虹	中国	
	《女孩阶层》	凯瑟琳·埃弗雷	巴基斯坦	最佳纪实短片
	《发光的孩子》	郑晓静	中国	
	《蛇祸》	万晋玥、杜尽知(联合创作)	美国	最佳动画短片
	《情迷巴黎》	朱莉·伯姆	德国	最佳视觉效果短片
	《当你老了》	刘越洋	中国	最佳大学生纪实短片
	《伤口是阳光照进内心的地方》	郭依菲	中国	
	《春困》	王子钰	中国	最佳大学生动画短片
	《咚咚呛》	折瑞涛	中国	

二 男导演和女导演创作短片的叙事手法差异

在短片节金鹏奖九届参赛短片中,有两部作品的主题和故事内容非常接近。一部是由中国女导演何文超创作的短片《盲钻》,这部短片获得了第六届短片节金鹏奖最佳短片奖和最佳剧情短片奖。在同一届短片节国际短片交流

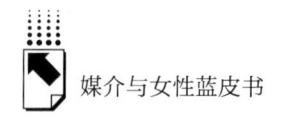

展映入选短片中，韩国男导演宋海牧（Seong-hyeok Moon）创作的短片《她》与《盲钻》的故事内容和主题相似度非常高。将这两部短片进行对比，能够明显地看出男女导演在创作影视作品中所运用的叙事手法和表现形式的差异。

《盲钻》（见图7）讲述了一个道德和欺骗的故事。一个寻常的午后，空旷的豪宅里，保姆穿上女主人的衣服，戴上女主人的首饰，浓妆艳抹，装扮成女主人的模样。这时，新来的水管工上门修水管，在维修的过程中，水管工看到了遗留在洗手盆上的钻戒，便起了私心，正想把钻戒偷走，被保姆看到了这一幕，她转身打算报警，却被水管工发现。保姆为了自保，假装自己是瞎子，躲过一劫。在下班的路上，保姆和水管工在地铁上不期而遇，水管工抱着怀孕的妻子坐在保姆的对面，而钻戒就戴在水管工妻子的手上，两人四目相对……一个无言的结局。

图7 《盲钻》

《她》（见图8）讲述一个在富裕家庭工作的保姆沉醉于主人家过的上流社会生活。当家里只剩她一个人的时候，保姆就偷偷穿上女主人的衣服，戴上珠宝首饰，以女主人的身份在社交网站上发布自己奢侈的生活，并沉醉于网友们的羡慕与夸赞。一天，她把一位一直赞美她的"忠实粉丝"约在主人家见面，并以女主人的身份招待他。不料，这位网友其实蓄谋已久，对她实施了绑架并搜刮了主人家的金钱珠宝。当抢劫犯准备逃跑时，男主人回来了，恰巧撞见了这一幕，于是，男主人与抢劫犯展开了殊死搏斗，关键时刻保姆挣脱绳索与男主人合力制服了抢劫犯，实现了自我救赎。整部短片揭示了人性中的虚荣本质以及与道德之间的矛盾。

图8 《她》

我们将两部作品进行了对比分析，可以非常明显看出男导演和女导演用镜头叙事时风格和手法方面的差异。男导演更讲究视觉冲击力，更善于营造紧张、刺激的场面，善于控制宏大、复杂场景调度和拍摄。女导演善于把握细节和心理戏，更善于用细腻的镜头语言叙事。短片《盲钻》伏笔更多，层次较为丰富，通过细腻的细节刻画，开放式结尾，留给观众更多猜测，将矛盾冲突都隐藏在表面之下，通过影响观众的想象力和心理制造紧张氛围。相对于《盲钻》，短片《她》的场景和情节更为复杂、曲折，观众的带入感更强，故事的完整度也更高。

三　男导演与女导演在技术应用方面存在较大差距

伴随计算机成像技术的发展，特效制作被越来越广泛地应用于电影创作中。这样一方面可以节省拍摄经费，另一方面也为导演创作带来丰富的想象空间。一些过去不可能拍摄到的场景，现实生活中不可能存在的角色和场景，通过电脑特效制作都在荧幕上变成了现实，给予观众新奇的视觉体验。

新技术为导演创作插上了想象的翅膀，丰富了导演的创作手法，拓宽了创作空间。导演对新技术的掌握影响到创作的思维，最能体现导演的创新、开拓精神。因此我们对短片节金鹏奖收到的特效短片进行了专门分析，从这个角度能够更明显地了解到男、女导演在影视艺术创作领域的差距。

《不和谐音》（见图9）获得第七届短片节金鹏奖最佳短片奖。影片讲述的是一个精神分裂的天才音乐家孤独地生活在自己创造的一个超现实的、浮动的世界。他每天在一个巨大的音乐厅弹钢琴，但是却

图9　《不和谐音》

没有听众。有一天他构想的世界悄然崩塌，他必须面对现实。他只有一个愿望——和女儿分享他的音乐，但他妻子却不允许。他独自徘徊在自己的世界，现实与幻想交织，直到倒下……

这部短片创作者是德国男导演蒂尔·诺瓦克（Till Nowak），他同时是一位数字特效艺术家，曾担任《银河护卫队2》《黑豹》《惊奇队长》等电影的概念美术师。在《不和谐音》这部短片中导演使用 3ds Max、After Effects、Maya、HairFx 等多种技术软件展现了一位患有精神病的街头音乐家在梦想与现实生活之间的矛盾冲突以及他所幻想的世界。

《情迷巴黎》（见图10）获得第九届短片节金鹏奖最佳视觉效果短片奖。这是一部舞蹈虚幻短片，主人公卡欣妮亚来到公园，被一双舞蹈鞋吸引，街头艺术家乔治引诱她走进了他那充满艺术幻象的神奇世界。短片用特效制作展现了一个邂逅爱情的故事和一段实现梦想的艺术舞蹈。导演想通过短片告诉世人，艺术既能改变内在，亦能改变外界。

导演朱莉·伯姆（Julie Boehm）也是一位德国艺术家，她是涉足绘画、摄影、插画、作曲、人体彩绘、舞蹈和电影等多个领域的跨媒体自由艺术家，现担任柏林艺术杂志（Spykeheels）创意总监。她在创作《情迷巴黎》时应用2D动画制作、VFX特效制作技术创造了唯美的梦幻般场景。

图10 《情迷巴黎》

在短片节收到的特效短片中很大一部分为科幻短片，而这类短片几乎都是男导演的作品。相对来说，女导演显得对新技术应用普遍兴趣不浓、不敏感，不擅长使用特效技术创作作品，在使用技术手段时更多的是展现一种虚幻的世界，如梦境、仙境、梦幻等。而男导演在技术应用方面具有明显的优势，他们追求技术创新，技术应用更大胆，具有较强的探索精神和创新意识，也善于用特效技术展现人类抽象的精神世界、内心世界。

上述三个方面的对比分析，基本反映了女导演与男导演之间普遍存在的差异和差距。女导演创作影视作品时在选题广度，驾驭大场面和复杂场景的调度、拍摄，镜头语言的冲击力方面不如男导演，欠缺探索新技术和未知领域的精神，这些因素限制了女导演创作的高度，影响了她们发挥个人才华，也是导致女导演整体影片品质低于男导演整体水平的原因。环境决定思维，思维决定行为，行为决定结果。人类传统文化中男女不平等的观念以及将女性定义为弱者、依附者的认知，男性、女性在社会角色分工中的不同也影响了女性在从事影视行业工作时的选择和职业发展，限制了女性创作影视艺术作品时的发挥，甚至创新突破意识。

但是九届短片节金鹏奖参赛短片中女导演的作品总数和多年来的数量变化也让我们看到了一种可喜的趋势。金鹏奖参赛女导演的作品总数与男导演的参赛作品总数差距不大，男导演占比60%，女导演占比40%，而且女导演参赛短片数量在逐年增加。近几年短片节官方展映入选的短片数量中女导演的作品数量也呈逐年增加的趋势：从2010年首届短片节的4部（占比7%）上升到2018年第九届短片节的19部（占比32%）。这说明在短片创作领域女导演非常活跃，越来越多女性开始用短片这种艺术形式表达思想和情感，而且女导演短片品质和艺术水平有明显提升。

网络新媒体的兴起使短片从小众文化变为大众文化，成为一种主流文化形态。根据中商产业研究院调查数据[1]，2018年中国手机短视频用户规模据估算已达到3.53亿人，预计2020年将超过6亿人。随着网络新媒体的快速发展，短片会更加深入地影响人们的文化消费习惯和休闲娱乐方式。

短片因为其创作和传播规律，相较长片更加注重创意和细节展现技巧，而且短片创作周期短，创作过程没有长片影视剧复杂，更贴近导演个人创作，这些恰恰是女导演所擅长的方面。网络新媒体的传播特点以及所具备的

---

[1]《我国短视频行业前景广阔 2019年市场规模有望突破200亿元》，中商产业研究院，2019年1月16日，http://finance.eastmoney.com/a/201901161027554467.html。

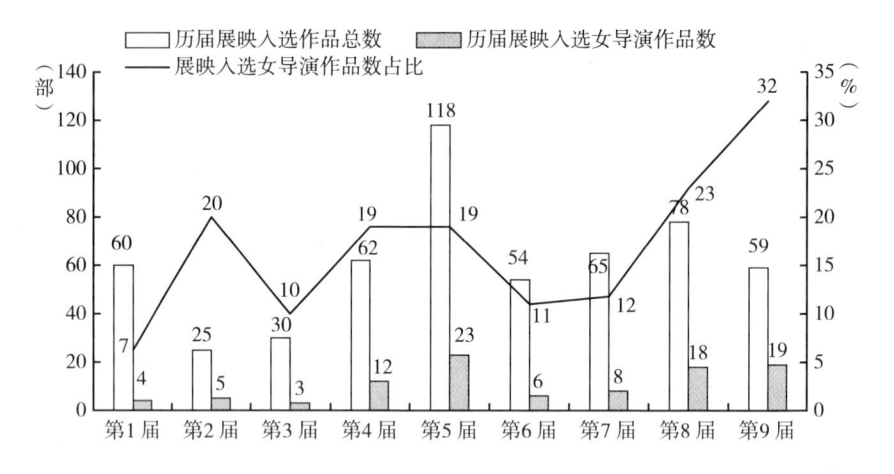

图11 历届中国国际新媒体短片节官方展映入选短片数据

资料来源：本图根据短片节历届资料整理。

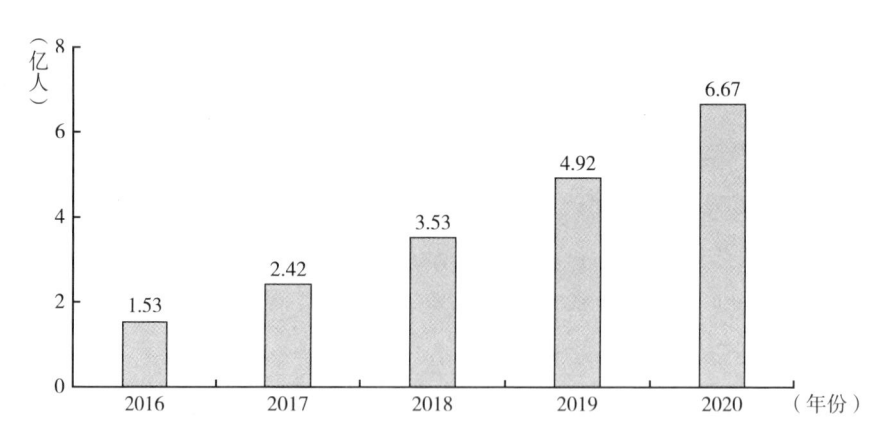

图12 2016~2020年中国短视频用户规模统计情况及预测

资料来源：中商产业研究院整理。

包容性、创新性、低门槛缩小了男导演与女导演之间的差距。时代为女性提供了一个更能发挥女性特长、更适合用影像表达思想和情感的广阔平台，未来女性力量在短片创作领域将发挥越来越重要的作用。有电影梦想的女导演不妨将新媒体短片作为锻炼驾驭影像语言能力的一种方式，勇敢地突破自身局限，冲破观念束缚，把握时代机遇，大胆追求电影梦想，用新媒体短片展现女性力量！

B.15 女性电影研究的学术地图

——基于2017~2018年CNKI文献的CiteSpace可视化分析

臧海群 刘旸[*]

摘 要： 随着中国票房成绩一度超过北美，成为全球第一大电影市场，女性电影发展也迈入了新的阶段。本报告以传播学理论为框架，运用CiteSpace科学知识图谱的可视化技术，构建出我国女性电影研究的年度学术地图。通过对近两年的数据研究我们发现：除了女性形象与女性主义作为传统研究热点之外，在跨学科的研究、类型片的细分与叙事模式的探索等方面都有所突破，女性电影的研究呈现不断细化与深入的特点。展望未来，随着我国电影产业在全球的地位提升，电影作为媒介与女性研究的一个分支任重而道远。

关键词： 媒介与性别 电影 CiteSpace 科学知识图谱

一 我国女性电影研究年度总体态势

（一）研究背景和研究方法

近年来，构建中国特色性别传播研究，成为传播学科建设中的重要学术

---

[*] 臧海群，博士，教授，中华女子学院文化传播学院院长，中国广播电视社会组织联合会媒介素养教育基地学术指导委员，主要研究方向为传播政治经济学、受众研究、媒介素养；刘旸，博士，中华女子学院文化传播学院教师，主要研究方向为网络新媒体。

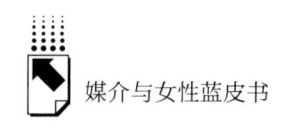

增长点。中华女子学院作为全国妇联直属单位，2018年与中国传媒大学共同成立联合国教科文组织"媒介与女性"联合教席，这也是中国在联合国教科文组织信息传播和性别研究领域的唯一教席。联合教席的成立为推动女性与媒介两大学术领域的深入发展提供了更为广阔的平台和空间。

本研究利用CiteSpace计量学技术，考察了2017~2018年"电影"与"女性"相关的期刊论文情况，主要通过主题中的"电影"与"女性"交叉作为关键词，在CNKI上进行搜索，剔除不相关内容，涉及文献1300余篇。

（二）女性电影研究年度关键词

关于女性电影的定义，并没有统一的界定。比较有代表性的观点来自电影理论学者朱蒂丝·梅恩，她把女性电影分为两大类型，一种是以消费对象划分，针对女性观众的充满情绪的通俗电影，也称为"泪水片"，其中尤以20世纪30~50年代好莱坞的通俗剧最为常见，影片大多为男性导演所摄制[1]；另一种是以作者身份划分，即女性导演拍摄的影片。这两大类型的女性电影，前者侧重影片的议题，后者侧重导演的性别。中国学者应宇力在《女性电影史纲》中认为，所谓女性电影，并非单纯指女性导演的或以女性为主角的影片，其准确的含义应该是由女性执导，以女性话题为创作视角，并带有明确女性意识的电影、录像、DV和多媒体实验作品。

在表1中，根据数据可视化分析得到的依据关键词频次与中心度的排名，也反映了上述的定义范围。高频词代表了某个领域的热度，比如"女性主义""女性形象"，在两种排名上都分别位列第一名和第二名。这也说明了长久以来，女性电影的同质化研究滞后于复杂现实，中国媒介与女性研究中出现最频繁的议题乃是对媒介所呈现的女性形象的探讨[2]，时至今日也没有改变。而中心度是用来衡量某一节点在整体网络中起到的连接作用，中

---

[1] 刘敬：《"女性电影"概念辨析》，《福建江夏学院学报》2017年第4期。
[2] 刘利群：《可见与不可见——社会性别视角下的中国媒介与女性》，《现代传播》2013年第2期。

心度越高说明与其他主题的紧密度越强。比如"女性主义"的中心度达到0.57,频次占到105篇,两个指标都很高;"女性导演"的频次很高,中心度略低,说明热度尚存,但是与其他议题的紧密度不高;而"小妞电影""好莱坞""动画电影"这类词语的频次排名靠后,但是中心度较高,达到了 0.10 以上(含 0.10),成为串联不同研究主题和文献的关键领域。

表1 关键词与中心度

频次排名	关键词	频次	中心度排名	关键词	中心度
1	女性主义	105	1	女性主义	0.57
2	女性形象	94	2	女性形象	0.33
3	女性	52	3	女性意识	0.31
4	女性意识	49	4	女性	0.21
5	女性电影	38	5	小妞电影	0.15
6	电影	36	6	好莱坞	0.14
7	影片	20	7	电影	0.13
8	小妞电影	18	8	意识形态	0.13
9	女性导演	17	9	女性电影	0.11
10	叙事策略	16	10	李玉	0.11
11	美国电影	14	11	人物形象	0.10
12	人物形象	13	12	动画电影	0.10
13	生态女性主义	12	13	身份认同	0.09
14	叙事	12	14	女性导演	0.08
15	性别	12	15	生态女性主义	0.08
16	意识形态	12	16	主体性	0.08
17	动画电影	11	17	叙事策略	0.07
18	青春电影	10	18	电影改编	0.06
19	电影改编	10	19	改编	0.06
20	两性关系	10	20	印度电影	0.06

(三)研究机构分布

在女性电影这个领域,专业学院在研究方面排名靠前,比如"上海电影学院""北京电影学院""上海戏剧学院"依次排名前三。其次,综合类

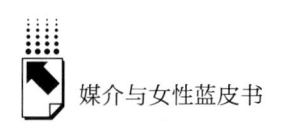

的大学"武汉大学""北京师范大学""西南大学"也排名靠前。最后,"中国传媒大学""中国艺术研究院""山西传媒学院"等媒介研究的院校也榜上有名(见表2)。

表2 研究机构

序号	次数	机构
1	13	上海电影学院
2	11	北京电影学院
3	10	上海戏剧学院
4	7	武汉大学
5	6	北京师范大学
6	5	西南大学
7	5	四川师范大学
8	5	山西传媒学院
9	5	中国艺术研究院
10	5	中国传媒大学
11	4	上海大学
12	4	东北农业大学
13	4	同济大学
14	4	重庆邮电大学
15	4	福建师范大学
16	4	四川大学
17	4	上海社会科学院
18	4	北京大学
19	3	山西师范大学
20	3	南京师范大学

二 女性电影年度研究热点议题:基于论文的共词分析

本报告通过 CiteSpace 的聚类分析形成图1,结合具体的文献内容,我们将这个时期的女性电影研究归为六个主要研究领域。

图1 女性电影年度知识图谱

（一）女性形象研究领域

第一类包括#0 女性形象。关于女性形象的研究向来是媒介与女性的热门领域，如王媛的《女性叙述视角下的人生悖论与抉择——兼谈〈28 岁未成年〉与〈重返 20 岁〉》。①除此以外，对影片中女性形象的批判与女性形象的变化，也是近年来研究的热点。一方面，学者批判电影中女性形象的问题。如黄福奎的《电影〈驴得水〉女性形象解析》中，作者批判如今不少女性迫于社会压力，像男人一样成长，把自己打磨成"女汉子"，失去了女子应有的娇柔②；张捧也在《论商业微电影中女性形象的异化特征》中批评了微电影中存在女性身体商品化、女性形象边缘化、女性形象审美扭曲化的问题③。另一方面，也有学者回顾历史研究女性形象的变迁。如刘凯纶在《浅析好莱坞电影中女性形象的嬗变》中以将近 100 年来三个发展时期卖座

---

① 王媛：《女性叙述视角下的人生悖论与抉择——兼谈〈28 岁未成年〉与〈重返 20 岁〉》，《电影评介》2017 年第 5 期。
② 黄福奎：《电影〈驴得水〉女性形象解析》，《电影文学》2017 年第 12 期。
③ 张捧：《论商业微电影中女性形象的异化特征》，《电影评介》2017 年第 8 期。

影片为研究对象,分析不同时期的女性形象变化,发现从柔弱到坚强、从依附到独立,女性形象有了巨大突破的过程。①

(二)女性主义研究领域

第二类包括#1 女性主义、#5 女性主义两个类别。如陈双双的《论〈万物生长〉电影改编中的女性意识》从女性形象的重构、主线设置的变更以及结局设置等角度来探讨李玉女性意识的彰显与压抑②;姜晓娜的《〈盛先生的花儿〉:一幅"养心"的当代精神图谱——兼谈电影之困境与开拓》则通过主角棉花分析了女性意识的觉醒过程:从刚开始的随遇而安,逆来顺受,经过反思、挣扎和抗争,转变为真正果敢独立的内心强大的女性③;简璞更是在《成长的阵痛与女性意识——从〈黑处有什么〉看中国当代女性题材电影》一文中明确指出了方向,她认为女性觉醒的关键在于女性良好的自我梳解与自我释放④;然而女性主义不单是个人努力的结果,其背后还存在深层次的社会原因,夏洁在《中美犯罪公路片中女性角色的异同——以〈无人区〉和〈不准掉头〉》就提出女性角色的设定是为其背后不同的文化价值观服务的。⑤

(三)女性导演研究领域

第三类是聚类#2 女性导演。有分析女导演的拍摄风格的,如陆艳君的《李玉电影中的女性形象研究》,以李玉电影作品为研究对象,分析李玉电影中的女性角色体现的女性意识及其在塑造女性形象时使用的独特镜头语言等。⑥也有对某个年代女性导演集体特点的研究,如杜萱的《70 后女性导

---

① 刘凯纶:《浅析好莱坞电影中女性形象的嬗变》,《新闻研究导刊》2017 年第 19 期。
② 陈双双:《论〈万物生长〉电影改编中的女性意识》,《湖北文理学院学报》2017 年第 3 期。
③ 姜晓娜:《〈盛先生的花儿〉:一幅"养心"的当代精神图谱——兼谈电影之困境与开拓》,《电影评介》2017 年第 10 期。
④ 简璞:《成长的阵痛与女性意识——从〈黑处有什么〉看中国当代女性题材电影》,《电影评介》2017 年第 1 期。
⑤ 夏洁:《中美犯罪公路片中女性角色的异同——以〈无人区〉和〈不准掉头〉为例》,《青年记者》2017 年第 9 期。
⑥ 陆艳君:《李玉电影中的女性形象研究》,硕士学位论文,云南师范大学,2017。

演创作的叙事策略研究》中提到"70 后"女性导演在其创作的前期和后期，叙事策略发生了根本性的转变，即叙事视角由边缘人物转向大众人物，叙事线索从单线转变为多线，叙事空间从封闭走向与开放相结合。[1] 邓娟的《21 世纪以来中国女性导演电影中的母亲形象研究》指出，随着中国女性导演的崛起，她们通过电影对母亲形象进行了真实的书写，出现了"反抗型""工具型""孤独型""迷茫型""类似型"等母亲形象，呈现多样化的特点。[2]

（四）生态女性主义研究领域

第四类别是#3 生态女性主义。生态女性主义认为女性与自然之间存在密切关系，在男性中心主义的重理性轻身体（自然）的逻辑下，女性与自然同处于被压迫和受支配的"他者"状态。张钦娟、温敏的《童话与现实交织——从生态女性主义的角度解读电影〈美人鱼〉》一文正是从生态女性主义的视角出发，分析电影中男性与女性、人类与自然的关系[3]；高春燕的《宫崎骏电影中的生态女性主义研究——以〈风之谷〉〈幽灵公主〉〈起风了〉为例》一文，根据美国生态女性主义学者卡洛琳·麦茜特的生态女性主义理论，从宏观和微观两方面对宫崎骏动画电影中的生态女性主义色彩进行探讨和分析，提出了把女性解放同解决生态危机联系起来、反对女性歧视、批判破坏环境的主张。[4]

（五）叙事策略研究领域

这一类的主题词包括#4 叙事策略。关于叙事模式，研究者提炼出了

---

[1] 杜萱：《70 后女性导演创作的叙事策略研究》，《西南石油大学学报》（社会科学版）2017 年第 2 期。
[2] 邓娟：《21 世纪以来中国女性导演电影中的母亲形象研究》，硕士学位论文，湖南工业大学，2017。
[3] 张钦娟、温敏：《童话与现实交织——从生态女性主义的角度解读电影〈美人鱼〉》，《桂林师范高等专科学校学报》2017 年第 5 期。
[4] 高春燕：《宫崎骏电影中的生态女性主义研究——以〈风之谷〉〈幽灵公主〉〈起风了〉为例》，硕士学位论文，山东师范大学，2017。

"双女主人物设置方式""二元对立模式""主题并置模式"等。如周如彪的《浅析电影〈七月与安生〉的叙事策略》中"双女主人物设置方式",重点突出两位女主人公性格的变化,同时采用限制性叙事、插叙、倒叙等方式推进情节[1];王小菲在《美国动画电影中的二元对立叙事》中分析了人物二元对立、人与环境二元对立、两性二元对立模式[2];梁玉洁在《女性主义日常诗学——电影〈时时刻刻〉"主题并置"叙事模式解读》中以"主题并置"叙事模式呈现了互动、联系的三个时空里三位女性的 10 个相对独立的故事,表现出深广幽远的主题。[3]

(六)电影题材研究领域

这一类的以#6 小妞电影为主。"小妞电影"是属于都市爱情电影下的一个电影亚类型,最早出现于 20 世纪 60 年代的美国。影片通过塑造不同成长阶段、不同身份的"小妞们",展现女性在新时代下的新形象,赞美女性独有的气质并肯定女性的自我价值。张逾梦的《美国"小妞电影"的都市文化呈现》[4]、马彧等的《内地"小妞电影"的叙事危机和瓶颈》[5]都是对这类型电影的对比分析和反思。在分析"小妞电影"的同时,也引入新的研究视角。比如张楚在《浅析神经喜剧与小妞电影中的性别政治》中对发端于美国的神经喜剧和中国内地本土化的"小妞电影"的文本做了互文性比对[6];王伟的《国产小妞电影中的身体消费问题研究》则将身体消费与心理学和社会学领域中的身份认同理论相结合进行大胆解读。[7]

---

[1] 周如彪:《浅析电影〈七月与安生〉的叙事策略》,《戏剧之家》2017 年第 20 期。
[2] 王小菲:《美国动画电影中的二元对立叙事》,《电影文学》2017 年第 14 期。
[3] 梁玉洁:《女性主义日常诗学——电影〈时时刻刻〉"主题并置"叙事模式解读》,《昌吉学院学报》2017 年第 3 期。
[4] 张逾梦:《美国"小妞电影"的都市文化呈现》,《电影文学》2017 年第 14 期。
[5] 马彧、陈璇:《内地"小妞电影"的叙事危机和瓶颈》,《视听》2017 年第 2 期。
[6] 张楚:《浅析神经喜剧与小妞电影中的性别政治》,《新闻研究导刊》2017 年第 18 期。
[7] 王伟:《国产小妞电影中的身体消费问题研究》,硕士学位论文,辽宁大学,2017。

三　未来展望与政策建议

总体而言，图1中女性形象与女性主义的图标形状最大，说明这两个类别的热度最高，从年份来看，2017年相对集中，2018年向外围扩张，可以预见2019年以后研究将呈现逐步细分深化的趋势。其中，媒体技术的发展与社会意识的变迁一直以来是影响女性电影研究热点变化的推动力，而且近年来呈现了新的特点。

第一，性别研究从人类延展到机器人。

随着人工智能等科学技术发展，科幻电影的播放数量以及研究关注度在不断提升，性别研究的热点也从人类延伸到了对机器人的探讨。比如，李享就在《解析欧美科幻电影中人工智能形象背后的人类意识建构》中以人工智能形象为研究对象，解读欧美科幻电影中人工智能形象背后的人类意识建构及人类思想史的演变。[1]

第二，动画与短片中新兴女性形象成为追捧的对象。

随着女性的社会地位不断提高，电影中女性形象的嬗变也成为讨论的焦点。如王晶晶的《美国动画电影中新兴女性形象分析》解构了三部动画电影中新兴女性形象的塑造和刻画，对现实社会中女性的成长有着正面引导的作用。[2]

第三，"一带一路"激活海外影片热度。

随着中国"一带一路"建设的推进，海外引进电影也得到了更广泛的关注，比如印度电影相关的研究较多，如王怀昭《从奴役到解放：女性主体的艰难指认——简论电影〈摔跤吧！爸爸〉》提出被逼出来的女性意识[3]；

---

[1] 李享：《解析欧美科幻电影中人工智能形象背后的人类意识建构》，硕士学位论文，西南交通大学，2017。
[2] 王晶晶：《美国动画电影中新兴女性形象分析》，《安徽文学》2017年第7期。
[3] 王怀昭：《从奴役到解放：女性主体的艰难指认——简论电影〈摔跤吧！爸爸〉》，《艺术评论》2017年第6期。

李璇的《印度电影〈摔跤吧！爸爸〉文本分析与思考》，认为编剧对现实题材的选择、人物与矛盾冲突的成功设置，将个人故事与尊严、体育精神与国家荣誉巧妙拼接等，都集中于探讨影片对于女性角色的社会文化价值。[1]

展望未来，国家电影局的数据显示，2018年全国电影总票房为609.76亿元，同比增长9.06%。其中1～5月票房成绩一度超过北美，成为全球第一大电影市场。而且总体来看，无论是票房产出，还是电影生产方面，中国电影依然保持了较好的发展态势，稳居世界第二大电影市场的位置。[2] 不仅如此，2018年国家电影局印发了《关于加快电影院建设 促进电影市场繁荣发展的意见》，要求2018～2020年银幕总数达到8万块以上，这项政策将进一步推动我国电影行业整体规模的发展。

女性电影作为电影产业的重要组成部分，一方面迎来了新的机遇与挑战，需要政府从顶层设计层面、电影机构从文化创作与宣传引导层面予以重视；另一方面作为媒介与女性的一个研究分支，丰富了研究业态，不仅需要加强学科建设，更需要我们进一步提高女性的媒介素养，继续普及全社会的性别平等观念。[3]

---

[1] 李璇：《印度电影〈摔跤吧！爸爸〉文本分析与思考》，《中国电影市场》2017年第8期。
[2] 陆佳佳、刘汉文：《2018年中国电影产业发展分析报告》，《当代电影》2019年第3期。
[3] 张敬婕：《"十三五"规划下媒介与女性发展的契机和方略》，《中国妇女报》2017年2月21日。

B.16
搭建以社会影响力为导向的新媒体传播之道

——以橙雨伞为例

刘 霞[*]

> **摘 要：** 随着联合国可持续发展目标（SDGs）的确立，越来越多的企业、组织、媒体、个人参与到相关议题的传播活动中来，为实现可持续发展目标、创建一个更健全的社会贡献一己之力。正值我国媒体生态进入全面新媒体时代，因此，如何利用新媒体进行此类以社会影响力为导向的传播，是有志于推动可持续发展目标的有识之士共同关心的课题。本报告以橙雨伞为例，阐述如何搭建以社会影响力为导向的新媒体传播之道，以期为相关传播者提供有益参考。
>
> **关键词：** 社会影响力 新媒体传播 "5W"传播模式

随着联合国可持续发展目标（SDGs）的确立，越来越多的企业、组织、媒体、个人参与到相关议题的传播活动中来，为实现可持续发展目标，拥有更健全的社会贡献一己之力。正值我国媒体生态进入全面新媒体时代，因此，如何利用新媒体进行此类以社会影响力为导向的传播，是有志于推动可持续发展目标的有识之士共同关心的课题。

放眼国际，在2015年9月的联合国峰会上，联合国可持续发展目标确

---

[*] 刘霞，橙雨伞公益项目总监、主编，曾任《中国妇女报》资深编辑。

立，该目标是对联合国千年发展目标的继承与发扬。会上，联合国成员国都表态将为包括可持续经济增长、食品安全，教育公平、性别平等、体面就业等议题贡献力量。因此，对该目标覆盖议题的传播必不可少。立足本土，全面新媒体时代大而全的传播布局不再战无不胜，取而代之的，是垂直化、细分化及本地化的新媒体传播突出重围。在这样的国内外背景下，一个关注性别平等与性别暴力议题的垂直媒体传播项目——橙雨伞公益，应运而生。

橙雨伞公益项目（以下简称"橙雨伞"）创立于2016年5月，是为响应我国第一部反家暴法的传播号召而诞生的，关注的核心议题是反对性别暴力，其追求的社会影响力，直接服务于可持续发展目标的第五目标——"性别平等"。目前橙雨伞运营的新媒体号主要在微博、微信平台上。截至2019年6月，微博号发布信息5346条，粉丝将近16万，运营过4个千万级的话题，公益领域互动率稳居前三；微信公众号（特指2017年5月搬迁的新号）粉丝数1万多，共生产内容658篇，阅读量过10万次的文章2篇。

本报告将以橙雨伞传播框架为例，介绍以社会影响力为导向的新媒体传播之概念、特点及构建方式和传播建议，以期为相关传播者提供有益参考，为我国可持续发展目标的实现贡献微薄之力。

一 以社会影响力为导向的新媒体传播

要了解以社会影响力为导向的新媒体传播，需分别对"社会影响力"及"新媒体传播"进行界定。

什么是社会影响力（social impact）？

社会影响力中心[①]为其下的定义是：着眼于对某一社群或个人或家庭的

[①] Ariel Schwartz, "What Is Social Impact Anyway?" https://socialimpactstrategy.org/what-is-social-impact-anyway/, August 30, 2017.

行动的净效应。密歇根罗斯社会影响力中心认为，它是处理紧迫的社会挑战所带来的显著而积极的变化。社会影响力战略中心的创始人 Peter Frumkin 博士认为，它是用于解决复杂社会问题的努力，及在此价值中创造的公共价值。不论采用哪一种定义，它都是区别于商业世界中营利（income）的价值。

什么是新媒体传播？

新媒体是"基于数字技术、网络技术及其他现代信息技术或通信技术的，具有互动性、融合性的媒介形态和平台。在现阶段，新媒体主要包括网络媒体、手机媒体及其两者融合形成的移动互联网，以及其他具有互动性的数字媒体形式"[①]。新媒体传播就是通过遵循新媒体互动性、融合性的特性进行的有目的的信息传递活动。

综上，以社会影响力为导向的新媒体传播，就是把社会影响力作为传播目的，在遵循新媒体互动性、融合性属性的基础上，进行自上而下的传播要素设计、实施及反馈的过程。因此，此类传播有如下特点。

1. 特点一：自上而下的传播设计思路

上，特指传播愿景，即想要实现的社会影响力；下，特指具体的传播行为。自上而下，强调以影响力目标为指导完成传播行动的流程。如上所述，此类传播的目的是帮助推进或改善某个社会挑战，促进社会进步。以社会影响力为导向的传播有效与否，其判定标准不仅仅是阅读数、粉丝转化率，而且更看重受众对传播话题及内容的反馈及互动。

2. 特点二：此类传播需时刻具备底线意识

此类传播活动，除了要遵循传播的基本原则，即可信性原则、针对性原则、有序性原则、协同性原则、适时性原则及适量性原则，还需要额外遵守所传播议题的价值原则，即该议题范围下必须了解的应有之义。比如橙雨伞在选题、写作、审稿、分发等环节会额外留意不能触碰的价值底线，如避免性别歧视，包括使用歧视性语言、物化女性、女性凝视等。

---

① 彭兰：《"新媒体"概念界定的三条线索》，《新闻与传播研究》2016 年第 3 期。

3. 特点三：互动性不仅要求双向传播，更要求传播频次的增加

新媒体传播的互动性，不仅体现在传者与受者进行双向传播而非单向传播，也对传播频次提出了更高要求。很多机构将内容生产出来后投放在自己的渠道上，比如微博、微信公众号上，就认为大功告成。这种传播还停留在贴海报阶段。随着社交媒体的发展，尤其是自媒体的兴盛，任何一个渠道，都不只是简单的投放渠道，而且是兼有社交功能的社区。因此，不要忽略第二轮的互动传播，包括留言回复等。它可以进一步解释文内信息及价值，可以帮助传播者发现下一个传播点。

二 橙雨伞的新媒体传播实践

传播学泰斗拉斯韦尔在《社会传播的结构与功能》中提出了"5W"线性传播模式，为分析及建构传播行为提供了框架。"5W"是传播五要素的英文首字母缩写，分别代表着传者（Who）通过哪个渠道（in Which Channel）对受众（to Whom）传播了什么内容（Says What），取得了什么效果（with What Effect）。下文以橙雨伞为例，分析如何搭建以社会影响力为导向的新媒体传播框架。

（一）传者：找到独特定位是传播开始的基石

社会影响力传播行为中，谁在传播并不难回答，它可以是组织、单位、媒体项目及个人。但除了回答"我是谁"外，还需要思考"我不是谁"，以及"我和同质类传播者的区别是什么"，简言之就是找到自己的独特定位（position）。所谓定位，在艾·里斯和杰克·特劳特看来，是在对本产品和竞争产品进行深入分析，对消费者的需求进行准确判断的基础上，确定产品与众不同的优势及在消费者心中的独特地位，并将它们传达给目标消费者的动态过程。[①] 简言之，就是"能在每个品牌都需要一句话

[①] MBAlib, https：//wiki.mbalib.com/wiki/%E3%80%8A%E5%AE%9A%E4%BD%8D%E3%80%8B, accessed June 5, 2019.

来表述它与竞争对手之间的区隔"。这是商业世界中对定位的理解,它可以帮助理解传播主体"我"及"我"的竞争对手与受众间的关系。不同的是,以社会影响力为导向的传播中,竞争对手不再是分蛋糕的人,而是同行者,分析它们,只是为了不走重复赛道,让赛道铺得越满越好。消费者则是阅读传播内容的对象,他们的需求通常需要被创造,而不是被挖掘。在启动传播之前给自己确立一个独特的定位,将有益于其他四大因素的建构。

以橙雨伞为例,品牌口号(slogan)是"跨界联合,终止性别暴力",这句口号确定了此项目两大特点:首先,依靠伙伴网络而存在;其次,反对性别暴力相关内容将成为核心议题。之所以会确定这个口号,是因为往外看,新媒体生态中,不乏涉猎相关议题的传播机构号存在,也不乏关心女性权益、性别平等的自媒体个人号,这些传播主体在某一个话题中占有一席之地,但高举联合旗的还寥寥;往内看,橙雨伞项目设立初衷决定了其关注议题就是性别暴力,它不像"反家暴"经过20多年的传播,已基本使大众耳熟能详,相对而言,性别暴力(Gender-based violence)不是一个全民皆知的概念,所以还有很大的传播空间。

(二)受众:不看大众,看分众

新媒体已经进入垂直细分时代,受众越细分,传播越垂直,传播本身希望产生的效果也就越可能被实现。如果针对所有人,那么在"怎么说"上则容易失焦。使用用户画像工具,可以帮助组织及传播人员更好地了解目标受众,从而能针对目标受众的特点炮制更有针对性的内容及选择合适的分发渠道。用户画像内涵包含三个要素,即用户属性、用户特征、用户标签。[①]

以橙雨伞为例,构建用户画像时,我们描摹了年龄、地域、学历、性别(见图1)。

---

① 宋美琦、陈烨、张瑞:《用户画像研究述评》,《情报科学》2019年第4期。

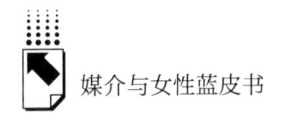

通过一段时间的新媒体运营，橙雨伞的用户画像就可以依据平台数据得出。比如可以在后台查看微博自带的数据分析。拥有准确的用户画像可以帮助传播者在传播中更好地针对受众生产"与我相关"的内容，这在一定程度上保障了传播效果的达成。当然，在使用用户画像的时候也要避免把受众总是投射在一个具体的人身上，而忽视了人群特点。以偏概全，影响判断。

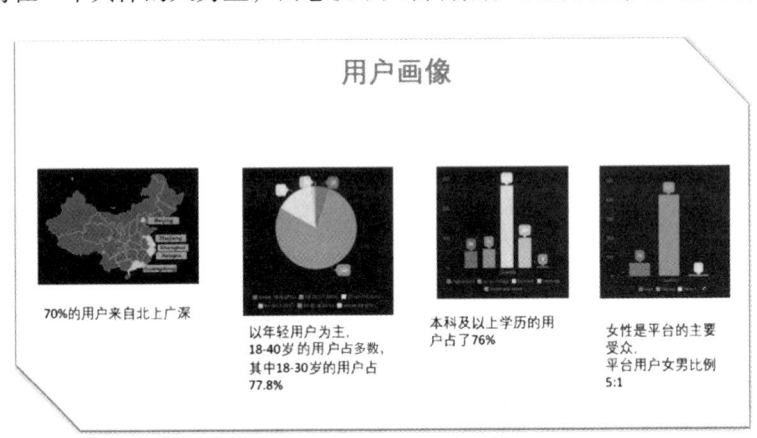

图1　橙雨伞用户画像

（三）渠道：尊重不同渠道的属性，适时打"组合拳"

选择渠道跟选择鞋子道理相似，要找适合的。新媒体时代，最大的特点，莫过于渠道的更新速度快。如果不了解平台属性，盲目跟风，容易造成人力、物力的浪费，不利于达成创造社会影响力的最高目标。

因此，传播者首先要看各平台的用户画像是否吻合对目标受众的想象，从而找到匹配的平台。其次，尊重不同渠道对内容形式、长短、主题等的偏好。如果使用某一平台，则需要做好功课，包括标题、敏感词、该平台当日热点等，进行定制生产。喻国明认为，需要将媒体社交作为一个整体来看待。而不是把它们当作分销渠道，做简单的复制粘贴工作。[①] 当然，在能力

---

① 喻国明：《媒介革命——互联网逻辑下传媒业发展的关键与进路》，人民日报出版社，2015。

可以覆盖的前提下，做渠道的排列组合，传播效果可以事半功倍。

基于此指导思想，橙雨伞的渠道选择采用"两条大腿＋千手观音"的模式。两条大腿，指重点运营的微博及微信，选择这两个平台，是基于这两大平台的相互补充功能。微博作为"新闻发布厅"，具有强传播、弱关系的特点；微信作为"会客厅＋办事大厅"，具有强关系、弱传播的特点。[①] 因此，原创文章的首发在微信完成，而该文章与受众的互动在微博中完成。千手观音指当下比较火的社交媒体平台或与橙雨伞目标受众吻合的 App 等，如橙雨伞已经进驻大姨妈、抖音、网易号、今日头条等平台，哪个平台在一段时间内表现不好，评估后可取消。橙雨伞对"千手观音们"的精力投入相对较少，它们具有很强的可取代性。

（四）内容：要专业，但避免自娱自乐

传播者要从希望获得的社会影响力入手，明确其聚焦的议题有哪些。确定了议题，就可以垂直发力，从选题、写作者、审稿、图片挑选及标题上严格要求自己，做出专业姿态。

以橙雨伞为例，对内容专业性的自我要求体现在几个方面。首先，联合行业专家，做专业知识梳理。如性别暴力知识库、橙律师系列问答等专栏的开发都是联合行业内的权威专家共同打造。其次，在社交媒体上对性别暴力信息进行"再加工"。如在微博创建"#又有新的性别暴力事件发生#"话题页，就是通过重新梳理当日新闻进行二次传播。[②] 在如今媒体平台"算法为王"的情况下，受众越来越难听到不同的声音、看到多元化资讯。设立这个专门的栏目，就是为了帮助受众重新看到被忽视的信息，同时，在新闻搬运过程中，橙雨伞采用选择权威信息源及不指责受害者的叙述方式，得到平台及受众的认可，截至 2019 年 6 月，该话题页阅读量为 5500 多万次，讨论 3.2 万条。再次，保护好隐私，尤其是不能忽视图片信息，避免传播对受害

---

① 吴晨光主编《自媒体之道》，中国人民大学出版社，2018。
② 张波：《新媒体通论》，山东人民出版社，2015。

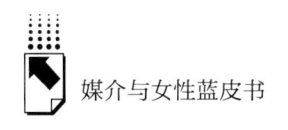

者造成二次伤害。

与此同时，在专业议题上精专，很容易进入"自嗨幻想"中，即自己投入，没人捧场。这是忽略了受众，轻视了"怎么说"的问题。要避免此类问题，可以做"测试"。比如在每一次传播内容制作完毕后，发给一个不了解此议题的"外人"，以得到观看反馈，进而判断这个议题内容传播的有效性。同时可充分发挥受众的主观能动性，让他们有限参与到传播过程中来（如制作、分发等不同环节）。当受众愿意花额外时间跟传播者发生互动关系，那么他们对传播主体的黏性会更高，因为他们投入了时间及精力，也便有了参与感、责任感。

此外，在做垂直传播时，容易造成受众的审美疲劳。因此，需要传播者具备平衡话题能力。从问题角度出发，分析造成这一社会问题的原因是什么，每一个原因都可以成为该议题下的一个传播点。

（五）效果：让数据评测引领传播进阶

传播效果测评，离不开定量和定性两种基本方法。[①] 在条件允许的情况下，尽量使用两种方法结合的方式进行传播评测。以社会影响力为导向的传播效果，不仅要看一个媒体内容的表现力（阅读数、转化率、短期内的互动量），还要看一段时间后它对人们意识和行为的改变。这种评估难度更大，因为往往要通过比较测量的方式（同一拨样本进行前测后测）才能得出。

橙雨伞对数据的评测使用过问卷调查、留言文本分析、受众前测后测对比研究、小组访谈等方法，但基于互联网及新媒体特点，使用最多的还是问卷。这些数据的测评结果及研究结论都被反馈给传播主体，帮助其及时调整内容战略，为下一个传播效果的达成提供科学支持。

三 结语

综上，以社会影响力为导向的新媒体传播，目标是创造社会影响力，促

[①] 周鸿铎：《传播效果研究的两种基本方法及其相互关系（上）》，《现代传播》2004年第3期。

进社会进步，且此目标统领五大传播元素的建构。又因新媒体的互动性、融合性特点，此类传播需避免"我说你听"的单向传播及"就说一次"的单频传播逻辑。在建构此类传播活动时，传播者应找到自己的独特定位及细分受众，在进行垂直传播的同时，避免自娱自乐；在进行渠道选择时，避免盲目跟风；在评测效果时，重视数据的价值。

此外，以追逐社会影响力为目的的新媒体传播，不可回避的是"键盘党"的质疑及诟病。作为新媒体传播者，不回应、拒绝互动是不明智的，但没有限制的回应也是不必要的。如果是就议题论议题的质疑，可以进行多轮互动传播；如果是针对传播者的人身攻击，则只需要进行有礼有节的说明，说明后就回归有序传播，切勿将精力投入持久"口水战"。

参考文献

胡正荣、张磊、段鹏：《传播学总论》（第二版），清华大学出版社，2008。

媒介再现篇

Media Representation of Women

B.17
女领导在媒体中的形象再现研究
——以三家媒体2016~2018年的报道为例*

靳雪林　张敬婕**

摘　要：　通过分析三家媒体在2016~2018年对女领导的报道，本研究发现媒体对女领导的报道存在歧视性、负面化的报道程式，对女领导的贡献与困境报道不足，对女领导的形象气质存在娱乐化消费和男性化规训等问题。本研究建议媒体加强关于女领导报道的议程设置，注重报道立场与报道效果，加强报道中的性别敏感性，尊重女领导的多样化发展

---

* 本报告为2015年度教育部哲学社会科学研究重大委托项目"高等教育大众化与媒介融合时代菁英女性培养与领导力提升研究"（项目编号：15JZDW002）阶段研究成果。
** 靳雪林，中国传媒大学媒介与女性方向硕士研究生；张敬婕，博士，中国传媒大学媒介与女性研究中心副研究员，联合国教科文组织—中国传媒大学"媒介与女性"教席团队成员，主要研究方向为性别传播、跨文化传播。

现实，通过报道女领导面临的各种困境积极推进公共政策的完善。

关键词： 女领导　媒体　形象再现

一　问题意识与研究对象

媒体对女性领导者的呈现是否与女性领导者的崛起势头相称？媒体对女领导的报道是否存在偏差？若存在偏差，偏差的背后说明了什么问题？

带着这样的问题意识，本研究选取国内性质不同、定位不同的三家媒体——人民网、凤凰网、新京报（网站及App），通过内容分析和文本分析的方法，以2016~2018年的报道为研究对象，以"女领导""女官员""女高管""女主管"为关键词进行搜索，将标题或报道中包含任一关键词的报道选作研究对象，既包含三家媒体的原创报道，也包括转载自其他媒体的报道。截至2018年12月19日，共得到人民网的相关报道87篇，凤凰网的相关报道130篇，新京报的相关报道47篇。

本研究对搜集的样本按照"篇幅""新闻来源""体裁""信源""主题""报道中传达出的对女领导的态度"等维度进行了进一步的分析（见表1）。

表1　研究类目和分析指标

一级类目	二级类目
篇幅[①]	500字以内
	501~1000字
	1001~1500字
	1501~2000字
	2000字以上

续表

一级类目	二级类目
新闻来源	原创
	报刊（包括报纸和杂志等纸媒）
	通讯社
	电视和广播电台
	其他网络媒体
	自媒体（比如微信公众号、凤凰网的大风号平台）
体裁	消息（500字以内为简讯，500~800字为短消息，800字以上为长消息）
	通讯
	特稿
	评论
	人物访谈
	段子/虚构小说
信源[2]	文献（比如统计资料、女领导的公开履历等）
	女领导（包括政治、经济等各个领域居于管理者位置的女性，比如女官员、女高管）
	专家学者
	其他领导（除女领导外的其他领导，包括政府官员、公司高管等）
	群众
	新媒体撰稿人
	评论员
主题	女领导的介绍（主要介绍女领导的身份、履历等基本信息）
	女领导的工作日常（比如出席活动、发表讲话等）
	女领导的工作成绩
	女领导的工作问题（比如贪污腐败、违法乱纪等）
	女领导的发展现状及举措（全球或某一国家和地区、某一领域女领导发展水平及推动举措）
	女领导受害（女领导被骗、威胁等）
	女领导面临的困境和挑战
	女领导的个人生活（包括其穿搭、时尚、妆容、家庭、情感生活等）
报道中传达出的对女领导的态度	肯定
	否定
	无明显态度

注：①视频报道按每分钟300字计算篇幅。
②通常来说一篇报道的信源可能不只包含上面提到的某一个类别，而是多种信源的复合。所以当报道中出现包含两种或两种以上信源的时候，本研究采用复选归类的原则。

二　研究发现

（一）报道时间及数量

如表2、图1所示，在2016~2018年，人民网是三家媒体中唯一一家报道总量呈递减趋势的媒体。凤凰网与新京报的报道数量均呈上升趋势，尤其是凤凰网2018年度的报道数量为三家媒体单年度报道数量之冠，而且三年报道数量的总和也以凤凰网遥遥领先。新京报尽管报道数量呈上升趋势，但是三年报道的总量仍居三家媒体的最末位。

表2　三家媒体报道时间及数量统计

单位：篇

年度	人民网	凤凰网	新京报
2016	43	36	10
2017	31	39	6
2018	13	55	31
总计	87	130	47

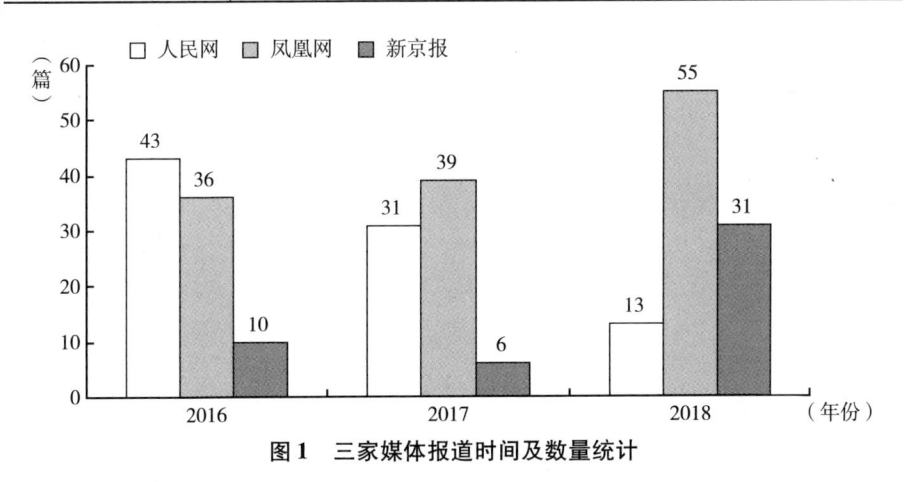

图1　三家媒体报道时间及数量统计

在三家媒体中，凤凰网对女领导的报道总量远高于其他两家媒体，说明该议题在凤凰网是作为一个主要议题进行议程设置的。

三家媒体对女领导的报道都涉及少量的视频报道。其中人民网三则,凤凰网两则,新京报一则。视频报道相比文字报道来说更加直观、生动,点击量一般比文字报道更高,影响力与传播力也更大。

首先,人民网的三则视频都是转自传统媒体电视新闻节目的视频内容,在这三则视频中,女领导都是政治领域的官员,且都是因为受到质疑而成为新闻焦点的。

第一个是转载自东方卫视的《南方都市报:南京官方回应女官员"抗涝摆拍"》,报道中女官员指导抗洪工作,被质疑摆拍,新闻报道了官方对此事的回应,说该事件只是由拍照角度引起的乌龙,为女官员进行了澄清。

第二个是转载自山东卫视的《陕西神木女官员上老赖榜》,女领导在报道中是因民间借贷未能偿还而上了"老赖榜"的女官员,报道中明确表示女官员上"老赖榜""不仅仅是个人诚信问题,这间接地影响了政府公信力",对此类事件进行了批评。

第三个是转载自山东卫视的《网友质疑女官员15岁参加工作 官方回应:有规可依》,报道中女官员被质疑履历造假,该报道对此事持批评态度。

人民网的三则视频报道对象为三名出于不同原因而受到质疑的女官员,有的进行了澄清,有的则以媒体的身份进行了进一步的质疑,对大众对女官员的质疑进行了呈现与回应,也起到了督促女官员自我约束以及相关部门进行监督的作用。

凤凰网的两则视频报道则塑造了能力出众与爱慕虚荣两种截然不同的女领导形象。

题为《谁认识这个女领导?彻底火了》的视频是某女领导在某教育论坛上的演讲,五分钟的视频中,女领导就当下中国父母教育子女存在的问题侃侃而谈,博得现场观众阵阵掌声。这个视频呈现了一个在自己专业领域富有想法的女领导,展现了其优秀的个人能力。

另一个视频《给女领导拍马屁,结果好悲剧!》,是一则转自自媒体的情景剧,三个年轻的普通人"尬演"了一则给女领导"拍马屁"的情景剧,情景剧中女领导因下属将自己的年龄说大了就"公报私仇",内容滑稽,缺乏内涵,将女领导塑造成只喜欢听下属夸赞奉承、公私不分的虚荣形象。

新京报只有一则视频报道,呈现了被陷害最终自杀的女领导形象。该报道题为《3d还原医院副主任向女领导投药 致其自杀过程》,是对"医院副主任向女领导投药致其自杀"这一新闻事件进行的进一步拓展。以动画的形式还原了这一复杂事件的过程,让新闻更加直观易懂,可看性更强。

(二)报道篇幅分析

由表3和图2可知,人民网各篇幅报道分布比较均匀。凤凰网报道篇幅分布差异较大,以1000字以内的短篇报道以及2000字以上的长篇报道为主。新京报各篇幅报道分布不均,500字以内的简讯类报道是新京报最少采用的。

表3 三家媒体报道篇幅统计

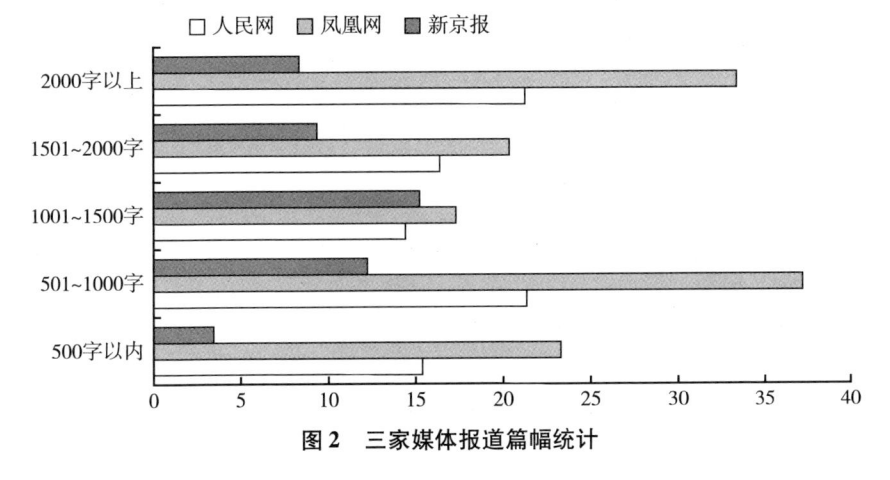

字数	人民网 篇数	人民网 占比(%)	凤凰网 篇数	凤凰网 占比(%)	新京报 篇数	新京报 占比(%)
500字以内	15	17.24	23	17.69	3	6.38
501~1000字	21	24.14	37	28.46	12	25.53
1001~1500字	14	16.09	17	13.08	15	31.91
1501~2000字	16	18.39	20	15.38	9	19.15
2000字以上	21	24.14	33	25.38	8	17.02
总计	87	100.00	130	100.00	47	100.00

图2 三家媒体报道篇幅统计

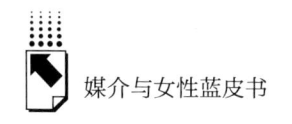

（三）报道体裁分析

作为新闻内容的载体，新闻体裁是表达的样式。不同新闻体裁的选择，对新闻内容的呈现和报道力度也不尽相同。比如短消息、长消息类型的报道就以说明事实为主，语言简练。通讯和特稿相比于消息则更加详细、生动和具体，在报道内容中也可能运用更多的写作技巧和手法。

如表4和图3所示，三家媒体的报道体裁以说明事实的消息为主。这说明三家媒体都是以概括性的说明性手法报道新闻事实为主。

表4　三家媒体报道体裁统计

体裁	人民网 篇数	人民网 占比(%)	凤凰网 篇数	凤凰网 占比(%)	新京报 篇数	新京报 占比(%)
消息	68	78.16	107	82.31	45	95.74
通讯	9	10.34	4	3.08	0	0.00
特稿	4	4.60	0	0.00	0	0.00
评论	4	4.60	5	3.85	1	2.13
人物访谈	2	2.30	0	0.00	1	2.13
段子/虚构小说	0	0.00	14	10.77	0	0.00
总计	87	100.00	130	100.00	47	100.00

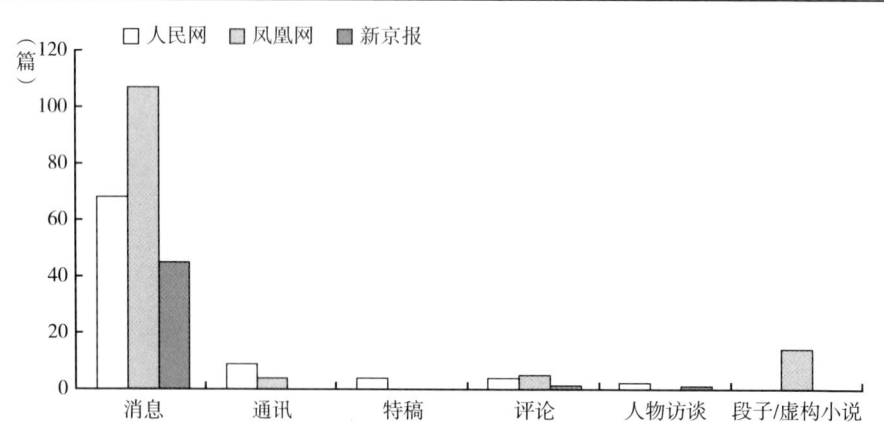

图3　三家媒体报道体裁统计

人民网除了消息之外，其他常规类型的报道体裁也都有涉及，报道体裁多样全面。新京报消息类的报道占绝大多数，其他常规类型的报道仅有2篇。凤凰网除了有常规的报道体裁，还有另外两家媒体都没有涉及的非常规报道体裁——段子/虚构小说。

严格意义上讲，段子/虚构小说并不算新闻报道体裁的一种，但是凤凰网有1/10的内容用这种体裁呈现，其中甚至包括两则黄色段子（见表5）。这是对女领导的一种娱乐化，同时这些段子的主要内容有关女领导的个人生活，也体现了媒体对女领导个人生活的关注，对其工作和能力的不关注。相比之下，人民网和新京报就没有段子类型报道的呈现，新闻专业性更强。

凤凰网与人民网和新京报的定位不同，面对的受众层次也不同，所以新闻报道的体裁更加多样化，同时凤凰网的把关和审查力度与另外两家媒体有一定的差别，相比另外两家媒体审查力度更低，所以报道的层次也更多。

表5 凤凰网十四则段子主要内容及存在问题

序号	标题	对女领导的描述	如此描述所呈现的问题
1	《女主管说"木子，知道……"》	女主管说："木子，知道为啥面试的人那么多，最后录用了你？""不知道。""面试的时候，你个子那么小，却背那么大，你找笔的时候，一会从包里拿一个面包出来，一会一个苹果，一会一袋花生米，还有锅巴，火腿肠，饼干。我是心疼你，一个小老鼠拉那么大的包。""谢谢慧姐。""知道我为啥找你谈话吗？""不知道。"我摇摇头。"现在你上班什么都不带，今天还换成小包了。你的诚意呢？"	女领导贪图下属的物质，并且有以工作相威胁的意味。塑造了女领导的负面形象
2	《哥们去面试，女主管问他："你……"》（黄色段子）	哥们去面试，女主管问他："你能干多久？"哥们愣了一下："一般半小时吧！""我是说在这！""在这有点紧张，大概能坚持五分钟吧！"……	借用女领导的形象讲了一则黄色段子。使女领导这一称谓与某些负面信息相关联

续表

序号	标题	对女领导的描述	如此描述所呈现的问题
3	《难道女主管想潜你?》	跟一朋友吃饭,这哥们以前是模特,后来不干了。 问他为什么不做了,他说这行太黑了。 我问:"难道女主管想潜你?" 哥们猛喝一杯酒,眼含热泪,感叹道:"哎,要是女主管也就罢了。"	展现的是男领导利用权势潜规则下属,但是也使女领导成为权色交易、潜规则的代名词
4	《女领导把我叫到办公室,目光在……》	女领导把我叫到办公室,目光在我身上扫射了一遍道:"听说你还没女朋友啊,要不要给你介绍个?"听得我有点莫名其妙,一向身为工作狂的她,啥时候开始八卦起来了? 但内心略有一丝欢喜,慌忙地点了点头,只见其接着道:"我刚离婚,考虑下不?"……	女领导职场意欲潜规则下属,使女领导成为权色交易、潜规则的代名词
5	《公司新调来一个年轻女主管,于……》	公司新调来一个年轻女主管,于是几个男同事,决定利用接风机会,给女主管灌趴下,晚上吃饭,必要了啤酒,菜还没上呢,女主管豪爽地连续喝了两瓶,然后冲大家微微一笑"有点渴了!!!"结果,整个一顿饭吃得格外消停!!!	展现了女领导豪爽的一面,但年轻与酒量惊人这两点也影射了女领导颇有手腕与手段
6	《得罪女领导是什么下场》(虚构小说)	1. 只要大腿叉得开,保证升官升得快! 2. 这女人是徐莹? 传说中市长高洪的情人,随江官场第一美女,随江市招商局前副局长,随江市经济开发区现任党工委书记、管委会主任徐莹?	将女领导塑造为权色交易的"祸水",强化了女领导无实干无能力的负面形象
7	《给女领导拍马屁,结果好悲剧!》(视频)	故事梗概:女领导因下属将自己的年龄说大了就将其调离岗位,让他离开业务经理的岗位,转去负责打扫卫生	调侃女领导小心眼。凸显了女领导的负面形象
8	《穷小伙结婚向女领导借钱,女领导提出一个特殊要求,穷小伙傻了眼》(长篇故事)	别看刘总已经是将近50岁的人了,可她保养得非常好,看上去就跟三十大几岁的女人没什么两样	突出了女领导事业成功家庭失败的形象

续表

序号	标题	对女领导的描述	如此描述所呈现的问题
9	《朋友坐车和女领导出差,女领导埋怨他买颗粒的》(黄色段子)	朋友坐车和女领导出差,她有点发烧,说脑袋疼,身上疼,很难受,于是朋友经过药店帮忙买了盒小柴胡颗粒冲剂。刚好朋友老婆来电话,一接听,他同事在旁边抱怨:"唉,我现在都没水,你还买颗粒的。"然后他老婆就把电话挂了……	隐晦地影射了女领导可能是权色交易的对象,消费了女领导的形象
10	《女领导》	今天上班的时候,和女领导闲聊,聊到了年龄。我问她多大了,她让我猜,心里犯嘀咕了,肯定往小了猜啊。我说:"也就32呗。"领导笑笑:"我都快40了。"我说:"不会吧,保养那么好,一点不像啊,也就31、32的样子。"后来领导走了,之后听到别人说她今年27岁……	以女领导的年龄开玩笑,消费了女领导的形象
11	《权色仕途:走近女领导》(虚构小说)	1. 只要大腿叉得开,保证升官升得快! 2. 这女人是徐莹?传说中市长高洪的情人,随江官场第一美女,随江市招商局前副局长,随江市经济开发区现任党工委书记、管委会主任徐莹?	将女领导描绘成出卖身体借男人上位的形象。本条是在第6篇虚构小说的基础上进行的续写
12	《幽默笑话:把微信误发给女领导了,女领导看到后,脸一红说……》	把微信误发给女领导了,女领导看到后,脸一红说:你怎么知道我生病了,谢谢你的关心	将女领导女性化的气质特征进行了突出描绘
13	《女领导结婚,我让同事帮忙随礼200,半夜女领导微信懵了》	女领导给所有随礼的人都回发了红包。红包金额比主人公随礼金额还大	展现了女领导注重礼节但忽略细节与事实的一面
14	《开心一刻:去女领导办公室,她看着我说 我刚离婚,考虑下不……》	女领导把我叫到办公室,目光在我身上扫射了一遍道:"听说你还没女朋友啊,要不要给你介绍个?"听得我有点莫名其妙,一向身为工作狂的她,啥时候开始八卦起来了?但内心略有一丝欢喜,慌忙地点了点头,只见她接着道:"我刚离婚,考虑下不?"……	强化了女领导潜规则下属的形象。 本条与第四条段子内容重复

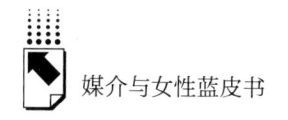

（四）新闻来源分析

新闻来源指的是新闻稿件的来源，既包括媒体记者直接采访撰写的直接来源，也包括通讯社采写或转发的间接来源。通过分析其新闻来源，也能分析其对女领导这一群体的报道特点。

如表6和图4所示，人民网的新闻来源主要是报刊这类传统媒体，位居第二的是其他网络媒体。但是人民网并没有转载自自媒体的报道。

表6 三家媒体新闻来源统计

来源	人民网 篇数	人民网 占比(%)	凤凰网 篇数	凤凰网 占比(%)	新京报 篇数	新京报 占比(%)
原创	15	17.24	9	6.92	45	95.74
报刊	45	51.72	22	16.92	0	0.00
通讯社	4	4.60	2	1.54	1	2.13
电视和广播电台	4	4.60	0	0.00	0	0.00
其他网络媒体	19	21.84	50	38.46	1	2.13
自媒体	0	0.00	47	36.15	0	0.00
总计	87	100.00	130	100.00	47	100.00

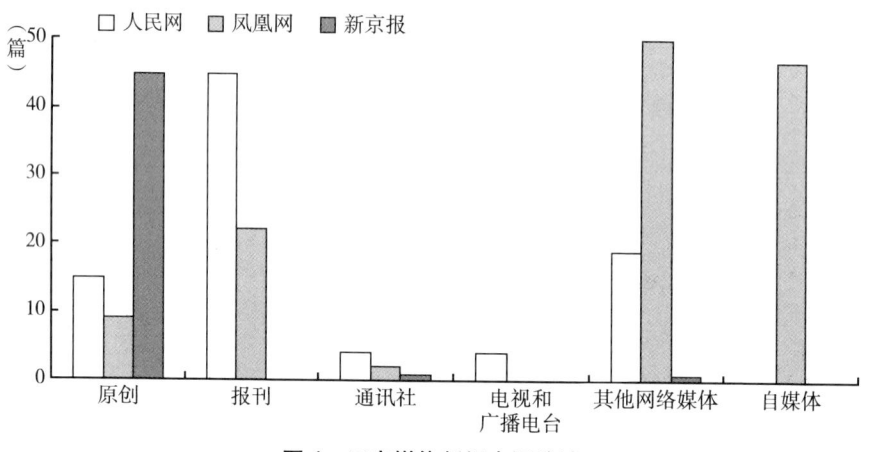

图4 三家媒体新闻来源统计

新京报报道的新闻绝大多数来源于《新京报》报刊及其公众号"政事儿"，原创报道占绝对主体。

凤凰网与其他两家媒体不同，转载来源主要是其他网络媒体和自媒体。属于这两种新闻来源的报道占凤凰网总报道数量的将近3/4。

而凤凰网的47篇自媒体文章又可以分为几个类型。一是上面提到的段子/虚构小说，这类文章不像新闻报道那样真实、严肃，关注的主要是女领导的私生活和外表，而非工作能力。文章中的女领导有些喜欢下属的阿谀奉承，甚至公私不分，滥用职权。用女领导作为主角来呈现领导剥削下属的做派，使这一现象单纯与女领导挂钩，对女领导群体产生不良影响。还有一些女领导靠出卖身体上位，不是凭借自己的能力取得现在的成绩。总的来说，这些段子或虚构小说中的女领导以负面形象为主。

凤凰网转载自自媒体的文章还有一个比较关注的就是女领导的时尚、穿搭以及妆容等个人生活层面的内容。而这些相关报道都倡导女领导应该有不凡的甚至是强势的气场。

比如转载自微信公众号"商务范"的《除了唐晶的风琴包，职场女高管选什么包最有气场》就是一篇关于女领导背包的购物推荐文章；转载自微信公众号"七梦安生"的《公司女主管越来越会穿衣，一款针织裙＋一条民族风披肩，气场全开》则介绍了十套针织穿搭供女领导选择，这样的文章有4篇。

"气场""气场全开"这类词多次在标题及文章中出现，体现出媒体对女领导外在气质的关注、约束与规训。强势气场或许是一些女领导的气质，但是并不代表整个女领导群体，女领导的气质应该是多样的，而且女领导的水平和能力也不是简单的气场就能衡量的。媒体如此倡导强势气场，反过来说明了现实生活中女领导的外在气质偏向于中性与柔性，而这两种气质与传统的男性领导身份不符。所以显而易见，媒体在按照男性领导的标准来塑造女领导气质。

从新闻来源不难看出：人民网更注重报道的准确性和权威性；凤凰网更注重报道题材的多样性，更加追求商业利益；新京报则更多的是原创报道，很少转载其他媒体的报道。

（五）信源分析

在新闻报道中，要尽量避免单一信源，采访核心、全面、明确的信源，

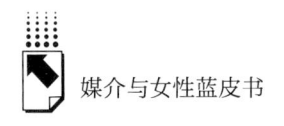

以多个信源交叉印证，这样能尽可能保证新闻报道的真实性。新闻报道中选择哪种信源也体现出媒体的报道态度。

由表7和图5可以看出，三家媒体的信源都主要来自文献和女领导。

表7 三家媒体信源统计

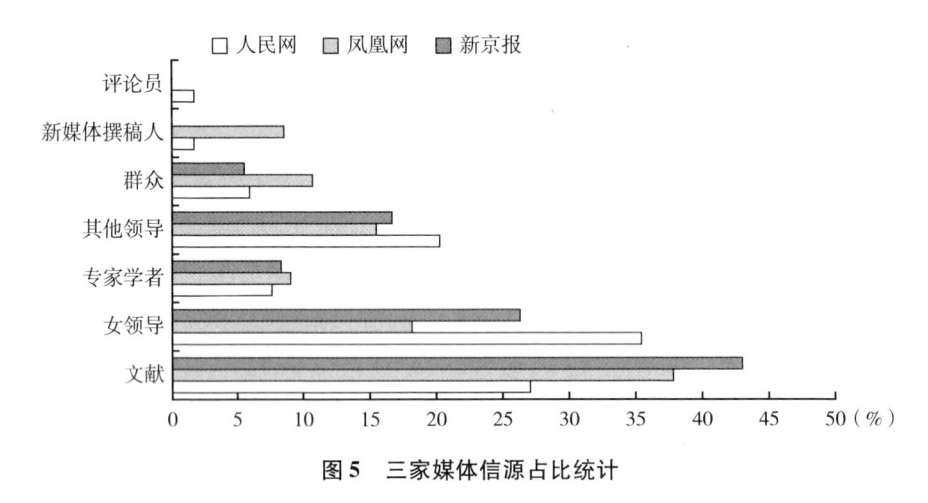

来源	人民网 篇数	人民网 占比(%)	凤凰网 篇数	凤凰网 占比(%)	新京报 篇数	新京报 占比(%)
文献	32	27.12	71	37.97	31	43.06
女领导	42	35.59	34	18.18	19	26.39
专家学者	9	7.63	17	9.09	6	8.33
其他领导	24	20.34	29	15.51	12	16.67
群众	7	5.93	20	10.70	4	5.56
新媒体撰稿人	2	1.69	16	8.56	0	0.00
评论员	2	1.69	0	0.00	0	0.00
总计	118	100.00	187	100.00	72	100.00

图5 三家媒体信源占比统计

人民网采用最多的信源是"女领导"，注重报道当事群体的声音，更能体现报道的真实性。

凤凰网和新京报采用最多的信源是"文献"，"文献"主要包括女领导的公开资料以及一些报告数据等，注重资料的引用更能增强报道的准确性。

此外，凤凰网因为报道多来源于微信公众号等自媒体，所以相比其他两家媒体，更多地采用了"新媒体撰稿人"这个信息来源。信源更加全面，但是专业性和权威性不够。而"新媒体撰稿人"这个信源的选取与上一项新闻来源于自媒体平台是一脉相承的。由新媒体撰稿人主要负责编写并发布在自媒体平台上的文章更多涉及女领导的时尚、穿搭以及情感等私领域的问题。

比如转载自微信公众号"职场实战经验"的《买车后，怀孕女领导天天蹭车，让她摊油费，女领导一开口，我愣了》一文，讲述李先生买车后被女领导蹭车，且女领导拒绝分摊油费并威胁李先生的故事。再比如14则段子中很多将女领导描绘成爱慕虚荣、滥用职权的形象。领导剥削下属的问题生活中时有发生，但是过多地将女领导作为主角来呈现，容易给人这类现象单纯与女领导挂钩的刻板印象，对女领导整个群体产生不良的影响。

（六）报道主题分析

通过对三家媒体共264篇报道进行浏览，共分析总结出8个相关的报道主题，即女领导的介绍、女领导的工作日常、女领导的工作成绩、女领导的工作问题、女领导的发展现状及举措、女领导受害、女领导面临的困境和挑战、女领导的个人生活（见表8）。

如表8和图6所示，"女领导的工作问题"是三家媒体都较关注的议题。

表8　三家媒体报道主题统计

主题	人民网 篇数	人民网 占比（%）	凤凰网 篇数	凤凰网 占比（%）	新京报 篇数	新京报 占比（%）
女领导的介绍	8	9.20	17	13.08	13	27.66
女领导的工作日常	17	19.54	6	4.62	3	6.38
女领导的工作成绩	17	19.54	3	2.31	3	6.38
女领导的工作问题	16	18.39	52	40.00	17	36.17
女领导的发展现状及举措	16	18.39	9	6.92	1	2.13
女领导受害	2	2.30	19	14.62	3	6.38
女领导面临的困境和挑战	3	3.45	2	1.54	2	4.26
女领导的个人生活	8	9.20	22	16.92	5	10.64
总计	87	100.00	130	100.00	47	100.00

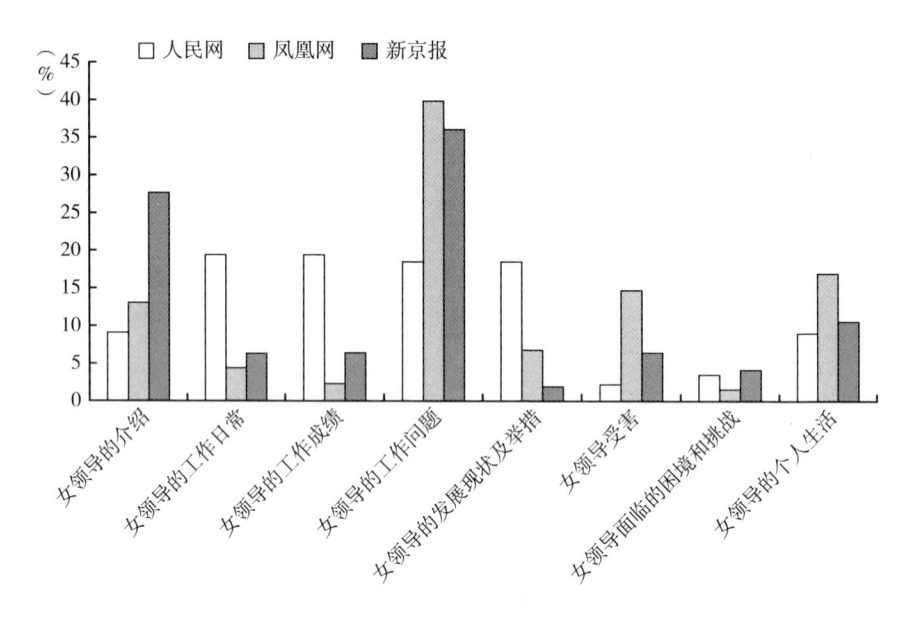

图6 三家媒体报道主题占比统计

1. 女领导的工作问题报道

报道中呈现的女领导的工作问题主要包括以权谋私和权色交易。

比如人民网的《女官员侵吞公款用于投资获利》《中兴女高管自首：涉非法集资数亿 被称"中兴郭美美"》都报道了女领导滥用权力谋取巨额经济利益。新京报的《国企女领导受贿近190万获缓刑3年：为情人谋取晋升》讲述了女领导非法为家人谋取权力并贪污的故事。新京报的《黄兴国"圈子"里的女区委书记》一文反映了官员"搞宗派""建圈子"的问题。值得注意的是该报道除了黄兴国的"圈子"中的张泉芬，更是列举了"秘书圈""友谊圈""商人圈"的问题。但是题目却着重突出女区委书记，而报道中提到的数位官员仅有张泉芬一名是女性。媒体在报道时以女性为主角呈现"搞圈子"这一问题，单纯地将其与女领导相联系，这是有失公允的。

还有一类女领导的问题是不够称职，潜规则下属。

比如人民网的《不少毕业生就职一年闪辞 频频跳槽究竟为何》通过不同毕业生的故事，讲述毕业生频频跳槽的原因，其中就有一位被这样描述的女主管:"这位40岁左右的女主管有着出了名的坏脾气","她总让我做一些边边角角的活儿,还让我送了好几次盒饭,几乎没什么在工作中学习提高的机会"。凤凰网的多则段子都讲述了女领导爱慕虚荣、想要潜规则男下属的故事。

诚然,女领导在工作中存在问题,媒体也有责任进行报道。但是在报道时应该注意尊重客观事实,不能把普遍存在于领导这个群体中的问题仅聚焦于女领导身上。

2. 女领导面临的困境和挑战的报道

"女领导面临的困境和挑战"对于三家媒体来说都不是关注的重点。在仅有的数篇报道中,展现了女领导被歧视、工作负担重、家庭与工作难以调和等困境。

人民网的《女性职场现状调查:超八成女性认为就业中存性别歧视》一文指出在中国"女性领导占比不到三成","人们总是对女性能否担负起领导的责任而持怀疑态度,而相对而言,女性本身在这方面也缺乏相应的自信"。人民网的另一则报道《韩国一名职场精英猝死引发社会对职业女性过劳关注》讲述了一名韩国精英女官员结束产假后复职一周,便因心脏病突发而死的事件,凸显了韩国职业妇女既要长时间上班还得兼顾家庭的过劳现象。

3. 女领导的个人生活的报道

关于"女领导的个人生活"一项,三家媒体均在一定程度上有所涉及,但在进行报道时聚焦的是女领导的穿搭、妆容等时尚生活以及个人家庭或感情生活,对女领导的气质做了较为单一的规训。

比如人民网的《浓妆女高管不显能力强 掌握好妆容是关键》、凤凰网的《公司女主管越来越会穿衣,一款针织裙+一条民族风披肩,气场全开》都以女领导为主体,介绍了他们认为适合女领导的穿衣打扮。这类文章都强调女领导要有不凡的气场,从"气场全开"等关键词中可以看出大众对于女领导外在气质的关注。强势的气场或许是一些女领导的气质,但是并不代表整个女领导群体,而且女领导的水平和能力也不是简单的气场就能衡量的。

人民网的《美国华裔女高管拒签婚前协议 取消婚礼改宴请60贫困家

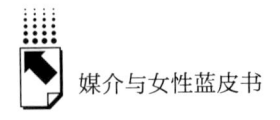

庭》、新京报的《美国最年轻女众议员租不起房，是薪水低还是租金太贵?》则主要关注女领导日常生活。

此外，媒体对女领导的情感生活也有所关注。凤凰网的《这位62岁总统第三婚，娶了邻国女官员》《魅力足！海归美女高管弃百万年薪追求高晓松》《常宁女官员与耒阳市委组织部副部长私会后车祸身亡》《女高管婚外情欲上位　雇凶砍伤情人原配》四篇文章涉及女领导的感情生活，后面两篇更是涉及性生活。

虽然该主题不是三家媒体报道比例最高的一项内容，但是三家媒体均涉及相对较多，说明了即使女领导们的工作是在政治以及经济等公领域，媒体以及大众对女领导的私领域仍然比较感兴趣。

由图7可以看出，人民网对女领导的报道主题分布相对均匀。"女领导的工作日常"、"女领导的工作成绩"、"女领导的工作问题"及"女领导的发展现状及举措"是人民网报道的四大主题。其中的女领导形象既有正面又有负面，整体来说分布较为合理。

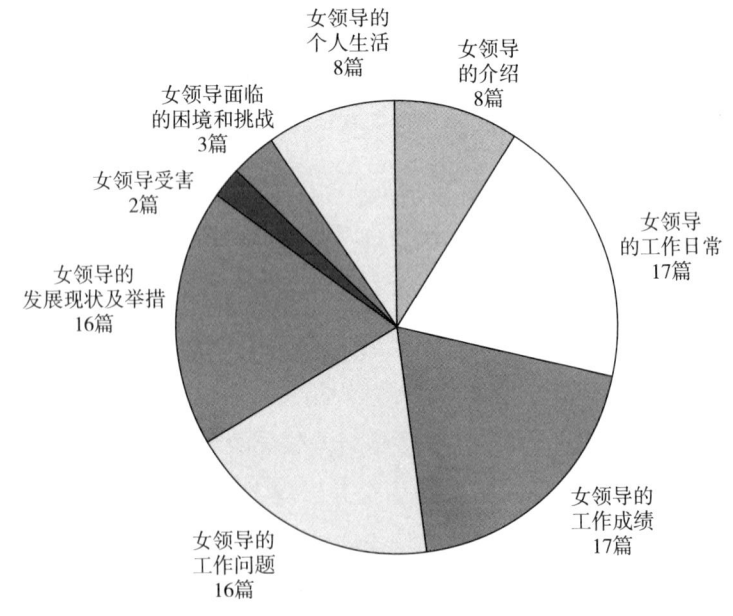

图7　人民网报道主题分布统计

如图 8 所示,凤凰网对女领导的报道主题分布较为不均,呈现的女领导也以负面形象为主。"女领导的工作问题"、"女领导的个人生活"、"女领导受害"以及"女领导的介绍"这四个主题是凤凰网关于女领导报道的主要方向。其中女贪官、女受害者都是负面形象。而"女领导的个人生活"也不是关注女领导的工作能力,而是关注其穿搭、家庭生活等内容。

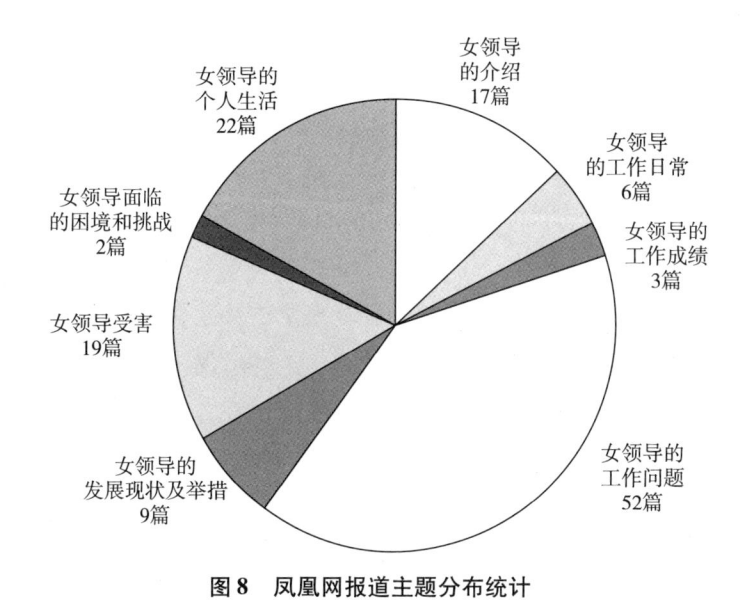

图 8 凤凰网报道主题分布统计

4. 女领导受害的报道

就"女领导受害"这一主题来说,凤凰网报道数量比另外两家媒体都要多,有 19 篇相关报道。女领导受害的种类多样,涉及各种层面。

最多的是因意外而受到伤害,主要是围绕谷歌华裔女主管意外被巴士撞死以及银行女主管为救人被砍这两件事展开的八篇文章[①]对女领导意外受害

---

① 女领导意外受害的相关报道题目:《女老总之死与万达商管回 A》《谷歌华裔女主管 被谷歌巴士撞死》《谷歌华裔女主管被公司班车撞倒身亡!背后原因竟是冬令时?》《谷歌华裔女主管被公司接送巴士当场撞死!》《广发证券美女主管无辜被砍伤,官方回应!愿每个金融人都能被温柔以待》《广发证券美女主管在门口被砍!事发时,她挺身而出保护怀孕同事》《广发美女主管保护同事被砍重伤 公司:行凶者非客户》《广发美女主管门口被刀砍受重伤,券商回应称行凶者不是客户》。

进行报道。

其次是女领导被威胁、报复以及谋杀的受害现象，关于这种受害情况的报道有4篇①，这类受害事件中的女领导多是因为自己的领导身份和工作内容得罪他人而遭到他人的威胁、报复甚至谋杀。

关于领导被家暴的报道有2篇。② 女领导被性别歧视的有2篇③，其中一篇《外参该批！两名英国女领导人谈正事，有人却盯着腿看！》讲述了英国首相特雷莎·梅和英格兰首席部长斯特金会谈，而英国的《每日邮报》却将关注点放在两位领导人的腿上，写出标题为"Never mind Brexit, who won Legs-it！"的文章，凤凰网的这篇文章对《每日邮报》这种歧视女领导的行为进行了批判。

此外关于女领导遭受诈骗④、性骚扰⑤以及因工作生活压力大而自杀⑥的报道各有一篇。

女领导遭受意外伤害、被威胁报复、家暴以及性别歧视等多种伤害是当前社会中的确存在的问题，媒体应该给予一定的呈现。但是也应注意报道的比重与实际情况相符，如果夸大地将女领导置于受害者的地位，很容易加深大众对女领导能力的质疑。

如图9所示，新京报对女领导的报道主要集中在"女领导的工作问题"和"女领导的介绍"两方面。女领导也主要呈现出有工作问题的负面形象。除此之外，与"女领导的个人生活"有关的报道有5篇。和凤凰网一样，对女领导的私领域也有一定的关注。

---

① 女领导被威胁、报复和谋杀的相关报道题目：《台铁工程爆弊端　交通部门女官员被拍裸照威胁》《三亚一女官员疑遭报复被砍5刀　嫌犯砍人后跳楼身亡》《黑龙江一饭店员工劫持女主管被击毙》《柬埔寨国会女官员遭谋杀后被制造自杀假象》。

② 女领导被家暴的相关报道题目：《女高管年薪200万　被练散打的老公家暴10年》《四川广安女官员遭家暴致死案一审宣判：男友获无期》。

③ 女领导被性别歧视的相关报道题目：《外参该批！两名英国女领导人谈正事，有人却盯着腿看！》《美国女主管因为"举止像男人"被公司辞退，上诉获赔2.72亿元》。

④ 女领导遭受诈骗的相关报道题目：《诈骗集团骗三千万新台币　台银行女主管情绪崩溃》。

⑤ 女领导被性骚扰的相关报道的题目：《IDG副总裁江左疑性骚扰多名互金女高管任网利宝和闪银WECASH董事》。

⑥ 女领导因工作生活压力大而自杀的相关报道的题目：《警方公布兰州女官员坠楼死亡调查留遗言"干不动了"》。

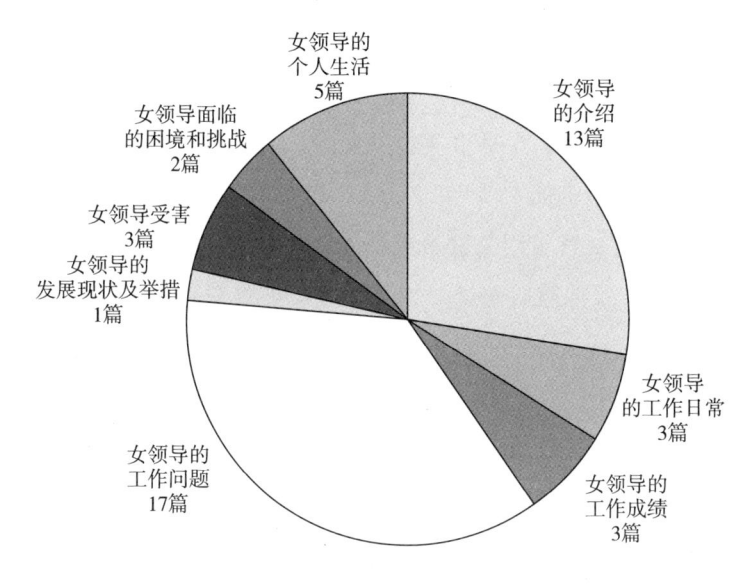

女领导面临的个人生活 5篇
女领导面临的困境和挑战 2篇
女领导的介绍 13篇
女领导受害 3篇
女领导的发展现状及举措 1篇
女领导的工作日常 3篇
女领导的工作问题 17篇
女领导的工作成绩 3篇

图9　新京报报道主题分布统计

（七）对女领导的态度分析

媒体工作者通过对报道的数量、篇幅、体裁、新闻来源、信源等方面进行把关，设置与女领导相关的议程，传达出媒体对女领导群体的态度。如表9所示，人民网对女领导的态度以肯定为主，相比之下，凤凰网和新京报报道则主要表达出否定态度与无明显态度两种态度，表达肯定态度的报道较少。

对于女领导的肯定主要是基于其工作能力和工作成绩展开的。比如人民网的《四川把家风建设作为抵御贪腐的"防火墙"》《盛大游戏谢斐：我更愿意做一个浇水松土的》，凤凰网的《中纪委再出"奇招"，"双女将"治腐山西》《"金融女将"出任福建副省长！年内21名女官员履新省级政府副职》，新京报的《三位副国级女领导为何密集调研?》《扶贫路上车祸殉职女干部被追授云南青年五四奖章》都是通过对女领导的工作成绩进行报道进而传达出对其肯定的态度。人民网作为我国的官方媒体，其报道的女领导多为政治领域的女官员，对女领导的功过呈现更为客观，呈现

265

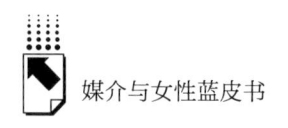

的女领导的成绩和个人能力多于女领导的问题,其对女领导的态度也以肯定为主。

对于女领导的否定主要是事实性的否定。比如人民网的《湖南一女官员为"美"动起"歪脑筋"受贿32万》《落马女官员将贪污贿赂视为"奖金"》,凤凰网的《女官员用公款报销私人费用:想在退休前多捞一些》《青海女官员地震时与死神擦肩而过　如今却违纪被双开》《前银行女高管诈骗1700万被判无期　钱款均已挥霍》,新京报的《湖南女官员与一市委组织部副部长私会后车祸身亡》《湖南女官员因老公要被提拔副处级大闹会场》都是通过对女领导工作问题的报道进而传达出对其否定的态度。"女领导的工作问题"是凤凰网和新京报对女领导的报道中占比最大的主题,相应的,其表达出的对女领导的态度就以否定为主。

表9　三家媒体对女领导的态度统计

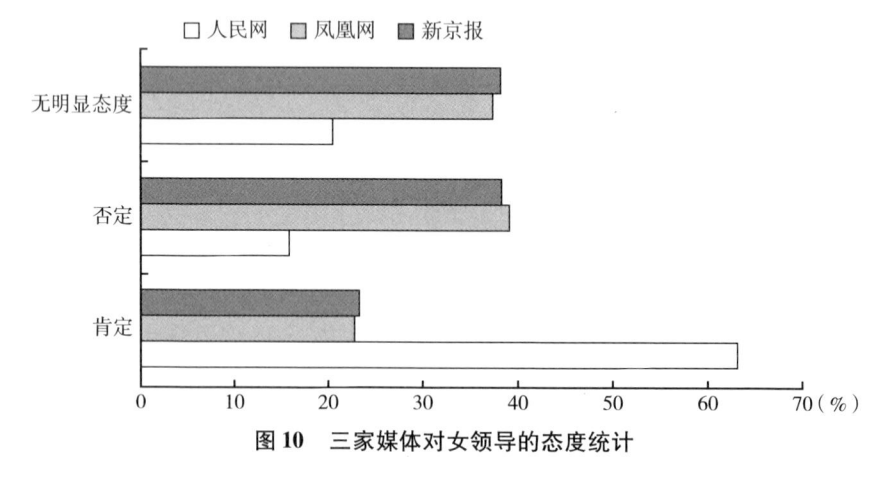

态度	人民网		凤凰网		新京报	
	篇数	占比(%)	篇数	占比(%)	篇数	占比(%)
肯定	55	63.22	30	23.08	11	23.40
否定	14	16.09	51	39.23	18	38.30
无明显态度	18	20.69	49	37.69	18	38.30
总计	87	100.00	130	100.00	47	100.00

图10　三家媒体对女领导的态度统计

三　结论与建议

通过分析媒体对女领导报道的"篇幅""新闻来源""体裁""信源""主题""报道中传达出的对女领导的态度",可以发现以下几点。

第一,媒体对女领导的呈现数量与女领导崛起的势头以及其做出的实际贡献远远不符。三家媒体均未将女领导作为一个成熟的议题来进行设置。

第二,媒体对女领导正面报道的形式不够丰富,虽然媒体对女领导能力、才干、贡献有所聚焦和报道,但是数量有限,而且叙事方法单一,多采用直白的新闻消息这一体裁,缺乏通讯、特稿、人物访谈等更加多样化的呈现。

第三,媒体对女领导的报道对外貌审视过多,存在娱乐化、调侃化的问题。而且对女领导形象气质的规约以男领导的果敢、霸气为蓝本,缺乏对女领导多样化气质的尊重与正视。

第四,媒体对女领导的报道以强化"权色交易""无能脆弱"等为常态,缺乏形式多样的、全面的女领导个体和群体的呈现与传播。

第五,媒体对女领导的报道未能坚守性别平等理念,并未以消除性别刻板印象为主旨,不利于女性领导力的提升,不利于风清气正的领导观念培育。

基于此,本研究提出以下建议。

首先,媒体应重视对女领导的议程设置,运用传播技巧的多样化设置传播议程。可以将女领导的报道与更广泛的议题结合起来,注重报道立场与视角,提升公众对女领导贡献的关注、对女领导角色的认同。

其次,媒体应自觉抵制消费女领导形象、气质与能力的报道,杜绝强化性别刻板印象。尤其要警惕商业广告与时尚倡导中隐含的性别歧视与性别角色规训。

最后,媒体应加强对女领导以及女性领导力的报道敏感性,注重报道效果,通过报道女领导的困境来有力地推动公共政策的改善。

参考文献

高莹：《中国女性领导人才开发研究综述》，《山东女子学院学报》2013年第2期。

韩璐：《〈南方人物周刊〉中都市精英女性媒介形象的呈现与传播》，硕士学位论文，内蒙古大学，2015。

何玲：《女领导干部社会性别平等意识提升策略》，《中国妇女报》2017年7月18日。

纪芒：《女领导干部成长因素及必备素质探析》，《领导科学》2010年第23期。

姜洁：《西部地区女性领导发展状况研究》，硕士学位论文，四川大学，2006。

金一虹：《从公众对妇女参政的认知看传媒对妇女参政的影响——一项有关传媒与妇女参政的实证研究》，《妇女研究论丛》2002年第2期。

刘凤琴：《女干部形象塑造"八法"》，《领导科学》2006年第17期。

刘玉：《增强理性思维，有力提升女领导干部的领导力》，《老区建设》2015年第24期。

卢兴斌：《政府机关女干部工作主动性与职务晋升的关系研究》，硕士学位论文，北京邮电大学，2012。

马若愚：《我国女性领导培养选拔中存在的问题及对策研究》，硕士学位论文，山东大学，2015。

牛天秀：《性别正义视域下当代中国女性参政研究》，博士学位论文，南京师范大学，2013。

秦晓红：《论女性领导媒介形象的偏差塑造对女性参政的影响》，《求索》2007年第8期。

汪长纬：《携款外逃女高管非"美"不可吗？》，《新闻研究导刊》2013年第11期。

叶忠海：《中国女领导人才及开发的现状（下）》，《人才开发》1997年第11期。

叶忠海：《中国女领导人才及开发现状（上）》，《人才开发》1997年第9期。

张长生：《谈女领导干部形象的自我塑造》，《领导科学》1991年第2期。

赵淑容、宋君霞：《从批评性语篇分析视角探析〈金融时报〉中的女高管形象》，《山东女子学院学报》2012年第3期。

赵燕：《我国女性干部领导力的开发与培育研究》，硕士学位论文，山东师范大学，2012。

B.18 美国真人秀节目中性别图景的呈现与建构[*]

赵 津[**]

摘 要： 作为一种新兴的节目形态，近年来，真人秀节目成为我国传播事业蓬勃发展链条上的重要一环。虽然真人秀节目的本质是通过"娱乐"大众而获得收视率，但其"真人参与"与"重塑真实"的特征属性，导致其对社会大众文化的塑造和主流价值观的传播有着不可忽视的作用和影响。从建构社会性别的角度来看，由于媒介对人们行为和观念的影响力较大，媒介中呈现的女性形象更影响女性对自身及他人和社会整体对女性群体的认知。本报告以美国真人秀节目《天桥骄子》为研究对象，对其在社会性别特征建构方面发挥的作用进行分析后，得出真人秀节目应该通过对女性的自身需求、社会价值、精神、尊严等方面的呈现，对性别角色的塑造发挥正面引导作用的结论。

关键词： 真人秀　社会性别　女性形象　《天桥骄子》

---

[*] 本报告为国家社科基金项目"性别议题的媒体表达与提升国际话语权研究"（项目编号：16BXW070）的阶段性研究成果。

[**] 赵津，中国传媒大学媒介与女性研究中心助理研究员，联合国教科文组织"媒介与女性"教席研究人员，主要研究方向为性别传播。

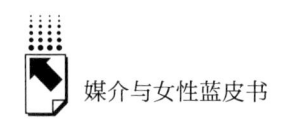

作为一种新兴的节目形态，近年来，真人秀节目成为我国传播事业蓬勃发展链条上的重要一环。各种形态、题材的真人秀节目如雨后春笋般异军突起，不但丰富了我国的电视荧屏，也活跃在各种新媒体平台上。据不完全统计，2018年我国新推出的真人秀节目有200余档。许多真人秀节目，如《偶像练习生》《创造101》《幻乐之城》等甚至创造了现象级的景观，在满足了受众越来越高的消费需求的同时，也潜移默化地向受众输出了各种理念和文化，创造了各种话题和焦点。虽然真人秀节目的本质是通过"娱乐"大众而获得收视率，但其"真人参与"与"重塑真实"的特征属性，导致其对社会大众文化的塑造和主流价值观的传播有着不可忽视的作用和影响，"真人秀节目在象征体系上发挥着整合个体的社会认同与国家的意识形态功能，同时，它助推了大众更主动、积极、以更具有创造性的方式参与大众文化生产，它所提供的社会实践平台，具有将娱乐的文化力量引向更严肃的政治议题的潜力"[1]。

从建构社会性别的角度来看，由于媒介对人们行为和观念的影响力较大，媒介中呈现的女性形象更影响女性对自身及他人和社会整体对女性群体的认知。因此，除了媒介领域的女性从业人员和受众，媒介内容中所呈现的女性形象也越来越多地受到学者和业界人士的关注。从女性主义的角度来看，大众媒介对女性形象的传播、再现与建构，不仅仅是对女性外在形象的塑造，还是对女性的自身需求、社会价值、精神、尊严等方面的呈现。根据社会学习理论，媒介在给人们提供娱乐和消遣的同时，也是人们进行社会化学习的重要渠道；根据涵化理论，媒介潜移默化地起着性别角色的示范作用。

本报告将以社会性别与媒介研究的相关理论为基础，以美国著名真人秀节目《天桥骄子》为研究对象，围绕《天桥骄子》的制作领域和文本领域两个方面，对《天桥骄子》在社会性别特征建构方面发挥的作用进行解读。

---

[1] 吕琪：《真实的建构与消解 美国电视真人秀中的身体与社会》，四川大学出版社，2016。

《天桥骄子》是一档以"时尚"为主题的真人秀节目,在美国的人生(Lifetime)频道播出,主要观众群体为女性,自开播以来,受到了大量女性观众,特别是年轻女性观众的追捧。

一 节目制作人的性别构成

媒介制作领域一直是社会性别与媒介研究的主要检视领域之一,对于该领域的研究又分为三个层面,即制度层面、组织层面和个体层面。本小节将考察重点放在媒介制作领域的个体层面,即以《天桥骄子》为研究对象,对其幕后女性制作人的数量、女性制作人对节目的创作所起的作用以及她们遇到的问题等进行考察和分析。《天桥骄子》的幕后一共有 8 位监制(Executive Producer),其中 6 名为女性,2 名为男性。在美国的媒体行业里,监制在一部媒介作品的制作过程中起到非常关键的作用,在创作、技术、资金、人员管理等方面都有很大的权限。除此以外,《天桥骄子》创意的最初提出者就是节目的女性监制之一——海蒂·克鲁姆。海蒂·克鲁姆在《天桥骄子》的拍摄过程中,不仅给节目提供了很多的创意和建议,还积极参与后台的管理。由此可见,《天桥骄子》幕后的创意、制作和管理等都吸收了很多的女性力量。

对美国女性媒介从业者状况的考察,通常以 20 世纪 60 年代第二次女性主义浪潮为分界线。从 19 世纪中叶开始,虽然已经有女性进入新闻领域工作,但是由于受女性"主内不主外"的传统观念的影响,许多在媒介领域有所贡献的女性被历史忽略。"美国内战的爆发,为许多女性从事新闻业提供了机会。在美国南北战争期间,首都华盛顿涌现了一批女性报刊专栏作家。她们撰写与战争相关、侧重人文与社会层面的文章,从而赢得了大众的认可。到了 19 世纪末,更多的女性进入新闻领域工作。美国人口统计局的数据显示,1880 年,在全美 12308 名记者中,女记者为 288 人;1900 年,在全美 30098 名记者中,女记者人数达到 2193 名。"[1] 之后随着第一次世界

---

[1] M. H. Beasley and Sheila J. Gibbons, *Taking Their Place* (The American University Press, 1993).

大战和第二次世界大战的爆发,大批男性参战,美国媒体领域女性的从业人数大幅提升。但二战结束后,由于经济大萧条造成的新闻业经济问题和大批男性回归就业市场,美国女性媒介从业者的数量开始大幅回落,直到20世纪60年代第二次女性主义浪潮兴起以后,该状况才有所好转,具体表现为:女性媒介从业者的数量有了大幅增加、地位有所提高、在媒介中的作用有所增强。

二 节目参与者的性别形象

(一)导师的性别呈现

从导师的男女比例来看,《天桥骄子》从一开始就保持了两男两女的搭配,在比例上保持了平衡;从导师的身份来看,两位女性导师都是时尚行业的佼佼者,其中,海蒂·克鲁姆还是《天桥骄子》的执行制作人和主持人。2004年,刚生完孩子的海蒂·克鲁姆提出了制作一档时尚类真人秀节目的创意,在当时,虽然真人秀节目的类型已经很多,但还没有一档将时尚主题与真人秀结合的节目。海蒂·克鲁姆除了是一名模特以外,在多个领域有所发展,比如影视、设计等,她还获得过多个奖项,包括2004年,被时尚杂志《GQ》评为"年度女性";2008年,她和《天桥骄子》都获得了皮博迪奖(Peabody Award),即美国广播电视文化成就奖,该奖项以严肃著称,是全球广播电视媒体界历史最悠久、最具权威的奖项。《天桥骄子》和海蒂·克鲁姆都是第一次以真人秀节目赢得该奖项,同年,海蒂还因《天桥骄子》获得艾美奖最佳真人秀节目主持人提名;2011年1月,美国媒体评出十大"最能吸金的超级模特",海蒂·克鲁姆凭借2008年6月至2009年6月共挣得1600万美元,名列榜单第二。在拍摄录制《天桥骄子》期间,即使怀孕,海蒂·克鲁姆也没有停止工作,她挺着孕肚自信地站在《天桥骄子》的舞台上主持,其主持风格大气、幽默、充满力量,对作品的点评专业、到位。正如海蒂·克鲁姆在《好莱坞记者》(*The Hollywood Reporter*)的采访里说的那样:"时尚不是给软弱的人准备的,这是个弱肉强食的世界,只有强者才能生存。"作为模特,海蒂·克鲁姆拥有吸引人的外表;作为一名在多个领域成功发展的事业女性,她更拥有强韧的性格和智慧的头脑。

另一位女性导师妮娜·加西亚是美版《嘉人》(Marie Claire)杂志的时装总监,曾任美国版《时尚》(ElIE)杂志的时装总监,她在《天桥骄子》里的点评风格沉稳、大气,有着自己独到的眼光和判断。妮娜·加西亚还出版了多本大受欢迎的有关时尚的书籍,包括《风格秘语》《时尚战略:如何"简即是多"地保持优雅又能聪明消费》《我的100件时尚单品》《尼娜加西亚的风格指南:适合不同场合的穿着》《我的风格小黑皮书》等。可以说《天桥骄子》的两位女性评委不仅是时尚界权威人士的代表,同时也是在自己的事业上努力进取的女性代表。

(二)参赛者的性别呈现

首先,节目在参赛者的选择上非常注重男女比例的平衡,从第一季到第九季的统计结果来看,除了第八季有9名男性参赛者、8名女性参赛者以外,其余赛季中男女参赛者的数量都保持了均等。节目参赛者从第一季到第九季的性别构成见表1。

表1 《天桥骄子》从第一季到第九季参赛者的性别构成情况

单位:名

序号	男性参赛者的数量	女性参赛者的数量
第一季	6	6
第二季	8	8
第三季	7	7
第四季	7	7
第五季	8	8
第六季	8	8
第七季	8	8
第八季	9	8
第九季	10	10

其次，从每季比赛的男性参赛者获胜的次数和女性参赛者获胜的次数（每季决赛获胜者包含在内，会有一个人多次获胜的情况）及每季决赛获胜者的性别来分析，如表2所示，从第一季到第九季，男性参赛者总共获胜65次，女性参赛者总共获胜43次，决赛获胜者中一共有4名男性、5名女性。节目的主题是服装设计，因此，设计师的审美能力、时尚感及创新能力等成为评审评判作品的标准，在《天桥骄子》的角斗场上，设计师的性别、年龄、背景等都被淡化，作品成为唯一的评判标准。因此，在节目中，女性设计师们普遍展现了丝毫不亚于男性的毅力及获胜的决心。

表2 《天桥骄子》从第一季到第九季获胜者的性别情况统计

单位：名

序号	男性获胜者的数量	女性获胜者的数量	决赛获胜者的性别
第一季	4	6	男性
第二季	9	3	女性
第三季	8	4	男性
第四季	9	3	男性
第五季	7	7	女性
第六季	3	9	女性
第七季	12	2	男性
第八季	8	3	女性
第九季	5	6	女性

《天桥骄子》展现了女性多方面的优点。首先，节目展现了女性设计师临危不乱、理智的一面。比如在第一季的第一集中，当设计师卡拉（Kara）的专属模特在比赛之前因为睡过头而迟迟未到时，卡拉并没有着急和抱怨，她做的第一件事是自己到大街上找了一位临时模特，当她的模特到达现场因为懊悔而哭泣时，卡拉平静而理智地安慰道："一切都很好，不要担心，我们现在去洗把脸，喝一杯咖啡，然后就投入工作。"最终，卡拉在第一季比赛中总共获得了四次胜利。

其次，节目展现了女性设计师毫无畏惧、勇于拼搏的精神。节目第十四季第一集里27岁的参赛者坎迪斯（Candice）是一名年轻妈妈，在面对镜头做自我介绍时她坚定地说："我认为自己是一个非常有主见的女性，我想说什么就说什么。我的设计风格鲜明、干练、前卫，表现出女性的强大、自信以及永不放弃。"另一位女性参赛者凯丽（Kelly）在自我介绍时说："我爱竞争，如果要让我用衣架做一件衣服，我会马上把衣架咬断，然后做出最酷的设计。"在第八季中，一位来自美国犹他州的母亲麦凯丽（McKell）提到来纽约参赛的心情时，她表示自己很想念家里9个月大的女儿，但这位母亲又说："出来参赛离开家人是一件让人很难过的事情，但我想为我女儿提供更好的生活，最重要的是我想通过自己的行为告诉她，只要你真的希望，你就能成就任何事情。"还有一位来自加州圣地亚哥的女孩艾斯利（Ashley），艾斯利是一位有着阅读障碍、身材偏胖的女孩。在人们的传统观念里，服装设计师虽然不需要有模特那样的身材，但起码要身材适中，艾斯利的出现为观众带来了对设计师多元化的认识。她说："现在服装界为身材偏胖的女性提供的服装太有限了，这启发我要在服装界开创自己的事业。我希望身材偏胖的女性穿上我的服装能展示出个性和魅力。"她也讲述了自己作为一个胖女孩，经常被嘲笑，别人认为她做不了设计这份工作，但最后她依然坚持投入设计——这份自己热爱的职业中。当评委听完她的介绍时，对她的品位和设计水平给予了专业的肯定和评价。

《天桥骄子》不但体现了女性敢于拼搏和奋斗的精神，对女性的多元化呈现也非常丰富和饱满。节目中的参赛女性来自不同的国家和地区，有着不同的年龄和背景，最重要的是节目展现了她们不同的性格和特点。从性格和处事方式上来讲，这些参赛女性中有理性冷静的、有热情奔放的、有善解人意的，也有为了胜利不择手段的；从年龄和外貌等外在因素来讲，节目中有长相甜美的年轻女性设计师，也有50岁的年长女性，比如在第八季中，有一位来自美国伊利诺伊州的50岁的女性参赛者桃子（Peach），在一开始的自我介绍中，她对年龄毫不避讳并且将自己的年龄视为骄傲的态度,体现了女性要时刻肯定自己、拥抱自己的健康心态。在一开始的海选部分,当桃子和其他获胜者离开舞台回到休息室后,她高兴地对其他年轻选手喊道:"为我这个老女人欢呼一下!"有位年轻选手接应道:"辣妈好样的!"可以说,该节目对年长女性的形象进行了正面的呈现,在节目里,年长女性可以和年轻人打成一片,可以凭借自己的阅历和经验与年轻人一起竞争、实现梦想。

三 对"性感"一词的社会性别解读

在《天桥骄子》里,导师对作品的评价中多次出现了"性感"(Sexy)这个词,这个词在节目中代表导师对作品的高度认同和赞美。百度百科对"性感"一词的解释是:"所谓性感,就是异性或异性身上的某一东西能引起我们在性方面的一种反应和感觉(其中包括生理的、心理的或情绪上的反应和感觉)。从实际生活来说,表现在我们视力所及的第二性征和其他一些部位,比如对于女子来说,不仅表现在她丰满的臀部、隆起的乳房或匀称的大腿上,有时也表现在小腿肚、脚趾、手指、臂膀、肩胛、脖颈、头发、嘴唇等部位。据调查,男子对性感的女性是有兴趣的,只有极少数的男子对此表示厌恶。由此而言,'性感'对于女子来说仍是十分重要的,至少是女性魅力的一个重要方面。"① 在《天桥骄子》设计师的作品中,多次出现了"露背"的设计,这一部分也是评委重点关注和推崇的。不只是服装,媒介中呈现的许多商品都被赋予了"性感"的阐释,比如香水、唇膏等。

随着消费社会的到来,"性感"成为消费审美的重要标准之一,不断地刺激、引导大众消费,并把这种消费逐渐转变为一种消费观和生活方式。比如美国著名内衣品牌维多利亚的秘密(Victoria' Secrets)就是成功售卖"性

---

① 《性感》,百度百科,2018 年 3 月 4 日,https://baike.baidu.com/item/%E6%80%A7%E6%84%9F/1269?fr=aladdin。

感美学"的例子,其设计概念来源于维多利亚时代,女人们的装束层层叠叠十分严密,裙下的秘密自然最能激发人们的好奇心和窥探欲。借此概念,创办人希望自己的商店及产品能够体现维多利亚时代的"闺房景象",因此将自己的品牌命名为维多利亚的秘密。设计师按维多利亚的风格,设计出一些性感的内衣,展现维多利亚时期女性的"秘密风景"。特别是在一年一度"维多利亚的秘密"大秀上,更是将女性的性感展现得淋漓尽致,维密模特漂亮的面容、标准的身材,各种梦幻内衣、吊带丝袜等都成为阐释"性感"的符号,在强化了品牌精神的同时,也满足了女性的消费期待。

在《天桥骄子》第二季第六集中,设计师们的比赛主题是为美国著名品牌香蕉共和国(Banana Republic)设计一件既适合女性白天工作又适合夜晚交际应酬的服装,要求是"性感""有趣",对这一设计理念进行设计和阐述的正是该品牌的一位女性设计总监。随着消费社会的到来,"性感"已经成为一种资本,社会结构的烙印不但使男性理所当然地认同,也使女性主动接受了这一点。不管是迪奥香水还是阿玛尼艳红色的主打唇膏,当女性争相购买和使用它们时,实际上就是对"性感即资本"这一理念的再次巩固和维护。

总体而言,《天桥骄子》向受众传递的价值观还是积极正面的,节目中的女性参赛者向受众展现的不仅是她们的服装设计水平,更多的是向受众,特别是与她们同样的女性受众,展现了积极向上的人格特质。大多数心理学研究结果表明,积极的情绪能对人的思想和行为产生积极的影响,会带给人积极的行为倾向,并影响人对自身和外界的看法。因此,如果媒介传播的是一种积极的行为或者价值观,则会对受众产生积极正面的影响,反之亦然。因此真人秀节目中对女性的自身需求、社会价值、精神、尊严等方面的呈现,会对受众起到不可忽视的正面作用。

B.19
《纽约时报》女性发展议题叙事学分析

孔倩*

摘 要： 讲好中国故事是我国当前国际传播最重要的任务，讲好中国女性发展故事又是讲好中国故事的重要内容。叙事学为新闻传播过程中"讲好故事"提供了认识论和方法论。在新闻传播中，如果新闻制作者可以掌握一种稳定和趋同的叙事结构，就能在复杂的信息环境中吸引公众的注意、增进其对信息的理解和记忆并触发分享。本报告从新闻文本的叙事五因，即语境、角色、行为、方法和目的这几个方面来分析《纽约时报》中一篇有关女性发展议题的报道，并总结值得中国涉外媒体借鉴的几个叙事特征：第一，语境营造技巧丰富；第二，塑造具体生动的人物形象；第三，运用均衡说服的表达方式；第四，巧用修辞、引语，善用词汇。

关键词： 叙事结构　女性发展　语境营造　人物塑造　均衡说服

讲好中国故事是我国当前国际传播最重要的任务，讲好中国女性发展故事又是讲好中国故事的重要内容。在国际传播中，讲好故事有利于传达情感、意见和信念，使不同文化的受众相互理解，引起共鸣。

保罗·利科说"生活即叙事"，说故事和听故事展现的都是人类的生活

---

* 孔倩，博士，中国传媒大学外国语言文化学院讲师，主要研究方向为媒介与性别研究、国际传播。

和人性。约瑟夫·坎贝尔说:"在世界各文化的起源中存在着根深蒂固的原型性故事。"英国文学批评家芭芭拉·哈代说:"我们以叙事的方式做梦、回忆、期待、希望、绝望、相信、怀疑、计划、修改、批评、建构、闲聊、学习、憎恨和热爱。"①

叙事学在新闻传播中为讲好故事提供了认识论和方法论。叙事学起源于20世纪20年代,它探究人类叙事中暗含的模式和结构。叙事学假设:文本在表面上千差万别,实际上却存在稳定和趋同的要素及结构。当我们掌握了这种结构,就可以更好地讲好故事,创造有吸引力的文本。在新闻传播中,如果新闻制作者可以掌握这种稳定和趋同的要素及结构,就能在复杂的信息环境中吸引公众的注意、增进其对文本的理解和记忆并触发分享。美国《华尔街日报》的资深编辑指出:我们永远都在思考哪些元素能让一个故事从本质上变得有趣,能在瞬间吸引观众的注意力;我们如何安排故事情节才能让故事具有持续的吸引力,并让它深深地刻在人们的记忆之中。

20世纪初,叙事被狭义地理解为讲故事。后来,叙事的意义扩展到神话、文学、电影、电视剧、广告、公关、新闻报道,以及日常生活中的交流和说服。叙事就是对历史和社会生活的话语构建。1984年,费舍尔提出了"叙事范式"的基本假设:人在体验和理解生活时,就像经历了一场持续的叙事,它有冲突、分享、角色扮演、开场、中场和结尾。② 讲故事的人要努力讲一个有吸引力的故事,而不是枯燥地展开推理,构建牢不可破的论点。③ 这一假设强调了价值、感情和美学构成了我们的信仰和行为的基础。受众更容易被一个好故事而不是一个好论据说服。伯克的研究比费舍尔更进了一步,他认为人的动机、行为及其创造的历史和社会生活,在结构上恰恰如戏剧一般,因此,他提出了"戏剧五因"理论,用于分析人的动机、行为

---

① 邓建国:《从做宣传到讲故事:中国外宣亟需叙事转向》,《对外传播》2018年第11期。
② Walter R. Fisher, *Human Communication as Narration: Toward a Philosophy of Reason, Value and Action* (Columbia: University of South California Press, 1987).
③ 胡百精:《公共关系学》,中国人民大学出版社,2008。

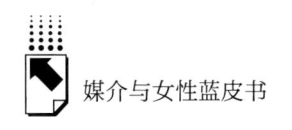

和社会关系的五个"戏剧性"因素：行为、执行者、方法、场景、目的。①

基于伯克的"戏剧五因"理论，我们可以提出说服性叙事的五个要素及操作化的策略模式。为了对"戏剧五因"理论进行说服及传播意义上的对接和转换，我们用"语境"替代"场景"、"角色"替代"执行者"、"行为""方法""目的"不变。也就是说，从语境、角色、行为、方法、目的五个方面对新闻报道的叙事结构进行分析。② 本报告将从新闻文本的叙事五因——语境、角色、行为、方法和目的这几个方面来分析《纽约时报》这篇有关女性发展议题的报道，并总结值得借鉴的几个叙事特征。

一 语境分析

语境先于话语，是话语的容器。脱离语境的话语一定是含混错乱的，就如同离开了水的鱼一样孤立无助。言不当机、辞与境悖给受众留下的印象就是胡说八道、语言唐突。所以，先营造语境再决定说什么是一个有技巧的说服者首先应该做的事情。语境的营造有三种基本模式：恢宏与细微对应，即"大＋小"模式；平常与奇异对应，即"常＋奇"模式；偶然与必然对应，即"偶然＋必然"模式。

例 1

No country has more self-made female billionaire than China. The Communist Party, under Mao Zedong, promoted gender equality, allowing women to flourish after capitalism started to take hold, according to Huang Yasheng, an expert in China's entrepreneurial class and a professor of international management at MIT. And in a country with few established players, entrepreneurs like Ms. Zhou were able to quickly make their mark

---

① 〔美〕理查德·韦斯特、林恩·H. 特纳：《传播理论导引：分析与应用（第2版）》，刘海龙译，中国人民大学出版社，2007。
② 胡百精：《故事的要素、结构与讲故事的策略模式》，《对外传播》2017年第1期。

when they entered business in the 1990s as China's economic engine was reviving up.（翻译：没有哪个国家有比中国还多的白手起家的女性创业者。黄亚生，专门研究中国创业者的专家、麻省理工学院国际管理学教授认为，中国共产党在毛泽东的领导下积极推进性别平等，允许女性发展自我。在一个很少有知名企业的国家，周女士成为20世纪90年代中国经济引擎起飞之时创业成功的代表性人物。）

In Japan, there is not a single self-made female billionaire, according to *Forbes*. In the United States and Europe, most women who are billionaires secured their wealth through inheritance.（翻译：根据《福布斯》杂志的统计，在日本，还没有一个白手起家的女性亿万富豪。在美国和欧洲，大多数的女性亿万富豪都是通过继承的方式来获得财富。）

第一，语境营造的"大+小"模式体现在例1中。在这两段的描写中，第一段可以看成是大语境描写。第一段介绍了中国成功的女性创业者的规模，并指出在毛泽东带领下的中国共产党，积极倡导性别平等、给予女性发展与成长的机会，而周女士则是20世纪90年代中国经济迅速崛起之时最有代表性的女性创业者之一。第二段是对全球女性创业者状况的介绍，据权威杂志《福布斯》的统计，日本还没有女性创业者成为亿万富豪；美国和英国的女性亿万富豪多是通过继承家族遗产来获得财富的。通过对比，读者会对周女士的成就以及中国的时代特征、政府赋予女性的发展机会有更深的体会。总之，这些属于大时代背景，叙事中我们简称为大语境。在此恢宏壮阔的历史语境下刻画人物的生活际遇。

例2

It was the mobile phone that made Ms. Zhou a billionaire.（翻译：正是手机使周女士成为亿万富豪。）

In 2003, she was still making glass for watches when she received an unexpected phone call from executives at Motorola.（翻译：2003年，她还

在制造手表镜面时,无意间接到了摩托罗拉总监的电话。)

At the time, the display screens on most mobile phones were made of plastic. Motorola wanted a glass display that would be more resistant to scratches and provide sharper images for text messages, photos and multimedia. (翻译:当时,大多数手机显示屏都是由塑料制成的。摩托罗拉希望制作一种更耐磨擦的玻璃显示屏,为短信、照片和多媒体提供更清晰的图像。)

"I got this call, and they said,'Just answer yes or no, and if the answer's yes, we'll help you set up the process,'" Ms. Zhou recalled: "I said yes."(翻译:我接到这个电话,他们说:"就回答我是或不是,如果回答是,我们将帮助你一起来建立流程。"周女士回忆道:"我说了是。")

Soon after, orders started rolling in from other mobile-phone makers like HTC, Nokia and Samsung. Then, in 2007, Apple entered the market with the iPhone, which had a keyboard-enabled glass touch screen that rewrote the rules of the game for mobile devices. Apple picked Lens as its supplier, propelling Ms. Zhou's company into a dominant position in China. (翻译:很快,手机制造商 HTC、诺基亚、三星的订单纷纷而至。2007 年,苹果手机进入市场,它的大触摸屏重写了手机设备的游戏规则。苹果公司选择蓝思科技作为其供应商,促使周女士的公司在中国同类公司中脱颖而出。)

第二,报道话语中的语境营造模式既有"大+小"模式,也有"偶然+必然"模式,丰富多元的语境营造模式体现在例 2 中。第一段的一句话就蕴含了"大"语境和"小"语境。大语境就是手机在世界范围内的广泛应用和迅速发展,小语境是手机的迅速发展造就了周女士的创业传奇,使她成为女性富豪。第二、第三和第四段描写了她与摩托罗拉合作的经过,可以看出这次合作使蓝思科技获得了一次"偶然"的发展机会,周女士果断地接下了订单。之后,蓝思科技得到了HTC、诺基亚和三星几家国际手机大牌的订单,2007年还得到了苹果公司的订单,这些都是蓝思科技成为中国手机屏幕最大供应商的"必然"因素。

二 角色分析

当说服者营造好了适当的语境,就需要对叙事中的角色进行设计。故事是人的故事,人是故事中的人。叙事中的角色设计主要有两个角度:角色的人格化和角色的命运感。角色的人格化就是让人成为故事的主角,在话语中不能只见流光溢彩的"物",而不见有个性、灵魂和价值的"人"。角色的命运感就是对人命运的关怀。每个人都在具体的生命机遇中流浪,在自我与他者、内在与外在、物质与精神的交错中经历着忧喜悲欢。

例1

Zhou Qunfei is the world's richest self-made woman. Ms. Zhou, the founder of Lens Technology, owns a $27 million estate in Hong Kong. She jets off to Silicon Valley and Seoul, South Korea, to court executives at Apple and Samsung, her two biggest customers. She has played host to President Xi Jinping of China, when he visited her company's headquarters. (翻译:周群飞是世界上最富有的白手起家的女人之一,是蓝思科技的创始人,在香港拥有2700万美元的资产。她曾到硅谷和首尔拜访她的两大主要客户,苹果和三星的执行总监。习近平主席访问她的公司总部时,她还作为公司主人接待了习主席。)

第一,报道将周女士的人格和命运作为描写对象,蓝思科技并不是主要的叙事对象。例1体现了这一叙事特点。周群飞作为故事的主要角色,做了很多具有社会影响力的大事,得到了中国国家领导人的认可,有着很高的社会地位,通过这些描述,新闻报道实现了对角色的人格化。同时,人的命运

就是其爱憎、得失、进退和荣辱，这些描述从具体细节入手，体现了周女士的得失和荣辱，展现了角色的命运感。

例 2

But she seems most at home pacing the floor of her state-of-the-art factory, tinkering. （翻译：她在这个世界一流的工厂里踱步，摆弄东西，就仿佛她在家一样。）

She'll dip her hands into a tray of water, to determine whether the temperature is just right. She can explain the intricacies of heating glass in a potassium ion bath. When she passes a grinding machine, she is apt to ask technicians to step aside so she can take their place for a while. （翻译：她会把手伸到水槽里，以确定水的温度是否合适。她能够解释浸泡在钾离子浴中加热玻璃的复杂工艺。她路过碾磨机时，会叫技术人员走开，这样她就可以代替他们一会儿。）

For years, she labored in a factory, the best job she could get having grown up in an impoverished village in central China. （翻译：很多年以来，她都在工厂工作，这也是她作为一个在中国中部贫困小山村长大的孩子能找到的最好的工作。）

"She'll sometimes sit down and work as an operator to see if there's anything wrong with the process," said James Zhao, a general manager at Lens Technology. "That will put me in a very awkward position. If there's a problem, she said, 'Why didn't you see that?'" （翻译："她有时会坐下来，像一个运行人员一样判断流程是否顺利进行，"蓝思科技的总经理赵先生说，"这会让我感觉很尴尬。如果有问题了，她会说：'你为什么没有看见？'"）

例 3

Few in China had even heard her name before her company's public offering this year. She rarely grants interviews or makes public appearances. （翻译：在中国，很少有人在她的公司公开募股之前听说过她的名字。她极少参加访谈，也很少在公众面前露面。）

An elegant woman with a cherubic face, owlish glasses and a preference for Christian Dior suits, Ms. Zhou is fastidious and demanding—"Sit up straight!" she commands of a general manager during a meeting. Yet she exudes charm and humility, a quiet recognition that things could have easily turned out differently. （翻译：周女士是位优雅的女人，她拥有天使般的面孔，戴着严肃的眼镜，偏爱迪奥的西服，她对自己要求很高，甚至到了苛求的地步。开会时，她要求总经理"坐直！"但是她本人谦虚而富有魅力，自信地认为一切都能轻易变得不一样。）

"In the village where I grew up, a lot of girls didn't have a choice of whether to go to middle school. They would get engaged or married and spend their entire life in that village," she said in an interview at her office, where there was a wooden statue of Mao and a 27-inch desktop Mac. "I chose to be in business, and I don't regret it." （翻译：她在接受采访时说："在我长大的小村庄里，很多女孩没有读中学的机会。她们会很快订婚或者结婚，然后在那个村子里度过一生。"她的办公室里摆着一个木制的毛主席像，以及27英寸的苹果台式机。"我选择从商，我并不后悔。"）

第二，对角色人格和命运的刻画越细致具体越有感染力。具体如例2、例3所示。

例2中的第一、第二段通过细节行为描写刻画了角色的性格特征，表现了周女士在工作方面一丝不苟、细心严谨的态度和以厂为家的敬业精神。第三段属于对角色的命运感的刻画——周女士出身贫寒，并未有机会得到很好的教育，而到工厂做工人是她当时能找到的最好的工作，一切都是命运的安排。第四段通过蓝思科技总经理之口又一次对周女士进行了人格化描写，她对工人的严格要求、谨慎态度都体现在赵经理的语言之中。

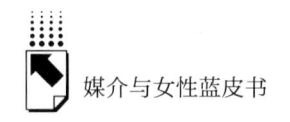

例3第一段属于对角色的人格化描述。尽管周女士已经是在国际上很有地位的女性创业者，但她却不喜欢抛头露面的生活，不喜欢接受访谈，十分低调。第二段对周女士的外貌气质进行了细致的刻画。她有着一张天真无邪的脸，戴着眼镜，穿着迪奥的西服，严格要求自己的员工。但她本人又是极有魅力且谦虚的。第三段赋予角色命运感，通过周女士的自述，我们知道她出生在中国的一个小山村，在那个小山村里，女孩通常上到中学就会辍学，她们很早就会订婚或者结婚，然后了此一生。而她自己有机会走出来是因为命运的奇特安排，使一个农村女孩的人生有了如此大的变化。

通过对人物的人格化和命运感细致具体的描写，使人物有了生命、灵魂和个性。有生命、灵魂和个性的人对受众来说才有吸引力。人不是为了"物"服务的，而是让"物"来服务于人。这样的叙事更有吸引力。

三 行为分析

人的行为有大格局也有微内容。大格局包括立德、立功、立言，护持家国天下，解行正法大道，乃至普济十方众生、解放全人类、为国争荣誉、为世界谋福利；微内容是生活中的绵细、精微之处，譬如"糊口、面子与尊严等不足为外人道也"的贪嗔痴，坐看云起，采菊东篱，把酒话桑麻，共剪西窗烛，以及生活中的"小惊喜"、"小胜利"和"精致的无用"。大格局是对那些恒久行为价值的追求，比如善良、幸福、友谊、正义、公平、和谐；微内容是偶然的行为，无序且具有不确定性。下面将对这篇报道中的角色行为进行细致的解读和分析。

例1

Zhou Qunfei is the world's richest self-made woman. Ms. Zhou, the founder of Lens Technology, owns a $27 million estate in Hong Kong. She jets off to Silicon Valley and Seoul, South Korea, to court executives at Apple and Samsung, her two biggest customers. She has played host to

President Xi Jinping of China, when he visited her company's headquarters. (翻译：周群飞是世界上最富有的白手起家的女人之一，蓝思科技的创始人，在香港拥有2700万美元的资产。她曾到硅谷和首尔拜访她的两大主要客户，苹果和三星的执行总监。习近平主席访问她的公司总部时，她还作为主人接待了习主席。)

第一，报道对人物行为的大格局进行描写，一方面体现了中国创业女性在国际范围内的社会认可度，另一方面体现了成功女性恒久不变的性格特质——勇敢、奋斗。例1属于对周女士行为上的大格局的描述。周女士是世界上最富有的白手起家的女性之一，是所有女性创业者的榜样，她创立的蓝思科技是世界知名手机品牌苹果和三星的主要供货商，习近平主席曾参观过她的工厂，并接见过她。这一系列的描述表明了她的社会认可度、地位、贡献，都是行为上的大格局，这些也说明了中国的社会环境鼓励个体女性努力、奋斗，女性的地位有所提升。

例2

But she seems most at home pacing the floor of her state-of-the-art factory, tinkering. She'll dip her hands into a tray of water, to determine whether the temperature is just right. She can explain the intricacies of heating glass in a potassium ion bath. When she passes a grinding machine, she is apt to ask technicians to step aside so she can take their place for a while. (翻译：她在这个世界一流的工厂里踱步，摆弄东西，就仿佛她在家一样，她会把手伸到水槽里，以确定水的温度是否合适。她能够解释浸泡在钾离子中的热玻璃的复杂工艺。她路过碾磨机时，会叫技术人员走开，这样她就可以代替他们一会儿。)

For years, she labored in a factory, the best job she could get having grown up in an impoverished village in central China. (翻译：很多年以来，她都在工厂工作，这也是她作为一个在中国中部贫困小山村长大的孩子

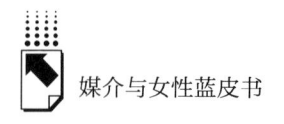

能找到的最好的工作。)

"She'll sometimes sit down and work as an operator to see if there's anything wrong with the process," said James Zhao, a general manager at Lens Technology. "That will put me in a very awkward position. If there's a problem, she said, 'Why didn't you see that?'"（翻译："她有时会坐下来，像一个运行人员一样判断流程是否顺利进行，"蓝思科技的总经理赵先生说，这会让我感觉很尴尬。如果有问题了，她会说：'你为什么没有看见？'"）

第二，人物行为描写上的微内容与大格局相辅相成，使人物形象更丰满。例2是对周女士行为上的微内容的描写。她在工厂亲自试水温、亲自解释工艺、参与生产过程，她的细心、严谨、专业都从她在工厂的日常里体现出来，一个有干劲、有能力的女性形象跃然纸上。从大格局看，周女士的行为是所有女性创业者的榜样、是国家的光荣，得到了世界范围内的广泛认可，但是所有的荣誉都与她行为上的微内容相关联，她行为里的细心、严谨、专业铸就了她的成就，使她成为国家的光荣、她的公司成为世界的一流。公司的成就和辉煌固然值得称颂，但创业者行为上体现的品质、人格以及灵魂才能拉近读者与创业者之间的距离。不是所有的女性创业者都能取得像周女士这样的成就，但是作为女性，如果你也有成功女性的行为，你就能在自己的人生道路上活得更有价值感和成就感。

哈弗罗斯认为现代社会的道德建设原则是"我们应该成为什么样的人"优先于"我们应该怎么做"。以此类推，说服性叙事应该遵循的原则是"对人格和命运的关切"优先于"如何说服对方"。在双向传播的时代，明智的说服者应该与受众成就共同的故事和集体记忆。[①] 在对周女士的报道中，周女士与所有中国想创业和在创业的女性成就了相同的故事，她的人格和品质是所有创业女性都具有的；她的行为反映了她的人格和品质；她的命运有起

---

① 汪建达：《哈弗罗斯论伦理问题的转向》，《学术交流》2007年第9期。

有落,年少时家境贫寒磨炼了她的意志,白手起家的成功经历也激励了与她有着相同背景的有志女性投身到自己热爱的事业中。

四　方法分析

界面是设计师赋予物的面孔,人与物之间的互动通过界面来实现。界面设计一定要有亲和力、路径要便利。在新闻报道中,界面就是说服内容展现给受众的样貌、姿态、气质。文本的界面对获得受众的认同有着直接、显著的影响。这篇关于女性创业者的新闻报道的界面设计就具有亲和力,作者把着眼点放在对"人"的描写上,通篇都是对周女士个人生活经历的描写。通过细节化的行为和语言描写,以及对真实的个人生活经历的描写,展现在受众面前的是一个有血有肉、人格丰富且独立的女人以及她的传奇故事,使读者很容易与之产生共情,对她不仅仅有崇敬之情,更有爱戴之心。在报告中穿插对中国社会整体情况的介绍;对女性在此大环境之下得到更多实现自我的机会、许多创业公司是由女性掌舵的事实的介绍;对蓝思科技公司在国内居领先地位、成绩和贡献斐然的事实的介绍。这些对"物"的描述不脱离"人"的经历、行为、品格等出现,故事也因此变得生动有趣。界面设计开放、易亲近、好参与、有审美、个人化,有审美体现在其提供了超越实用主义的美感和灵韵;个人化体现在作者让受众做主人,唤起对方的归属感和热情。总之,界面设计体现了人文主义的灵韵,超越了单纯的工具理性。

五　目的分析

每一个说服者在进行说服之前都会尽量确定说服目的,但是说服效果往往与之期盼的有很大的偏差。说服不是简单的信息传递,而是人与人之间复杂心智的互动过程。人的动机和目的在每一刻都是复杂的,一刹那便有八万四千念。因此,说服者在说服过程中的目的设计也要遵循多元主义开放性原

则,要满足不同受众的不同需求以及同一受众的多重需求,使之皆大欢喜、各得其所。

这篇关于周女士创业故事的报道基本符合多元主义开放性原则。国际上正在创业的女性会从她的经历中找到自己,产生强烈的认同感;想创业的女性会被她的灵魂和品质鼓舞,更加坚定和努力;即使不想创业的女性也会从她身上看到女性品格的光芒,进而找到自己的位置。国际受众通过她的故事对中国社会女性的地位有了更生动的了解,其面对的不再是冷冰冰的数据,而是一个女人真实的生活经历。他们会意识到中国政府给予了女性很多发展和创造的机会。

除了多元主义开放性原则,说服还应该遵循利益互惠和价值同构原则。说服的目的要符合人对利益和价值的基本追求,蓝思科技的产品不仅惠及中国人民,更为很多国家的人民带来了福利,三星、苹果几个大品牌手机的屏幕都由蓝思科技供货,可以说国际品牌手机成就了蓝思科技,而蓝思科技也不负众望,用高品质的产品回馈用户。

从整篇报道来看,总结一下外国媒体在中国女性发展议题叙事上的几个特点。

第一,语境营造技巧丰富。当无意与刻意相对,偶然和必然相连,故事就会跌宕起伏、妙趣横生。对讲故事而言,偶然即"无巧不成书",必然即那些稳定、"永恒"的要素和结构。往往最令人心动的是叙述那些偶然与无常、必然与命定的境遇。在金庸小说中,周伯通与瑛姑的相遇相知、分离和重逢实在是造化弄人,却让读者读得兴趣盎然;杨过苦寻小龙女16年后,偶然在蜜蜂翅膀上找到了小龙女的下落,使他们在绝情谷底的相遇成为必然;张无忌在深崖之下偶遇老衷,拿到了九阴真经,使他的"天下第一"成为必然。太多有趣的故事在偶然与必然之间交错和对照。

外国媒体在描写成功女性的经历时,往往更善于把必然和偶然联系在一起,让读者的心为之牵动,个人的发展是偶然和必然因素共同作用的结果。比如,任何一个女性的成功都有必然和偶然因素的影响。她们身上优秀的特质,她们的务实、坚持、努力等,都是她们获得自身发展的基石,也都是必然的因素；而她们偶然的一些际遇也是成就她们个人发展的外部环境。从周女士与摩托罗拉的合作可以看出，这次合作使蓝思科技获得了一次"偶然"的发展机会，周女士果断地接下订单。之后，蓝思科技得到了HTC、诺基亚和三星几家国际手机大牌的订单，2007年还得到了苹果公司的订单，这些使蓝思科技发展为中国手机屏幕的最大供应商成为"必然"。

故事讲得有吸引力，就能更好地把想要传达的信息传递给读者，更好地反映中国女性发展的社会现实，并通过好的故事激励更多的女性发展自我，从而构建出更好的中国女性发展的社会现实。

第二，塑造具体生动的人物形象。在角色塑造上，《纽约时报》对角色的个性和生活经历做了仔细的描述，比如，《纽约时报》刻画了周女士的性格特征，表现了其在工作方面一丝不苟、细心严谨的态度和以厂为家的敬业精神；同时对角色的命运进行刻画，她出身贫寒，并未有机会得到很好的教育，而到工厂做工人是她当时能找到的最好的工作，其成为中国女性首富也是命运的安排。在整个叙述过程中，工作上的一丝不苟和细心严谨是通过她在工厂里的语言和动作体现的，文章用了大篇幅描写细节以及主人翁的生活经历，故事跌宕起伏、妙趣横生，使读者不知不觉沉浸其中，体会人物在场景中的感受和心情。对于角色的命运，比如周女士的家境，《纽约时报》描写得很细致：在她5岁时，妈妈就去世了，爸爸是个技工，在一次工伤中失明；她家乡所在村庄的具体位置，以及在她的家乡很多女孩没有机会读初中；她在工厂做女工，在几次人生节点上靠自己的能力和坚持一步一步成为蓝思科技董事长、中国女富豪。在对角色行为的描写上，《纽约时报》描写得更加具体化。周女士的细心、严谨、专业不是用一句话概括，而是用很多小事例慢慢呈现给受众。她的细心，报道用了她在工厂里把自己的手伸到水槽里测试温度来表现；她的严谨和专业，报道用了她深入厂房做业务员看生产流程有没有问题来表现。也就是说，在她的行为中，大格局和微内容都有具体的事例来表现，读者看到的是一个活生生的人，而不是一句简单的概括。如果角色的塑造不那么丰满生动，受众就很难被吸引。

第三，运用均衡说服的表达方式。两面提示与均衡说服原则是说服性叙

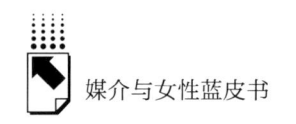

事中很重要的原则。两面提示就是同时告知对方有利和不利的两种情况，如果只告知对方有利的方面，会显得比较武断。从古希腊到20世纪中期，均衡说服原则就是把正面和负面的事实都摆出来，其一直是西方说服研究中强调的重要内容。

两面提示的说服是一种讨论，是民主的应有之义，讨论是任何行动必不可少的基本前提。从具体的说服效果来观察，如果读者只听信单面的说辞，却很遗憾地没有达到预期的效果，就会产生反抗意识。一面提示容易造成信任破产。两面提示鼓励对方做出自主判断，即使结果不尽如人意，也可因其自主决策的合法性，免于对说服者追责。

很明显，有说服力的故事一定要做到两面提示，而这种具有思辨意识的话语是西方受众习以为常的话语言说方式。

第四，巧用修辞、引语，善用词汇。修辞的使用可以让文本更具有吸引力，通过各种修辞手法的运用，表达效果往往更好。《纽约时报》对女性发展议题的报道用了对比的修辞手法，通过将中国的周女士与日本、欧洲、美国的女性创业者进行比较，突出表现了唯有中国女性创业者的代表周女士是通过白手起家创造亿万财富的，其他国家的女性富豪多是通过继承家族财产而变得富有。在讲故事的过程中，对不同身份的人的直接引用可以体现报道内容的专业性，使故事更加让人信服，使读者能够多角度地认识报道对象。《纽约时报》通过直接引语，对周女士的人格特质进行了细致的描写，使人物形象更加丰满，被引用者包括：蓝思科技总经理赵先生、周女士的中学老师、周女士的堂兄、康宁公司的执行总监、蓝思科技的质量检查员、周女士本人。在词汇的运用上，《纽约时报》用了大量的正面词汇描写人物的个性品质和外貌，使人物形象生动丰满，具有吸引力。

综上所述，《纽约时报》在女性维权与发展等性别议题上值得借鉴的叙事技巧体现在：第一，语境营造技巧丰富；第二，塑造具体生动的人物形象；第三，运用均衡说服的表达方式；第四，巧用修辞、引语，善用词汇。中国涉外媒体要想讲好中国女性故事，需要进一步提升自己的叙事技巧，在语境营造、人物塑造、均衡说服，以及巧用修辞等方面下功夫。

B.20
西游母题贺岁档奇幻电影的女性主义话语解构

——以《西游记女儿国》为例

张 源 王艺竹*

摘 要： 随着电影剧本和后期制作水平的不断提升，贺岁档奇幻电影以其受欢迎的内容和绚丽的视觉效果吸引了大批观众，以"西游母题"为原型改编的电影更成为其中的佼佼者。为迎合新时代观众，尤其是女性观众的喜好，"西游"电影对原著的故事情节和人物角色进行了大幅度修改。本报告以《西游记女儿国》为例，将电影文本置于社会性别视角下进行深度探索，通过对故事情节和人物形象的双重解构分析，揭示了在"电影奇观"话语和意义的生产过程中，男性对女性的凝视没有随着时代的发展而消亡，而是以商业化和娱乐化的模式进入了更加深层的阶段。

关键词： 奇幻电影 西游母题 《西游记女儿国》 男性凝视

---

* 张源，博士，中华女子学院国际教育学院助理教授，主要研究方向为社会性别与传播、男性研究、领导力管理研究等；王艺竹，瑞典隆德大学在读研究生，主要研究方向为电影中的女性形象、电影中性别文化的接受度。

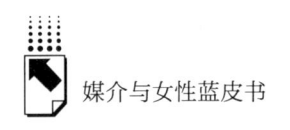

一 西游母题与奇幻电影

（一）西游文学与西游母题

在不同时代、不同国家、不同文化、不同媒介的故事中共同存在的故事模型，就是我们所谓的母题或者原型。人类众多的故事就是这些母题的各种组合、变体、改造和演绎。故事母题代表的往往是一种普遍的人生经验和历史经验，人类在艺术创造的过程中，逐渐形成了一系列的叙事原型，虽然在不同的时代和社会中，这些叙事原型会有所变化，但是其深度的叙事模式却往往具有相似性。很多电影故事是以这些母题为基石进行再创作，从而形成自己的故事脉络。[1]

《西游记》来源于"西游"母题，一个从唐代就开始流传的玄奘和尚西天取经的故事。在漫长的历史变迁中，从最初玄奘自述的《大唐西域记》以及由其弟子整理成书的《大慈恩寺三藏法师传》，到宋代的《大唐三藏取经诗话》、元代的《西游记杂剧》、明代的百回本《西游记》……经过几百年的不断丰富，"西游"母题的文化和叙事日益生动。"西天取经"逐渐成为串联前后情节的线索，而不再是故事的主旨；故事的主角也被一个其貌不扬的猴头取代，而史实中真正的主角唐僧玄奘则"退居二线"，成为英雄的陪衬。《西游记》将整个"西游母题"世俗化，使之实现了由宗教主题向社会文化主题的转变。[2] 在此基础上，现代影视工作者对其进行了再创作，将友情、爱情、亲情融入其中，同时加入了国内外热点话题，使"西游母题"更加丰富多彩，并成功冲出国门，走入国际市场。

---

[1] 尹鸿：《当代电影艺术导论》，高等教育出版社，2007。
[2] 何璐：《古典英雄的世俗突围——从〈大话西游〉〈悟空传〉看西游主题的变迁》，《文史博览》（理论）2014年第9期。

（二）类型片与奇幻电影

电影类型（Film Genre），也被称为"片种"，指的是基于电影的叙事元素和情感反应进行相似分类的电影类别。类型的分类依据多种多样，若根据电影的风格、主题、格式、受众等不同元素进行分类，那么同一部电影可以被交叉分在不同的类型当中。电影的类型也是集中和管理故事素材的方法。[1] 对观众而言，类型也是他们筛选电影的指标。许多类型电影有特定的目标观众。类型确定了大众对某些电影的共同概念。观众会期待类型电影的既定情节，但同时他们也需要新鲜感。从某种程度上来说，电影类型和节庆典礼的仪式是一样的，不变的节庆仪式/典礼再度肯定了文化的价值，使人感到满足。类型惯例以触及深层社会不确定的价值来激发观众的情绪，但也将此情绪引导到可接受的程度。类型快速准确地反映流行的社会价值。在不同的历史时期，类型的故事、主题、价值或影响都会吻合大众的态度。[2]

奇幻电影（Fantasy Films）起源于早期的特效影片。在当代电影中，"特效"一般是指除真人动作片以外的所有元素。电影特效包括两部分：现场特效和视觉特效。现场特效与电影拍摄同时进行，大部分是在拍摄现场完成的，是对真实人物或物体及其模型进行处理，如各种爆炸、坍塌等，以及利用微缩模型和特殊拍摄手法创作火山爆发、烟雾、雪、洪水等效果；而大部分视觉特效是在拍摄结束后由后期制作完成的，技术人员通过对已有胶片画面的加工或用摄像机以外的视频处理设备（如计算机）来产生新的画面。[3]

奇幻电影以大量的特效支持其超自然、超现实的场景和情节，例如魔法、幻想生物以及幻想世界等。最早开始创作奇幻电影并对其影响深远的鼻祖，是法国早期的电影大师乔治·梅里爱。乔治·梅里爱善于创作把神话剧

---

[1] Louis Giannetti, *Understanding Movies*, *12th Edition*（Pearson，2011）.
[2] 〔美〕大卫·波德维尔、克里斯汀·汤普森：《电影艺术形式与风格插图（第8版）》，曾伟祯译，世界图书出版公司，2008；石屹：《电影类型片解读》，北京大学出版社，2017。
[3] 刘玉花：《特效电影及其科普功能初探》，《科普研究》2010年第5期。

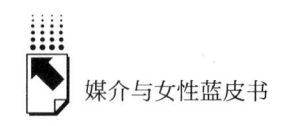

和滑稽剧相结合的戏剧艺术，他将电影的"停机再拍"技巧与魔术戏剧相结合，开创了独特的特技影片拍摄方法。拍摄于1896年的《贵妇人的失踪》是世界电影发展史上第一部奇幻电影。[1] 作为类型电影的组成之一，奇幻电影发展到今天主要成为一种表现超自然故事题材的电影，以其光怪陆离的曲折故事、宏大的场面、绚丽多彩的视觉特效吸引了大量观众的视线。为满足电影市场的需求，越来越多的电影行业工作者积极投身于奇幻电影的制作。

西方影视作品中大多包含女巫、美女、骑士、魔法、剑、恶龙等西方传说元素。[2] 奇幻电影的创作在好莱坞一直经久不衰，不但成为好莱坞主要的票房来源和产业支柱，更成为美国文化的重要载体，电影大量宣扬美国信奉的个人主义和正邪对立、除暴安良的价值观，具有强大的文化号召力和影响力。

我国地域广阔，历史悠久，具有独具特色的神话、宗教和民间文化资源及语境体系。中国的奇幻电影以传统文化为本位，以古代传说故事中的仙、妖、神、魔、怪为主要元素，在叙事上经常对传统的神怪故事进行现代的改编和重塑；在表现手法上借助高科技手段；在视觉奇观表达、特效等方面强化玄幻色彩，以奇观化的场景、服饰、道具、人物造型等营造出一种有别于好莱坞科幻大片的东方式幻想场景，把人性、爱情、人与自然事物的原始感情推向幻想世界进行"询唤"，完成大众对魔幻和超验想象世界的消费。[3]

新年和春节的贺岁档期，是中国奇幻电影的集中展演阶段。一方面，人们在忙碌了一整年以后不希望过年期间再去观看一些严肃题材的电影，而更希望以热闹、欢乐、视觉狂欢为目的去观影。另一方面，由于在此时期一般一家老小都有假期，大家一起观影，所以在题材选择上应以老少咸宜、家喻户晓的旧题翻新为宜。同时，还要考虑当前国内电影审核对奇幻电影策划中的中国传统神怪故事还是相对宽容的。基于此种种，西游母题成为奇幻电影的宠儿，尤其是在贺岁档期，近年来，更是成为每年必备的文化元素和市场热点。

---

[1] 倪祥保：《奇幻电影起源发展及命名合理性》，《江苏社会科学》2017年第1期。
[2] 石屹：《电影类型片解读》，北京大学出版社，2017。
[3] 陈旭光：《当代中国电影的创意研究》，安徽教育出版社，2016。

（三）西游母题的奇幻电影生产

"西游"母题作为中国最著名的奇幻 IP，近几年在电影市场收获很大。星皓影业在 2010 年启动《西游记》大电影的计划，到目前为止已经制作上映了三部电影，且均获得了不菲的票房成绩。前两部"西游"电影《西游记之大闹天宫》和《西游记之孙悟空三打白骨精》赶在春节上映，获得了超 10 亿元的票房成绩。第三部电影《西游记女儿国》为了契合电影中的爱情主题，选在贺岁档期间的情人节点映，于 2018 年 2 月 16 日在全国上映。但因同期档的大制作电影数量较多，影响了票房表现，未达到前两部 10 亿元以上的票房成绩。

《西游记之大闹天宫》的创作内容做好了世界性传播的准备，将影片英文名字定为 Monkey King（猴王），凸显了孙悟空的主角地位，并且弱化了"西游"故事中的宗教色彩，改为借用"神""魔"这两种西方元素，将大闹天宫之战从顽劣石猴的"自负之举"改编为"正邪之战"，从而将孙悟空塑造成极具个人英雄主义色彩的超级英雄。

《西游记之孙悟空三打白骨精》更是在电影中加入了大量绚丽的特效制作，眼花缭乱的视觉冲击，再加上春节合家欢乐的气氛，使第二部电影夺得"西游"系列电影的票房冠军，尤其在视觉效果方面较前作完成了为人称道的飞跃。而该片受到二次元文化的浸染，与二次元美学之间的互动、对二次元美学的有机吸收和灵活运用令其在影像风格上耳目一新。在人物造型层面，该电影也在尊重类型片经典造型图式的基础上呈现"游戏化"二次元美学倾向。[①] 在电影人物的打斗情节中，CG（计算机图形）技术的灵活应用和 3D 视觉给观众带来强烈的视觉冲击感。

《西游记女儿国》在电影命名上舍弃了原有的"之"字，使电影自成一章，虽然其讲述的只是西行路上的一个桥段，但让人耳目一新，没有

[①] 庞博：《浅论"奇观"电影中二次元美学之渗透——由〈西游记之孙悟空三打白骨精〉人物造型谈起》，《当代电影》2016 年第 8 期。

了前两部"打怪升级"的既视感,更多地加入了感情成分,利用情人节的良好气氛,烘托影片中纯美而又无奈的爱情。影片虽然没有了前两部几乎时刻存在的特效镜头,但其对西梁女国这个奇幻世界的塑造很用心,大量实地取景增强了画面的真实感。影片立意新颖,且契合时下社会性别建构对女性赋权的需求。但为了迎合春节喜庆的气氛,电影用大量情节制造生硬的笑话,造成故事脱节、情感跳脱,且受到同期档贺岁大片的冲击,票房成绩不甚理想。

作为《西游记》系列电影的第三部,该部电影选取了"西游"故事中颇具争议的"女儿国"这一桥段,即第五十三回"禅主吞餐怀鬼孕,黄婆运水解邪胎"和第五十四回"法性西来逢女国,心猿定计脱烟花"。

原著中对女儿国国王样貌的描写十分细致。

> 眉如翠羽,肌似羊脂。脸衬桃花瓣,鬟堆金凤丝。秋波湛湛妖娆态,春笋纤纤娇媚姿。斜軃红绡飘彩艳,高簪珠翠显光辉。说甚么昭君美貌,果然是赛过西施。柳腰微展鸣金佩,莲步轻移动玉肢。月里嫦娥难到此,九天仙女怎如斯。宫妆巧样非凡类,诚然王母降瑶池。

由此可见女儿国国王样貌出众,唐僧见了这样的绝色美人并非毫不心动。唐僧的反应是"耳红面赤,羞答答不敢抬头","战战兢兢立站不住,似痴如醉"。爱美之心人皆有之,相比唐僧的害羞怯懦,猪八戒的反应一直十分真实:"忍不住口嘴流涎,心头撞鹿,一时间骨软筋麻,好便似雪狮子向火,不觉的都化去也。"

女儿国国王看到唐僧到来也喜不自胜:"东土男人,乃唐朝御弟。我国中自混沌开辟之时,累代帝王,更不曾见个男人至此。幸今唐王御弟下降,想是天赐来的。寡人以一国之富,愿招御弟为王,我愿为后,与他阴阳配合,生子生孙,永传帝业,却不是今日之喜兆也?"

西梁女国相比东土大唐,民风更是十分开放:"那里人都是长裙短袄,粉面油头,不分老少,尽是妇女。正在两街上做买做卖,忽见他四众来时,一齐都鼓掌呵呵，整容欢笑道：'人种来了，人种来了！'"①

87版电视连续剧《西游记》也选取了这个故事，并在当时的社会背景下，对原著小说进行了一定程度的改编。女儿国国王不再是只一心想与唐三藏成婚而不问感情的国王，她对唐僧投入了真情实感，并且在一定程度上得到了唐僧的回应。唐僧在表面上保持着出家人的风度，内心实际也对国王有意。只因二人身份悬殊，且唐僧还有西行取经的任务，只能无奈拒绝女儿国国王。这部家喻户晓的电视剧展现了年轻男女间的纯洁爱情，建立在这样的群众基础上，电影保留了原著中误饮子母河河水使男性怀孕的情节，也加入了女儿国国师与河神的爱情故事。在保留原著情节的同时，对故事加以改编。

首先，女儿国国王的形象发生了很大的改变。在以往的影视作品中，女儿国国王一直以美丽端庄的女性形象出现，在爱情中一直处于被动状态，无法左右故事情节的发展，即使自己有意于唐僧，最终也只能远远地目送其离开。但这次电影迎合了现在社会上提倡的"女性人文主义"，即女性要敢于追求自己想要的感情，争取"情节发展"的主动权。电影中的女儿国国王是第一个见到唐僧的人，并且用计谋将唐僧师徒救出，还劝说唐僧保住腹中的孩子，甚至为了爱情选择放弃王位并离开自己的国家。这些都是之前的影视作品中不曾出现的。

其次，从唐僧这一角色来看，《西游记女儿国》中的唐僧可以说是形象大变。唐僧在面对女儿国国王的情意时不仅心动了，还做出了种种回应，二人的互动很符合现在年轻人理想中的恋爱行为，唐僧甚至被国王面对感情时的勇敢打动，愿意舍弃一切同她一起离开。在人们的传统观念中，唐僧作为金蝉子转世，一个半神一样的出家人，他应该无欲无求，儿女私情只是他在"九九八十一难"中的一个考验，用来检验他是否真的意志坚定、百折不挠，能够肩负起取得真经的任务。但与此同时，金蝉子既已转世成人，就应该和普通凡人一样，以凡人之躯而为人之所不能为，去完成西行取经这样艰巨的任务。在书中唐僧肩不能扛，手不能提，只会念经，时时刻刻受到三个

---

① 吴承恩：《西游记》（校注本），中央编译出版社，2014。

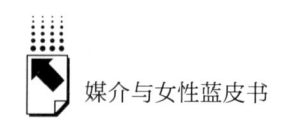

徒弟的照顾和保护。既然是人，他就应该和普通人一样有七情六欲。如果说1987年的电视剧揭开了唐僧真情实感的冰山一角，那么30多年后，2018年的《西游记女儿国》就是对唐僧作为"人"的充分想象。他有人的情感，在面对自己心仪的对象时会动心，会对自己腹中的孩子产生情感，也会希望舍弃自己肩负的取经任务这一"道义"的象征。

二 "男性凝视"理论框架

西方父权文化的核心元素之一，是将女性置于受众（男性）的凝视（Gaze）之下，使其作为被观看的对象来展示。劳拉·穆尔维借用弗洛伊德和拉康的精神分析理论来分析好莱坞经典影片中的"窥淫"（Voyeurism）愉悦和"自恋认同"（Narcissistic Identification）愉悦。在精神分析理论中，"窥淫"被定义为一种想观看其他人的性欲本能。电影院黑暗的放映环境为观众创造了一个相对独立的视觉世界，使观众与他人分离开，仿佛只有自己在看着电影世界中的人物，这种观看满足了人类的"窥视"欲望。

同时电影还满足了"自恋认同"需要。电影通过将观众带入电影情节中完美、有力的虚构人物来满足人类在童年时期就已产生的"镜像期"认同。儿童在照镜子时会幻想镜中的自己更加具体、完美和有力。观众观看电影时也会与银幕上无所不能的人物产生共鸣，将自己带入电影世界中。

这两种愉悦看似相互矛盾，但父权文化对于"男性观看"和"女性被看"的界定调和了两种愉悦间的矛盾。电影中"完美"的男主角令男性观众产生认同感，在确定了男性为主体的同时也确定了女性为客体。女性经常被设置为"麻烦制造者"，负有扰乱男性英雄宁静内心的"罪过"。

女性若想成为观看中的积极控制者，而不是被看的对象，就会威胁原本的主动观看者——男性，并引起他们的恐慌。玛丽·安·多娜认为女性特质以亲密著称，这使女性缺少了纯粹的"窥淫者"的能力，除非女性能够具有男子气或是站在男性观众的观看位置上。但也有学者争论说，正是因为女性间亲密的特质才触发了女性间颇为愉悦的吸引力。

现如今，许多关注女性情感的电影作品的主题思想几乎都将着眼点放在女主角如何协调自身对两种关系的需求：在保持异性恋浪漫关系的同时，维持和其他女性——通常是家庭成员尤其是母亲的重要联系。[1]

男性凝视（Male Gaze）理论认为，在经典电影中，男性编剧、男性导演、男性摄影师镜头所形成的三重男性视角，统一完成了将电影文本男性化的过程。整个电影被置于男性的视角之下，女性观众只能通过男性的视角进行观影并实现观影的愉悦。该理论是女性主义电影学者劳拉·穆尔维在20世纪70年代提出的，主要针对当时的经典好莱坞电影。将近半个世纪过去了，当代电影文本中的男性凝视又是如何呢？

三 《西游记女儿国》电影话语解构

《西游记女儿国》这部电影的类型和定位非常明确。作为爱情片，它由俊男美女来撑起颜值，由当红偶像明星冯绍峰和赵丽颖分别饰演男女主角。作为贺岁片，它面对的是几乎全年龄段的观众，这一类型电影的主要受众又是女性或是以女性为主导的家庭成员。因此，唐僧的爱情故事被描绘得"去肉体化"，没有任何肉欲和情色的描写，男女主角最多也就限于互相拉着袖口，许下一句若有来生的誓言。与此同时，影片也突出了小沈阳扮演的八戒，并增加了沙僧、如意真仙等喜剧角色的戏份。作为奇幻片，电影也通过更加玄幻的故事情节和更加磅礴精美的电脑特效来营造电影的娱乐"奇观"。

通过与原著的比较分析，可以清楚地看到电影改编中对于女性和母职的赋权。不仅如此，从电影话语分析的角度，能够更加明确地看到这种赋权在故事情节、人物形象等各个方面的反映。

（一）故事情节话语解构

《西游记女儿国》电影故事改编相对原著和以往影视作品的最大不同在

---

[1] 〔荷〕凡·祖伦：《女性主义媒介研究》，曹晋、曹茂译，广西师范大学出版社，2007。

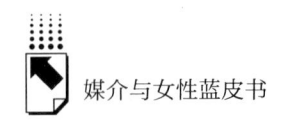

于以下两处：爱情婚姻和男性怀孕生子。从影片的核心价值观来说，正是男女主人公对于这两点的不同态度和做法，使电影从根本上承袭而又颠覆了原著的价值观，成功地将一部从明清时期就脍炙人口的话本小说，改编为"她世纪"深受观众喜爱的唯美爱情故事。

关于真爱和婚姻。原著中女王并没有爱上唐僧，只是觉得他是唐王御弟，和自己门第相当，因女儿国鲜有男子到访，而唐僧在书中又被描述为一位年轻俊美的男子，所以她愿意舍弃一身富贵与唐僧在一起。但这种让步也是有限度的：让他为王，自己为后，留在女儿国一起生活。这种爱情观和婚姻观在电影中发生了重大的变化。首先，女王深爱着唐僧，为了"真爱"宁愿放弃一切权力和财富与他远走高飞。她爱的不是唐僧的出身和他御弟的身份，相比原著中女王一口一个"御弟哥哥"，在电影中甚至从未提及"御弟"这个身份。其次，女王主动示爱，而唐僧也表现了对女王的爱。尽管影片对两人没有进行情欲描写，表现的反而是禁欲一般的压抑，例如在电影主题歌曲的背景音乐下，在山川远景的衬托下，两人并肩写字。整个电影渲染的是女王和唐僧互相爱慕，经过挣扎后都接受了对方，并试图放弃既定的道路选择爱情。因此在电影中，在真爱面前，"王权富贵"已经成为不值一提的阻碍了，与爱情相互制约和对抗的并不是这些。如果说原著中的西天取经历劫，在女儿国这一关过的是女色和富贵的诱惑，那么在电影中，替换了单方面诱惑的"女色"，代之以相互纯粹的爱情；而替换了爱情面前渺小的"王权富贵"的，则是两个人背负的"责任"。女王有对国家和子民的责任，唐僧有对众生的责任。最后，在两人尝试冲破既有的命运道路，选择爱情的时候，得到了象征性的惩罚，女儿国的世界崩塌，为数众多的无辜者受到牵连变成石像被粉碎或者被水淹没。因此，最终两人都决定要坚守自己的责任。而放弃在一起并不意味着爱情的破灭，而是将爱情的遗憾期许在来生得到圆满。什么御弟的身份、女王的富贵都是不值一提的，更不能作为对爱情和婚姻的诱惑、考验或是阻碍。在电影改编的这个美好的爱情故事中，有的只是纯粹地脱离了肉体的感情，而唯有"为国为民"的高尚品格能够与这美好的爱情并存及制衡。

关于男性怀孕生子。原著中，唐僧师徒喝了子母河的水后怀孕的情节令人印象深刻，电影中也少不了对这个桥段的描写，并且将受孕的人从唐僧和八戒增加到连沙僧也包括在内，让孙悟空的角色成为神权的发声者和维护者，成为保证故事线索回归正统路线的导正实施者。

其他奇幻电影中也有男性怀孕生子的桥段，如《捉妖记》。相比之下，本片除了利用男性角色和男性气质的反转来增强搞笑效果以外，更重要的是进行了两点更加深刻的改编：第一，让所有怀孕男子的女伴在他们身边，陪伴并照顾他们，并通过女性角色这时的冷静、包容、幸福来为女性赋权；第二，在女子们的说服下，以唐僧为首的所有受孕师徒，实际上已经接受了现实，并开始享受孕育生命的喜悦，也为将来做好了准备。这两点都是与原著背道而驰的。在原著中，唐僧和八戒从来没有接受自己怀孕的事实，也从未因此而感到幸福，当然也没有女伴陪伴在他们身边。他们是在一个老婆子的照顾下得知落胎的方法，自始至终他们只有身体的不适和内心的恐慌，甚至在悟空去取落胎泉的水时，老婆子还拿出一个大缸子，让他多取些回来备用。可以说，原著的作者作为男性，在当时的时代，把生育当成男人完成"正道"的"劫难"，认为怀孕生育应该是女人的事，甚至用书中老婆子的举动来暗示，对女人来说生育都是不那么重要的事情。传统社会对于成功男性功业的要求是"家国天下"，从完成时间上来说，一般认为是修身—齐家—治国—平天下；而实际上对于三者之间的权重一直都是"天下—国—家"。在当今社会中，中国长期实行计划生育政策，孩子已经成为家庭经济和关系的中心，女性更加喜爱能够照顾家庭和小孩的父亲，这在《北京遇上西雅图》等电影中和热门的《爸爸去哪儿》等综艺节目中得到了表达和强化。因此，电影改编的这个桥段，更重要的是渲染了唐僧师徒对于怀孕从"惊讶"到接受，再到被悟空用法术强制拿掉小孩以后的遗憾。通过这些细节的表现，电影赋权了母职的价值，改写了唐僧等人的男性特质，使其更加适应当代女性观众的偏好，同时也再一次借孙悟空取落胎泉的水为师徒落胎一场的语言和行动，点出了凌驾于生育之上的还是西天取经的"大道"和造福众生的"大义"，再次祭出了高尚道德的大旗。

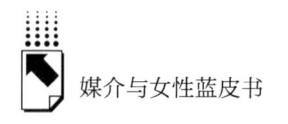

（二）人物形象话语解构

人物形象一：女儿国国王。女儿国的国王自带"王权"和"富贵"的属性。她出场时身着短衣裤，独自骑着一头白鹿在野外；和唐僧的第一面，她不是坐着，而是站在自己的坐骑背上，带着武器（弓箭），唐僧这时刚从悬崖摔下来，站在地上整理好衣帽向她行礼。她毫不掩饰直直地打量唐僧，因为站在马背上，显得她的目光尤其带有自上而下的态势。在故事进程中，她没有被物化为一个性感的、被动的客体；没有被贬谪为一个美丽无辜且没有能力的牺牲品，等待男性的救赎；也没有被妖魔化为一个有故事且带有怨念的妖怪，等待男性的征伐和度化。在爱情故事中她是娇小的、青涩的、纯洁的女主。与此同时，勇敢浪漫的她放弃王位，打破老祖宗的规训去追求爱情；智慧机灵的她两次解救唐僧师徒；坚定顽强的她和唐僧一起历经艰苦漂流到苦海的尽头；高尚伟大的她最终也可以和男性主角一样选择道义，维护他人的利益而放弃个人的婚姻幸福。至此，她已被置于和男主角唐僧同样的道德高度，她本身就是电影对新女性的认可、赋权和再建构的产物。

人物形象二：国师。女儿国的国师在原著中是一个没有个性的角色，可以说是女王角色的延伸，每次都替女王出面，在唐僧面前传递消息。而在电影中由香港影星梁咏琪扮演的国师，被塑造成一个重要的角色。她的功能是多样的，一方面，她扮演爱情片中经常出现的阻碍爱情发展的负面角色，具体在这部电影中就是王权和祖宗规训，即族权的代表。在人物造型上其眉毛的高挑和面部妆容表现的刚强，以及在角色塑造上她的权力和女王权力之间的制衡都是对女国师这个角色的赋权。另一方面，她履行着在当代爱情片中经常出现的"爱情辅线"功能。国师与由台湾女星林志玲扮演的河神之间的爱情故事，是女王与唐僧爱情主线故事的"辅助"。以往的电影中，林志玲扮演的角色大多是"美女"形象，说起话来也是非常娇嗲，自成一种风格。本片一改常态，通过电脑特效，将河神的面部和胸部轮廓中性化，同时没有给其一句台词。对这样塑造出的辅线爱情故事的解读就带有多样性：有女同性恋的暧昧倾向；同时也是将两位女星的身体进行另类表演/使用，来创造另一种"奇观",吸引两性观众。

人物形象三:闺蜜们。在虚构而封闭的女儿国中,四个女性作为女王"闺蜜"一般的存在,也是原著所没有的,这是非常有现代影视作品风格和现代女性特点的改编。她们和女王之间不像是"君臣"或"主仆"之间的关系,而更像是朋友关系。在"审讯""怀孕"等场景中,她们和女王一样对应唐僧师徒一行中的男性角色八戒、沙僧来建构女性特质和男女互动关系。不仅仅是在与女王的闺蜜关系中,她们在与男性互动的过程中也是被赋权的一方。例如唐僧师徒一行开始进入女儿国就因为是"男人"而被定罪装入囚车中,由两个少女押送进城;八戒偷看少女们洗澡时,反而是少女们说"一起洗",然后把他痛打一顿;又比如剧中沙僧高大强壮,但和少女掰手腕时一直输。影片对少女们的形象塑造也是短衣、短裤和短靴,露出她们美好有活力的青春肢体。这些都是对女性角色的赋权,并将现代社会中女性之间的关系投射在电影中,以增强观众的代入感。

四 反思与结论

从以上多方面的分析可知,《西游记女儿国》通过故事情节、人物形象等多方面对原著的改编,对女性进行赋权。但只要我们深入研究和批判性地反思男性凝视理论就会发现,该部影片中的女性赋权仅仅是在父权制框架内的、简单的反转,并没有打破父权制度下的权力关系。

首先,以《西游记女儿国》为代表的奇幻贺岁电影为了迎合现代观众的口味、制造娱乐性的"奇观",进行了一系列的反转来增强娱乐效果,但是都没有从根本上打破甚至是质疑父权制的权力关系和等级体系。例如,让女儿国国王变身为骑着白鹿解救唐僧的"英雄",但最后却等待唐僧"带她远走高飞";让美丽的闺蜜少女成为抽着烟袋、掰手腕总能赢过沙僧的"女汉子",但比赛的最后却又让她抱着沙僧的大腿夸张地说自己仰慕他的男子气概。因此,无论是为了制造另类的浪漫气息,或是为了加强喜剧幽默的效果,影片赋权女性的方式是凭借反转和模仿男性特质,而提高女性地位以后

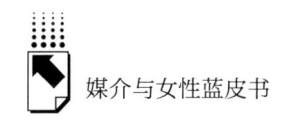

最终又让她们再次服从于另一种男性权力，从而更加被认可和强化的总是后者，即男权。从根本上看，影片非但没有动摇男性权力的等级和地位，没有脱离父权制的视角、思维方式和语境，反而从客观效果上更加强化了父权意识的规训。

相反地，影片突出和强化父权制权力关系结构内部的各种关系，如族权、王权、神权等。虽然在女儿国内，站在权力等级顶端的都是女性，但是这个反转国家的运作体系实际上是父权制的复制品，只不过用母系的角色代替了父系领导者，所有人都被"老祖宗"的决定和预言左右着命运、束缚着取舍。

由此，电影语言和视觉符号始终在影片中以父权制的符码"雕刻"着观众的意识形态。电影的开始，有一只巨大的佛手将师徒一行人推入女儿国。作为呼应，在电影的最后，又出现了巨大的佛头形象，解救众生，导正了所有的混乱，让一切回到了"大义之道"。这个一直隐没而又无处不在、不可抗拒的"神权"才是一切故事发展的最根本力量。而那些触犯了族权、王权、神权的人物和关系在电影最终是"受困的"，例如被高墙分隔开从未见过面的年轻国师和河神；是"无力的"，例如唐僧和女儿国国王想要追求爱情的幸福却被困在无边的苦海上，而苦海行舟没有船桨和任何控制的力量及动力，只能被更加强大的力量左右而随波逐流；又或者是"受到象征性的惩罚"，如河神最终形灭被收服。这些电影符码在为观众制造一个个"奇观"的同时，实际上也对受众完成了社会性别和权力话语的建构、固化和规训。

奇幻电影是当代中国贺岁电影中的重要组成部分，中国贺岁档中以"西游"为主题的系列奇幻电影是近年来电影市场的一个特点。本报告以2018年上映的《西游记女儿国》为例，进行了电影产业市场和电影文本的分析，发现通过对《西游记》原著的改编和奇幻电影元素的运用，部分地改变了男性凝视的视角和内容。在故事情节和人物塑造方面，电影对女性角色进行了集体赋权以使之更加符合当代女性观众的观影感受。

媒介与女性发展篇

Media and Women's Development

B.21 融媒体背景下重识经典传播学理论对女大学生思政教育的意义

王 鲁[*]

摘 要： 融媒体环境下，网络新媒体对当代大学生的"黏性"进一步增强，给思政教育带来了新的机遇和挑战。调查显示，占高校在校生半数以上的女生对待思政教育有着不同于男生的特点。思政教育既是教育也是对知识的传播，面对新的教育环境，重新认识传播学经典理论对思政教育的意义和价值，并将其应用于实践，做好思政课教学中的"软件融合"与"硬件融合"，回应女大学生的关切，有助于不断提升思政教育的育人效果。

关键词： 融媒体 大众传播 女大学生 思政教育

---

[*] 王鲁，博士，山东女子学院副教授，主要研究方向为媒体传播、女性研究。

一 融媒体给思政教育带来的机遇与挑战

随着传媒行业市场化、全球化、网络化的发展，传统媒体实现了从"媒介简单连接"到"丰富媒介形态"，再到"以互联网为底层逻辑的全方位融合"的演进路径[①]，产生了构建于互联网基础之上的媒体"融合"形态——融媒体。融媒体的发展离不开互联网和智能移动终端的普及，中国互联网络信息中心（CNNIC）2019年2月发布的第43次《中国互联网络发展状况统计报告》显示，截至2018年12月，我国网民规模达8.29亿人，手机网民规模达8.17亿人，网民使用手机上网的比例达98.6%。在我国网民中，学生群体占比最多，达25.4%；网民人均周上网时长为27.6小时，即每天接近4小时。融媒体的传播特点给教育，特别是兼具思想教育和知识教育双重属性的思政教育带来了新的机遇和挑战。机遇主要表现在：融媒体提供了更多可供选择的教育形式，极大地拓展了教育场域。挑战则表现在：一是碎片化的海量信息对学生注意力的争夺，进而对学生的学习习惯产生影响；二是缺少有价值观的算法型产品精准分发导致"信息茧房问题"。思政教育既是教育也是对知识的传播，面对机遇和挑战，在需求侧深入调研学生接受思政教育的特点，同时，在供给侧重新认识经典传播学理论对思政教育的意义和价值，有助于提升思政教育的效果。

二 当前女大学生思政教育的特点

根据教育部发展规划司的统计，自2009年我国高校普通本专科学生中女生数量首次超过男生以来，女生的占比不断增加。2018年，在我国高校普通本专科学生中，女生占比52.54%；在研究生中，女生占比49.64%，女生在专科、

[①] 李玮：《跨媒体·全媒体·融媒体——媒体融合相关概念变迁与实践演进》，《新闻与写作》2017年第6期。

本科、硕士研究生中的占比均超过男生，仅在博士研究生中的占比略低于男生（见图1）。面向女大学生的教育，应遵循其成长成才的规律，思政教育同样如此。

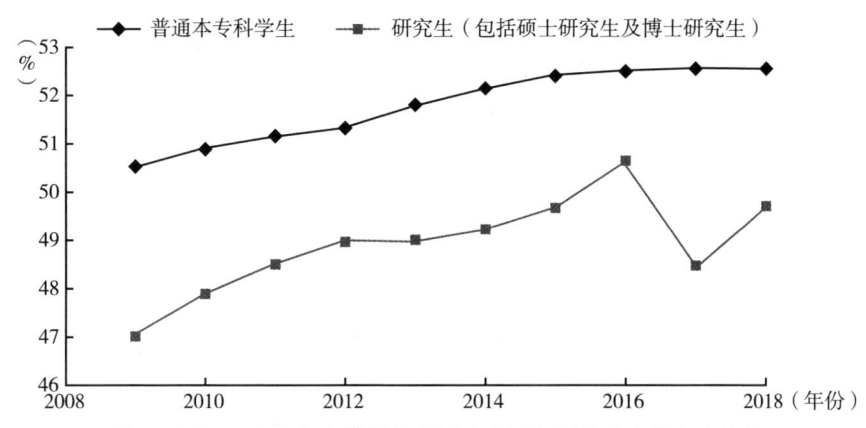

图1　2009～2018年高等学校普通本专科和研究生中的女生比例

资料来源：教育部发展规划司。

思政教育的主要方式是思政课教学，本报告面向近4000名女大学生分别开展了"思政课学习情况"和"网络媒体使用情况"的问卷调查，为进行对比，同时选取了300名左右的男生进行了问卷调查，经整理调查结果后发现，女大学生思政教育的特点主要表现在以下几个方面。

1. 女大学生对思政课学习的定位清晰，但同时存在功利化的思想

78.84%的受访女生认为，学习思政课最主要的目的是帮助自己树立正确的世界观、人生观、价值观，而不仅仅是使自己知晓"窗外事"或对未来考研升学、"考公"就业等有帮助，反映了学生对思政课学习的定位非常清晰。但在回答另一个调查问题时，有近四成的受访女生认为"思政课的学习内容不像专业课那样能马上解决实际问题"，这也是导致自己"学习思政课不够投入的主要原因之一"，反映了其对该课程的学习抱有一定的功利主义倾向。

2. 女大学生更易受到具有榜样意义的教师和同学的影响

对教师的期待方面，受访女生除了将"崇高的思想修养"作为"思政课教师最应具备的素质"以外，32.73%的女生还选择了"高尚的人格魅力"，超出选择该项的男生近8个百分点。对同学的期待方面，女生还希望能够更多

地了解身边的榜样，58.73%的女生希望在思政课的教学中补充"校园中发生的事例或朋辈的事迹"，超出选择该项的男生近16个百分点，这一结果也与有78.47%的女生（男生占比为61.54%）将"亲朋动态"作为自己在网络媒体上最关注的信息相一致（见图2、图3）。

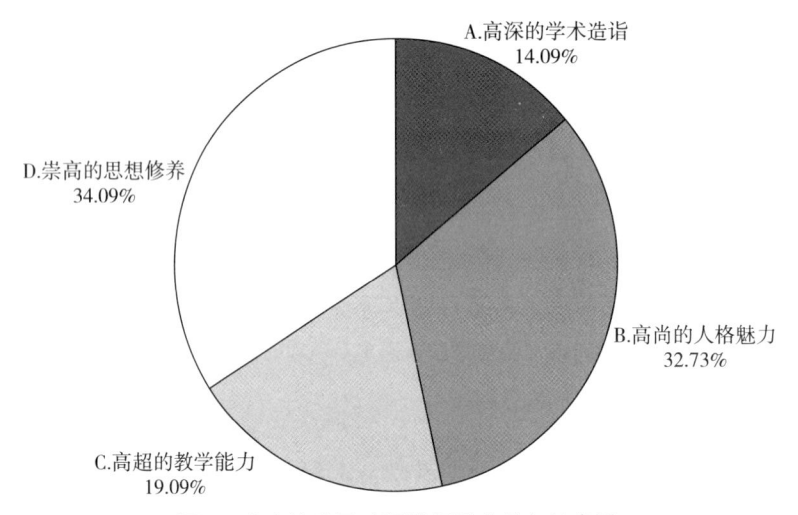

A.高深的学术造诣 14.09%
B.高尚的人格魅力 32.73%
C.高超的教学能力 19.09%
D.崇高的思想修养 34.09%

图2　女生认为思政课教师最应具备的素质

资料来源：作者根据调查问卷的结果整理所得。

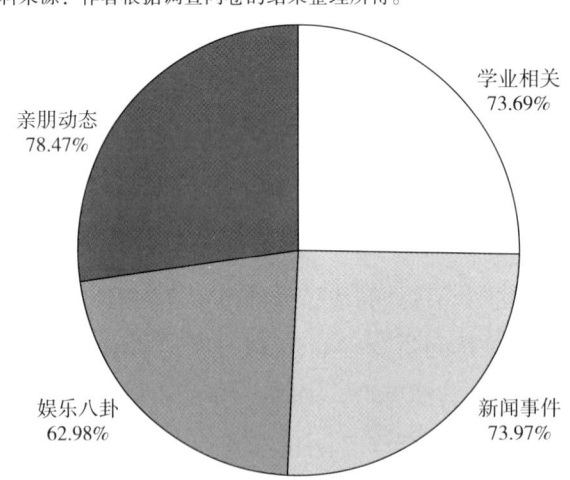

学业相关 73.69%
亲朋动态 78.47%
娱乐八卦 62.98%
新闻事件 73.97%

图3　女生关注网络媒体信息的类别和比重

注：本题为多项选择题。
资料来源：作者根据调查问卷的结果整理所得。

3. 女大学生对思政课教学有更高的期待，且对教学内容和形式的侧重点区别于男生

受访女生对思政课教学的总体满意度与男生持平，分别为74.45%和78.59%，但其中表示很满意的女生占32.29%，与男生的52.98%相比存在较大差距，表明女大学生对思政课有着更高的期待。在回答"最希望与思政课教师交流的问题是什么"时，超过三成的女生和男生将"现实生活中遇到的困惑"排在选项的第一位，但同时有31.03%的女生选择"个人发展规划"，而男生选择该项的仅占24.21%。这一结果与女生在未来的求职择业中遇到的情形更加复杂有关，女生对人生的规划往往有更多的困惑和迷茫，亟须思政课教师在课堂内外给予关注和回应。对于影响学习效果的因素，24.8%的女生认为"教师的教学方式缺少创新"是主要原因之一，超过男生的16.84%。女生"最认可的思政课教学方式"排在前两位的是案例分析（占比77.09%）和社会实践（占比67.82%）[①]，与男生的选择不同。这反映了在第一课堂中采用形式多样的教学方式和在第二课堂中广泛开展社会实践与志愿服务等活动，都对提升女大学生思政教育的效果很有帮助。

除上述特点以外，对思政课的学习动力不够强，也是男女生共同存在的问题之一。按照威格菲尔德和艾克尔斯的观点，学生的学习动力主要取决于自身的两种主观因素：一是对自己成功达成学习目标或完成学习任务的期望，二是对自己达成目标或完成任务的价值判断。思政课作为一门既要传授知识也要塑造学生价值观的课程，尽管它要实现的教学目标相比专业课更高，却不像专业课那样能使学生感受到立竿见影的学习效果，由于学生在思政课的学习中往往无法对前述两个方面的因素做出快速清晰的判断，加之思政课贯穿小中高各个学段，如果高校教师不能在课堂中讲出比学生已知内容更高层次的分析，给学生带来新的启迪，那么学生自然会对"重复"的内容缺少学习兴趣，导致学习动机弱化，使学习内容难以入脑入心。

[①] 本题为多项选择题。

三 经典传播学理论对提升女大学生思政教育效果的启示

尽管融媒体给女大学生的思政教育带来了挑战，但它并非洪水猛兽，媒体融合的加速发展使女大学生思政教育面对新形势、新任务。教师如果不能把握好融媒体带来的机遇与挑战，也就不能将思政教育这一高校"立德树人"的关键一招做实做好做强。在融媒体背景下，思政教育要做好"软件融合"和"硬件融合"两个方面。前者是指，思政课的教学既要遵循教育规律又要借鉴传播规律，在坚持平等、开放、连接、互动、创新的互联网精神的基础上，实现师生的融合、教学内容与教学方法的融合、思政课程与课程思政的融合，追求并实现知识传授、能力培养和价值塑造"三位一体"的融合；后者是指，面对网络原住民的教育对象，教育平台、媒介、形式、资源等，都需要在与时俱进中形成合力，构建"大思政"的教育格局。

（一）做好思政课教学中的"软件融合"

1. 推动思政课教学中的师生融合

在融媒体时代，人们获取知识的形式已由单向接收发展为双向参与，倾听者与讲授者的界限已然消弭，思政课的教学最先要追求的就是师生融合，但这种融合，并非教师主体地位的丧失，而是对教师提出了更高的要求。拉斯韦尔在其著作《社会传播的结构与功能》中提出了著名的"5W"理论，即：谁来说、说些什么、通过什么渠道、对谁说、有什么效果。基于这一理论，大众传播确立了五大研究领域：控制分析、内容分析、媒介分析、受众分析和效果分析。思政课教师既是课堂中的施教者也是传播者，承担着收集信息、制作信息和发送信息的任务，在传播过程中具有三个方面的决定权，即对传播的信息进行搜集、编辑、制作和传递，对信息进行把关、过滤和筛选，以及对整个传播进程进行控制和制约的决定权。要实现课堂教学中的师生融合，作为传播者，思政课教师首先要扮演好"把关人"（Gatekeeper）

的角色,要具有把关的立场、信仰和能力,自觉对标"政治要强、情怀要深、思维要新、视野要广、自律要严、人格要正"的要求,以"有信仰的教育者"的姿态讲信仰。同时要不断丰富自身从事教育活动所必需的四类知识:内容知识,即掌握马克思主义理论学科的知识;有关学生学习的知识;有关教学方法的知识,如讲授方法、激发学生学习动机的方法等;针对具体的教学内容开展教学的知识。其次,思政课教师应主动与学生平等交流,与辅导员、班主任交流,充分了解学生的认知状态,关心关注学生的所思所想,积极回应学生对于社会热点和人生规划的关切和困惑,做好"经师"的同时更做好"人师",讲出有深度、有高度、有温度的思政课,让思政教育成为触动人心灵的教育,让学生在思政教育中得到在网络媒体中得不到的信任感和依赖感,从而实现师生的融合。

2. 推动思政课教学内容与教学方法的融合

经典传播学理论发现,受众对信息的接受过程充满了选择性,受众在接受某种信息之前,已经感知并贮藏了大量信息,进而形成了自己的预存立场。在选择信息时,受众往往热衷于选择与自己业已形成的观点或立场相符的内容,但在外部因素的引导下,也可能改变自己固有的态度。这一发现呼应了美国教育心理学家奥苏伯尔的观点:如果将全部教育心理学归纳为一条原理,即影响学习的唯一的重要因素,就是学习者已经知道了什么,要深明这一点,并据此进行教学。对于思政课教学而言,既要重视教学方式方法的创新和改革,同时要注重教学理念和教学内容的改革。教学内容的重点不在于教师知道什么,而在于学生不知道什么。教师要直面学生的知识困惑,讲出各门课程背后的逻辑,讲出看似"无用"中的"大用"。在教学方法上,思政课教师应按照专题给学生布置一定数量的参考书目,为其提供多元化的视角和充分的讨论空间,打破"信息茧房",采用讲授课、辅导课、研讨课等形式,通过教师的引导和学生的自主学习,构建教师"领跑"、学生"跟跑"的学习共同体,实现知识传授、能力培养和价值塑造"三位一体"的融合,使学生在走出课堂离开校园时,能够始终坚持正确的世界观、人生观和价值观。

3.推动思政课程与课程思政的融合

1972年，美国传播学家M.E.麦库姆斯和D.L.肖提出的"议程设置功能"作为一种理论假说进入人们的视野，引起传播学界的广泛关注。这一理论从考察大众传播对人们在环境认知过程中的作用入手，揭示了大众传播的有力影响。因此，要提升思政教育的育人效果，不仅需要在思政课程教学中发力，还需要在各学科门类的专业课程中注重议程设置，挖掘、整理、输出其中蕴含的思政教育资源，解决好各类课程与思政课程相互配合的问题，正如问卷调查结果显示，影响思政课学习效果的主要原因之一是"学习内容不像专业课那样能马上解决实际问题"，思政课固然要回应学生关切，讲出看似"无用"中的"大用"，而专业课程的教学也不应仅仅停留在"解决实际问题的有用"上。1923年，诺贝尔文学奖获得者叶芝说过："教育不是注满一桶水，而是点燃一团火。"我们需要通过思政课程点燃学生心中的"火"，也需要通过专业课程的魅力助燃学生心中的"火"，构建全面覆盖、类型丰富、层次递进、相互支撑的课程体系，使各类课程与思政课程同向同行，形成协同效应。①

（二）做好思政教育中"硬件融合"

媒介是信息得以在空间中移动、在时间上保存的载体，是增强人类信息交流能力的传播中介物。在融媒体时代，各种媒介融合共生，尼葛洛庞帝在《数字化生存》一书中设想的景象已然成为现实，按照其观点，"数字化社会改变了信息传播的方式和受众接受的方式"，先前由信息传播者决定一切，如今已演变为传输者和接收者双方的互动及信息的个性化决定一切。思政课教师要不断提升自身的信息化教学能力素养，面对已被拓展为线上与线下共存的教学场域，探索形式多样的教育教学方式。问卷调查结果显示，学生对实地参观、志愿服务、社会调研、线上互动等延展至第一课堂以外的教

---

① 中共中央办公厅、国务院办公厅：《关于深化新时代学校思想政治理论课改革创新的若干意见》。

学形式表现出浓厚的兴趣，因此，学校应整合资源，发挥"易班""第二课堂成绩单""校园微信矩阵"等线上平台的功能，辅以宣传栏、电子屏、广播台等传统媒介的作用，做好议程设置，实现同频共振。同时学校应积极开发线上红色旅游等虚拟仿真思政教育教学体验中心，开展社会实践和志愿服务等多种形式的第二课堂教育活动，引导学生将理论与实践融合，增强其对网络媒介信息的辨别力，通过第一课堂和第二课堂的融合，构建"大思政"格局，推动思政教育效果不断提升。

思政教育是兼具思想教育和知识教育双重属性的教育，思想教育融合思想性、政治性、意识形态性，是思政教育的本质和方向；知识教育融合科学性、知识性、理论性，是思政教育的基础和支撑。而教育中的"教"，指的是知识和技能的传授，重在成才；教育中的"育"，指的是人格和品质的涵育，重在成人。只要我们坚持追求思想教育与知识教育、育人与育才的融合，不断探索融媒体背景下思政教育的改革创新之路，就一定能不断提升思政教育的育人效果。

参考文献

高军礼：《网络思想政治教育议程设置研究综述》，《知识经济》2019 年第 21 期。
栾轶玫：《建议用"融媒体"代替"全媒体"》，《光明日报》2014 年 12 月 27 日。
王小明：《教育心理学》，北京大学出版社，2016。
周庆山：《传播学概论》，商务印书馆，2004。

B.22
西方女性主义的"话语殖民"与当代中国女性主义的视野革新[*]

——《再探〈西方视野之下〉：反资本主义斗争中的女性主义团结》的启示

唐觐英[**]

摘　要： 本报告深入梳理《再探〈西方视野之下〉：反资本主义斗争中的女性主义团结》这一当代女性主义前沿而重要的文献的思想，揭示其对当代中国女性主义的视野革新的启示。这篇文献回顾性地再次提出作者在80年代提出并引起重大影响的"西方视野之下"问题，即西方女性主义对世界其他地区的女性问题的学术研究与论述存在"欧洲中心主义"实质的"西方视野"问题，具有殖民性，是一种话语殖民。

　　该文献为今天我们在全球的视野中把握当代女性问题的矛盾核心与根源，对西方女性主义的"话语殖民"进行批判性的认识，大力发展性别、阶级、种族交叉性的女性主义学术新范式，带来了重要的启示与参考。

关键词： 西方女性主义　"西方视野之下"　全球化　再殖民化

---

[*] 本报告受国家留学基金资助；本报告受中国传媒大学中央高校基本科研业务费专项资金资助，是"基于知识去殖民化视角的当代加拿大反种族主义女性主义研究"（项目编号：CUC18JL054）的阶段研究成果。

[**] 唐觐英，博士，中国传媒大学媒介与女性研究中心助理研究员，主要研究方向为马克思主义妇女理论、传播与女性。

西方女性主义的"话语殖民"与当代中国女性主义的视野革新

《再探〈西方视野之下〉：反资本主义斗争中的女性主义团结》（以下简称《再探〈西方视野之下〉》）是国际上当代女性主义研究前沿的一篇重要文献，对"全球"语境中的妇女做出了有力的论述，但在我国，相关领域对这篇文献的了解和关注还很少。

《再探〈西方视野之下〉》的作者是印裔美国学者 Chandra Talpade Mohanty（钱德拉·塔尔佩德·莫汉蒂），这篇文章写于 2001 年，在 2003 年发表于《英语世界》，题为"'Under Western Eyes' Revisited: Feminist Solidarity Through Anticapitalist Struggles"；在我国国内，《再探〈西方视野之下〉》中译本一文收录于 2014 年出版的《当代美国女性主义经典理论选读》，其主编者为美国布朗大学的伊丽莎白·韦德和南京大学的何成洲。钱德拉·塔尔佩德·莫汉蒂发表于 1986 年的《西方视野之下》全名为《西方视野之下：女性主义学术研究与殖民话语》（Under Western Eyes: Feminist Scholarship and Colonial Discourses），该文此前在国内已有译文传播，先后收录于李银河主编的《妇女：最漫长的革命》（1997 年），罗钢、刘象愚主编的《后殖民主义文化理论》（1999 年），佩吉·麦克拉肯主编的《女权主义理论读本》（2007 年）。然而就其影响来说，这篇文章及其所讨论的重要问题被忽视了。女性研究领域在 20 世纪 80 年代的"西方视野之下"的提出、21 世纪之初"西方视野之下"的重探，这些重要议题尚未在我国妇女研究相关领域受到应有的重视，因此迫切需要在今天进行深入讨论。

一 "殖民话语"：西方女性主义对于第三世界妇女的认知范式缺陷

20 世纪后半叶，女性主义在学界滥觞，经过数十年的变迁，其中包括复杂的跨国影响，"经验论""立场论""女性主义科学观""阴道独白"等一系列理论和研究使女性主义获得了社会影响，更新了人们的观念，有利于人们摈弃性别成见，在学术上也给人一种高深的印象。然而，《西方视野之下》《再探〈西方视野之下〉》的作者，作为一名在西方女性主义学术内部

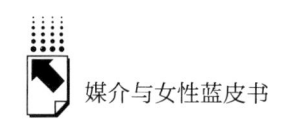

并有着来自第三世界移民身份的女性,从其独具一格的社会认识角度,看到了西方女性主义的问题,即西方女性主义对第三世界妇女的认识方式存在的问题。

作者是移民女学者,也就是 Diaspora(离散者),这种个人身份使其可以站在特别的社会位置去认识西方社会、思考西方与西方之外世界的关系,在西方体会"西方内/外"。

当西方女性主义在热烈讨论跨国女性主义的时候,作者强烈地感受到第三世界妇女在讨论中被误读、曲解。"浮光掠影式地介入非欧美女性文化,用欧洲中心主义的妇女研究视角探讨特殊的性别主义文化实践",作者举了教学课程的例子,"会谈到悼念印度因嫁妆不够而被焚死的新娘的法定日或法定周,印度尼西亚的耐克工厂里的女工或者西非国家沦为殖民地之前的母权制,就是不谈欧美女性主义者在通往自由解放之路上所持有的最基本的身份问题"。作者认识到,这种表现,是由于西方女性主义对种族主义问题的无视,根本上是由于西方女性主义的"欧洲中心"。西方女性主义在跨国的过程中,凸显了自身的"欧洲中心主义"的内在弊端。作者作为移民女性主义学者身处西方女性主义内部,切身感受到西方女性主义学术研究中对来自第三世界的移民学者的压抑,这种切身体会到的政治性使作者提出"西方视野"的问题并对西方女性主义提出批评。作者主张宏观政治经济与微观结合的学术取向,将第三世界妇女作为能动主体而不是女强人或受害者的糅合。

西方女性主义究竟是树立了"性别"相对于"阶级"的独立性,还是将"阶级"、资产阶级、殖民统治作为内在前提?有没有无涉"阶级"的女性主义?西方女性主义说着性别范畴内的种种,却避开资本主义对西方以外的地区的剥夺,这成为一个最大的话语遮蔽。若不涉及其他的"阶级"、种族范畴,就不能辨识出最大的矛盾。

作者指出西方女性主义实际上是"西方视野",它遗漏了全球层面上的殖民主义、资本主义,而这正是作用于第三世界妇女身上的最大权力关系。作者希望能以此重新将第三世界妇女所受的压迫与斗争展现出来。

莫汉蒂在西方女性主义怎样看待第三世界妇女这一命题下看到了"西

西方女性主义的"话语殖民"与当代中国女性主义的视野革新

方视野"的问题。西方女性主义是话语殖民,以"欧洲中心"为标准,第三世界要么是同于这一标准,要么是不同于这一标准,这样就失去了从第三世界本身出发的对于女性主义的理解,失去了第三世界自身的内在逻辑及主体性。第三世界有着不同于西方的历史地理、社会人口、自然文化,并非劣等的,其有着自身作为实践主体的历史创造,不能因为其在现代不平等的国际政治经济秩序中成为相对贫穷的国家就低西方一等。而西方的社会制度、道路也不是适用于全世界的良方,因为其存在资本压迫,国内自身存在阶级、种族的民主问题,国际上存在扩张、不平等的问题。

"西方视野"的提出,揭示了大量的知识生产其实是从西方出发、立足于西方的一种认识,并不是对全球经验的理解,实质是"殖民话语"。

莫汉蒂提出这一颇具尖锐性的问题,表达了全体的民主诉求。她通过揭示差异性,打开了被遮蔽的第三世界妇女的经验,揭示了"西方视野"的内在缺陷,开辟了更加能以历史唯物主义的认识论看待第三世界妇女、能直面西方特权、能正视殖民历史的新的女性主义,它的核心是在女性主义领域反种族主义。实际上,就第三世界的妇女运动来说,反种族主义并不是陌生的主题,第三世界的反帝反资斗争在20世纪五六十年代取得胜利后,许多国家纷纷实现独立,但是东西方很快被放置进落后与发达、专制与民主的国际传播的话语框架中,西方女性主义逐渐有了源头的地位,被作为移植样板。

发表于1986年的《西方视野之下:女性主义学术研究与殖民话语》激起了相当大的反响,也出现了对它的各种解读,有的将其归于"后现代",而作者将自己与此做了区别,指出自己是唯物主义,不同于文化相对主义。这篇文章提出了一个基本性的问题——"西方视野"的问题,其绵延到现代,在世纪之交,非但没有消失,反而因为新自由主义意识形态霸权在世界范围的广泛建立而更为深入,全方位危机的严重,让这个基本问题的清理变得紧迫。因此,作者在世纪之交又重访这篇文章,进一步开展有关讨论,所以有了《再探〈西方视野之下〉》。

揭示了"西方视野"的问题,取而代之的,应该发展什么样的女性主

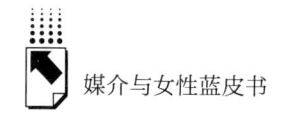

义,来良好地纳入第三世界妇女的贫困、受压迫、斗争等经验,来对全球政治经济的霸权力量有整体性的认识,特别是能够对全球政治经济的当代动态做出回应,在女性主义的跨文化主题上实现无殖民统治的女性主义。作者从反全球化运动中吸取了理论营养,去认识全球视野中的当代妇女问题。

进入21世纪,语境发生变化,作者思考了新的问题。作者说:"我认为,政治转向偏右、全球资本主义霸权、私有化及日益升级的宗教、族裔和种族上的仇恨都对女性主义者们提出了具体的挑战。"[1]

"1986年,我着重考虑的是差异,但现在我想重拾并重申'差异'更为全面、永恒的含义,这正是与'整体'发生关联之处。换句话说,我想借此机会再次强调差异不仅仅是'不同'。了解差异和特殊性,我们能更好地看清共性和关联性,因为没有一个边界或界线始终是绝对的、一成不变的分隔线。"[2] 这也是作者作为教育活动家参与的"反资本主义的跨国界女性主义实践"的哲学基础。

二 "将贫困的有色人种妇女置于中心":资本主义剥夺与第三世界女性问题

与女性主义多年来被标上各种"女性""女性怎样、男性怎样"的话题给人的印象迥然不同,钱德拉·塔尔佩德·莫汉蒂在《再探〈西方视野之下〉》中提出鲜明的观点:"将贫困的有色人种妇女置于中心。"

作者跳出"西方视野"、将东西方相连接的视野,并从被剥夺权利的群体而非享有特权群体的立场出发,强调"从最边缘化的妇女群体的生活和利益出发"的重要性,这里所指的是"在富裕的新殖民地国家内各种肤色

---

[1] 〔印〕钱德拉·塔尔佩德·莫汉蒂:《再探〈西方视野之下〉:反资本主义斗争中的女性主义团结》,袁家丽译,载〔美〕伊丽莎白·韦德、何成洲主编《当代美国女性主义经典理论选读》,南京大学出版社,2014。

[2] 〔印〕钱德拉·塔尔佩德·莫汉蒂:《再探〈西方视野之下〉:反资本主义斗争中的女性主义团结》,袁家丽译,载〔美〕伊丽莎白·韦德、何成洲主编《当代美国女性主义经典理论选读》,南京大学出版社,2014。

的贫困妇女及第三世界/南方或2/3世界中的妇女"①。

在有色人种妇女这里有着比较深重的压迫,而她们的情况是在性别、阶级、种族的权力关系的交织作用下形成的。这种交织作用,显示出资本主义的核心根源,导致了压迫的深重性。她们的社会位置不同于单一的性别矛盾,如果人们仅仅在"性别"的范畴里讨论她们,就没有触及她们所受到的中心的压迫,也就不能将她们的矛盾的特殊性揭示出来,应将她们的处境跟其他拥有特权的女性同一起来。而一些看起来跨越阶级、种族、民族的,贯通所谓"所有女性"的,具有世界性、普遍性的范畴,却扮演了普泛化的角色。人们只是看到"性别"范畴这个所谓共同、独立属于女性的属性,却掐断了这一范畴同其他范畴客观存在的联系,因此发生了简化问题的错误。这也就是作者及其提出的反种族主义的女性主义话语对西方女性主义提出的纠偏,进而发展出更有机的交叉性女性主义(Intersectional Feminism)。

性别、阶级、种族、民族都在当代世界发生作用,都是不能忽略的差异性的范畴,在有色人种妇女身上,显著地揭示了这多重权力压迫关系的共生状况。作者说:"在如铁板一块的资本主义制度下,贫困的本土妇女和第三世界/南方妇女所持有的特殊立场为我们了解资本主义系统的权力提供了最为全面的认识。"② 重要的是,看到女性的内部差异性,看到阶级、种族等范畴对男性女性的共同作用,而不是抹杀、模糊差异,去寻求所谓的"共同话语""国际框架"。在"共同话语"之下,只能是优势者的、更普遍的性别矛盾得到表达,而处于更深重压迫的妇女们的阶级化、种族化的性别矛盾难以得到表达,这样不能面对根本性的矛盾,非但不能谋得所有女性的福祉,反而在客观上发挥加剧霸权的作用。只有在直面根本的阶级、种族矛

---

① 〔印〕钱德拉·塔尔佩德·莫汉蒂:《再探〈西方视野之下〉:反资本主义斗争中的女性主义团结》,袁家丽译,载〔美〕伊丽莎白·韦德、何成洲主编《当代美国女性主义经典理论选读》,南京大学出版社,2014。
② 〔印〕钱德拉·塔尔佩德·莫汉蒂:《再探〈西方视野之下〉:反资本主义斗争中的女性主义团结》,袁家丽译,载〔美〕伊丽莎白·韦德、何成洲主编《当代美国女性主义经典理论选读》,南京大学出版社,2014。

盾,讲阶级性的基础之上,去谋求所有人的民主,才是真正全面的民主,才有真正的公平、正义。这就是学者所论的阶级性与公共性是辩证的关系。①若取消阶级性,以表面的无区别、无差别、"普遍人性"言说,实则会加剧差别,因为它不触及压迫关系,不能实现真正的公共性,只有通过阶级性才能达到公共性。

可以说,由于妇女的边缘化地位,公共议题的讨论中往往不涉及妇女的经验;然而,要谋求真正充分公正、民主的社会,就不能不纳入妇女的经验,特别是贫困的有色人种妇女群体的经验。钱德拉·塔尔佩德·莫汉蒂指出:"从贫困的有色人种妇女的生活经验出发的分析,为衡量社会公正性提供了最为全面的范式。"②

"成年和未成年女性占世界贫困人口的百分之七十,世界上绝大多数的难民也是女性,亚洲和拉丁美洲中第三世界/南方流离失所的人口中百分之八十是女性。成年女性从事全世界三分之二的工作,却只挣得不到十分之一的工资;拥有不到百分之一的财产,却是战争、家庭暴力和宗教迫害最为深重的受害者。"③ 这些问题不仅仅是"人权"或"性别平等"的问题,不只是性别鸿沟,是再殖民化。

"正是基于第三世界/南方,也就是三分之二世界的成年和未成年女性的生活经历,全球资本主义才得以书写它的历史;我们也正是通过关注这些成年和未成年女性群体的经历并使之理论化,才得以弄清资本主义淡化性别歧视和种族歧视的意图,从而构想反资本主义斗争的未来。"④ 这种视野启

---

① 赵月枝:《传播与社会:政治经济与文化分析》,中国传媒大学出版社,2011。
② 〔印〕钱德拉·塔尔佩德·莫汉蒂:《再探〈西方视野之下〉:反资本主义斗争中的女性主义团结》,袁家丽译,载〔美〕伊丽莎白·韦德、何成洲主编《当代美国女性主义经典理论选读》,南京大学出版社,2014。
③ 〔印〕钱德拉·塔尔佩德·莫汉蒂:《再探〈西方视野之下〉:反资本主义斗争中的女性主义团结》,袁家丽译,载〔美〕伊丽莎白·韦德、何成洲主编《当代美国女性主义经典理论选读》,南京大学出版社,2014。
④ 〔印〕钱德拉·塔尔佩德·莫汉蒂:《再探〈西方视野之下〉:反资本主义斗争中的女性主义团结》,袁家丽译,载〔美〕伊丽莎白·韦德、何成洲主编《当代美国女性主义经典理论选读》,南京大学出版社,2014。

发我们要重新认识所经历的贫困,要在一个世界联为一体,资本主义具有剥削实质、扩张本质的视野中认识贫困。摆脱贫困的方法不是采用资本主义的老路,而必须采用新的、经济民主与政治民主一体的路。在这个意义上,《塘约道路》的实践具有重要价值。

可以说,"将贫困的有色人种妇女置于中心"的观点在精神实质上与我国的"站在工农大众的立场""以人民为中心"是一致的。

总之,"将贫困的有色人种妇女置于中心",就是要从她们的生活世界出发,将她们对经济民主、政治民主的诉求置于中心,解析她们所处的社会权力关系,破除不平等,反对压迫,建立公平、正义,构建其主体地位。讨论各种社会议题,都要有"为谁服务"的评估讨论。

作者吸收了当代的反种族主义女性主义、反全球化运动等理论,看到了资本主义在全球的运作方式。如作者所论:"在许多重要方面,正是全世界的,尤其是第三世界/南方的成年和未成年女性在承受着全球化带来的影响,环境的恶化;战争;饥荒;服务业的私有化;政府解除管制;福利国家的解体;有偿和无偿工作的重组;监狱里监控和禁闭现象的增多;等等。贫困的成年和未成年女性遭受影响的程度尤为严重。这就是为什么边界内外的女性主义要声讨全球资本主义诸多不道义、不公正行为的原因。"[1]

"西方视野"的揭示,告诉人们妇女问题的政治性,妇女问题是有关资本主义、阶级种族剥削压迫的问题,而不单单是流传较广的女性主义理论话语中的性制度/社会性别制度/男权制的问题,更毋宁说是资本主义利用并强化男权制的问题。如作者所说:"尽管全球化自始至终都是资本主义的一部分,而资本主义并非一个新现象,但我坚信,围绕反全球化这一主题所展开的理论、批评和运动势必成为女性主义者们工作的重中之重。这并非意味着与资本主义相伴而生的父权、种族关系和结构如今已不再有问题,也并非意味着反全球化运动是一个单一的文化现象。我和许多学者及活动家都一致认

---

[1] 〔印〕钱德拉·塔尔佩德·莫汉蒂:《再探〈西方视野之下〉:反资本主义斗争中的女性主义团结》,袁家丽译,载〔美〕伊丽莎白·韦德、何成洲主编《当代美国女性主义经典理论选读》,南京大学出版社,2014。

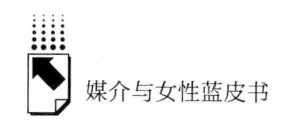

为,资本主义的运作一如既往地依赖并加剧种族之间、父子之间、异性之间的统治与被统治关系。"①

所以,妇女要为反资本主义而斗争。这就不能只是在"性别"的范畴内争取。正如作者力倡的"女性主义者同时要是反资本主义者"。

总之,第三世界女性的问题,是彻底地认识社会权力关系的问题,只有在这种将2/3世界的立场、全球化作为政治经济的视野中,才能正确讨论第三世界女性的赋权问题。

三 当代中国女性主义的视野革新:"以人民为中心"的政治经济、"乡村振兴"战略与"半边天"的价值重建

当前,资本主义全球化造成政治、经济、文化、生态的全方位危机日益严重,已引起批判学术领域的高度讨论。如有学者深刻指出"二战后'农产品武器化'的发展趋势",即"发达国家以较小的代价(如开放某种工业品市场的一定份额或政府补贴)占有他国某些农产品较大市场份额——获得定价权和长久市场份额收益权的战略,不再仅仅是第三阶段农业发展战略,而是强国控制弱国食物主权,进而全面控制弱国的经济、政治、社会的国家战略——即'农产品武器化'战略。"② 人类社会面临危机时刻,危机与转型成为时代的关键词。当前,在美国与中国存在贸易摩擦的背景下,我们需要从这样一个政治、经济的全球背景中理解女性领域。

我们处在一个非常急迫的时刻,我们该怎样谋求妇女更好的未来?用什么来统领社会共识、走向希望的出路?事实告诉我们必须要追求全球政治、经济的公正,才能解决妇女的问题;必须要改变少数的、富人的经济政策导

---

① 〔印〕钱德拉·塔尔佩德·莫汉蒂:《再探〈西方视野之下〉:反资本主义斗争中的女性主义团结》,袁家丽译,载〔美〕伊丽莎白·韦德、何成洲主编《当代美国女性主义经典理论选读》,南京大学出版社,2014。
② 李昌平、苑丰、杨雅茹:《"农产品武器化"趋势与中国策略》,《湖湘三农论坛》2009年第0期。

向,开辟立足于广大劳动者阶级的政策导向,才能解决女性问题,解决中国问题。在这个过程中,重建社会主义女性主义的"半边天"价值。总之,"乡村振兴"战略、"以人民为中心"、社会主义的男女平等是对当代女性问题的深刻回答与方向指引,当代女性主义迫切需要革新视野,改变对西方女性主义的简单跟随,大力发展社会主义女性主义。①

参考文献

毕淑敏:《女工》,海峡文艺出版社,2004。
董丽敏:《"性别"的生产及其政治性危机——对新时期中国妇女研究的一种反思》,《开放时代》2013 年第 2 期。
顾秀莲主编《20 世纪中国妇女运动史(下卷)》,中国妇女出版社,2013。
马春花:《〈黄山来的姑娘〉:雇佣劳动的性别化寓言》,《南开学报》(哲学社会科学版)2016 年第 4 期。
闵冬潮:《平等的中断——反思 20 世纪 90 年代以来的男女平等与性别公正问题》,《妇女研究论丛》2012 年第 1 期。
闵冬潮:《全球化与理论旅行:跨国女性主义的知识生产》,天津人民出版社,2009。
宋少鹏:《"回家"还是"被回家"——市场化过程中"妇女回家"讨论与中国社会意识形态转型》,《妇女研究论丛》2011 年第 4 期。
赵月枝:《国家、市场、社会:跨文化传播政治经济学的基本立场》,载赵月枝《传播与社会:政治经济与文化分析》,中国传媒大学出版社,2011。
赵月枝:《全球背景中的传媒与阶级政治》,《文化纵横》2012 年第 3 期。
Tineke Hellwig, Sunera Thobani eds, *Asian Women*:*Interconnections* (Toronto:Women's Press, 2006).

---

① 赵月英、唐觐英:《社会主义女性主义的话语定位与学术立场》,《教育传媒研究》2019 年第 4 期。

B.23
互联网民族志：性别媒介化研究的方法

孔 宇*

摘　要： 互联网民族志和媒介化理论为媒介与社会性别研究提供了方法论和本体论的启示，强调了性别结构作为一种社会秩序在互联网中被不断建构和表征。互联网民族志是民族志者为了研究互联网文化而提出的一种研究方法，它综合了参与观察、反思和研究伦理等民族志原则。利用互联网民族志，研究者们可以从媒介使用习惯入手，脱离"媒介中心主义"的桎梏，跳出媒介文本，进而描述媒介如何改变社会本体。

关键词： 互联网民族志　媒介化理论　性别研究

媒介与社会性别研究分析了社会性别的二元结构与其他权力关系紧密勾连并在媒介文本再现、媒体生产制度和媒介受众等不同传播层面中被（再）生产或颠覆；发现了媒介内容以及结构化的社会交往形式的背后是父权制文化霸权。在互联网兴起之初，学者们对其充满各种各样的想象，有学者相信互联网会成为女性"乌托邦"，有人则将互联网"妖魔化"为对女人极不友好的"魔窟"，还有人认为互联网技术仍旧不能让女人冲破私领域的束缚[1]，

---

* 孔宇，博士，南京大学新闻传播学院助理研究员，主要研究方向为媒介社会学、新媒体研究与媒体及社会性别。

[1] A. Scott, L. Semmens and L. Willoughby, "Women and The Internet: The Natural History of a Research Project", in C. Carter and L. Steiner, eds., *Critical Readings: Media and Gender* (UK: Open University Press, 2010).

造成这些观点相互矛盾的原因是人们认为互联网是中性的传播中介。但互联网等媒介已然渗透至社会的每一个层次,对网络的概括无法充分解释我们与媒介之间灵活多变的互动,以及这些互动是如何重构日常生活的活动方式与实践的,尤其是如何参与建构社会性别秩序。互联网民族志可以帮助我们洞察日常生活领域中媒介与个体和群体的互动关系,让我们通过社会性别和媒介化理论的视角分析传播新科技的流变与社会结构变迁之间的共生关系。

一 媒介化理论

传统意义上,媒介研究将媒介视为影响社会和文化的事物,以及社会机构实现目的的工具。在此基础上,媒介和传播研究形成两种传统,即"媒介对人做什么"的效果范式和"媒介对人做什么"的文化研究范式。[1] 但随着媒介与其他社会制度的联系越来越紧密,媒介已经不能与我们生存的文化和社会环境分离,建立在媒介—社会/文化二元对立观念上的传统媒介研究不足以阐释媒介在当代文化和社会结构变迁中的意义。有的学者开始使用"媒介化"这一概念来全面而准确地描述媒介逻辑塑造的行动场域和社会场域。[2] 施蒂格·夏瓦认为,媒介化理论与媒介环境学派的媒介观有相似之处。随着媒介技术的交替和发展,媒介技术不断重新塑造人类的生存环境,"第二自然"已经取代"第一自然"成为人类文化的生根之地。[3] 媒介环境学派的研究聚焦技术本身,认为技术/媒介的形式决定了内容,媒介特性的变化令人类的感知、理解和感觉等发生改变;新媒介重新定义了感知环境、符号环境和社会环境,创造了新的生活方式;媒介环境是人身体的延伸,而人的文化和思想受到媒介环境的影响。[4] 媒介环境学派关注技术造成的新的

---

[1] 〔丹〕施蒂格·夏瓦:《文化与社会的媒介化》,刘君等译,复旦大学出版社,2018。
[2] 胡翼青、杨馨:《媒介化社会理论的缘起:传播学视野中的"第二个芝加哥学派"》,《新闻大学》2017年第6期。
[3] 陈默:《媒介文化重构人类生存新环境》,《解放军艺术学院学报》2005年第1期。
[4] 胡翼青:《传播学:学科危机与范式革命》,首都师范大学出版社,2004。

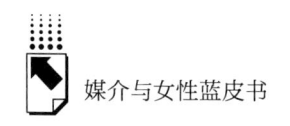

媒介环境对人和社会的影响，媒介化理论则关心媒介逻辑如何影响社会的各个领域，并提出"媒介的效力开始渗透到曾经与之相分离的领域，并且以自身的逻辑改变这一领域既有的系统规则，使之不得不适应'媒介逻辑'"[1]。由此不难看出，媒介化理论领域的学者承认当下媒介与其他社会领域之间的关系存在结构性转型，媒介塑造的文化形态越来越现实化。

总体来说，媒介化研究领域分为两个学派：中观层面的制度分析学派和微观层面的互动分析学派。制度分析学派的代表学者是施蒂格·夏瓦，他借用吉登斯的结构二元论来描述当代媒介作为一种半独立的制度，具有"现代社会中稳定、可预测的构成部分，其形成特定生活领域、特定时间和地点中传播与活动的框架"[2]。在"媒介专业主义"和"受众/用户参与"的双重逻辑下[3]，媒介介入个体间的交流和互动、制度间的互动和传播以及整个社会中的社会个体的传播活动，"媒介在越来越多的语境中扮演着愈加重要的角色，我们对社会角色的认识也需要围绕不同社会角色所具有的影响媒介覆盖的能力而展开"[4]。在制度分析学派的学者看来，媒介所具有的独特方式及其特质会影响其他制度与文化社会，因为后者越来越依赖媒介所提供及控制的资源。互动分析学派的学者则将媒介视为一种实践，回到"人们用媒介做什么"的问题，探索人类如何使用媒介来改变社会的建构方式。库尔德利提出的实践理论有助于将媒介变革中的重大问题转变为具体问题，帮助学者理解人们在做什么、说什么和想什么，通过观察人们复杂、灵活的媒介实践和习惯来阐释社会生活中媒介制度和社会结构的嵌套关系。[5]

互联网民族志和媒介化理论为媒介与社会性别研究提供了方法论和本体

---

[1] 戴宇辰：《媒介化研究：一种新的传播研究范式》，《安徽大学学报》（哲学社会科学版）2018年第2期。
[2] 〔丹〕施蒂格·夏瓦：《文化与社会的媒介化》，刘君等译，复旦大学出版社，2018。
[3] 〔丹〕施蒂格·夏瓦：《文化与社会的媒介化》，刘君等译，复旦大学出版社，2018。
[4] 〔丹〕施蒂格·夏瓦：《文化与社会的媒介化》，刘君等译，复旦大学出版社，2018。
[5] 〔英〕尼克·库尔德利：《媒介、社会与世界：社会理论与数字媒介实践》，何道宽译，复旦大学出版社，2016。

论的启示，强调了性别结构作为一种社会秩序在互联网中被不断建构和表征。技术研究的学者很早以前就指出，性别作为社会结构之一参与技术建构，同时媒介也重构了我们的性别观念和性别意识。现代传播技术在现代家庭教育中扮演着越来越重要的角色，儿童监控器、学校家长微信群、远程履行母职等已经司空见惯，这意味着现代传播技术带来社会性别角色（如母职）的扁平化或扩张，同时也说明传统的社会性别结构和社会性别角色可以赋予传播技术新的社会功能。还有学者发现，数字媒介平台的可供性会参与设计媒介文本，因此，在数字媒介中会出现特别的社会性别再现方式和效果。[1] 面对媒介与性别相互嵌套的复杂结构，我们可以利用互联网民族志探索互联网实践中凝结的性别权力，理解性别结构如何被媒介逻辑所规定。

二 社会性别研究与互联网民族志

在互联网时代，研究和理解线下社会与线上网络的关系成为多学科学者们共同关注的问题。对于研究者来说，民族志并不是研究互联网的唯一方法，但它能为我们提供研究互联网和社会的新视角。不同于实验、问卷、访谈等去情境化的方法，民族志研究者践行整体式研究，通过具身浸入式参与，把握线上世界中展开的日常生活、社会交往与历史发展，描摹不同文化领域相互建构的关系。民族志不在文化互动之上，而在其中。[2]

互联网民族志拓展了传统的传播民族志研究方法，研究田野包含了线下"具身在场"的现实社会和线上"身体缺席"的网络社会，在互联网民族志者看来，面对面的互动其实和数码技术中介的传播一样，都是文化的曲折表征。[3] 互联网民族志是观察和理解人们如何在网络上进行社会交往和意义建

---

[1] K. Mendes, J. Keller and J. Ringrose, "Digitized Narratives of Sexual Violence: Making Sexual Violence Felt and Known Through Digital Disclosures," *New Media & Society* 6 (2019).

[2] J. Marshall, "Ambiguity, Oscillation and Disorder: Online Ethnography and the Making of Culture," *Cosmopolitan Civil Societies: An Interdisciplinary Journal*, 3 (2010).

[3] 〔英〕丹尼尔·米勒、〔澳〕希瑟·霍斯特：《数码人类学》，王心远译，人民出版社，2014。

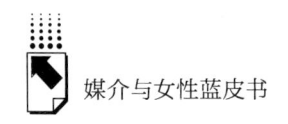

构的研究方法。① 互联网民族志坚持科技研究和社会学的建构主义的基本立场，将互联网视为文化产物。20世纪90年代以来，互联网民族志因提供了检视研究对象日常生活的细致视角和高度效用而开始在互联网研究学者中受到追捧。② 作为一种研究方法，互联网民族志坚持"参与观察"原则，承认田野和研究是"部分"的真实，并强调将社会实践放置在动态社会关系中考察的多点民族志方法，对凝结于互联网上的社会关系进行考察。

互联网民族志要求我们重新回到民族志原则。作为一种方法论，民族志的核心原则是"参与"。③ 但是，网络参与者和研究者一样都是间歇地、不完全地沉浸在网络上，这也使很多学者认为互联网民族志者从传统民族志的参与观察者转变成"参与体验者"，即研究者无法直接参与观察文化社群成员的言行，只能通过参与社会互动来体会文化社群的感受。④ 正是由于研究者不可能直接观察到互动的个体在线下时空中的行动，仅仅依靠线上活动的体验根本不足以支撑互联网民族志。对互联网上的文本进行分析可以将网络视为文本的拓扑过程，从而解读出文本的联结方式以及现实的呈现和建构方式。但是对文本的专注可能会让研究者失去某一些社会情境的细节，从而造成无法描绘和理解线下及物质社会背景中的生产和流通的意义。而在线下时空中的参与观察或深入访谈就是为了挖掘文化和社会价值是如何渗透进人们日常的互联网实践之中，如何为互联网上的互动提供复杂的社会、文化和历史背景的。

在田野调查的过程中，民族志研究者会尤其注意反思自己与社群之间的关系，并且试图通过多种多样的关系来推进自己的研究和行动。首先，这是因为女性主义的互联网民族志的研究者和参与者可能都是妇女或者妇女居多，相同的性别身份让研究双方更容易产生共情；其次，很多女研究者同时也是行动者，她们或许希望自己的研究可以再现某些妇女被遮蔽的声音，或

---

① 曹晋、孔宇、徐璐：《互联网民族志：媒介化的日常生活研究》，《新闻大学》2018年第2期。
② F. Shaw, "'These Wars are Personal': Methods and Theory in Feminist Online Research," *Qualitative Research Journal*, 1 (2013).
③ C. Hine, *Virtual Ethnography* (Thousand Oaks: Sage, 2000).
④ A. C. Garcia, et al., "Ethnographic Approaches to the Internet and Computer-Mediated Communication," *Journal of Contemporary Ethnography*, 1 (2009).

互联网民族志：性别媒介化研究的方法

者她们本身就参与社群的社会行动。所以民族志者需要反思自己的主体身份对田野建构造成的影响，以及这种影响产生的变化。

在传统意义上，女性主义的研究学者往往会利用自己的妇女身份与妇女社群产生认同，甚至会通过建立友谊等长期关系来寻找乐于参与研究的人。朗格认为，某一群体共用一套符号体系并共享一系列意义时，集体生活和文化才成为可能。[①] 拉波夫延续了朗格的观点，提出"遵守一套传播准则的群体就是语言集团，而大多数的男人和妇女在经历了社会化过程之后形成了性别语言集团"[②]。女性化的语言特征是将传播作为建立和维持人际关系的重要途径，她们参与交流的目的是分享个人经验并了解他人。妇女为了建立对等的关系，乐于谈论彼此相同的经验，表明对方并不是唯一有某种感觉和体验的人，为双方创造参与性的传播模式，并通过不断对对方的观点做出反应，使对话得以继续。女性化的语言往往表达同情和支持，她们会采用个人化的语言风格，谈话内容涉及细节和隐私，以此让对方将自己视为知己，让对方把最脆弱的一面表现出来。妇女的交流时常是倾诉型和相互支持型的，她们营造隐秘的氛围，将谈话双方紧密地联系在一起。[③] 互联网民族志的研究同样也会延续这种妇女传播方式的特点。民族志者在研究的过程中也可以利用传统的"妇女角色"，让自己成为一个共情的、开放的、包容的倾听者，最大可能地降低参与者的警惕心理。

20世纪90年代，克利福德在《写文化：民族志的诗学与政治学》的导论中就告诉读者民族志遭遇"表达危机"的原因：人们对真实以及如何表述真实提出更高要求。[④] "表达危机"之后的实验民族志者强调主体性反思，

[①] Susanne K. Langer, *Feeling and Form: A Theory of Art* (New York: Charles Scribner's Sons, 1953).

[②] W. Labov, *Sociolinguistic Patterns* (Philadelphia: University of Pennsylvania Press, 1972).

[③] 〔美〕朱莉亚·T. 伍德：《性别化的人生：传播、性别与文化》，徐俊、尚文鹏译，暨南大学出版社，2005。

[④] 〔美〕詹姆斯·克利福德：《导论：部分的真理》，载〔美〕詹姆斯·克利福德、乔治·E. 马库斯编，高丙中、吴晓黎、李霞等译《写文化：民族志的诗学与政治学》，商务印书馆，2006。

承认其追求的真实是在社会互动中建构起来的,而研究者必须时刻警惕自己的认知性框架。互联网民族志同样遭遇人们对"真实性"的质疑。网络的匿名性让参与研究的双方都很难确认彼此的身份,特别是网民行动的社会情境及其社会政治经济特征等关键信息的缺失,让民族志研究者陷入"真实性"的困境。研究者可以通过两种方法来解决以上问题。第一种方法是通过线下接触来增加被研究者的相关信息的厚度。第二种方法是承认网络参与者在网络上的"身份"是他们对"自我"的建构,与线下空间的身份具有相同的真实性。学者刘亚在研究"阿珍"网络主体建构时采取参与观察的研究方法,虽然研究者全程情感投入地阅读和分析了论坛帖子的信息,但是她也保持了一种克制的姿态,没有参与讨论。除此之外,她相信由于"二奶"在线下生活中是一种禁忌,所以人们在线上论坛的情境之下会更愿意真实地表达自己的观点,因此她没有试图与论坛的发言人建立线下联系。[1]

互联网民族志还面临"如何表述真实"的问题。实验民族志者抛弃了"物—我对立"的实证主义认识论,将民族志研究的"目光"从对象转向研究本身及研究者自我的体验,研究者本人既是研究的主体也是研究的客体,成为所研究的实在的一部分。首先,研究者作为研究主体与客体的二元统一性体现在互联网的自我民族志中,自我民族志需要回答的问题就是:民族志者如何能够研究她/他自己的文化?[2] 自我民族志通过描述民族志者的亲身体验来表达自我意识。研究者作为"新来者"进入田野中和很多其他参与者进入并参与社群互动的体验具有共同性——在缺乏信息的情况下,研究者自身的经历成为重要的信息来源。此外,互联网传播具有的中介性和匿名性也让研究参与者感到有必要也有机会去探索民族志者的身份和研究资格。在这种情况下,研究者将自己的信息通过互联网透露给研究参与者是获得信任、进入田野的重要途径,在成为"被考察对象"的同时,民族志者也观察并且感知了社群边界的存在。换句话说,民族志者不可能在田野中真正

---

[1] 刘亚:《"二奶"阿珍:一个在虚拟世界中建构主体的故事》,《开放时代》2009年第1期。
[2] 蒋逸民:《自我民族志:质性研究方法的新探索》,《浙江社会科学》2011年第4期。

互联网民族志：性别媒介化研究的方法

"隐身"，民族志者的性别、民族、性取向、阶级、学术研究者的多重身份等都影响其进行的田野考察——互联网民族志一再提醒所有的民族志者，必须从科学的民族志的"隐身研究"和写作中自我现身。

田野调查仅仅依赖网络参与体验和访谈是不够的，为了能够与妇女社群或者其他弱势群体有更紧密的联系，让社群更乐于向互联网民族志者开放，研究者需要利用其他的研究方法来增强信息的厚度和可信度。因此，线下接触是必然的，在很多研究中，互联网民族志仅仅是研究方法的一部分，康斯泰博在对跨国婚姻的研究中采用先在网上结识研究对象，然后进行面对面访谈的方法。[①] 即便是网络访谈，很多研究者和参与者也试图营造面对面交流的机会。民族志者本人需要更多的非文字或声音的语言信息来辨识研究参与者提供的信息的真实性；研究的参与者也试图考察研究对象身份的真实性，并且通过对研究者的评估来决定自己曝光信息的程度。互联网民族志者面对的田野非常复杂，由于互联网的属性，很多情况下研究双方都需要应对更大的不确定性，内心中也充斥着对不确定性的焦虑。所以，互联网民族志者必须采取更多的策略才能够取得参与者的信任，并且让他们相信，民族志者从事的研究是严肃的、真诚的。"被观察的观察者"是人类学家进入田野时经常遇到的状况，这种状况也会发生在互联网民族志工作中。研究者在田野中有意识地对自己的社会身份进行协商和变换，可以更容易获得某一些研究参与者的信任。当然，在某些情况下，研究者的身份也可能引起某一些社群成员的警惕和反感。为了削弱不确定性带来的信任危机，民族志者需要依赖研究双方的互动与共情。频繁的互动和交流能够增强研究双方的"共情"，学者曹晋与张楠华在针对字幕组的民族志研究中就亲身参与了字幕组的生产实践，在田野考察的过程中，他们通过与字幕组其他成员的互动，切身感受到字幕组工作的艰辛以及带来的成就感，因为察觉到"兴趣"和"参与的满足感"这两种情感支撑着字幕组的弹性劳动，研究者发现传播新科技所带

---

① N. Constable, *Romance on a Global Stage: Pen Pals, Virtual Ethnography, and "Mail Order" Marriages* (Berkeley, Los Angeles and London: University of California Press, 2003).

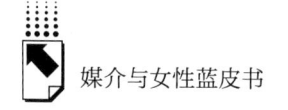

来的"资本主义的弹性经济积累与跨时空、跨国界、跨阶级的剥夺"的隐蔽性。①

民族志者与研究社群之间的关系也有亲疏之分。刘亚选择单纯的观察者角色,刘亚对自己研究身份的定位不仅仅是因为在研究中很难与网民取得直接的联系,还有出于研究伦理的考量:因为在"二奶"话题的讨论中,一旦参与者的身份"浮出水面",或者"将阅读信息变成了参与者的责任",就会违背民族志研究的基本原则。② 相反,台湾学者陈志萍在2001~2004年探寻"Shesay"网站的互联网民族志研究时,不断变化自己的身份,从"线上观察者"到"积极的线上游戏参与者",再到"受访者线下生活的参与者与民族志学者",在变化身份的过程中,研究者有意识地反思自己与社群之间的关系,以及这种密切的关系对学术研究的影响,因此研究者与社群之间的联系发生了从疏离的学术研究距离到密切的情感联系再到抽离线上情感、回归学术研究立场的变化。③

当下的民族志者还需要面对一个断裂的、边界含混的、超越了地方性的田野。互联网实际上已经成为我们日常生活的重要组成部分。互联网上的虚拟认同再也无法与物质身体区分开,在线行为并非独立于线下生活,而是现实生活的延伸和再建构。因此,互联网民族志研究需要将线上、线下空间结合,放弃固定的田野点,跟随人、故事、隐喻或事物的流动从一个地方到另一个地方,建构流动与关联不是研究的开始,恰恰是研究的过程与结果。④ 海音认为,民族志的田野是追踪联系形成的田野流,而非单一、固定的地点,就互联网民族志来说,其强调对联系、差异和异质性的关注。⑤ 可以说田野的边界是研究的结果,而非限定条件。

---

① 曹晋、张楠华:《新媒体、知识劳工与弹性的兴趣劳动——以字幕工作组为例》,《新闻与传播研究》2012年第5期。
② 刘亚:《"二奶"阿珍:一个在虚拟世界中建构主体的故事》,《开放时代》2009年第1期。
③ 陈志萍:《精进网路研究方法——网路民族志》,《图书资讯学研究》2008年第2期。
④ George A. Marcus, "Ethnography in/of the World System: The Emergence of Multi - Sited Ethnography," *Annual Review of Anthropology*, 1 (1995).
⑤ C. Hine, *Virtual Ethnography* (Thousand Oaks: Sage, 2000).

民族志田野的魅力就在于它是多义且变动不居的，对其进行阐释的困境不仅仅在于田野作为文本本身具有多义性、历时性，作为阐释者的作者在与田野研究融为一体的时候，也需要明确和反思这种共时是具有历史性和局限性的。互联网民族志研究者必须在研究过程中不断反思，并以叙事的方式写下自己的经历。在整个自我反思的过程中，研究者的个人体验对如何描述他们所要研究的文化至关重要。反思不仅能让人记住自己的经历、使自己的经历问题化，还意味着研究者的主体性，研究者认同民族志是对"真实"的建构，而且这种建构将贯穿于整个研究的始终。因此，对文本研究内容的考察不能遗漏描绘和理解线下及物质社会的背景，否则将无法把握线上、线下双重空间中的生产和流通的意义。互联网民族志研究者必须追寻辗转于多个流动的田野网络中，从单一网站、游戏、社区、论坛中跳脱出来，连接更为广阔的社会文化背景。

互联网民族志必然会面对更加复杂的伦理问题。研究者应该在研究过程中展开对伦理问题的反思，并且采取不同的策略以保证研究伦理。正如库兹奈特在书中提到的，民族志研究者需要"仔细评估揭示真相的公共利益，权衡它可能对研究对象造成的伤害"[1]。

三　性别媒介化与互联网民族志：一个案例

2020年10月中旬，一篇题为"我潜伏上海'名媛'群，做了半个月的名媛观察者"的网文短时间之内"刷爆"了朋友圈，让"上海名媛"成了热议话题。作者和很多网友一样，通过阅读网文、发表评论、浏览评论、搜索相关新闻或话题、主动与人攀谈等方式，亲身参与到这场媒体讨论之中。在此基础上，作者正在利用参与式观察、访谈与闲聊等互联网民族志的研究方法来探索这场媒介仪式中不断被强化的社会性别秩序。

作者由哔哩哔哩网站推送的短视频知悉"上海名媛"事件，随后开始

---

[1] Robert V. Kozinets, *Netnography: Doing Ethnographic Research Online* (London: Sage, 2010).

在微信公众号、微信群、百度搜索引擎以及其他视频网站上搜索"上海名媛",并观察网友的网络行为。随着事件不断扩大,田野调查也从线上转移至线下。作者的关注焦点并不是媒介的文本内容,而是追踪参与讨论的网络实践和习惯,尤其是透过媒体对女性价值持续不断的议论,发现这种议论实际上可以被视为一种形式化和模式化的行为,对这场媒介仪式的田野考察也从单一的"名媛"事件追溯到多个时空中的网络讨论。人们对"上海名媛"的评价并不是孤立的,纵向上"上海名媛"可以联系到几个月前的"天王嫂"事件和更早期的热议话题,甚至可以联系到媒介生产的影视作品,如《三十而已》等话题电视剧中的虚构情节;横向上"上海名媛"成为对社会有贡献的精英女性的"对照组"。由此不难看出,反反复复、形式类似的关于女性价值的媒介讨论揭露了"后台"故事的媒介形式、区分了价值等级,通过对"虚荣"的贬斥来不断强化独立自主的女性的价值。事实的真相并不重要,重要的是媒体以及网民站在"揭露真相"的立场上,呈现社会"现实"。甚至在网络热议中,对高低价值的区分也不是最重要的,最重要的是社会在评判女性价值。更进一步来说,"上海名媛"事件实际上是媒体塑造的"名流文化"的延续。学者发现,"名流文化"通过媒介化过程来运行[1],但是"打卡"小红书App和微信朋友圈等新的媒介习惯让"名流文化"产业链进入普通人的日常生活中。当网络热议延续到"名媛"聚集地——小红书App上时,一时间此类App长期塑造的社区文化也被放在聚光灯下,由此"名媛"已经不仅是网民关注的话题,其本身的意义及其背后的社会交往形式所映射的媒介生产的专业逻辑也在等待媒介研究学者的深挖。这场"真假名流"之争也成为我们在制度、个人和社会实践中的权力的拉锯战,互联网并没有让"名流文化"民主化,而是在不断发酵和迸发的"名媛"及女性价值的探讨中成为建构"名流"的战场,维护模式化的社会秩序。

---

[1] 〔英〕尼克·库尔德利:《媒介、社会与世界:社会理论与数字媒介实践》,何道宽译,复旦大学出版社,2014。

互联网民族志：性别媒介化研究的方法

"上海名媛"的媒体内容跨越了多种媒介形式，网民参与讨论具有充分的灵活性，他们可以在网络上留下评论，还可以在微信群里分享各种各样的"新消息"。库尔德利提出用户的媒介实践——搜索、展示、在场以及评头论足等[①]为互联网民族志研究提供了田野调查的方法和内容。较之作者此前进行的更具有"侵略性"的田野调查，此次对"上海名媛"事件的考察，总体上来说是采用了较为疏离的身份。在研究的不同阶段，作者的身份从积极的信息搜索者转变为评论者到最后成为观察者，研究者身份的变化本身也符合很多参与这次"上海名媛"话题讨论者的经验，其次也服务于田野调查的需要。在最初阶段，作者和所有感兴趣的网民一样在网上搜索信息，微信公众号、朋友圈、微信群以及网络新闻等为这次网络讨论奠定了主题框架和基调，也让我们发现对网络热门话题的研究需要跳出单一的媒介平台，流转在不同的媒介空间中。在和很多人分享及交流了观点之后，此时，研究者需要跳出媒介讨论本身，站在研究者的立场上反思自己的媒介实践和习惯在热闹的媒介仪式中的意义。因为田野调查的时间有限，所以对"上海名媛"热议的媒介实践的研究后续仍需要政治经济学研究路径的补充，从而进一步将网络展示的象征权力嵌入媒介生产之中，帮助我们思考媒介作为社会"中心"的通道与经济活力之间的联系。

互联网民族志和媒介化理论是当下探索互联网与社会性别关系的方法及理论的利器。互联网民族志是民族志者为了研究互联网文化而提出的研究方法，它综合了参与观察、反思和研究伦理等民族志原则。利用互联网民族志，研究者们可以从媒介使用习惯入手，脱离"媒介中心主义"的桎梏，跳出媒介文本，进而描述媒介如何改变社会本体。

---

① 〔英〕尼克·库尔德利：《媒介、社会与世界：社会理论与数字媒介实践》，何道宽译，复旦大学出版社，2014。

Abstract

Report on the Development of Media and Gender in China (2020) is an annual research report edited by the chair of media and women of "UNESCO" and the center for media and woman studies of Communication University of China. This report is divided into general report, special report, women's media, media representation of women, media and women's development, through the research of special reports and analysis of papers in various fields, the current situation of the development of media and gender in China is systematically sorted out, and comprehensive analysis.

The general report sorted out the development characteristics of media and women in recent years, and pointed out that in the context of information technology and new media technological innovation, the media landscape and media ecology are undergoing changes. The new media promotes women's empowerment and women's voice, while also complicating the spread of gender culture. On the whole, China's media and women's development has achieved many results: Publicize and implement the basic national policy of equality between men and women, and protect women's rights and interests. Carry out media publicity and school education, and create a social opinion environment of gender equality. Strengthen the self-discipline of news media, improve the media monitoring mechanism, and promote gender equality in media organizations. The media guides public opinion and promotes the improvement of public policies. Use information technology and new media to promote the protection of the rights of women and children. Looking ahead, the development of media integration will profoundly affect the lives of women. We must actively promote women's media literacy, and promote women to use the media to empower themselves and speak for themselves. At the same time, we must pay attention to the guidance of public opinion in the media and be vigilant against online violence against women in the

Abstract

new media environment. Actively carry out media gender assessment and promote media to spread advanced gender culture.

The special report has conducted special research and analysis from different fields of media and women's development, in-depth display of the rich content and interactive development of media and women in the new period. The special report pointed out that media literacy has become the citizen literacy in the new technology era, and media communication in the age of intelligent media has put forward higher requirements for women's media literacy. Social media has become the main channel for women to obtain beauty information, and "beauty consumption" has also reproduced gender inequality. The special report also focused on the genre and creative characteristics of Chinese women's movies, the status quo and development trends of women's self-media, and analyzed the women images of popular TV dramas and the gender issues in new media commercial advertisements. Through content research, the report analyzes women's health reports and media reports on the implementation of the "Anti-Domestic Violence Law of the People's Republic of China". It also conducted a special analysis on the development of female media workers, studied the current status and professional development trends of women anchors in sports programs, and comprehensively combed and analyzed the research situation of female media workers since the founding of New China.

The women's media chapter focuses on the current development of domestic women's media. Taking China Women's News as an example, it analyzed how the mainstream women's media have continuously improved their communication, guidance, influence, and credibility in the process of moving towards new mainstream media. Taking the Chengyusan as an example, it explains how to build a social media-oriented new media communication approach. Through the data analysis of the ninth China International New Media Short Film Festival Jinpeng Awards, we can see that the development of new media has created a broad platform for women to express their thoughts and emotions with images. Examining the women's reviews published by the "People's Daily" and "China Women's News" on the "March 8th" day, it shows that the mainstream media's women's reviews in the new era are innovative and innovative in shaping the women's image, and constantly enriching the era's connotation of women's image. The report also builds an annual academic map of women's film research and analyzes the new trends and new features of women's film research.

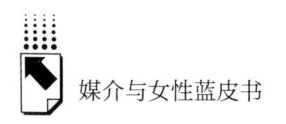

The media representation chapter analyzes the representation of women images and the construction of women discourse in the media. It points out that there are entertaining and negative reporting programs in the representation of women leaders in the media. It analyzes the gender picture in the American reality show Project Runway and explains the guiding role of the reality show in shaping the gender role. Through researching the content of the women's development issues in the New York Times, combing its narrative characteristics, it provides a positive reference for telling Chinese stories in the current international communication. The analysis of the Chinese New Year fantasy movie "The Monkey King 3: Kingdom of Women" reveals the enhancement of male gaze in the production of the discourse and meaning of "Film Wonder".

The media and women's development chapter examines the impact of media communication on women's development at different levels. In the context of media integration, classic communication theory is still of great significance to the development of ideological and political education for female college students. The development of the media and women must also be considered from the perspective of theoretical understanding, grasp the contradictory core of contemporary women's issues, and critically understand the "Western perspective" of Western feminism. The research methods of feminist internet ethnography are more applied, emphasizing the analysis of the symbiotic relationship between the flow of new technology and social structural changes through the perspective of gender.

The report systematically examines the key areas and key issues of media and Gender in China. Through multi-disciplinary cross-study and multi-angle theoretical analysis, the current characteristics and future trends of media and women's development are thoroughly analyzed and displayed in all aspects. The research report in the book is based on detailed research data and in-depth academic thinking. It comprehensively combs and explores the issues of gender in current media communication, media scenarios of female development, and the impact of media technology on women. Realistic issues of development, exploring positive countermeasures that promote the development of the media and women. This report vividly shows the realistic picture of the development of media and gender, explores cutting-edge academic issues, which not only enriches the public's understanding of media and women's development, but also deepen the research on media and gender.

Keywords: Media and Women's Development; Women's Media; Media Representation; Gender Issues; Gender Equality

Contents

I General Report

B.1 Women's Development in Media Revolution

　　　　　　　　　　　　　　　　　Liu Liqun, Wang Qin / 001

Abstract: The development of information technology and new media technology has promoted women's empowerment and women's voice, but at the same time, it has also complicated the spread of gender culture in society. The development of the media and women in China presents a diverse trend and rich characteristics, which are mainly reflected in: Publicize and implement the basic national policy on gender equality, improving policies and regulations, and protecting women's rights and interests. Carry out media propaganda and school education, and create a social environment for public opinion on gender equality. Strengthen the self-discipline of the news media, improve the media monitoring mechanism, and promote gender equality in media organizations. The media guide public opinion, spread the concept of gender equality, and promote the improvement of public policies. Use information technology and new media to advance women's empowerment and the protection of women's and children's rights. In the future, the media will profoundly affect the lives of women groups. We must actively improve the media literacy of the women group, and encourage women to use the media to empower themselves and speak for themselves. Attach importance to media guidance for public opinion and be alert to cyber violence against women in the new media environment. Strengthen media supervision and gender assessment, enhance media people's gender awareness, and promote media to disseminate advanced gender culture.

Keywords: Media and Gender; Gender Equality; Women's Rights; Media Literacy; Gender Equality Awareness

Ⅱ Special Reports

B. 2 Being an Independent Women: Media Literacy in the Age of Intelligent Media　　　　*Chen Changfeng /* 016

Abstract: Media literacy has become the citizen literacy in the new technology era, and women's media literacy is particularly concerned. Research shows that women are still stereotyped and play a weak role in media reports. In combination with the relevant literature in China and Western countries, starting with the production and dissemination mechanism of the media in the artificial intelligent age, the report hope that women can understand the communication and mechanism, know how to judge and use the media, learn to protect privacy, avoid to be information cocoons, and be independent users of information in the algorithm age.

Keywords: Women and Media; Media Literacy; Intelligent Algorithms

B. 3 Women's "Beauty Consumption" in Social Media Environment　　　　*Song Suhong, Jin Yi /* 026

Abstract: With social media increasingly becoming the main channel for women to obtain beauty information, female users generally agree the importance of appearance, and make up has become a daily activity. The motivation of "beauty consumption" mainly comes from personal satisfaction, ritualization of life, increasing the attraction of social interaction and meeting social expectations. Women transform from consumers to desire of producers, and pursue social identity and the accumulation of image capital. The combination of commercialization and patriarchal consciousness has been extended and strengthened in social media. "Beauty consumption" reproduces gender inequality. First, social media is convenient for men to "gaze" women, and is also convenient for women to actively seek "gaze". Second, the beauty myth of social media aggravates the alienation of women.

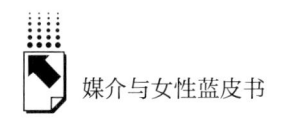

Keywords: Social Media; Beauty Consumption; Myth of Beauty; Gender Equality

B.4 Research Report on Chinese Female Films (2017 -2019)

Qin Xiaoling / 041

Abstract: A prominent feature of Chinese female films in 2017 -2019 is the attention to sensitive realistic themes. Hot social topics such as school bullying, girls'sexual assault, sibling love, family ethics, Beijing drifters, forced relocation are presented in female directors' shots. The second feature of Chinese female films in 2017 - 2019 is to follow the creative rules of genre movies and to mark the identity of their own movies with clearer narrative techniques of genre movies. Love, family ethics, action, comedy, war and so on are the creative types favored by female directors. The third feature of Chinese female films in 2017 - 2019 is that female directors consciously stand in the position of female audiences to think and express. Women are no longer the image of dodder, but become kapok, even "hard-core girls" and "hard-core professional women". This is particularly evident in both "chick flick" and art movies.

Keywords: Female Films; Theme Dimension; Type Dimension; Gender Dimension

Contents

B.5　Analysis of Female Images in Hit TV Series (2017 -2019)

Wei Jinmei / 056

Abstract: This article has collected and collated 45 hit TV series in the year of 2017, 2018 and 2019, which have a high rating, high clicking data and also a hot topic. Through the analysis of female images in these series, especially the analysis of the heroine, in order to have an in-depth understanding on the present states of women's image shaping on television. Hope to looks forward to offer some valuable references on research in this area.

Keywords: TV Series; Female Images; Self-Consciousness; Value Pursuit

B.6　Research Report on the Characteristics and Development Trends of We Media for Women　　*Wang Qin, Zhou Yi* / 079

Abstract: The development of we media makes the media communication structure become personalized and diversified, and women are now enjoying new space for discourse brought by we media for women, which includes WeChat public account, Weibo, Toutiao, Douyin, Kuaishou and live streaming targeted at women. We media for women have abundant resources for production and dissemination provided by various media platforms. It creates women-related content mainly through graphic, audio, video, live streaming and other forms. The communication of we media for women is user-oriented and focuses on interaction with audience. It mainly relies on personalized brand and interactions between communities and has a diversified business operation pattern. It is true that everyone is able to speak out their opinions through these platforms, the reality is that only a small number of female elites, have the right to speak as opinion leaders; some of the we media for women lack a clear gender awareness and position. Eroded by commercialization, some even try incite people's anxiety without regarding their social responsibility. In the context of fast iteration of media technology and an increasingly complicated online environment for public opinion, it is necessary to use mainstream values to guide the development of we media and open up more possibilities for we media for women.

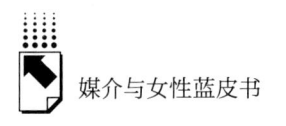

Keywords: We Media for Women; Female Discourse; Gender Awareness

B.7 Research Report on the Media Report of the Implementation of Anti-Domestic Violence Law

Feng Yuan, Cao Ningyu / 097

Abstract: This report examines the trend and features of media information related domestic violence since the implementation of the Anti-Domestic Violence Law on March 1, 2016. According to data from main search engines, news hubs, official websites. It was found that the amount of information declines chronically among news media, government related websites, excepts NGOs. News media and women's groups are two major information outlets, which accounted for about 42% of the information released. other state agencies and mass organizations with anti-domestic violence responsibilities were less than 2%. The overwhelming majority of anti-domestic violence information are missionary. More than 80% of reported cases occurred in cities, and the victims were mostly wives in close relationships. Some cases are domestic violence against children. No information on special protection offered by the law for the elder, disabled and sever ill people, as well as pregnant or new delivered women. Domestic violence about LGBT is almost invisible in the media. Personal safety protection orders have received the most reports. Based on the findings of the research, the author pointed out that the mass media should follow the requirements of the national Anti-domestic violence law and pay attention to anti-domestic violence media reports and information release. National Working Committee on Children and Women at all levels of government should urge it.

Keywords: Domestic Violence; Media Reports; Women's Rights; Anti-Domestic Violence Law

B. 8 Female Media Workers in Academic Perspective
—*A Study of Female Media Workers in the 70 Years Since the Founding of New China*　　　　*Dong Xiaofei* / 116

Abstract: Taking 333 related literatures in the CNKI database as the research object, after the quantitative and qualitative analysis, it is found that the number of research on female media workers is rising in the fluctuation, but the overall number is not large. The overall academic background of researchers is diverse, but they lack the continuous attention in this field, and do not form the discipline and local academic self-consciousness. The research topics are relatively rich, with the most research on occupational image, followed by occupational survival and development, and insufficient attention to emerging fields. The research methods are mainly qualitative research, quantitative research is rare. The methods are diversified. But they are basically the transplantation of concepts or theories of other disciplines. Even the ones that adhere to gender methodology are few, and the application of theories and methods with local characteristics is extremely rare. In the future, it is necessary for scholars to strengthen the cultivation of academic consciousness, return to China's local experience, seize the opportunity of the times, and achieve breakthroughs in research.

Keywords: Female Media Workers; Female Career Development; Female Professional Image

B.9　The Status and Career Development of Women Anchors
　　in Sports Programs　　　　　　　*Yang Na*, *Chen Zhijuan* / 137

Abstract: In recent years, China's sports industry has been expanding, and the market pattern of sports media has changed. From 2017 to 2018, women anchors in sports programs have more opportunities for career development and expression after the network media flooded into the sports market, but they are still faced with multiple challenges. This report introduces the types and characteristics of Women anchors in sports programs in China in 2017 -2018, and analyzes the current development status and challenges of female anchors. Moreover, analyzing the media ecology of sports media, this report summarizes the trend of the career development of women anchors in sports programs in the new media environment.

Keywords: Sports Program; Women Host; Women Anchor; Network Sports

B.10　Health Communication from the Gender Perspective
　　—*Based on the Analysis of Female Health Reports of Health*
　　News and Health Times from 2011 to 2018　　*Fang Lin* / 151

Abstract: Taking *Health News* and *Health Times* as examples, this report uses content analysis method to analyze the reports about women's health on newspapers from 2011 to 2018, and finds that: (1) The number of reports about women's health in the media has increased steadily, reflecting that more and more attention has been paid to women's health; (2) there are significant differences in the distribution of media reports on women's health issues, the number of reports on maternity knowledge is the largest, and the content of reports is gradually developing towards a more diversified direction, extending from physical diseases to mental health and healthy lifestyle, reflecting the public's attention to health and the demand for healthy life; (3) embedding a gender perspective in the health communication of female theme, we can find that in the process of health communication, the media unconsciously constructed the public's recognition of women's gender roles, focusing more on female reproductive functions and family roles.

Keywords: Gender; Health Communication; Female Health Report

B.11 The Study of Gender Issue Existing in the Commercial Advertisements
—*Analysis of Wechat Users' Favorite Top10 Circle of Friends Ads Based on "Gender Sensitive Indicators for Media"*

Ye Hongyu / 160

Abstract: As the most influential new media platform for Chinese communities in China and around the world, WeChat commercial advertisements have a tremendous impact on contemporary Chinese culture and values, including gender perception. This research takes the most popular TOP10 commercial advertisement among users in WeChat Moments from 2017 to 2018 as the research sample. Through the analysis of the status of gender perception conveyed in the discussion, it tries to understand the status of gender equality and stereotype of women carried by commercial advertisement in the new media era. The research is based on Liesbet van Zoonen's theory that advertising in media, especially in new media, is an important carrier of gender communication. The main analysis framework is "Gender Sensitive Indicators for Media" (GSIM) developed by various departments of UNESCO in 2012. The study finds that in terms of gender balance in advertisements, the description of gender equality and the attention paid to gender development, great progress has been made, but there are still serious problems to be solved.

Keywords: New Media; WeChat Moments; Gender Sensitive Indicators for Media; Commercial Advertisement; Gender Perception

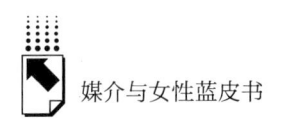

Ⅲ Women's Medias

B.12 Integration, Convergence and Circulation: Enhance Communication Capacity of Female Mainstream Media
—A Case Study of China Women's News　　　　Yu Yan / 184

Abstract: As female mainstream medias, how to constantly enhance their communication capacity, guidance capacity, influence and credibility in the process of transitioning to new mainstream media? This article takes *China Women's News* (CWN) as an example to illustrate it. With the "integration" mindset, CWN who takes Communication Capacity Building as the foundation, finds its unique mainstream position in the new era of the big picture of news and public opinion work. It emphasizes its own way of expression, and be able to talk well of stories about Chinese women. In the direction of "convergence", CWN seeks new changes, and continues to enhance the voice and leadership in the fields of women, children, and families under the trends of media convergence development. By means of "circulation", CWN has focus on producing depth contents, exploring ways to spread gender studies as widely as news, promoting academic findings to serve social development. In a word, in order to improve communication capacity effectively, to enhance guidance capacity, influence and credibility synchronously, CWN has devoted to building up a new communication pattern of "mainstream + characteristics, work + life, mouthpiece + think tank, platform + integration".

Keywords: *China Women's News*; Communication Capacity; Media Convergence; Gender Equality

B. 13　The Construction of Views on Women by Editorials of Mainstream Media　　*Li Shu*, *Sun Xiaomi* / 195

Abstract: Both editorials and views on women are the viewpoints in essence. The editorials of mainstream media have played an important role in construction views on women in China. Since the founding of New China, woman's social status has grown significantly, woman's role in economic and social development has increased prominently. In the new era, the editorials of mainstream media need to be more conservative and innovative, enrich the connotation of the views on women continuously.

Keywords: Women's Editorial; Views on Women; Mainstream Media

B. 14　The Power of "She" in Short Film Creation
　　—*Changes and New Trends Brought by New Media for Women in the Field of Film and Television Creation*　　*Sun Jianchun* / 212

Abstract: Different from the ratio of male and female directors in the field of traditional feature film creation, female directors account for almost half of the total in the field of short film creation. According to the data of China International New Media Short Film Festival (hereinafter referred to as "CSFF") Jin Peng Award competitions over the past nine years, namely the number of entries, finalists and award-winning works, this article summarizes the differences between male and female directors in the field of short film creation by analyzing their works from three aspects, respectively theme selection, technique of expression and the application of film and television creation technology. Further more, the article points out the reasons for the gap in the ratio of male and female directors in the film and television industry and the gap in creative achievements of male and female directors. The analysis shows that the quality of female directors' short films lag behind that of male directors. Fortunately, however, the data of the previous

CSFF Jin Peng Award competitions show that female directors are very active in the field of short film creation, and the number and quality of female directors' entries are on the rise year by year. The development of new media has created a broad platform suitable for women to express their thoughts and emotions with images. In the future, female directors will play an increasingly important role in the field of short film creation.

Keywords: New Media; Short Film; Film and Television Creation; Female Director

B. 15 Academic Landscape of Female Film in China
—*CiteSpace Visualization Analysis Based on CNKI literature from 2017 to 2018*　　　　*Zang Haiqun, Liu Yang* / 227

Abstract: With surpassed North America at the box office in January-may, China becoming the world's largest film market, female film have entered a new stage of development. Based on the framework of communication theory and the visualization technology of CiteSpace, this report constructs the annual academic map of female film studies in China. Through the data research of the past two years, we found that: In addition to the traditional research focus on female image and feminism, breakthroughs have been made in interdisciplinary research, genre film subdivision and narrative mode exploration, the research on female films shows the characteristics of continuous refinement and deepening. Looking into the future, with the rise of China's film industry in the global status, film as a branch of media and gender studies have a long way to go.

Keywords: Media and Gender; Film; CiteSpace; Mapping Knowledge Domain

B. 16 To Build the New Media Communication with Social

Impact-Orientation

—The Case of Chengyusan　　　　　　　　　Liu Xia / 237

Abstract: With the Sustainable Development Goals (SDGs) set up by United Nations, more and more companies, organizations, Media and individuals are involved in promoting the relative issues, and put their efforts into achieving the Goals in order to build a better society. At the same time, China's media ecology has entered the era of comprehensive new media, therefore, how to use new media to carry out such social impact-oriented communication is a topic for who have the same interests to promote the Goals. This report will take Chengyusan project as an example, to explain how to build the social impact-oriented communication, and hope its experience can provide reference to relative communicator.

Keywords: Social Impact; New Media Communication; "5W" Model

IV Media Representation of Women

B. 17 Research on the Representation of Female Leaders in Media

—Take Coverage from Three Media Reports in 2016–2018

as an Example　　　　　　　Jin Xuelin, Zhang Jingjie / 246

Abstract: By analyzing the reports of the three media on female leaders from 2016 to 2018, this study finds that there are discriminatory and negative reports on female leaders, insufficient reports on the contributions and difficulties of female leaders, entertainment consumption and male discipline and other problems on the image and temperament of female leaders. This study suggests that the media should strengthen the agenda setting of reports on female leaders, pay attention to the position and effect of reports, strengthen gender sensitivity in reports, respect the reality of diverse development of female leaders, and actively promote public policies to improve by reporting various difficulties faced by female leaders.

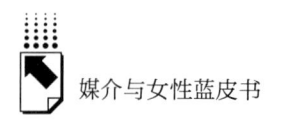

Keywords: Female Leaders; Media; Image Representation

B.18 The Construction of Social Gender of American Reality
TV Show　　　　　　　　　　　　　　　　　　　*Zhao Jin* / 269

Abstract: With the prosperous development of the industry of mass media, Reality TV Show has become a noticeable culture phenomenon as a new television genre. Although Reality TV is a kind of entertainment program, due to it's feature of reconstruction of reality, it has been playing a key role in shaping a society's mass culture and conveying the mainstream ideas and values. From the perspective of the construction of social gender, due to the media's power on people's behavior and ideas, the female images in media has great influence on the cognition of women、people and society. The popular American Reality Show Project Runway was chosen as the research subject to carry out a close reading and studying for this study. After the analysis of its role that has been playing on the construction of social gender, I come to the conclusion that reality TV should have positive influence on the construction of social gender in terms of women's needs、social values、spirits、dignities, etc.

Keywords: Reality Show; Social Gender; Image of Women; Project Runway

B.19 The Narratology Analysis of Female Development Issues
on *New York Times*　　　　　　　　　　　　*Kong Qian* / 278

Abstract: The most important task of China's international communication is to tell Chinese stories in an accurate and objective way, and the stories of Chinese women's development and growth is the most important stories among all Chinese stories. Narratology provides cognition and methodology for the news communication to tell truly good stories. In the news communication, if the news producer could have a good command of a steady and fixed narrative structure, the stories created by them are able to attract public attention among various information and help audience better understand, memorize and share the stories. This report analyses the news report about Chinese women's development in *New York Times* from its context, characters, behaviors, approaches, and purpose. It summarizes for four features of *New York Times's* reports that our media could learn to improve the narrative skills and tell more attractive stories. The four feature includes: first, they have more ways to create the context; second, the characters are more specific and vivid; third, they mention both sides of one issue; forth, they use figure of speech, quotations, and vocabularies more skillfully.

Keywords: Narrative Structure; Female Development; Context Creating; Character Building; Two-Sides Persuasion

B. 20　Deconstruction of Feminist Discourse in the Fantasy Movies of the Journey to the West
　　　—Taking "The Monkey King 3: Kingdom of Women" as an Example

Zhang Yuan, Wang Yizhu / 293

Abstract: With the continuous improvement of movie scripts and post-production level, the New-Year fantasy movies attract a large number of audiences with their welcomed content and gorgeous visual effects, and the films adapted from the motif of "Journey to the West" became one of the most influential films among them. In order to cater to the audience of the new era, especially the female audience's preferences, the recent movies based on "Journey to the West" has greatly revised the plot of the original story and the characters. "The Monkey King 3: Kingdom of Women" as an example, this paper makes a deep exploration of the film text from the gender perspective, through the deconstruction analysis of both the plot and the characters. Taking the movies as "spectacle", it is discovered that the "male gaze" on women do not disappear within the social and cultural development, rather they go to a further deeper stage, by taking the mode of commercialization and entertainment.

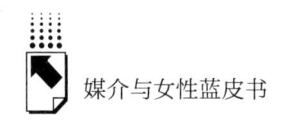

Keywords: Fantasy Movie; Journey to the West; The Monkey King 3: Kingdom of Women; Male Gaze

V Media and Women's Development

B.21 The Significance of Re-Understanding Communication Theory to the Ideological and Political Education of Female College Students *Wang Lu / 307*

Abstract: In the environment of Convergence Media, the attraction of the new media of network further enhanced to college students, ideological and political education are faced with new opportunities and challenges. Surveys show that more than half of the students in colleges and universities are female students, they have their own characteristics. The ideological and political education is not only education but also communication, in the face of the new educational environment, re-understanding the classical theory of communication and applying it to practice, doing a good job in "software integration" and "hardware integration" in ideological and political teaching, conforming to the concerns of female college students, and helping to continuously improve the educational effect of ideological and political education.

Keywords: Convergence Media; Mass Communication; Female College Students; Ideological and Political Education

B. 22　The "Discourse Colonization" of Western Feminism and the Vision Innovation of Contemporary Chinese Feminism
—Discuss from "Under Western Eyes" Revisited: Feminist Solidarity Through Anticapitalist Struggles
Tang Jinying / 316

Abstract: "*Under Western Eyes*" *Revisited*: *Feminist Solidarity Through Anticapitalist Struggles* is an important literature on the frontier of contemporary feminism. It retrospectively proposes again the issue of "Under Western Eyes" which was raised by the author in the 1980s and caused strong repercussions at the time. Problem of "Under Western Eyes" with the "European Center essence" had been existing in Western Feminism scholarship's discourses on women's issues in other parts of the world, which had been colonial.

This document is of significant reference for us to grasp the root and nuclear of contemporary women's issues from global perspective, to critically cognize Western Feminism's "colonial discourses", and to vigorously develop new methodology of intersectional analysis of race, class, and gender.

Keywords: Western Feminism; "Under Western Eyes"; Globalization; Recolonization

B. 23　Ethnography for the Internet: A Research Approach to Media of Gender　　　　　　　　　　　　*Kong Yu* / 326

Abstract: Ethnography for the internet and media theory provide methodological and ontological enlightenment for media and gender studies. Gender hierarchy, as a social structure, is constantly constructed and represented on the Internet. Ethnography for the internet integrates ethnographic principles such as participatory observation, multi-sited ethnography, reflection and research ethics. By using Ethnography for the internet, gender study scholars can start from the media usage habits, break away from the shackles of "media-centrism", jump out of the media texts, and describe how the media change the social ontology from gender studies perspectives.

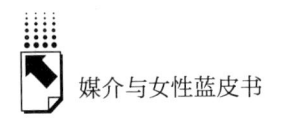

Keywords: Ethnography for the Internet; Media Theory; Gender Study

社会科学文献出版社

皮 书

智库报告的主要形式
同一主题智库报告的聚合

✤ 皮书定义 ✤

皮书是对中国与世界发展状况和热点问题进行年度监测,以专业的角度、专家的视野和实证研究方法,针对某一领域或区域现状与发展态势展开分析和预测,具备前沿性、原创性、实证性、连续性、时效性等特点的公开出版物,由一系列权威研究报告组成。

✤ 皮书作者 ✤

皮书系列报告作者以国内外一流研究机构、知名高校等重点智库的研究人员为主,多为相关领域一流专家学者,他们的观点代表了当下学界对中国与世界的现实和未来最高水平的解读与分析。截至2020年,皮书研创机构有近千家,报告作者累计超过7万人。

✤ 皮书荣誉 ✤

皮书系列已成为社会科学文献出版社的著名图书品牌和中国社会科学院的知名学术品牌。2016年皮书系列正式列入"十三五"国家重点出版规划项目;2013~2020年,重点皮书列入中国社会科学院承担的国家哲学社会科学创新工程项目。

中国皮书网

（网址：www.pishu.cn）

发布皮书研创资讯，传播皮书精彩内容
引领皮书出版潮流，打造皮书服务平台

栏目设置

◆ 关于皮书
何谓皮书、皮书分类、皮书大事记、
皮书荣誉、皮书出版第一人、皮书编辑部

◆ 最新资讯
通知公告、新闻动态、媒体聚焦、
网站专题、视频直播、下载专区

◆ 皮书研创
皮书规范、皮书选题、皮书出版、
皮书研究、研创团队

◆ 皮书评奖评价
指标体系、皮书评价、皮书评奖

◆ 互动专区
皮书说、社科数托邦、皮书微博、留言板

所获荣誉

◆ 2008年、2011年、2014年，中国皮书网均在全国新闻出版业网站荣誉评选中获得"最具商业价值网站"称号；

◆ 2012年，获得"出版业网站百强"称号。

网库合一

2014年，中国皮书网与皮书数据库端口合一，实现资源共享。

权威报告·一手数据·特色资源

皮书数据库
ANNUAL REPORT(YEARBOOK) DATABASE

分析解读当下中国发展变迁的高端智库平台

所获荣誉
- 2019年，入围国家新闻出版署数字出版精品遴选推荐计划项目
- 2016年，入选"'十三五'国家重点电子出版物出版规划骨干工程"
- 2015年，荣获"搜索中国正能量 点赞2015""创新中国科技创新奖"
- 2013年，荣获"中国出版政府奖·网络出版物奖"提名奖
- 连续多年荣获中国数字出版博览会"数字出版·优秀品牌"奖

成为会员

通过网址www.pishu.com.cn访问皮书数据库网站或下载皮书数据库APP，进行手机号码验证或邮箱验证即可成为皮书数据库会员。

会员福利
- 已注册用户购书后可免费获赠100元皮书数据库充值卡。刮开充值卡涂层获取充值密码，登录并进入"会员中心"—"在线充值"—"充值卡充值"，充值成功即可购买和查看数据库内容。
- 会员福利最终解释权归社会科学文献出版社所有。

数据库服务热线：400-008-6695
数据库服务QQ：2475522410
数据库服务邮箱：database@ssap.cn
图书销售热线：010-59367070/7028
图书服务QQ：1265056568
图书服务邮箱：duzhe@ssap.cn

卡号：332273645852
密码：

S 基本子库
SUB DATABASE

中国社会发展数据库（下设 12 个子库）

整合国内外中国社会发展研究成果，汇聚独家统计数据、深度分析报告，涉及社会、人口、政治、教育、法律等 12 个领域，为了解中国社会发展动态、跟踪社会核心热点、分析社会发展趋势提供一站式资源搜索和数据服务。

中国经济发展数据库（下设 12 个子库）

围绕国内外中国经济发展主题研究报告、学术资讯、基础数据等资料构建，内容涵盖宏观经济、农业经济、工业经济、产业经济等 12 个重点经济领域，为实时掌控经济运行态势、把握经济发展规律、洞察经济形势、进行经济决策提供参考和依据。

中国行业发展数据库（下设 17 个子库）

以中国国民经济行业分类为依据，覆盖金融业、旅游、医疗卫生、交通运输、能源矿产等 100 多个行业，跟踪分析国民经济相关行业市场运行状况和政策导向，汇集行业发展前沿资讯，为投资、从业及各种经济决策提供理论基础和实践指导。

中国区域发展数据库（下设 6 个子库）

对中国特定区域内的经济、社会、文化等领域现状与发展情况进行深度分析和预测，研究层级至县及县以下行政区，涉及地区、区域经济体、城市、农村等不同维度，为地方经济社会宏观态势研究、发展经验研究、案例分析提供数据服务。

中国文化传媒数据库（下设 18 个子库）

汇聚文化传媒领域专家观点、热点资讯，梳理国内外中国文化发展相关学术研究成果、一手统计数据，涵盖文化产业、新闻传播、电影娱乐、文学艺术、群众文化等 18 个重点研究领域。为文化传媒研究提供相关数据、研究报告和综合分析服务。

世界经济与国际关系数据库（下设 6 个子库）

立足"皮书系列"世界经济、国际关系相关学术资源，整合世界经济、国际政治、世界文化与科技、全球性问题、国际组织与国际法、区域研究 6 大领域研究成果，为世界经济与国际关系研究提供全方位数据分析，为决策和形势研判提供参考。

法律声明

"皮书系列"（含蓝皮书、绿皮书、黄皮书）之品牌由社会科学文献出版社最早使用并持续至今，现已被中国图书市场所熟知。"皮书系列"的相关商标已在中华人民共和国国家工商行政管理总局商标局注册，如 LOGO（ ）、皮书、Pishu、经济蓝皮书、社会蓝皮书等。"皮书系列"图书的注册商标专用权及封面设计、版式设计的著作权均为社会科学文献出版社所有。未经社会科学文献出版社书面授权许可，任何使用与"皮书系列"图书注册商标、封面设计、版式设计相同或者近似的文字、图形或其组合的行为均系侵权行为。

经作者授权，本书的专有出版权及信息网络传播权等为社会科学文献出版社享有。未经社会科学文献出版社书面授权许可，任何就本书内容的复制、发行或以数字形式进行网络传播的行为均系侵权行为。

社会科学文献出版社将通过法律途径追究上述侵权行为的法律责任，维护自身合法权益。

欢迎社会各界人士对侵犯社会科学文献出版社上述权利的侵权行为进行举报。电话：010-59367121，电子邮箱：fawubu@ssap.cn。

社会科学文献出版社